U0596263

张国刚 著

资治通鉴与家国兴衰

（增订本）

中华书局

图书在版编目（CIP）数据

《资治通鉴》与家国兴衰/张国刚著. —增订本. —北京:中华
书局,2023.9(2025.3 重印)
ISBN 978-7-101-16308-7

Ⅰ.资⋯　Ⅱ.张⋯　Ⅲ.《资治通鉴》-研究　Ⅳ.K204.3

中国国家版本馆 CIP 数据核字（2023）第 147774 号

书　　　名	《资治通鉴》与家国兴衰（增订本）
著　　　者	张国刚
责任编辑	贾雪飞
封面题签	袁　旦
责任印制	陈丽娜
出版发行	中华书局
	（北京市丰台区太平桥西里 38 号　100073）
	http://www.zhbc.com.cn
	E-mail:zhbc@zhbc.com.cn
印　　　刷	三河市中晟雅豪印务有限公司
版　　　次	2023 年 9 月第 1 版
	2025 年 3 月第 4 次印刷
规　　　格	开本/920×1250 毫米　1/32
	印张 17¼　插页 2　字数 450 千字
印　　　数	20001-26000 册
国际书号	ISBN 978-7-101-16308-7
定　　　价	78.00 元

张国刚教授

张国刚　清华大学文科资深教授，教育部长江学者特聘教授。主要致力于中国古代史、中西文化关系史的研究。为清华大学本科生及社会各界讲授《资治通鉴》，颇受欢迎。2014年被评为北京市高等学校教学名师。所著《〈资治通鉴〉与家国兴衰》入选"2016中国好书"。

主要著述包括《〈资治通鉴〉通识》《〈资治通鉴〉与家国兴衰》《中西文化关系史》《唐代藩镇研究》《佛学与隋唐社会》《唐代家庭与社会》《明清传教士与欧洲汉学》《从中西初识到礼仪之争：明清传教士与中西文化交流》《资治通鉴启示录》等。

目 录

　　历史自古分分合合。三家分晋的历史告诉我们，一个领导者的基本素质和领导能力是带好队伍，不光自己要谦虚谨慎地处理国务政务，而且要让人愿意跟你走，愿意为你做事。同时，一个真正优秀的人才，应该比别人更加谦卑。有担当、有事业、有未来的人，尤其将来可以成为领袖的人物，应该比别人更自律。

　　世界上的许多事情，不是完全靠主观努力就能够解决的，如果不能因势利导，随机应变，很可能就要碰壁。所以既要目标坚定，又要步履稳妥，这是成事者应有的风度。

　　商鞅变法在中国历史上的意义，怎么估计也不会过高。它不但奠定了秦国统一的制度根基，而且对之后两千多年中国的政治、社会都产生了深远的影响。谭嗣同说过："两千年来之政，秦政也。"毛泽东也讲："百代都行秦政法。"

商鞅变法提倡的价值观,即不断地努力工作就能改变自己身份的观念,把大家的欲望都释放出来了,对成功的欲望,对财富的欲望等。如何掌控这种欲望,就成了贾谊《过秦论》及后世执政者一直在探讨的根本要旨。

第三讲　纵横捭阖

秦统一六国的过程中,至少有两点特别值得注意:一是著名的远交近攻,二是不拘一格延揽人才。秦王嬴政启用了很多从六国投奔来的人才,这些人才能够真正把握到六国的命脉所在,让秦国的统一大战略得以顺利展开。

战略的制定是一方面,战略能不能落地起作用,还要看领导层是否贤明,同时对方君主是否"配合"。六国领导层比较昏庸,往往"配合默契"地帮助秦国实施其谋略。

第四讲　千古一帝

商人吕不韦发现秦国质子异人"奇货可居",几方斡旋,将异人推上嫡嗣的宝座。从别人的需求出发,达到了自己的目的,这就是吕不韦的成功之道。

秦王嬴政是个顾全大局的人,他能改过迁善,能使用不同类型的人,并让他们各尽其才,所以成就了千古伟业。但他没能在制度上设计对权力的制约机制,没能建设发展大一统国家的配套软件,成了后世君王的反面教材。

第五讲　亡秦必楚 / 93

刘邦起兵之初,一无家世,二无德行,却凭借强大的人格魅力赢得张良等人的追随。在入咸阳之前,刘邦拥有什么呢? 一是一支独立的军队,二是仁义甲天下的江湖声誉。

整个战争,项羽都在自己打,谁也打不过他;而刘邦却自始至终在下一盘棋。刘邦最大的本事,在于他会用人,这是他成功的关键。

第六讲　楚汉之争 / 115

在与项羽的对抗中,刘邦实际的工作是建立统一战线。他一直在争取团结所有跟项羽不和的人、过去反对项羽的人,以及自己部下能够跟项羽单独作战的人。

项羽长叹"天之亡我,我何为渡",看上去是英雄气概、杀身成仁,但从领导者素质的角度讲,这是在逃避责任、逃避奋斗。

第七讲　西汉开国 / 137

刘邦建国后,花了相当大的气力来解决功臣问题。对异姓诸侯王,刘邦未必一定要在肉体上消灭他们,但首先要考虑的是他们不能危及国家安全。刘邦封赏功臣昭示了两个问题,一是开始重视文治,二是塑造以忠诚为第一的价值观。

汉承秦制立国,但没有用苛严的秦政,而是与民休息,无为而治,尽量为百姓创造自由宽松的环境,让他们去创造财富,是为"文景之治"。

第八讲 汉武大帝 / 169

汉武帝对内加强中央集权,对外开疆拓土,儒外法内,王霸杂用。他一方面"罢黜百家,独尊儒术",另一方面在实际选拔人才中,又不拘一格,注重实际干才。

汉武帝熟谙权变之道。原则、制度是不变的,而社会和世事是不断变化的,两者之间难免会有不契合之处,采取变通的措施和做法,以权变之道来处理,是最好的选择。

第九讲 昭宣中兴 / 187

从昭帝霍光辅政到宣帝亲政,其间的四十年,史称"昭宣中兴"。霍光没有文化,没有战功,仅依靠谨慎、机敏爬到了人臣权力的巅峰,体现了他的政治魄力。但当他的权力大到没有什么可以制约的时候,自我膨胀使他听不进任何人的建议,自己不知进退,又疏于对家人的约束,最后满盘皆输。

第十讲 王莽始末 / 209

王莽在时代理论营造的氛围中,经过多年的苦心经营,在万人推戴下,和平演变登上了帝位。有道是,风光的背后,不是沧桑,就是肮脏。王莽手上的权力,是肮脏的。

西汉在王莽的禅让中,寿终正寝;王莽在他自己推行的改革中,也灰飞烟灭了。王莽没有解决当时社会问题的能力,却设法坐到了皇帝的位子上,既是民族国家的灾难,也置个人于危险的境地。

第十一讲 光武中兴 / 229

南宋的陈亮认为,中兴之盛,没有能超过光武帝的,他的功业之大、成效之高,不光是靠天命,也靠人的谋略——"有一定之略,然后有一定之功"。

刘秀是个宽厚的人,也是个精明的人。精明用在大事上,厚道用在小事上,无论精明还是宽厚,刘秀都是从事业的需要出发的。

第十二讲 士风矫激 / 251

桓帝和灵帝时期,宦官掌握着朝廷大权,士人羞与为伍,却又与之争权夺利。他们实现自己政治和经济诉求的途径,是利用舆论工具:第一批评时政,评骘公卿;第二互相抬高,激扬名声。

东汉的士人们标榜自己的行为是为了伸张社会的正义,但实际上这种行为背后潜伏的却是自身的政治诉求和经济利益。他们鼓动全社会疯狂,实际上无助于社会的进步。

第十三讲　曹操成败 / 265

曹操是个很有争议的人物。《三国演义》中的曹操很奸诈,《三国志》中的曹操很正面。如果历史上的曹操不是正面形象,少年李隆基怎么会以阿瞒自诩呢?

年轻时就以睿智知名的曹操,有非常精准的审时度势的判断力,这使他在数次大事关头都能处理得当,未届不惑而雄霸一方。然而,一世英雄的曹操却也躲不过人性最低级的弱点——骄傲轻敌,他被之前的胜利冲昏了头脑,赤壁之战惨败而回。

第十四讲　刘备百折 / 275

刘备在江湖上的美誉度,随着他一次一次兵败而不断提升。仁厚,是他的智慧所在。在困境中求生存,借力发力,则是他仁厚之外坚忍、通权变的特征表现。比起曹操的雄才伟略,刘备确实甘拜下风。然而他广播恩信,"折而不挠",最终成就了一番偏安的霸业。

第十八讲　南北并立 ／ 333

　　东晋南朝的政权切换,关键人物是寒族将领刘裕,他开启了南朝第
一朝,立国前后六十年,史称"刘宋"。其后的萧齐、萧梁、陈朝更为短
促。萧衍是南朝君主中最有学问的皇帝,琴棋书画、诗词歌赋、儒法兵
道佛,无所不通。在他的统治下,南朝萧梁社会稳定、文化繁荣。说萧
衍统治的梁朝是东晋南朝近三百年文化最发达的时代,也不为过。

　　北魏是鲜卑拓跋氏建立的政权,经过三代君主的努力,完成了统一
的历程。493 年,孝文帝将首都从大同迁往洛阳,同时改鲜卑姓氏为汉
人姓氏,穿汉服、讲汉语,北魏的社会面貌焕然一新。然改革引发了"六
镇起兵",来自怀朔镇的高欢在控制的关东地区建立东魏(都邺城),来
自武川镇的宇文泰在控制的关中建立了西魏(都长安)。北方又一次陷
入东西政府对立的分裂局面。

第十九讲　隋唐霸业 ／ 375

　　从东汉末年董卓进京到杨坚统一南北,结束了中国历史上长达四
百年的分裂。从入宫辅政到当上皇帝,杨坚只用了几个月的时间,难
怪清代史学家赵翼说:"古来得天下之易,未有如隋文帝者。"但古来
失天下之快,也未有如杨隋者。短短三十几年时间,杨隋就被李唐取
代。罢黜高颎、废黜太子杨勇改立杨广,是隋文帝政治由明到昏的转

折点。

　　隋末起兵的各个势力口,李密和李渊是最有实力的两队人马。开始是李密占优势,而最后却是李渊得天下。为什么呢?

第二十讲　治世明君 / 403

　　从马背到龙椅,唐太宗李世民认识到文治教化才能真正帮助他征服天下。他能知人识人,用人如器,各取所长而不求全责备,起用了大批人才辅佐他治国,这是他得以开创盛世的一个重要因素。

　　在皇帝制度下,对皇权没有制度化的约束机制,因此,皇帝对臣下意见的准确判断和自我约束力,就显得尤为重要。《贞观政要》所讨论的重点并不是如何驾驭臣下,而是如何约束皇帝及其权力,这正是李世民超迈古今帝王的所在。

第二十一讲　开天治乱 / 415

　　开元盛世到底有多盛?在一幅欣欣向荣的盛世图景后,有没有藏着乱世的危机呢?

　　唐太宗曾担心的守天下问题,在其曾孙李隆基身上得到了应验。晚年的唐玄宗,不仅做不到居安思危,在任贤纳谏上也犯了严重的错误,再加上对自我约束的懈怠,促使了"安史之乱"的爆发。大唐的辉煌一去不返。

第二十二讲　大唐日落 / 439

唐朝的衰落与安史之乱密切相关,但究其根本,是土地兼并引发的一系列问题。到了唐中后期,藩镇割据和宦官擅权成了两个政治顽疾。虽然中后唐的历代皇帝为了解决危机做了不少努力,但要么铩羽而归,要么功败垂成。

唐代中晚期的朝廷士大夫,虽优秀如李德裕,却也外无法对付骄藩,内不能抗拒宦官,又在权力和政策问题上陷入个人恩怨,制造了历史所称的"牛李党争"。即使皇帝颇有明君品质,朝中又有干练忠臣,却不能合作开创唐后期的新局面,这不能不说明唐朝气数已尽,无可奈何。

第二十三讲　五代流光 / 485

907 年,黄巢麾下大将朱温借势唐末起义实现改朝换代,建立后梁,历史进入五代时期。统治格局小,没有合格接班人,是整个五代王朝更替的共同问题。后周世宗柴荣,颇具雄才大略,可惜寿命不永,子嗣幼弱,殿前都点检赵匡胤成为最高军事长官。

赵匡胤整顿军队,削弱地方节度使势力,为化解五代藩镇坐大、问鼎中原提供了基本条件。这样一个有文韬武略的青年军官出来收拾五代的残局,也真算是天降大任于斯人的历史选择。

导　论

中国是一个历史悠久的国度，中国的历史典籍浩如烟海。古希腊则是一个哲学的国度，希腊人重视哲学和科学，苏格拉底、柏拉图、亚里士多德，希腊三杰名震古今。中东、北非(闪族来自北非)、南亚分别是基督教、伊斯兰教、犹太教、佛教的诞生地。与其他国家相比，中国人最重视历史。在汗牛充栋的历史著作中，《资治通鉴》是最著名、最重要的作品之一。

▲ 与其他国家相比，中国人最重视历史。在汗牛充栋的历史著作中，《资治通鉴》是最著名、最重要的作品之一。

《资治通鉴》的第一个特点是通。它是我国最大的一部编年通史，可以说是大而通。它篇幅大、字数多、年代长。全书共二百九十四卷，上起周威烈王二十三年(前403)战国初期韩、赵、魏三家分晋，下迄后周世宗显德六年(959)宋太祖赵匡胤建国前夕，凡1362年，含周秦两汉、魏晋南北朝、隋唐五代各朝的历史。全书正文有三百多万字，司马光参考了三百多部著作，对于史料矛盾或记载不清之处，还进行了比较、考订，撰写《考异》三十卷。为了编撰这部书，司马光和他的团队(当时著名史学家刘攽、刘恕、范祖禹等)前后花了十九年时间。元祐元年(1086)最终定稿，六年后刊

▲《资治通鉴》的第一个特点是通。

行。现在通用的版本是中华书局出版的点校本,加入了元代史学家胡三省的"注"及有关附录,排印出来有六百万字。

因为"司马光砸缸"的故事广为流传,这使得《资治通鉴》的总主编司马光成为一个妇孺皆知的名人。他编纂这部书,不仅出于自己的喜好和责任感,也和北宋前期提倡文治教化、重视总结历史经验得失有关,所以这部书是"奉敕"编撰的。因此,《资治通鉴》这部书的第二个特点是正。不仅符合儒家正统价值观,而且内容通于大道,取材专取事关国家兴衰、民生休戚的重大事件和人物,其撰述目的是为了借鉴历史上治理国家过程中,兴衰成败的经验教训,原名《通志》。神宗以该书鉴于往事,有资于治道,故赐名"资治通鉴"。

▲《资治通鉴》的第二个特点是正。

正是因为司马光的经世情怀,铸就了《资治通鉴》的第三个特点,就是经世致用。全书按时间先后编次史事,但往往用倒叙、插叙或总结的方式,交代史事的前因后果。重要人物逝世,重大事件的得失,作者会有一段盖棺论定的评价,或者引据史书,或者用"臣光曰"的形式,使纷纭的历史事实与人物,呈现出系统而明晰的头绪。它的内容以政治史、军事史为主,尤其对于战争的记述,精彩纷呈,充满了辩证法,借以展示历代君臣治乱、成败、安危之迹,提供给阅史者借鉴。写"四库提要"的馆臣评述《资治通鉴》"网罗宏富、体大思精"。曾国藩更向人推荐说:"窃以为先哲经世之书,莫善于司马温公《资治通鉴》。"为什么曾国藩认为《资治通鉴》是最好的经世治国之书呢?因为这部书不光讲道理,还通权变,即所谓"穷物之理、执圣之权"。一本书能讲清楚道理已经难得了,除了讲道理,还通权变,懂得讲操作,这当然

▲《资治通鉴》的第三个特点是经世致用。

▲ 为什么曾国藩认为《资治通鉴》是最好的经世治国之书呢?因为这部书不光讲道理,还通权变。

是了不得。据说朱元璋就对《资治通鉴》情有独钟,清朝康熙、乾隆等帝王也都阅读通鉴学习治国之道,并作"御批"(读书笔记)传世。

史书的价值可以从两个方面评介:一个是史料价值,一个是史著价值。作为历史材料,《资治通鉴》的隋唐五代部分,具有不可替代的史料价值;作为史学著作,《资治通鉴》具有不可替代的阅读鉴赏价值。明清之际的著名学者顾炎武在《日知录》中评述《资治通鉴》"以一生精力成之,遂为后世不可无之书"。清代史家钱大昕说:"读十七史,不可不兼读《通鉴》。"钱的意思是《资治通鉴》的取材多有超出正史之外者。这是因为司马光的史料选择确实还参考了正史之外的几百部著作,并为《资治通鉴》写了《考异》,对不同的记载进行考订。钱大昕的评价道出了《资治通鉴》搜罗史料求博、考订史实求真的特点。

《资治通鉴》这部书得到了后世学者、帝王的交口称誉。王夫之写过一本《读通鉴论》,专门对《资治通鉴》记载的史实进行评点。王夫之认为阅读《资治通鉴》,知历代兴衰,明人事臧否,"可以自淑,可以诲人,可以知道而乐"。自淑,就是可以提升自己;诲人,就是可以与人分享;知道而乐,就是知道治国之道、为人之道、处事之道,而感到很愉悦、很快乐。所以自淑、诲人、知道而乐,就是我们学《资治通鉴》的宗旨,也是我们读《资治通鉴》要力争达到的三重境界。

其实,历史就是前人在应对各种挑战后,给我们留下的一些经验总结。人生、民族、国家,都会有不同的挑战。为了应对这些不同的挑战,人们相关应对的措施、应对的办法、应对的智慧,所有的成败得失的记录就构成历史。读史就像看高人下棋,他们每走一步都留下来一些历史的印记,这就构成了一个棋谱的残局。我们熟读这种残局,我们就能下棋了;我们熟读历史,我们对人间的这些不同的挑战,就能做到心中有数。道理往往是抽象的,历史是具体的。抽象的道理在具体的历史情境当中,就能使我们明白权变的道理。

第一讲　三家分晋

历史自古分分合合。三家分晋的历史告诉我们，一个领导者的基本素质和领导能力是带好队伍，不光自己要谦虚谨慎地处理国务政务，而且要让人愿意跟你走，愿意为你做事。同时，一个真正优秀的人才，应该比别人更加谦卑。有担当、有事业、有未来的人，尤其将来可以成为领袖的人物，应该比别人更自律。

世界上的许多事情，不是完全靠主观努力就能够解决的，如果不能因势利导，随机应变，很可能就要碰壁。所以既要目标坚定，又要步履稳妥，这是成事者应有的风度。

三家分晋是《资治通鉴》给我们讲的第一个故事。《资治通鉴》的记载，是从周天子周威烈王二十三年，也就是公元前403年开始的。

《资治通鉴》卷一，第一句是："初命晋大夫魏斯、赵籍、韩虔为诸侯。"

魏斯、赵籍、韩虔原本是晋国的卿大夫，现在周天子下令，他们三人升格成为诸侯了，魏、赵、韩正式建国。司马光在这句后面配了一个一千多字的评论，说周天子自己坏了规矩，怎么能任命大夫作为诸侯呢？其实，从大夫升级为诸侯，并不是什么新鲜事，这以前早就有了。周平王东迁那会儿，秦的先祖西陲大夫，不就是因为帮助周平王东迁有功，由大夫提拔为诸侯的吗？有此先例，为什么魏、赵、韩就不能升为诸侯呢？大夫变成诸侯，是西周分封时常见的事。姜太公被分封为诸侯，建齐国；周公的长子伯禽，也被封为诸侯，建鲁国。

▲ 魏斯、赵籍、韩虔原本是晋国的卿大夫，现在周天子下令，他们三人升格成为诸侯了，魏、赵、韩正式建国。

问题是，现在这件事，坏就坏在周天子是被迫作出的分封决定。三家实际上已经把晋国给瓜分了，周天子屈服于压力，不得不对既成事实作出认定。礼仪名分没有了，就坏了规矩。这个规矩就是周朝的秩序。规矩坏了，周朝的权威没有了，周朝作为一个时代，也就结束了。所以司马光把

▲ 问题是，现在这件事，坏就坏在周天子是被迫作出的分封决定。

它作为故事的起点。

为了交代"三家分晋"事情的原委，司马光把镜头拉回到了五十年前，即公元前453年，从赵、魏、韩三家联合起来消灭智氏家族的事情说起。

春秋时期晋文公称霸后，晋国出现了赵、魏、韩、智、范、中行等世袭卿族，称为晋国六卿。六卿共主国政，专擅晋权。春秋末期，范氏、中行氏被诛灭，掌握晋国大权的就只剩智、赵、魏、韩四卿。其中智家最为显赫，在当时掌控着晋国的大权。赵、魏、韩三家是怎么联合起来把智氏家族消灭的呢？司马光从智氏家族选拔接班人讲起。

▲ 赵、魏、韩三家是怎么联合起来把智氏家族消灭的呢？司马光从智氏家族选拔接班人讲起。

"初，智宣子将以瑶为后"，就是智氏家族要选嗣卿，寻找将来继任"卿"位的人选。智氏家族的老大智宣子，想选一个接班人来培养，他就选嫡长子智瑶为嗣卿，继承他的卿位。卿也是世袭的，跟国君一样。他们家族一个叫智果的，出来反对，说："你家大儿子智瑶虽然身有'五贤'，但是他有个大弱点。"

所谓"五贤"指智瑶的五个优点，第一个，长得帅，"美鬓长大"；第二个，武艺高强，骑射兼通；第三个，多才多艺，才艺超群；第四个，善辩能文；第五个，"强毅果敢"。那么他最大弱点是什么呢？就是不仁。智瑶没有仁德之心，为人刻薄寡恩，损人利己，不懂得笼络人心。人若不仁，当领导就没有人拥戴；大家不追随拥戴，这个领导怎么当呢？所以智果的这一反对意见，是有道理的。可是，智宣子没有采纳。

▲ 人若不仁，当领导就没有人拥戴；大家不追随拥戴，这个领导怎么当呢？

另外一家赵家，也在选嗣卿。

赵简子，本名赵鞅，他是"赵氏孤儿"中的"孤儿"赵武之孙,也是寓言故事《东郭先生与狼》中.那个将中山狼追得钻进东郭先生口袋里的英雄赵简子。在真实历史中,他是位智勇双全的政治家、军事家。

赵简子有两个儿子,大儿子伯鲁,二儿子无恤,究竟该立谁为继呢?他把两支写着训诫之辞——就是修身自持之类警句格言——的竹简,给每个儿子一支,让他们好好记住,好好保管。过了三年,赵简子突然问两个儿子,你们还记得竹简上写着什么吗?大儿子伯鲁忘得精光,竹简也找不到了;二儿子无恤,却背得滚瓜烂熟,竹简也好好地保藏着,随身携带。赵简子觉得老二无恤"贤",就立他为嗣。赵无恤,谦谨谦卑,处事细心,受到父亲的青睐,所以被立为接班人。他就是赵襄子。

后来两家老人都去世了。智瑶.就是所谓智伯,又称智襄子,继位了;赵无恤,赵襄子也继位了。智伯主持晋国的国政,处事强霸,跟这几家相处,往往对别人很不客气。有一次在蓝台的酒宴上,智伯轻侮韩康子和他的大臣段规,别人怀恨在心,他却不以为意。后来智伯假借国君之命去打越国,并以筹措军费的名义,逼迫其他三家各交出一座城邑。

智伯首先向韩氏开刀,韩康子当然不同意。他的辅臣段规却建议,不妨满足智伯的要求,把祸水外引。段规说智伯如果得寸进尺,一定还把矛头再指向别的人,这样我们就可以静观其变。韩康子觉得有道理,就答应送给智伯一万户人家的封邑。

智伯果然狮子大开口,又向魏桓子索地。魏桓子觉得

▲（赵简子)将置后,不知所立。乃书训诫之辞于二简,以授二子。

▲ 智伯主持晋国的国政,处事强霸,别人怀恨在心,他却不以为意。

5

毫无道理，本想予以拒绝，辅臣任章却建议说，不妨采取"将欲败之，必姑辅之；将欲取之，必姑与之"的骄兵之策。"将欲败之，必姑辅之；将欲取之，必姑与之"，这段话是已经散佚的《周书》里面的，现在通行的《老子》里面也有类似的表达。任章引用此话的意思是说，要打败对方就要先麻痹对手，同时暗中结交利益攸关的盟友，来共同对付智伯。如果魏家挑头，单独成为智氏的打击目标，没有什么好处。毕竟魏家跟智家比，势不均、力不敌。魏桓子明白了任章的道理——祸水外引，不要单挑！我们这些被欺负的人，利害一致，就能团结起来；智伯屡屡得手，觉得我们都怕他，就会狂妄自大。我们团结起来一致对外，共同对付狂妄骄傲的智伯，"智氏之命必不长矣"。于是，魏桓子痛快地给了智家一座有一万户的封邑。

最后，志得意满的智伯，再次把手伸向赵氏，而且指定要蔡、皋狼之地，遭到了赵襄子坚决拒绝：我先祖的遗产，先祖的封地，怎么能随便割让给他人？一怒之下，智伯不假思索，马上纠集韩、魏的军队，联合起来攻打赵氏。

面对气势汹汹的智氏联军，赵襄子有三个战略要地可选：邯郸、长子或晋阳。长子是今天的山西长治，邯郸是今天的河北邯郸，晋阳即山西太原。长子的优势是城高池深，邯郸的优势是粮草丰足，而赵襄子都不去，他选择去晋阳。

他认为，城高池深，是因为老百姓的徭役繁重；粮草丰足，说明老百姓的赋税沉重！这些有什么可依恃的？让老百姓去筑城挖池，大肆征收老百姓的赋税粮草，现在又让那些人把命拿出来，跟你一块守城守池，老百姓肯定不干。他说："咱们去晋阳吧,先父在世之日告诉我,尹铎当初治理晋阳,轻徭薄赋深得民心,这才是最可依赖的。"所以他选择去了晋阳。

司马光在给我们讲道理:设备——城池固然重要,物资——粮仓也很重要,但是人心才是最重要的。

果然,当赵襄子逃回晋阳的时候,智伯率领三家联军紧追,把晋阳围得水泄不通,掘城灌水围了两年,晋阳军民同仇敌忾毫不动摇。"城不浸者三版,沈灶产蛙,民无叛意",水高到差一点就要漫过城墙了,灶间都是青蛙钻来游去的,但是老百姓都不动摇,坚定支持抗敌。

▲ 设备—城池固然重要,物资—粮仓也很重要,但是人心才是最重要的。

一　智伯覆亡

在这个时候,智伯犯了两个致命的错误:第一,刚愎自用,霸气逼人;第二,轻视对手,一意孤行。《资治通鉴》通过两件事,来表达智伯的狂妄,一个是他做的,一个是他说的。

智伯乘车去巡视攻城情况,他坐在车上,另外两位也在车上,不过位置不一样。春秋战国时期,车可以同时乘坐三人:尊者坐在左边;保安陪同叫骖乘,坐在右边——这跟我们现在不一样,现在坐汽车后排右边是尊者;中间是御(驾车的意思,就是车夫)。智伯坐在最尊贵的左边,魏桓子驾车坐在中间,是他的车夫,韩康子骖乘,拿着武器护卫他。都是卿大夫,但这么不平等。智伯说了一句话,不无轻佻:

▲ 智伯犯了两个致命的错误:第一,刚愎自用,霸气逼人;第二,轻视对手,一意孤行。

我今日才知道，大水可以亡人国的。霸气十足呀。可是这个霸气的外露，引起了两个盟友的担心。担心什么呢？汾水可以灌安邑，绛水可以灌平阳也。安邑是魏国国都，平阳是韩国国都。

▲ 绨疵谓智伯曰：韩、魏必反矣。

两位盟友的心思很快被智伯身边谋士绨疵注意到了，因为韩、魏的忧虑，可能在脸色上、在行为上表现出来了，这个绨疵就观察到了。他提醒自己的主公："韩、魏必反。"智伯问："子何以知之？"你怎么知道的？绨疵回答："从人情事理就可推知。晋阳城亡在即，这两位不但没有高兴的样子，反而忧心忡忡，不就是担心唇亡齿寒嘛。如果赵完了，韩、魏担心它是下一个。"智伯就问韩康子和魏桓子："有人说你们要谋反了。"两人矢口否认："哪有的事，这一定是奸人为赵氏充当说客，想让您怀疑我们，从而放松对赵氏的进攻，我们都期盼着早日分享赵氏的田土，怎么会这么做呢？我们完全不可能冒犯您呐！"智伯居然相信了这两个人的辩

▲ 智伯根本不相信魏、韩有胆量反叛他。所以魏、韩当初的骄兵之策，已经起到作用了。

解，毫不怀疑。为什么呢？因为他根本不相信魏、韩有胆量反叛他。所以魏、韩当初的骄兵之策，已经起到作用了。事后，绨疵质问智伯："主公你怎么把我的话告诉韩康子、魏桓子呢？"智伯问："子何以知之？"你怎么知道的？绨疵说："刚才我进来的时候，看见这两位狠盯了我一眼，就赶紧离去了，我猜一定是他们知道我说的话，知道我读懂了他们的心思。"智伯完全不理会绨疵的分析。绨疵害怕了，找了个机会出使齐国，溜了。

被围困在晋阳的赵襄子，决定反击了，他秘密地派人出城，游说韩、魏两家，说唇亡齿寒，我完了，下面就轮到你们

了。这两人心中忧虑的正是这个,当下双方一拍即合,约定第二天采取联合行动,反攻智伯。就在约定的时候,赵襄子突然对岸上的军队发动袭击,掘开水坝倒灌入智伯军队营地,智伯军队一下子就乱了。韩、魏两家趁机从侧翼进攻,赵襄子从正面攻击,大败智氏军队。智伯被杀,智氏家族被灭,三家尽分晋地。

▲ (赵襄子)决水灌智伯军,智伯军救水而乱,韩、魏翼而击之,大败智伯之众。

五十年之后,就出现了《资治通鉴》开篇所讲到的,周天子正式封魏、赵、韩为诸侯的事。

司马光在这里有很长的一段评论——"臣光曰"。他说了一番道理,对于领导人来说,什么才是最重要的? 有才有德是圣人,无才无德是愚人,德胜于才是君子,才胜于德是小人。他说如果得不到圣人,得不到君子,与其得一个小人,还不如得一个愚人呢。为什么呢? 因为小人本事太大了,他一使起坏,那可让人受不了;愚人没什么本事,想干坏事也干不成。他意思是说,智伯是才胜于德,是小人,所以他当领导以后,就出事了。

▲ 对于领导人来说,什么才是最重要的?

这段评论里有司马光对他那个时代,也就是王安石变法事件的影射,他甚至有激愤之词。人性到底是恶还是善,孟子和荀子都争论不清楚。就今天的角度来看,与领导者的个人道德相比,制度对权力的约束更根本。但是在制度对权力的约束下,选择什么人当接班人,人品高下还是重要的。

▲ 在制度对权力的约束下,选择什么人当接班人,人品高下还是重要的。

司马光对领导者修炼有很系统的看法。

他曾经跟宋神宗谈到,人君即领导者,领导素质有三个标准:仁、明、武。什么是仁? 仁就是懂政治,善于把政治

▲ 领导素质有三个标准:仁、明、武。

▲ 什么是仁？仁就是懂政治，善于把政治理想濡化为社会的共识，同时还得发展生产、重视民生、育万物、养百姓。

理想濡化为社会的共识，同时还得发展生产、重视民生、育万物、养百姓，这样才能得到老百姓的真心拥戴。智伯行事，考虑的只有自己的私利，刚愎自用，不仁之名当之无愧。

但是我们要进一步问，是不是魏、赵、韩三家就不贪婪，就比智氏更有德呢？恐怕也不尽然。可是我们有一点是看得出来的，赵襄子懂得城池固然重要，物资重要，但是人心的拥戴才是最重要的。这说明，赵襄子比智伯更懂政治。

智伯的问题，其实在他被选为接班人的时候，就暴露出来了。因为智伯那五个优点，都是匹夫之能，都不是领导应有的能耐，以"官人"为能，安排正确的人做正确的事，这是领导者的能耐。从今天的角度来讲，智伯的能耐是做事的本事，不是当领导的本事。领导不比具体做事的本事，领导比的是，你能不能有本事让别人为你去干事，今天把这个本事叫作领导力。智伯恰恰缺乏领导力。领导力最重要的体现是人们愿意跟你干，愿意跟你走。可是智伯不行，智伯狂妄霸道，而且误判形势，轻视对手，决策上不明是非，不能听缔疵的正确谏言，这都是领导者的大忌。与智伯相反，赵襄子在被父亲选为接班人的时候，就表现出过人的机敏和细致。

▲ 安排正确的人做正确的事，这是领导者的能耐。

当然智伯犯的错误，不光包括战略层面，还有战术层面的。说话不谨慎，行为太张狂，招来另外两家，曾经是自己盟友的韩、魏的疑忌。这个临时统一战线解体以后，本来是三对一的优势，变成了一对三的劣势，智伯焉得不败？其实，智伯也曾立有赫赫战功，为智氏家族威望的确立，也曾立下过汗马功劳，他最终的覆亡结局，与狂妄自大很有关系。

▲ 智伯犯的错误，不光包括战略层面，还有战术层面的。

总之，智伯的故事告诉我们：一个领导者应有的素质和领导能力是带好队伍，不光自己要谦虚谨慎地处理国务政务，而且要让手下的人愿意跟你走，愿意为你做事。《资治通鉴》之所以从智伯开始，固然跟三家分晋的时代有关系，同时，也要看到，因为《资治通鉴》是给皇帝看的书，尤其需要提醒皇帝：怎么带队伍，怎么管理他的这个团队。智伯就是一个很典型的反面例证。对于皇帝来说，他一定要看到这么一个前车之鉴，让他觉得我必须提醒自己，不能再重蹈智伯的覆辙。

二　魏国崛起

战国初期，最先崛起的是魏国。战国时期的魏国曾经是历史上很重要的国家。所以我们发现在秦朝以后，很多政权国号称"魏"：曹魏、北魏、东魏、西魏等，还有冉魏——冉闵建立的那个魏。

魏国崛起的原因是多方面的。从天时来说，当时的周边国家，秦国还在沉睡，齐、楚两国的国君，都还不是很有作为的，有的还处于内乱，魏国则四周无强敌；从地利优势来说，魏国的国都，在今天的山西夏县，属于运城地区，魏国横跨黄河河东河西，大体是今天的山西南部、河南北部，以及河北和陕西的部分地方，都是当时经济文化最发达的地区；最重要的因素是人和，魏文侯、魏武侯父子两代国君，在开国之后数十年，积极有为，励精图治，讲信修睦，使魏国成为强势大国。

那我们先讲讲魏国人和的条件。

首先是外部的人和，在外交政策上，魏文侯致力于三晋结盟，共同化解周边其他国家对他们的压力。韩国借师要打赵国，赵国也来借师打韩国，魏文侯采取和事佬态度，对韩国说赵国是我的兄弟之国，我怎么能跟你一起打赵国呢；又对赵国说韩国是我的兄弟之国，我怎么能跟你一起打韩国呢？这两个国家都很生气，你不帮助我。后来他们明白了，原来魏文侯目的是想让两家结盟修好，所以都尊魏文侯为盟主。魏文侯初年，三家结盟，"诸侯莫能与之争"，《资治通鉴》卷一这样记载。

其次是内部改革达成的人和。化解内部矛盾，注意在意识形态上儒法并用、不拘一格地招揽人才，同时调解各方面的利益关系。

战国是个改革的时代，而改革的发轫就在三晋。魏文侯首用李克（又名李悝），他的变法宗旨就是：尽地力之教，鼓励农耕。他颁布了《法经》，主要是维护财产秩序和社会秩序。《法经》曾经是商鞅在秦国改革的一个起点。李克很务实，儒法兼修，可能跟子夏学习过一段时间。我们知道子夏是孔子的学生，叫卜商，子夏是他的字，也有人称他卜子夏，据说他参与编纂了《论语》。

《资治通鉴》和《史记》中都曾津津乐道李克的一件轶事。有一天魏文侯向李克请教国相的人选，说："先生总跟我讲'家贫思良妻，国乱思良相'。我现在选相，魏成和翟璜这两个人选,你看哪一个更合适呢?"李克说:"我的地位比他们低,而且身处宫门之外,怎么能谈论朝堂之上相国的人选呢?"魏文侯说:"先生临事勿让。"你就不要推辞了。于是李克授人以渔,教了魏文侯一个选人的方法,并没具体说某个人选。他说:"我们选人,通常看五个方面:平常看这个人跟什么人来往,富贵的时候看他跟什么人结交,显赫的时候看他保荐什么人,困顿、官运不济的时候看他哪些事情不做,贫穷时看他哪些不谋取。通过观察他的行为,看他的为人。按照这个去选人,您就知道该选谁了。"魏文侯明白了,说:"先生你回家吧,我知道该选谁了。"

其实这五条标准,在春秋战国时代,有各种不同版本,后来的《贞观政要》里面,唐太宗和魏徵也谈到这事。所以中国历史上,很多人讲过这话,李克不是第一个讲,也不是最后一个讲。

李克一出门就碰到翟璜了,他可是翟璜推荐给魏文侯的,所以翟璜笑眯眯地问:"听说今天国君为拜相一事,征求您的意见,不知道结果怎么样啊?"李克当初幸好没有指出张三李四,否则人家马上就知道了,没有瞒得住的事。翟璜心想:你是我推荐的,你肯定为我说话了。李克说:"我猜国君会选魏成的。"翟璜听后马上就变脸了,愤愤不平地说:"我哪一点比不上魏成?"言下之意是说,你还是我推荐的呢。

那么,魏成和翟璜,他们的差别在哪儿呢?据史书上记载:魏成把自己大部分的俸禄都用来搜罗人才,他给国君推荐的最主要的几个人才——卜子夏、段干木和田子方,这

▲ 选人,通常看五个方面:平常看这个人跟什么人来往,富贵的时候看他跟什么人结交,显赫的时候看他保荐什么人,困顿、官运不济的时候看他哪些事情不做,贫穷时看他哪些不谋取。

几个人都是大名鼎鼎的儒门高手。卜子夏是孔子的得意门生，是孔子学生里面年纪比较小却非常优秀的学生，据说他以文学见长，很多人认为，《论语》就是他率领其门人编纂的。子夏在魏国讲学，建立西河学派，在西河设帐授徒，其中不乏经世之才。魏文侯跟着子夏学习经国之道，向隐居的段干木请教治国之方，而且还聘请田子方为自己的客卿。田子方是子贡的学生，子贡就是端木赐，也是孔子的爱徒。魏文侯向这些大儒学习，引起当时诸侯震动，魏文侯名声盛于一时。

▲ 魏文侯向当时大儒虚心学习，受到各诸侯尊敬。

司马迁在《史记·魏世家》中曾经记载，当时秦人想攻打魏国，有人劝秦国放弃，说魏的国君仁爱国人，重用贤士，上下和睦，不能打他的主意。魏文侯重用这些重要的儒门高手，在当时的战国时代，是非常引人瞩目的，让诸侯觉得，不能对他打主意。

翟璜也向国君推荐了一些人才。比如说西河郡守名将吴起，邺地的治国能臣西门豹——西门豹治邺，我们小时候也学过这个故事。又比如说，攻下中山国的大将乐羊，在中山担任首相的李克，以及太子老师屈侯鲋。文臣武将，各有所长。魏文侯治国用两类人才，一类是卜子夏、段干木、田子方，这样的有道德操守，有广阔视野，追求修身、齐家、治国、平天下的人，他们是帝王之师。而李克、吴起、乐羊这些人，在不同岗位上，各司其职，他们也是非常优秀的干才。

▲ 魏文侯治国用两类人才，一类是有道德、有境界的帝王之师，另一类是有实际业务能力的专业人才。

所以李克就跟翟璜讲："不错，你和魏成都推荐过很多人才，可是魏成推荐的人才，我们国君都拿来做老师，如田子方、段干木、卜子夏；你推荐的人才，我们国君都拿来做大臣,让他们去做事,你的眼界还是比人家差一点。"翟璜认同了李克的说法,为先前的鲁莽向李克道歉。

其实治国理政需要各种人才。"五常异禀,百行殊轨,能有兼偏,知有长短。"李克的话告诉我们:国君不仅需要各行各业的干才,比如西河郡守吴起、攻打中山的乐羊、变法治国的李克等,但是更需要能帮助他提升境界格局的人才。

下面的两则故事,也说明这一点。

有一次魏文侯宴请田子方,欣赏音乐。魏文侯说音乐好像不太对称,"钟声不比,左高",就是编钟的左右两边声音不对称,好像左边声音高一点。田子方就笑了,没吱声。魏文侯很迷惑,问:"你笑什么,难道不是这样的吗?"田子方说:"君明乐官,不明乐音。今君审于音,臣恐其聋于官也。"就是说,为国君的应该致力辨别官员,就是你需要明察担任官职的这个人是否称职,而不是亲自干预这个官职的具体业务。现在以你对声音的评论,我担心你对官员也是如此。他的意思是说什么呢,为君之道无非是用人、任事,你用人、他任事,你的重点是用人是否合适,不应该做机械式的品头论足,这个事情应该由考核部门来做。你这样直接插手他的工作的话,第一未必能有好的效果——你能插手是因为你的权力而不是你的能力,第二影响他的执行力。田子方不愧是子贡的高徒,他不是个书呆子,他深谙领导之术。

还有一个故事。魏文侯的嗣子,就是太子魏击,在路上碰到田子方,赶紧下车向田先生施礼,田子方没有还礼,扬

▲ 国君不仅需要各行各业的干才,更需要能帮助他提升境界格局的人才。

▲ 为君之道无非是用人、任事,你用人、他任事,你的重点是用人是否合适,不应该做机械式的品头论足。

15

▲ 富贵者骄人乎? 贫贱者骄人乎?

长而去。魏击就不高兴了,他冲着田子方大喊:"富贵者骄人乎? 贫贱者骄人乎?"是富贵者值得高傲还是贫贱者值得高傲呢? 这个太子,向有知识的前辈表示谦卑,这是有教养的表现,但他并不觉得你怎么样,并不觉得你如何高贵,而是觉得这只是一个形式,所以一旦没有得到还礼,他就骂起来。"富贵者骄人乎? 贫贱者骄人乎?"言下之意,就是说我给你施礼是看得起你,你还不理我,在我面前,你有什么可以高傲的呢?

田子方回答:"当然贫贱者值得高傲了,你富贵者怎么能高傲? 你是诸侯,高傲失其国;你是大夫,傲慢失其家。你的封地都没了,高傲个什么呢? 权位这东西,失去容易得到难呐! 我贫贱之人,言不听计不从,穿着鞋拔腿就走,到哪儿不是贫贱呢?"魏击就是后来的魏武侯,好像被当头棒喝了一下,赶紧向田子方谢罪。后来他父亲告诉他,田先生是在用这个方法教育你呢。

▲ 真正优秀的人才,应该比别人更加谦卑。

田子方的道理告诉我们:真正优秀的人才,应该比别人更加谦卑。有担当、有事业、有未来的人,或者将来可以成为领袖的人物,应该比别人更自律。

在罗马元老院里,有一次恺撒演讲,他说:位高权重者发脾气,人家会说他很狂妄;普通人发脾气,别人会说这个人脾气怎么这么大呢? 位高权重者做事低调,大家会说这么位高权重还谦卑低调,美德呀美德;普通一无所有的人如果低调,大家会说他一无所有,不低调又能如何? 一个成功的人士,一个对未来有期待有前途的人,谦卑、低调是他人生的通行证。相反,倒是那些芸芸众生,谦卑不谦卑,反倒

▲ 一个成功的人士,一个对未来有期待有前途的人,谦卑、低调是他人生的通行证。

无所谓的。所以，田子方实际上是在教育这位太子。

无论是跟魏文侯讲"君明乐官，不明乐音"，还是跟魏击讲富贵与贫贱者谁能"骄人"，田子方都在境界格局上帮助国君，而不是在操作层面为国君把什么事做成。

所以这就是李克讲的，为什么魏成要比翟璜眼光更高一筹的道理。

三　吴起悲剧

吴起，生于富家，早年为求官耗尽家产，遭人耻笑，他一怒之下杀三十余人后逃出。与母亲诀别时他说："若不为卿相，誓不回卫国。"之后跟随曾申（曾参之子）学习儒术。因母病逝拒绝奔丧，曾申怒其不孝，断绝师生关系。于是吴起弃儒学兵，成为战国名将，跟春秋时代的孙武（《孙子兵法》作者）齐名。《史记》中的《孙吴列传》，就是孙武和吴起的合传。

吴起出生于卫国。那时候的卫国已经衰落了，是魏国的附庸。吴起的一生是个悲剧，在家乡的时候，他是个愤青；在鲁国的时候被视为小人，见利忘义；在魏国他是很能干的一个政治家、军事家，却遭人排挤；在楚国却由于改革而死于非命。其实，吴起这一生的悲剧，在青少年时代就埋下了种子。

吴起的家族应该是一个没有什么政治身份的商民家

▲ 吴起这一生的悲剧，在青少年时代就埋下了种子。

庭,可能有钱,但是没有政治身份。春秋战国时,贵族世袭尊位的制度,开始被打破,得有本事才能上位。在这个变革时代,吴起想有所作为,也想做官,于是游仕求官,耗尽了家财,可是他官没做成,还遭人耻笑。一怒之下,他杀了那些嘲笑他的人,逃离了家乡。临行之前,吴起跟母亲说:"不为卿相,誓不回卫国。"颇有一点不达目的,绝不罢休的架势。

吴起最早来到鲁国。鲁国跟卫国关系比较密切,孔子的学生,出身鲁国、卫国、宋国的也比较多。吴起求学于曾申。《资治通鉴》写的是"曾参",实际上不是曾参,曾参是曾申的父亲,钱穆《先秦诸子系年》里对此有考订。后来吴起的母亲去世了,吴起因为这时候还没有混出名堂来,更不是卿相,他就不回去奔丧。因为他跟母亲说过,不为卿相誓不回国。但这是小信,小的信用。曾申是什么人?曾申是大儒,是曾参的儿子啊!据说《孝经》这部书,就是他父亲曾参编的。曾申怒吴起不孝,不奔母丧,于是和他断绝了师生关系。

吴起转而学兵家,并在鲁国就业。周威烈王十四年(前412),齐国来攻打鲁国,"鲁人患之",不知道怎么办。鲁国想要吴起带兵抗敌,但因为吴起的老婆是齐国人,鲁国担心吴起抹不开这个亲情的面子来保卫鲁国。吴起为了表明自己的决心,居然杀妻求将,最后率领鲁国军队,大败强大的齐国。这时,就有嫉妒吴起的人,以卫道士的身份,出来说话了,他们跟鲁国的国君说,吴起这个人缺德,是个小人,母死不奔丧,曾申不认他这个学生了;现在又杀妻以求为君之将,残忍之极呀;鲁国是个区区小国,却有战胜大国的名声,其他诸侯一定会算计我们呀。鲁国国君受到蛊惑,居然免去了吴起的职务。

吴起黯然离开鲁国。尽管有赫赫战功在身,因有嫉妒的人在领导面前说他坏话,领导就相信了。凡是有人向领导说坏话的,不外乎有两个特点:一半是真的,一半是假的。没有真的,不足以让人相信;没有假的,不足以把你置于死地。吴起确实有缺点,杀妻求将,母死不奔丧,道德有欠缺。但是说吴起带着弱小的鲁国军队,打败了强大的齐国,会使得诸侯来讨伐鲁国,这个话就似是而非了。

吴起的问题,出在什么地方呢?他不知道,建功立业也是需要环境的,鲁国是孔子的故乡,道德至上,你在这个地方建功立业,不讲道德,那你就待不下去了。

吴起的第二份工作是在魏国。魏文侯用人不拘一格,他向李克了解吴起是什么人,李克说,这个人的军事才能,不亚于春秋名将司马穰苴。于是,魏文侯就让吴起带兵了。司马穰苴治军法令严明,而且跟士卒同甘共苦,关心士卒的生活,所以司马穰苴能够让士兵为他去冲锋陷阵,并取得胜利。吴起在魏国带兵,就对司马穰苴进行了活学活用:他与最低下的士卒同饮食,夜不睡专门的床席,行不坐车乘;亲自带着干粮,和士兵一块儿行军;有的士卒生了脓疮,吴起亲自为其吮疮,把脓血挤出来给他治好,三军将士无不感激。可是这位士兵的母亲,听了以后却不禁垂泪了。邻居们就问:"吴将军这么关怀你家当兵的儿子,您应该感到欣慰啊,你怎么难过起来了?"这位妈妈伤心地说:"你不知道,当年他父亲也在吴起手下当兵,吴将军也亲自吮其脓疮,孩子父亲冲锋在前,战不还家,死在疆场上了;如今吴将军又

▲ 吴起的问题,出在什么地方呢?他不知道,建功立业也需要环境。

▲ 吴起在魏国带兵,与士卒同甘共苦,三军将士无不感激。

为我儿子吮脓血治脓疮，我担心这个孩子，将来也会为吴将军一股劲地往前冲，最后死在疆场上。"吴起是懂带队伍的人，知道怎么赢得人心，比较我们前面讲的智伯不仁，完全是另外一个类型。吴起带兵不但讲政治，而且讲制度。据《尉缭子》里面记载：吴起出兵，有一个十分勇敢的士兵，在没有下达进攻命令的时候，就冲出去了，斩获了敌人两个首级，吴起为了严肃军纪，以违抗军令处死了这个士兵。吴起还加强军事训练，他训练的"武卒"（特种兵），有严格的体能标准，战斗力特别强。吴起曾用训练有素的五万武卒，打败五十万秦军，取得西河之地，威名远扬。所以吴起确实是非常优秀的人才。

▲ 吴起带兵不但讲政治，而且讲制度。

周安王六年（前396），魏文侯去世，其子魏击魏武侯即位。当时相位空缺，大家都看好吴起，认为他是最好的人选，可是结果却任命了田文为相。这个田文跟战国后期孟尝君那个田文不是一回事。吴起很不高兴，他找田文来问："我想跟你比比功劳，带兵打仗你能跟我比吗？治国安邦你能跟我比吗？镇守一方你能跟我比吗？"田文回答说："我都比不上。"于是吴起就问："既然你什么都不如我，为什么你的职位却在我之上呢？"此时田文平静地说："如今主少国疑，大臣未服，百姓不信，在这种情况下，是由我出来任相合适还是你出来任相合适呢？"吴起"默然良久"，在那儿沉思很久：是啊，到底是我出来合适，还是他出来合适呢？最后他承认"属之子"，应该是你出来任相职。

▲ 吴起是个自视甚高的人，究竟是什么原因使他认为平庸的田文应该超越自己，出来主持国政呢？

吴起是个自视甚高的人，究竟是什么原因使他认为平庸的田文应该超越自己，出来主持国政呢？也许他知道，自己本事大、业绩高,能力超群,招人嫉妒;也许他明白,自己强硬果敢的处事风格,会让现有既得利益格局被打破,因此得不到人的拥戴。其实我们考证,这时的魏武侯并不是少主了,并不那么年轻,但是不管如何,事实是魏武侯没有用吴起为相。吴起的甘居下位,甘拜下风,也没换来他安全的生存环境,继田文为相的是公叔痤。公叔痤娶了魏国的公主,按照后来的说法,就是驸马了。他很忌惮吴起,觉得吴起的本事比自己大,所以他策划把吴起挤走。

吴起怎么被一个本事比自己小的人挤走的呢?公叔痤部下有一个门客,给他出了一个连环套的主意。他说:"你先向国君提议,吴起这个人有本事,是大牛人,你的国家小,不是大国,他未必愿意一直留下来干,你不妨试试,你把公主嫁给他,看他是不是想留——他要是想留在魏国,一定乐意娶公主;他要是不想留,他肯定就推辞。"此人接着又出主意:之后你再邀请吴起到你家去做客,你的妻子不是公主吗,你让你的公主妻子像母老虎一般强势地对待你,把你不当人看,不尊重你,故意表现出"气管炎"(妻管严)的样子,吴起一看娶公主做老婆,原来这么难受,这么窝囊,他一定断然拒绝魏国国君要把公主嫁给他的好意。公叔痤照门客说的这么去做,果然,魏武侯想把公主嫁给吴起,吴起害怕公主太厉害,得不到自由,就拒绝了。这一拒绝,魏武侯就怀疑吴起的忠诚。领导怀疑你,担心你,这是很危险的,尤其是那个时代。吴起害怕因此被杀,就含着热泪逃离了魏国。临行之前他说,魏国从此要走向衰落了,河西之地也很可能被日益强大的秦国夺走。这个时候秦国正处在秦献公

▲ 领导怀疑你,担心你,这是很危险的,尤其是那个时代。

21

的时候，是商鞅变法的前夜。

吴起来到了楚国，楚悼王"久闻其贤"。什么意思呢，过去吴起带着魏国的军队，打得楚悼王满地找牙，他找各诸侯国来帮自己的忙，才避免了狼狈，现在吴起居然来了。楚悼王不计前嫌，热烈欢迎吴起的到来。他先让吴起在宛（今河南南阳）当了一段地方长官，然后直接提拔为令尹，就是国相。吴起终于如愿以偿，少年时代担任卿相的梦想实现了。

吴起帮助楚悼王改革。他首先向既得利益集团开刀，一针见血地提出：楚国的毛病在哪儿？就在大臣太重、封君太众。大臣的权力太重，封君的人数太多，贵族有太多的权和利，有太多的资源被他们占用了，所以国贫兵弱。怎么改变这个局面呢？他的改革方案提出废除世袭特权，他规定封君过了三代，就要没收他们原有的爵禄，用这些土地和财产，来奖励那些有战功的人。这一措施是为了解决分配不公，提高楚国将士对外扩张的积极性。吴起把贵族迁到边远地区，去垦荒开发，这样一方面使广阔疆域得到有效利用，另一方面也削弱了贵族的势力。吴起的改革是抓住了

要害，所以改革也见到了成效：南平百越，北却三晋，西伐秦，重振了楚国的国威，一改被诸侯蚕食的弱势。

但是大家发现了吧，吴起一下子就得罪了庞大的既得利益群体，削减他们的待遇，贵族下乡皆甚苦之，"楚之贵戚多怨吴起者"。周安王二十一年（前381），楚悼王薨，贵戚大臣作乱，攻吴起，吴起被射死于乱箭之下，楚国的改革亦随之夭折了。

吴起从鲁到魏到楚，在哪儿都做出业绩，最后不是待不

住就是被杀，吴起的命运，确实引人深思。

吴起很有个性。司马迁的用词是"节廉而自喜名也"，司马光的用词是"刚劲自喜"。这种评价包括两层意思：第一，有原则的坚守，"节廉刚劲"；第二，不大通人情，自视甚高，所谓"自喜名也"。吴起的人生目的是誓为卿相，对目标非常执拗，加上性格刚硬，这铸就了吴起人生的悲剧。我们常说，为人处事应该刚柔兼济。刚，是意志坚定，不一定指的是用拳头、用武力，而是要有意志，要内刚。内刚外柔，就是你要有原则，有坚守，但外柔，即手段可以柔软。《史记》讲道家处世的长处，是"与时迁移，应物变化，立俗施事，无所不宜"，就是说人要善于变通，不要脑子一根筋。其实世界上许多事情，不是我们完全靠主观努力就能够解决的，如果你不能因势利导，随机应变，你很可能就要碰壁。所以既要目标坚定，又要步履稳妥，这是成事者应有的风度。

吴起的性格是如此，但是决定命运的不仅仅是性格。木秀风摧，行高人非，这是普遍的社会现实。吴起为公叔痤所排挤，后来白起为范雎所忌惮。英雄时舛，红颜薄命。这时我们就该懂得，谦卑是人生的护身符。《周易》有一卦叫谦卦，这个谦卦是唯一没有灾咎的卦，天道，地道，人道，鬼神之道，都讨厌狂妄自满，而喜欢谦。谦，君子之终也。所以吴起的张扬，吴起的强悍，也是他受人忌惮的一个原因。

可是问题的复杂在于，嫉妒英雄的人并不都是狗熊，并不都是十恶不赦的坏蛋。你看看公叔痤，他后来曾极力向魏惠王推荐卫鞅；范雎辅佐秦昭王，功业卓著，远交近攻的外交政策是他提出来的。所以复杂就复杂在这里，往往嫉

▲ 吴起的人生目的是誓为卿相，对目标非常执拗，加上性格刚硬，这铸就了吴起人生的悲剧。

▲ 既要目标坚定，又要步履稳妥，这是成事者应有的风度。

▲ 谦卑是人生的护身符。

23

妒你的人，排挤你的人，未必是脸谱化的坏人。所以吴起的问题，有性格的问题，有环境的问题，有时代的问题。我们无法改变环境来适应我们自己，我们只能改变我们能改变的。当然，换一个角度考虑，从用人的角度来说，我们不能否定吴起是个天才，也是很有才干的政治家，曹操就曾赞扬吴起：吴起在魏，秦人不敢东向；在楚，三晋不敢南谋。谁手下有吴起这样的人才，谁都能建功立业，因此能否爱护、保护和用好像吴起这样处世不足但确实有本事的能人，这对我们事业成败至关重要，也是考验一个领导干部，识人用人能力的试金石。

（参见《资治通鉴》卷一）

▲ 能否爱护、保护和用好像吴起这样处世不足、但确实有本事的能人，是考验一个领导干部，识人用人能力的试金石。

第二讲　商鞅变法

商鞅变法在中国历史上的意义，怎么估计也不会过高。它不但奠定了秦国统一的制度根基，而且对之后两千多年中国的政治、社会都产生了深远的影响。谭嗣同说过："两千年来之政，秦政也。"毛泽东也讲："百代都行秦政法。"

商鞅变法提倡的价值观，即不断地努力工作就能改变自己身份的观念，把大家的欲望都释放出来了，对成功的欲望，对财富的欲望等。如何掌控这种欲望，就成了贾谊《过秦论》及后世执政者一直在探讨的根本要旨。

战国时期,政治风云变幻莫测,波谲云诡。变法,始终是这个时代的最强音。魏国李克(李悝)的变法、楚国吴起的变法,韩国韩昭侯时代,申不害的变法,以及秦孝公时代的商鞅变法,都是在国君的支持下,力图变革现行制度的伟大事件。在这些变法中,商鞅变法的影响最为深远,它不但奠定了秦国统一的制度根基,而且对之后两千多年中国的政治、社会都产生了深远的影响。

谭嗣同说过:"两千年来之政,秦政也。"毛泽东也讲:"百代都行秦政法。"秦政就是商鞅时代变法的政治。

▲ 两千年来之政,秦政也。百代都行秦政法。

秦统一中国前的历史,有五百五十年,分三个大的发展阶段:

第一,秦襄公护送周平王东迁有功,秦始建国。周平王元年(前770),由于周幽王烽火戏诸侯,被戎狄所杀,他的儿子周平王东迁洛阳,西周的镐京成了一片废墟。秦国的祖先,本来是周王室的西陲大夫,因为护送平王东迁有功,升格为诸侯,始建秦国。可以说,秦建国是比较晚的,比晋国、齐国、燕国都晚。

第二,秦建国大约一百多年后,秦穆公称霸。称霸的标志,一方面采纳了原本出自西戎的一个叫由余的大臣的建议,灭掉很多戎狄小国,史称"开地千里";另一方面重用中

27

原地区的蹇叔、百里奚等贤人，吸收中原文化，一跃发展成为仅次于晋国、楚国、齐国的二等强国。

第三，在秦建国四百多年之后，即周显王十年（前359），秦孝公用商鞅变法。从此进入发展的快车道。

秦孝公名渠梁，是秦献公的第二个儿子。秦献公是一个励精图治的国君，他觉得大儿子不行，就把位子传给了二儿子，也就是秦孝公。秦孝公即位时不到二十岁，非常年轻，他想恢复春秋五霸之一秦穆公时代的霸业，因此致力于国家的改革。商鞅就是这个时期来到秦国的。

一　去魏投秦

商鞅，本名卫鞅，他跟吴起都是卫国人，不过他是卫国宗室的庶出，所以又称公孙鞅，是卫国国君的后代。最初，商鞅在魏国的公叔痤门下。公叔痤是魏武侯时候的相，就是挤走吴起的那位。商鞅在公叔痤手下当侍从官，当时叫中庶子。周显王七年，魏惠王八年（前362），公叔痤曾率魏国大军，击败韩、赵联军，魏惠王亲自郊迎，公叔痤谦逊地说："我军的胜利不是我的功劳，全赖当年吴起培养的勇猛善战的武卒。"这句迟到的公道话，为吴起的后人带来二十万亩土地的赏赐，可是对吴起本人来说，已经没什么意义了。

第二年，公叔痤就病逝了。"人之将死，其言也善"，公叔痤在临死前,向魏惠王极力推荐商鞅。可是魏惠王觉得中庶子级别太低,怎么可能让他接手相位呢。魏惠王可能想:"这个相也不都是你家的人当的,你当相就罢了,你不在了,还让你家门客当相,岂有此理!"这个史书上没讲,是我的猜测。因为魏惠王不肯听公叔痤的建议,公叔痤甚至说出很极端的话:"不用之,即杀之。"因为他认为如果商鞅跑到别的国家去,将是魏国的后患。魏惠王理都懒得理,他认为公叔痤病得很重,颠三倒四,神志昏聩,一会让重用商鞅,一会又让杀商鞅。商鞅也没听从公叔痤的建议赶紧逃走,他认为魏王不会用他就不会杀他。

公叔痤死后,商鞅等于失业了,在魏国赋闲一段时间。不久,秦孝公的求贤令传来,商鞅于是到秦国来找工作,找出路。

与秦孝公执政同一时代,东方诸国有齐威王、楚宣王、魏惠王、韩懿侯、赵成侯等,当时山东六国,即战国六雄已经形成。楚国、韩国跟秦国接壤,魏国占有原本属于秦国的河西之地。河西之地是哪里呢?就是黄河拐弯处往北,再往西。河东,就是今天的运城;河西,是今天的西安往北、陕北往南的地方,吴起当初曾攻占这里并开始治理。所以说,六国这时候已经非常强盛,他们有点欺负秦国。《资治通鉴》记载秦孝公《求贤令》说:"皆以夷翟遇秦,摈斥之,不得与中国之会盟。"秦国在这时候受到歧视,主要是因为秦孝公以前几代,秦国政治上不稳定,有内乱,几代国君享年不永,有的在政治上又很荒唐等。

商鞅听说秦孝公要求贤,他就投奔到秦国来了,通过孝公身边的一个宠臣景监,见到秦孝公。景监出使过魏国,在魏国公叔痤接见使臣的时候,他跟商鞅见过面,算是熟人。最初,商鞅跟秦孝公谈帝道、谈王道、谈霸道,秦孝公都打瞌睡,几次都是如此,得不到孝公的重视。后来,商鞅改变策略,就跟他谈富国强兵之策。秦孝公大喜,两人畅谈了几天几夜。商鞅的变法主张,感动了圣心,秦孝公于是安排他与国内的保守派官员辩论变法利弊。辩论持续了很久,虽然没说服保守派,但保守派也说服不了他。其实我想,秦孝公也是用这个办法,建立自己的信心,让商鞅把变法的道理讲清楚。从《商君书》和《史记》的材料来看——这两本书的记载比《资治通鉴》上写得全面一点——秦孝公当时是主动把这些人找来,说他想变法,让他们谈谈要不要变法,怎么来变法。所以变法的主导者,其实是秦孝公。

二　立信变法

商鞅变法分两个阶段。

周显王十年,即公元前359年,商鞅公布了变法的第一套改革措施,这是第一阶段。

首先是基础制度建设。包括基层什伍保甲组织的建设,治安联保制度的建设。其实这个制度在秦献公时候就有了。秦献公时代,就有对社会管控的一些基层体系,商鞅不过使它更加完善了而已。这套东西是极具中国特色的——中国国家治理结构的特色,就是保甲、乡里、乡村、乡镇。这套国家管理体系,春秋管仲是始作俑者,到商鞅时更加完善。

其次,是建立一套奖励耕战的激励制度。这个制度其实就是一个产业导向、资源导向,即国家资源要往哪儿去推动,是耕还是战。商鞅告诉大家,人一生就两件事儿,一个是打仗,一个是种地。那么怎么让大家都去打仗种地呢?那就是立功受奖。如果不干这个,不打仗种地,而是去干别的事儿,那就受穷受苦,官府会收你为奴。

▲ 建立一套奖励耕战的激励制度。这个制度其实就是一个产业导向、资源导向。

商鞅这套制度,我觉得有几个值得注意的地方。一方面是价值观的提倡,就是说不断地努力工作,打仗、种地,你就能改变自己的身份。它很早就打通了平民通向贵族的通道。西方不是这样的,西方长时期是等级制、世袭制,近代资产阶级革命要革什么命呢,就是革贵族制度的命,要平等,而且通过各种制度要通向平等,这是资产阶级革命时代的事。可是在两千多年前,中国的商鞅就说了,血统不重要,自己有本事最重要。有什么本事呢,一个是打仗的本事,一个是种田的本事。为此,另外一个方面,就是限制贵族的特权。贵族如果没有军功,那你的户籍就不能算在国君的宗族里面,而且一个人的所有待遇,都是靠你的爵位来决定。总共有二十等爵,爵只有通过战争打仗才能获得。爵位不一样,获得的待遇也不一样,包括住的房子、穿的衣服、家里的佣人,都不一样。因此有功的人,尽享荣华富贵;没有功的人,有钱也没处花。宗室没有军功,就不能当贵

▲ 商鞅这套制度,很早就打通了平民通向贵族的通道。

族;平民有了军功,可以得到富贵。

十年之后,商鞅推行第二套改革,这是第二阶段。

这次新的改革,秦国都城从雍迁到了咸阳。改革集中表现在行政、经济和社会几个层面。社会层面的改革,比如规定,孩子长到成人的年纪了,就要分家。分家析户,也是中国特色。我们总觉得日本跟中国很类似,其实在这方面,日本、欧洲跟中国都不一样,一个贵族怎么能称贵族呢? 父亲的东西都要传给儿子,但是传给儿子有一个问题要解决,有很多儿子怎么办呢? 欧洲和日本方式是都传给一个儿子,所以他的家业就不坠,就不会分散。中国人方式是分家,把家业分掉。一个英雄的爸爸生十个儿子,家业就分成十份了,这每个儿子再生十个,就分为一百份了。在日本和欧洲没有这种情况。

经济方面的改革是土地买卖制度。《汉书·食货志》里讲,商鞅"废井田,民得买卖"。井田制是一种土地占有制度,就是说贵族占有土地,庶民为他耕种土地,但是产权是不能转让的。商鞅废除井田,民得买卖,产权可以转移了,激发了劳动者生产的积极性。贵族之所以为贵族的第二个条件,就是土地归贵族所有,且不得买卖、不得分家。所以,中国的贵族制被商鞅打破了。商鞅确立的这个制度一直延续到后代,是中国历史的一个特色,这个特色是商鞅用制度的办法确立的。

贵族因为不是职业官僚,他在经济上有采邑的收入保障,不靠当官拿薪酬吃饭,因此它跟国君的关系就不一样,所以国君无法集权。商鞅打破了贵族制,就为君主集权奠定了基础。

商鞅还在赋役制度、经济制度和度量衡的标准上，做了很多的改革，都说商鞅变法重农抑商，其实这些措施，都有利于商业的发展。

总之，商鞅两手抓，两手都很硬。一手抓军事，能打胜仗，一手抓粮食生产，发展农业。"利出于地，名出于战。"什么意思呢？想要利益、财富，就从土地上去找；要想有名，有地位，就通过战争获得。所以把一切社会资源，都驱使到耕战方面去。

▲ "利出于地，名出于战。"把一切社会资源，都驱使到耕战方面去。

这个体制坚持实行了一百多年，一直到秦王嬴政统一了全中国。

商鞅变法从立法入手，所以信用是它最重要的一个特点。如果立法没人遵守，就说明政府没有信用，政府说的话不算数，所以商鞅有个"徙木立信"的典故。他把一根三丈高的木头放在市门之南，张榜告诉大家，谁能把这个木头从南门搬到北门，赏赐十金。十金是多少钱呢？那时候的金不是我们今天的黄金，大概是铜，十金相当于那个时代一个中等人家的全部财产。这么高的赏赐，这么简单的一份工作，所以老百姓议论纷纷，却没人相信。商鞅于是把赏金增加到五十金，秦民奔走相告，激动万分，大家都说，这简直是天上要掉馅饼了。有人就跃跃欲试，真的就把这个木头从南门搬到北门，结果马上被政府找去，当场兑现奖金。全国一片哗然，这个消息比什么传得都快，人们见面第一句话就讲这件事，原来政府说话是算数的。

▲ 商鞅变法从立法入手，所以信用是它最重要的一个特点。

政府守信的观念得到强化。商鞅于是晓谕百姓，你们别觉得失去了机会，别后悔，机会有的是。现在奖励耕战，你们就按照政府说的去做，机会自然就有了。

法令颁布了，那么执行它就必须赏罚分明，否则的话，大家还是不能遵守。我们知道商鞅的这个法令，有点类似吴起在楚国的情况，法令触犯了贵族的利益，所以自然有人出来反对。

▲ 该赏的赏，该罚的罚，使法律有尊严，所以商鞅的改革深入人心。

比如说，太子老师鼓动太子犯法，给商鞅出了个难题：要是对太子下手，那主公秦孝公能愿意吗？商鞅还没傻到这个程度。他说："太子犯法，因为他是储君，不可施之以刑，可是太子的老师要负责。"太子的师傅你是怎么教太子的？于是把太子的师傅公子虔、公孙贾加以刑罚，施以酷刑、脸上刺字。这下震慑了整个上层。而普通士兵百姓立功，立马兑现奖赏。这个做法，该赏的赏，该罚的罚，使法律有尊严，所以商鞅的改革深入人心。反对派把太子抬出来，不但没有阻碍变法，恰恰成就了商鞅。

▲ 商鞅变法不光有原则性，具体实施起来还有可操作性。

其实商鞅变法不光有原则性，具体实施起来还有可操作性。如果只是原则的抽象的规定，那么就很容易上下其手。商鞅不是，商鞅的变法非常具体。具体到什么程度呢？具体到你都难以想象。

我们从《史记》《资治通鉴》和《商君书》里面，都看不到变法的详细情况，但是睡虎地秦墓竹简给我们提供了一些详细内容。

比方说，农业管理方面，从播种开始，法律就规定，种稻子每亩地用种子二又三分之二斗；麦，每亩一斗；黍，即小米，每亩三分之二斗；菽，也就是豆类，每亩半斗。政府用法律来指导农民种田,使得科学的农业技术得到推广。政府对农田作物管理如此精细,令人叹为观止。

法律还规定,地方政府每年要以书面形式,定期详细汇报农作物的生长情况,包括受雨多少田亩,抽穗多少田亩,已开垦还没耕的多少田亩,受水旱之灾、病虫害影响的田亩受损情况,都要报告。

牛是农耕之本。每年正月、四月、七月、十月,举行一次耕牛的健美比赛,优胜者有赏,赏酒、赏干肉,还有一些徭役上的减免待遇。如果因饲养不善耕牛变瘦了,腰围每瘦一寸,养牛人要受到相应的处罚,比如笞刑。在乡里层面根据考核,优胜者有赏,低劣者要抽鞭子。驾车、畜役用的牛属官府所有,死亡要及时上报。如果一头牛中一年死亡三头以上,养牛人要受罚。还有,如果养了十头母牛,而其中六头不生小牛,那不但养牛人要受处罚,有关官吏也要受处罚。

还有军功授爵制度,也是非常具体的,爵位直接跟战争业绩挂钩,十分具体细致。比如说,士兵斩了敌人一个首级的,就可获得爵位,获得田宅,还有仆人。斩两个首级的,父母妻子都可以免罪,如果妻子是奴,马上就可以解除奴婢身份。奴婢本来是没有户口的,也就是说,你斩敌人两个首级,尔太太马上就有户口了。

在部队里吃饭的伙食标准也看这个。三级爵位的士兵,每天有粳米一斗,酱半升,菜羹一盘。二级爵位的士兵能吃到粗米,没爵位的能吃饱肚子就很好了。爵位不同,士兵的伙食标准都不一样。上等爵位的士兵,当然标准更高了。这种待遇上的差别,就是激励士兵拼命去杀敌。所以在秦国士兵的眼里,首级不是人头,首级就是房子,就是酱菜,就是下次吃饭会有更高的标准。

总之,商鞅变法这些措施,内容细致周密,具有系统性和可操作性。商鞅身亡之后,仍然能推行下去,说明它符合秦国的社会实际,具有可持续性。

三　商鞅之死

虽然如此,最后商鞅却仍然难逃脱吴起的命运,被车裂而亡,死于非命。

《史记》里是这样记载的,它比《资治通鉴》细节稍多一点。秦孝公去世后,秦惠王即位。当初被商鞅处罚的公子虔等人开始报复,诬告商君要谋反,秦惠王就发官令去追捕商鞅。跟吴起情况相似,楚悼王去世,就是吴起的末日。

秦孝公去世,那些当初反对商鞅的人,向新君报告说商鞅要谋反。这个新君就是原来的太子驷,当初他犯法,商鞅饶了他,处罚了他的老师。秦惠王发布逮捕令,商鞅带着家人逃跑。逃到关下,他想藏匿名姓投宿客舍。客舍前台的工作人员说:"商君之法,没有证件的人,住旅馆是不行的,那我们得受连坐之罪,您拿出证件来吧。"商鞅如果拿出身份证件,那不正好自投罗网嘛,所以他不敢拿。最终商鞅感慨道"嗟乎,为法之敝,一至此哉!"法律到了这个程度,连我都走投无路了。这说明商鞅的法令严格,他自己不敢拿出证件住旅馆，人家也不敢接纳他。

他逃到魏国，魏国不接纳他。最后他又回到秦国，被抓住，车裂而死。

在商鞅罹难前的五个月，有个叫赵良的熟人来看望他，并规劝他。商鞅说："你跟我说说，我的功劳跟当初春秋时代秦穆公的贤相百里奚比怎么样？"看来商鞅还是很自负的。赵良说："一千人对你阿谀奉承，不如有一个人跟你讲真话，我希望我能给你讲些真话，请你不要加害于我，行吗？"商鞅说："那当然，你说吧。"商鞅提到的这位百里奚，是三百多年前辅佐秦穆公的五羖大夫百里奚。百里奚曾在楚国云梦泽作牧人，秦穆公听说百里奚是个人才，又怕楚国不放，所以派人对楚国说，听说这个老头很会放牛，我给你五张公羊皮，你能不能把这个老头送给我。因此百里奚得名五羖大夫，羖就是公羊的意思。

▲ 千人之诺诺，不如一士之谔谔。

赵良说："你怎么能跟五羖大夫百里奚比呢？百里奚是楚国的普通百姓，穿着粗短的布衣服，给人家喂牛，秦穆公把他选拔上来，在万人之上。在秦国为上卿的六七年间，不但建功立业，而且实行德化。他担任秦国的卿大夫，平常不坐车，夏天不张华盖，足迹遍布国中，无须警车开道，无须武装防卫，功垂史册，德泽广布。五羖大夫死的时候，秦国男女老少，没有不怀念的，孩子们都不唱歌谣了。但是您呢，是通过秦孝公的宠臣景监的门路上来的，你执掌秦国的国政这么多年，本应该造福百姓，你却大擢公权，上加害于太子的老师，下施酷法于黎民百姓，招致很多怨恨，所以你每次出门，总得很多卫士保护你，没有军队护送，你就不敢出

▲ 恃德者昌，恃力者亡。君之危若朝露！

门,你的危险像早晨的露珠那样。"赵良劝商鞅放下已得的爵位,放下财富,赶紧给自己找个退路。

商鞅没有听进赵良的劝告,五个月后,果然被杀了。

▲ 商鞅变法在中国历史上的意义,怎么评价也不会过高。

商鞅变法在中国历史上的意义,怎么评价也不会过高。其实我们看看那个时代的西方,希腊罗马时期,特别是希腊时代的改革,与商鞅具有可比性的主要是雅典城邦的梭伦改革和伯利克里改革。

梭伦改革和伯利克里改革,都比商鞅变法要早一些,他们之间的可比性还是很强的。梭伦改革和伯利克里改革,注重工商业的发展;商鞅注重战争动员能力的提升和农业的发展。雅典改革的基本方向,在于权力的制衡,公民权利的保障;商鞅变法,注重中央权力的集中,社会管控能力的

▲ 无论是西方的改革,还是东方的改革,都是打破贵族血统制。

提升,不是制衡,是管控。但有一点是相同的,无论是西方的改革,还是东方的改革,都是打破贵族血统制,不按血统来。

梭伦改革突出的是按社会财富划分等级,就是说按照财产划等级。商鞅的二十等爵,是按照军功划分政治社会地位,商鞅改革鼓励去打仗,鼓励立军功,提升自己的社会政治地位。希腊人承认私有财产,鼓励私有财产,鼓励人民去创造财富。秦朝人被引导去埋首农田,政府奖励耕战。

梭伦改革规定,第一等级可以担任执政官、司库、财务官,比如财务大臣、财务部长这样的公职,以及其他的公职。第二等级,因为你的财产相对少,你不能担任司库,但可以担任其他公职,说明管财税的司库,对个人财产要求是比较

高的。第三等级，还可以担任一般的公职，第四等级就不能担任公职了，你最多可以当个陪审员。你看，西方的社会以财富来划分地位，古今一体，虽然今天表面上不这样讲，实际上社会是这么运作的。

▲ 西方的社会以财富来划分地位，古今一体。

客卿是秦国的一大亮点，是一道风景线。商鞅改革之后，从外来普通移民跻身卿相的客卿，就史不绝书，除他本人以外，张仪、范雎、蔡泽、吕不韦、李斯都是。秦国之所以成功，跟客卿有关系，平民通向政治的道路，似乎秦国比雅典更彻底。平民化的政治，导致的是没有任何势力，可以挑战君主的权力、君主的权威，它强化的就是中央君主的权威、君主的力量。所以这是中国的历史，社会都平民化了，没有人能够挑战君主社会。

▲ 秦国之所以成功，跟客卿有关系，平民通向政治的道路，似乎秦国比雅典更彻底。

可是在西方，雅典改革的平民化过程当中，它侧重于另外一个方面，即权力的制约和制衡。我们都知道贝壳投票法，就是说如果你这个执政官，在雅典权力太大了，大家可以通过贝壳投票，把你流放。没有任何理由，只是你的权力太大了，你的威信太高了，没有制约了。所以权力制约始终是西方念兹在兹，几千年政治理论和实践所追求的目标。所以它的平民化，从希腊时代改革起，直到近代以后，都是跟权力制约连在一起的。

▲ 雅典改革的平民化过程侧重于权力的制约和制衡。

中国的平民化，实际上恰恰是强化了中央的权威。由于平民化，大家没有权威，只有不断强化中央的权威，才能够阻遏混乱，才能维护社会的安定稳定，这是中西改革的不同。

▲ 中国的平民化，实际上恰恰是强化了中央的权威。

是什么差别造成这种不同呢？如果从历史上分析，不铺开去讨论,可以找到两点差别。

首先是产业的差别。地处关陇的秦国,是纯粹的农业为主,兼及畜牧业的国家,但实际上还是以农业为主。而雅典,希腊城邦则是面向海洋的,工商立国的,因此对各自产业发展思路不一样,重点也不一样。

还有人口和民众的差别。秦国的老百姓安土重迁,父祖相传,是世世代代住在那里的居民。而且公元前500年左右,雅典的人口,和秦国人口没法比,秦国的人口总数是五百万左右,那雅典最多的时候,成年男性公民有三万多人。而且跟秦国是本土居民不一样,雅典大多是伯罗奔尼撒半岛和北边来的移民。

这是两点差异,使得秦国与雅典城邦的改革重点就不一样,一个是重在发展农业,一个致力于发展工商业。一个更加集权,尽管也是打破贵族血统,平民化,按照你的军功,你的战功,来决定你的政治身份;一个是制约,权力平衡,打破贵族血统,按照财产来决定政治权利,出任公职的资格。

所以汉朝人讲,非功臣不侯,没有功,没有军功的话,不能封侯,这实际上是秦朝的老规矩。

商鞅变法对秦以后中国历史的发展有巨大影响。中国的历史,之所以跟西方发展不一样,商鞅变法是一个关键。当然商鞅变法不是无源之水,无本之木,它是从商周以来历史发展演变的结果,历史的涓涓溪流,到这个时候,塑造成一个制度的河床。特别是春秋战国以来的许多变化,集中表现为一种法律的形式,以持久地、依靠国家力量推动的方式展开,然后进一步通过秦的统一和汉承秦制推广开来。

我们刚才把商鞅变法，跟古希腊雅典城邦的伯利克里改革，或者跟梭伦改革进行了比较。你看伯利克里改革或梭伦改革，它表面上跟商鞅一样，都是打破血统，打破贵族制。但是希腊的改革，它打破血统后按什么来分配社会权力呢？按照财富。它的几个等级，是按照财富来分，财产最多的人，可以当执政官，其次可以担任其他重要岗位。再其次呢，各种基层干部，然后最下面的，只能做陪审员。按照财产分配政权权利。他的财产是以二商业为基础，所以他奖励工商业，每家都得有一个人要学手艺。

而商鞅不是这样，商鞅宣称打破血统是靠本事。这本事是什么呢？耕战。耕是农业，战是军事。这两个国家的情况不一样，环境不一样，结果也不一样：秦最后是灭了六国，而雅典是被别的国家灭了。

还有一点，在希腊罗马崩溃以后，封建时代长达千年，贵族制一直到近代才被打破。而商鞅以后呢，中国顺势而下，所谓"百代都行秦政法"，就是这个意思，没有进入像西方对希腊罗马的反动。希腊罗马不是贵族制了，但是随后的封建制是个贵族制，近代搞文艺复兴，就是想回到希腊罗马，打破贵族制。可中国商鞅变法，早早地打破了贵族制以后，就使中国社会的垂直流动特别剧烈、特别频繁，"王侯将相，宁有种乎？"

▲ 中国商鞅变法，早早地打破了贵族制，使中国社会的垂直流动特别剧烈。

因此，中国人的奋斗精神和不服输的精神特别强烈。因为社会的现实、法律的现实告诉你，徙木立信告诉你，只要去努力，爱拼就能赢。但是在中国以外其他国家的历史不是这样，他们是比较安贫乐道的。

欧洲人，像马克斯·韦伯指出的，有新教伦理，提倡奋斗，新教徒以积极入世、勤勉劳动为荣耀上帝的行为，从而促进了资本主义精神的发展。但是在欧洲新教伦理以外的人，确实真是安贫乐道的。为什么呢？贵族是贵族，平民是平民，这种观念长期影响根深蒂固，限制了阶级的流动性。

而中国社会阶层的开放性流动，则带来了完全不同的效果和影响。这种极度竞争，需要非常复杂的管理模式，来实现对人的行为的规范，对社会秩序的管理。在没有宗教约束的情况下，中国的礼教文化，"礼、义、廉、耻"的四维，从管仲到贾谊《过秦论》中一直讲的，都是如何建立、完善这一套复杂的社会管理体系。

官僚的选拔方式，从军功到察举、征辟、九品中正制、科举，这一套制约因素不断地完善，其中所蕴含的思想是尽量让它客观化，不要带主观色彩。科举考试客观化，为官员选拔确立了一套较为完备的制度体系，这都是中国要规范人的垂直流动以及人心世道的方式。

在经济领域也是如此，《汉书·食货志》就讲"除井田，民得买卖"。商鞅变法说是要遏制工商业，好像有那样子的条文，其实他是想让大家把资源集中到农业方面去。但是土地买卖，是给市场经济、商品经济带来的最大动力。土地可以买卖，奋斗不光有了政治目标，还有了经济目标。社会上的东西都市场化了，都可以到市场上面去买了。同时职业官僚及军队等等，也能从市场获得所需要的物资和服务了。

▲ 土地买卖，是给市场经济、商品经济带来的最大动力。

因此在整个中世纪，西方是自然经济的时候，中国的情况根本不能用自然经济这个词来完全描述。越到后来越不是自然经济，因为赋税都货币化了，就是每家都要把东西拿出去，而每家都不能完全靠自己的生产实现自给自足，而要去市场上交换。最重要的是土地买卖，由于土地自由买卖，使中国社会的流动非常大。而如何对世道人心和现实秩序进行管控，也对统治者提出了挑战。所以中国有一系列复杂的管理制度。

到近代，我们把儒家推行的这套礼教，管控人心和行为的礼教，说是封建枷锁，要破掉。但是你想想，有比宗教更像枷锁的吗？宗教的枷锁重还是礼教的枷锁重？但是西方就通过不断改革的方式，从宗教裁判所这种极端的方式，渐进到现代的宗教，已经比较人性化了。我们是无所置之，把礼教当作封建枷锁，把它去掉。

所以你看，礼教这套东西，好像跟商鞅变法没关系：一个是法，一个是儒，怎么会有关系呢？但是商鞅变法把大家的欲望给释放出来了，对成功的欲望、对财富的欲望等。那么欲望和需求怎么管理呢？这就是贾谊《过秦论》及后世统治者不断探讨和归纳的根本要旨。

因此，中国的国家治理结构特色，如果是从制度上寻找起源，那就是商鞅变法。

（参见《资治通鉴》卷二）

▲ 在整个中世纪，西方是自然经济的时候，中国的情况根本不能用自然经济这个词来完全描述。

▲ 商鞅变法把大家的欲望给释放出来了，对成功的欲望、对财富的欲望等。那么欲望和需求怎么管理呢？

第三讲　纵横捭阖

秦统一六国的过程中，至少有两点特别值得注意：一是著名的远交近攻，二是不拘一格延揽人才。秦王嬴政启用了很多从六国投奔来的人才，这些人才能够真正把握到六国的命脉所在，让秦国统一大战略得以顺利展开。

　　战略的制定是一方面，战略能不能落地起作用，还要看领导层是否贤明，同时对方君主是否"配合"。六国领导层比较昏庸，往往"配合默契"地帮助秦国实施其谋略。

商鞅变法为秦国奠定了政治制度基础,包括法律制度、行政管理制度、郡县制、基层乡里制度、军功爵制度、激励机制,以及各项经济制度。但是尽管如此,制度再好,如果没有高超的对外发展战略,没有切实的发展路径,要以西北一隅之地,单打独斗之力,吞并唇齿相依的山东六国,也不是那么容易的。

六国合纵抗秦,对于崛起中的秦国,构成了巨大的威胁。怎么化解这些威胁呢? 秦国有个外交战略,叫作连横。这就是历史上著名的合纵连横。合纵,是山东六国联合起来,对付秦国;连横呢,是秦破解合纵的方法。据说著名纵横家张仪,就是连横政策的首创者,他曾经用一些忽悠的手段来欺骗楚怀王,破坏了齐楚之间的结盟。但是连横只能破坏对方的结盟,六国并不会因此就消失,最后还是要靠军事力量来消灭六国。但是,如何选择打击的重点,打击的次序和策略又该怎样设计呢? 这是秦国在连横政策之外,必须要解决的问题。

《资治通鉴》给我们展现了秦国对外战略的一个发展的路径,即他如何处理跟六国关系,如何选择打击重点等,这个战略有三次大的阶段性变化。

第一个阶段是秦惠文王时期,采取避重就轻,攻灭巴蜀

▲ 合纵,是山东六国联合起来,对付秦国;连横呢,是秦破解合纵的方法。

▲ 连横只能破坏对方的结盟,六国并不会因此就消失,最后还是要靠军事力量来消灭六国。

47

的策略，巩固好战略后方，不事张扬地发展自己的势力。

第二个阶段是秦昭襄王时期，实行远交近攻，不断地蚕食诸侯的策略。

第三个阶段就是秦王政了，即后世的秦始皇，他用收买、暗杀、离间等手段破坏六国人才，然后再实行各个击破的策略。

一　南取巴蜀

我们先讲第一个阶段：避重就轻，因势制宜。

这个策略是在秦孝公死后，太子驷即位，即秦惠文王时期实行的。周显王三十一年（前338），秦孝公去世，年仅十九岁的太子驷即位，史称秦惠文王。秦惠文王在其老师公子虔等的煽动下，车裂商鞅，但是商鞅的变法依然继续推行。之前我们讨论过，在秦国人看来，这个变法不是商鞅创始的，而是秦献公、秦孝公以来一贯的政策，商鞅只是一个具有创新性的践行者。所以秦孝公死后，秦惠文王继续推行对内修明政治，对外蚕食诸侯的发展路径。秦惠文王用魏国人张仪为相、司马错为将（司马错是司马迁的八世祖），连连攻打魏国、韩国，取得了一系列的胜利。秦国咄咄逼人，使六国陷入恐慌。

周慎靓王三年（前318），韩、魏、赵、燕、楚五国合纵伐秦，齐没有参加，它实际上是躲在了背后。齐是那个时期山

▲ 秦孝公死后，秦惠文王继续推行对内修明政治，对外蚕食诸侯的发展路径。

48

东六国中最强大的国家。

就在这个时候,发生了一件事情,史籍上是这么记载的:"巴蜀相攻击,俱告急于秦。"巴蜀就是今天的成都平原附近,如果具体说,就是以成都为中心的四川、重庆这一带地方,巴是巴国,蜀是蜀国。这两个都是很古老的国家,但是由于偏远,中原的华夏诸族把他们称为夷狄——但是他们是夷狄之长。不但巴蜀打起来,蜀国国王还和他兄弟内讧。我们知道,秦这时候是离他们比较近的一个大国,他们都向秦告状,争取秦的支持。于是秦国内部就出现一个争论:是不是趁机把巴蜀给拿下来。司马错的想法是趁机拿下。张仪主张不如伐韩。到底是东向继续在中原攻伐韩、周(周王室在洛阳),还是往西南方向去打巴蜀,张仪和司马错发生了激烈争执。这不是两个人的意气之争,而是秦国的发展战略问题。所以秦王说,你们谈谈你们各自的理由。

张仪陈述的理由如下:秦国在外交上应该亲魏、善楚、下兵三川。三川是指韩国内郡,以该地有黄河、洛水、伊水三大水域而得名。亲魏、善楚,什么意思呢?就是跟魏搞好关系,跟楚搞好关系,来打韩国,攻它的新城宜阳这个地方,"以临二周之郊"。"二周",就是西周、东周在洛阳这个地方有两个被分封的周王室,一个是西周公,一个是东周公。巴掌大的地方,却还把它分封了,叫二周。二周是周天子所在地,有九鼎。九鼎是天子的权力象征,兵临周室,就可以挟天子以令天下,天下不敢不听。张仪认为"此王业也"。就是说外交上,要跟魏、楚连横,在军事上要攻打韩国的心

▲ 到底是东向继续在中原攻伐韩、周,还是往西南方向去打巴蜀,张仪和司马错发生了激烈争执。

▲ 亲魏、善楚,下兵三川,以临二周之郊,此王业也。

49

脏地带,政治上威胁周王室,这样就可以挟天子以令诸侯,这是王者大业。他认为这种大动作,是秦国发展应该采取的战略。

张仪认为"争名者于朝,争利者于市"。就是说,如果你要想有名,你要在哪儿争呢? 你要在朝堂上争。你在小偏旮旯里的巴蜀那里争,也不会出名。你要是争利呢,就要在市场上竞争。现在韩国的三川,周室所在的洛阳,就是天下之朝、天下之市,要争就争这里,而不是去争夷狄之地,去那里争,"去王业远也",离开王者事业更远了。

▲ 张仪认为"争名者于朝,争利者于市"。周室所在的洛阳,就是天下之朝,天下之市,要争就争这里。

司马错断然反对,他讲出另外一番道理:"欲富国者,务广其地。欲强兵者,务富其民。欲王者,务博其德。三资者备而王随之。"什么意思呢? 要富国,则要扩张土地;要强兵,则要富裕百姓;要统治天下,则广布恩德。三者俱备,那自然就是王了。可是你现在呢,土地小,势力弱,你要先从容易的事做起,不要急于去中原核心地带,搞出那么多响动。相反,攻打巴蜀不一样,巴蜀虽然僻居一隅,戎狄之中却是老大,它现在君昏政乱,兄弟相争,以秦国的力量去攻打,就像豺狼到羊群里去一样,很轻易就能得到。得到了这块土地,足以扩大我们的版图,足以富裕我们的人民。把它打下了,我们不需要费多大劲,不需要用多大兵力,这是何等的好事呢? 攻打下一个国家,天下不觉得你贪,不觉得你残暴。相反,如果说是去打韩国,去问周鼎之轻重,弄得响动很大,不仅恶名远扬,还得不到实际好处。而且你打的地方,是天下不愿意看到的,谁愿意看到你去吞并韩国,甚至去吞并宗周呢? 周是什么? 周是天下的宗室,齐是韩国的

▲ 司马错则认为"欲富国者,务广其地。欲强兵者,务富其民。欲王者,务博其德。三资者备而王随之"。

盟友。如果周室和韩国知道要丢掉自己的版图，他们会通过齐、赵来跟楚、魏讲和，你不是想跟楚、魏来搞好外交关系吗，但这样反而促进他们六国之间合作，这就危险了。

我们发现司马错讲的道理，其实就是闷着头发财，就是在你实力还不够强大的时候，你要避免成为众矢之的，你不宜攻击那个最引人注目的地方。

你看，这不是两种发展路径吗？张仪的道理是，我们要成就王业，要抓关键的地方，宗周地区很关键。司马错的理由是，我们现在实力还不够，去打这么关键的地方，弄得响动很大，还得不到什么好处，但巴蜀不一样，我们拿下它还不招人嫉恨，能得到很大的实惠。

比较两个人的方案，从秦国当时的情况来说，司马错的方针是对的。

▲ 从秦国当时的情况来说，司马错的方针是对的。

这使我想起中国古代一些讲谋略的书。特别是唐朝有个四川人叫赵蕤，是李白的朋友，他有本书叫《长短经》。他特别强调一个道理、一个方案，没有什么对不对的，关键是看在什么时候、在什么情况下使用。我们平常说"得饶人处且饶人""退一步海阔天空"，有道理吧？我们平时还说"狭路相逢勇者胜""宜将剩勇追穷寇"，也有道理吧？那么到底是"得饶人处且饶人""退一步海阔天空"呢，还是"狭路相逢勇者胜""宜将剩勇追穷寇"呢？这就必须根据具体的实施条件来确定了。

▲ 一个道理、一个方案，没有什么对不对的，关键是看在什么时候、在什么情况下使用。

秦国在发展过程当中，到底是直取宗周，问二周之郊，还只是闷头发财，先把巴蜀拿下？显然司马错的方案，更切合当时秦国的实际情况。

《资治通鉴》载："王从错计。"错,就是司马错。秦王听从了司马错的建议,在周慎靓王五年(前316),就派人去打巴蜀了。不过带兵将领里除了司马错,还有张仪,他们拿下了巴蜀。巴蜀属秦以后,秦国就更加强大了。吞并巴蜀巩固了秦国的战略后方,富庶了秦国的国力,拓展了秦国的疆土,使秦国的国势,更上了一个台阶。

二 远交近攻

第二个阶段:远交近攻,各个击破。

提出这个策略的,是秦昭襄王时候的范雎。继惠文王继位的秦武王是个有神力的人,天生力气很大。有一次,他与著名大力士孟贲跑到二周之郊去搞举重比赛,问鼎之轻重。他去举那个鼎,虽然举起来了,但鼎太沉,他举着举着就举不动了,跌倒被鼎砸伤了腿,回家不久就死了。死时年仅二十三岁。秦武王没有儿子,秦国的王位空虚,几个兄弟就争起来。

这时候赵武灵王用计把当时秦国在燕国做人质的公子嬴稷接回来,通过赵国送回秦国去。公子嬴稷就是秦昭襄王,继位时年十八岁。

嬴稷的母后是宣太后,她本来是秦惠文王的妾妃。秦惠文王的王后支持别的公子,被昭襄王的支持者打败了。昭襄王的支持人是谁呢?就是他母后同母异父的弟弟魏冉。魏冉当时在秦国掌兵权。魏冉辅政期间，推荐并重用了名将白起。白起是战国的第一名将，东征六国，颇建功勋。秦国的国势蒸蒸日上，接连获得军事上的胜利。史学家吕思勉在《先秦史》中说："秦之灭六国，盖始于魏冉。"司马迁在《史记》卷七十二《穰侯列传》里也说：秦之所以能够东向扩张，削弱诸侯，甚至称帝于天下，"穰侯之功也"。穰侯，就是魏冉。

▲ 秦之灭六国，盖始于魏冉。

范雎就是在这种背景下登场的。魏冉主持秦国的国政长达三十六年，此时秦昭襄王年逾五十了，可国政还掌握在母后宣太后和舅舅魏冉等手里，所以尽管魏冉功劳很大，秦昭襄王心里也不是滋味。范雎抓住了这个机会。

范雎，本是魏国人，曾经跟随须贾出使齐国。齐襄王非常器重他，甚至想留下他做客卿，但被他拒绝了。须贾作为一个使者，不受重视，但他的随从反被齐国国王器重，他心里不痛快，怀疑范雎出卖了军情机密，要不然齐国怎么对他那么好呢？所以回去跟魏国相魏齐说这件事。魏齐也小肚鸡肠，他想：你出使齐国，齐王觉得尔是国士，那你在魏国将来不就威胁我的相位吗？所以把范雎打得半死，扔到厕所里。范雎收买了看守他的人，装死逃脱。秦昭王三十六年（前271），范雎化名张禄，在好友郑安平的帮助下，随秦国使节王稽入秦，到了咸阳。

范雎到咸阳以后，发现穰侯魏冉正在筹划着派兵打齐国的刚、寿。刚，是今天山东泰安市的宁阳县；寿，在今天山东省聊城市下面的阳谷县。秦国在陕西，齐国在山东，中间还隔着楚、魏、赵、韩等国。跑那么远去打齐国，为的是什么呢？为的就是扩大魏冉的封邑——陶邑。魏冉的封邑在今天的山东定陶，这颇有以国家的名义出兵自肥之嫌。

所以范雎就抓住了这个机会，上书秦昭襄王求见。求见途中，遇到了秦王的车马，秦昭襄王当时要去永巷。永巷是一个僻静的通道，是宫女犯罪所囚禁的地方，是离宫的禁苑，是不能随意进入的。范雎故意往那去，永巷的人跟范雎说："秦王马上来了，你赶紧避开。"范雎说："秦国只有穰侯，只有太后，哪有什么秦王？"这话击中秦昭襄王的要害，所以范雎就被召入了离宫。

▲ 范雎其实是通过故作惊人之语引起秦昭襄王重视。

我们看得出来，范雎其实是通过故作惊人之语引起秦昭襄王重视。后来从司马光对这件事的评价，看出司马光对此颇有点不以为然。

范雎跟秦昭襄王讲，穰侯越过韩、魏，去打齐国的刚、寿地区，这不是什么好主意。你看看当初齐闵王，南攻楚，破军杀将，辟地千里，得不到尺寸之地。为什么呢？太远了，鞭长莫及。范雎接着讲，当初齐国去打楚，楚离他很远，最后齐国得不到楚国的土地，而肥了韩、魏。你今天去打齐国的刚、寿，拿下来又怎么样？那么远，能得到吗？所以这不是一个好主意，是相国有私心。"今王不如远交而近攻，得寸则王之寸也，得尺亦王之尺也。"得一寸，有一寸，得一尺，有一尺，这样地蚕食各国，秦国就会一天天地壮大。以秦国现在的实力，六国没有能抗衡的，可为什么这么多年来，都没什么进步呢？就是因为战略有问题。如果远而交之，近而攻之，我们就能逐渐地蚕食中原地区，因为韩、魏就处在天下的中心，你要想霸有天下，必须首先控制天下的中枢，就是

▲ "今王不如远交而近攻，得寸则王之寸也，得尺亦王之尺也。"

韩、魏。然后呢，楚国强，我们就以赵来对付楚；赵国强，我们就以楚来对付赵。楚、赵都掌控了，齐就一定在我们掌握之中。齐被掌握，那么韩、魏还有什么机会呢？那我们就可以把它吞并了。

这其实是个交替的战略：把近处控制住，然后威胁远处；远处受到威胁不敢援助，近处就被吞并了。对付近和远，在手法上是互相交替的。秦昭王说："善。"以范雎为客卿，让他来参与掌兵事，这是公元前271年的事。这个时候穰侯逐渐被排挤出去了，不久就郁闷而死。

我们要指出的是，仔细研究一下《资治通鉴》对魏冉主政这三十多年的记载，仔细看看《史记》的《穰侯列传》，就会发现，其实魏冉主持秦国国政的时候，他的东扩政策，并不是完全没有章法的，所以司马迁在《穰侯列传》中说"一夫开说，身折势夺而以忧死"，有点儿同情他。

范雎提出的远交近攻政策，在魏冉主政时期，已经在不同程度地践行着。魏冉主政三十多年，即秦昭襄王执政的前面三十多年，是秦国东扩非常有成效的三十多年。范雎利用魏冉主政强霸，秦昭襄王对他专政不满，用离间计取代了魏冉。然后把远交近攻的策略更清晰化。而魏冉只是在践行同样的策略时，忽视了秦昭襄王的感受。

总之，范雎的策略，是交替运用刚柔两手，交替制服远近邻国，近的韩、魏，远的燕、赵、齐、楚。分三步走。

第一步，蚕食三晋，控制魏、韩。这不仅壮大了秦国的声势，而且解决了东扩的基地问题，解决了后顾之忧。赵、楚，这个时候已经跟秦接壤了，赵在北边，楚在南边。真正

▲ 范雎的策略，是交替运用刚柔两手，交替制服远近邻国，近的韩、魏，远的燕、赵、齐、楚。

不跟秦接壤的，是燕和齐。可以这样讲，韩、魏最近，赵、楚次之，燕、齐最远，而且齐是最强大的，也是最远的。

范雎说，我们先掌控了韩、魏，就为进一步制服赵、楚提供了跳板。就以韩、魏为基地，联赵击楚，联楚击赵，控制了秦和齐之间广袤的土地，为进一步对付齐，这个最强大、也最遥远的国家创造条件，这是第二步。

第三步，制服齐国，使之对秦的蚕食行动不敢介入，再反过来巩固对韩、魏及赵、楚的蚕食结果，乃至最后把他们消灭，达到统一天下的目的。

总之，这不是简单的远而交之近而攻之，而是用交替的两手，就是说既打又拉，各个击破。这个策略在秦王嬴政时期，在李斯的辅佐下，又有了新的发展。李斯提出了一个收买对方、离间对方的管理团队、领导团队，破坏对方的人才的策略，这实际上是对范雎策略的进一步提升。

▲ 这不是简单的远而交之近而攻之，而是用交替的两手，既打又拉，各个击破。

三　逐客风波

我们知道秦昭襄王在位五十六年，去世时已七十五岁，是中国历史上在位最长的国君之一。可以这样讲，在康熙之前没有人在位时间超过他。他去世以后，他的儿子，秦孝文王，正式即位只有三天就死了，因为昭襄王在位的时间实在太长了。秦孝文王的儿子秦庄襄王，就是秦王嬴政的父亲，主政三年也去世了。三年以后，秦王嬴政继位。

就在秦王嬴政即位的那一年,李斯风尘仆仆地来到了咸阳。李斯是楚国人,年轻时在地方做基层小吏,觉得生活清苦,工作压力很大,又没什么油水,就想换工作。他念过书,所以就跑到齐国稷下学宫,向荀子学帝王之术。他的同学中有著名的韩非。学成以后他不想回楚国,因为他觉得楚王很昏庸,而其他国家呢,没什么机会,只有秦国有发展前景,于是就到秦国去了。

▲ 秦王嬴政即位的那一年,李斯来到咸阳。

我们看看前面提到的商鞅,本来什么也不是,去了秦国,封为上卿;范雎,一介平民,到了秦国,成为国相。所以李斯也去了。李斯去的时候,是秦庄襄王三年(前247)。他先投奔吕不韦门下,不久,秦王嬴政即位了。李斯刚开始在吕不韦门下当门客,后来吕不韦觉得这个人很有本事,李斯也处处表现自己,就慢慢地提升为客卿,当过郎官,当过长史。这时候秦国的大权掌握在吕不韦手里。这时嬴政已二十多岁了,为了不让他掌权,赵太后和吕不韦一直拖着不给他行冠礼。

秦王政九年(前238),22岁的嬴政终于加冠亲政。他首先拿掉了嫪毐,清除了嫪毐势力。嫪毐是他母亲赵太后的情人。然后他又除掉吕不韦,逼迫母后放下了权力。嬴政掌实权了。

▲ 始皇九年,22岁的嬴政掌实权了。

秦王嬴政即位后不久,曾发生了一件事。韩国的一个水利工程师,名叫郑国,被发现是个间谍。韩国离秦国最近,秦国老去攻打它,每次韩国被攻打后就割让土地。韩国受不了了,有人就给韩桓惠王出了个主意,派水利工程师郑国到咸阳去,说秦国的关中水利条件这么好,但是还经常有旱灾、水灾，是因为缺乏水利设施，劝秦国兴修水利，告诉秦自己就是水利专家，可以帮他修渠。秦国当初攻取巴蜀以后，曾经兴修了都江堰工程。都江堰工程使成都平原成为粮仓，是世界水利史上的著名工程，是秦国的蜀郡守李冰父子主持的。修渠的好处，秦国人是知道的，所以就在关中修渠。这是嬴政即位转年的事情。每年发动数以十万的民夫修渠，耗费大量的人力物力，这拖住了秦国东进的步伐。修了几年后，郑国的真实目的被发现了，原来他是借兴修水利之名，行"疲秦"之计，意在阻止秦国东征六国。他是一个间谍，秦国上下一片哗然。

这件间谍案被闹出来，好像是偶然的，其实也有其必然性。为什么呢？因为秦国这个时候，已经是非常强大了。秦国的强大离不开客卿的贡献，过去这些人确实有本事，也带来秦国的发展和辉煌，现在秦国已经发展到一定程度了，好像这些人的重要性也就不那么显著了。加上外来人才对秦国本土官员的利益有挤压作用，双方矛盾就更尖锐了。

秦王虽然容许了郑国继续修渠，可是这件事对于秦国对外来人才的政策不能没有影响，因此，在吕不韦退休、秦王嬴政主持朝政后，大约是在本土官员的强烈要求下，嬴政发布了一个《逐客令》，解去所有在秦国任职的六国客卿的职务，将他们驱逐出境，李斯也在其列。在这个情况下，李斯就写了著名的《谏逐客书》。

《谏逐客书》是非常有说服力的一篇文章，李斯在文中历数秦穆公以来秦国重用客卿所取得的成就，特别是秦孝公以来，商鞅、张仪、范雎等辅佐秦君，变法图强的历史经

▲ 秦国的强大离不开客卿的贡献，但外来人才对秦国本土官员的利益有挤压作用，双方矛盾就更尖锐了。

▲ "不问可否，不论曲直，非秦者去，为客者逐"，这不是把人才往敌国推吗？

验。认为"不问可否,不论曲直,非秦者去,为客者逐",这不是把人才往敌国推吗? 不是让这些客卿,到敌国那去就业吗? 对秦国有什么好处呢? 这不就像授敌以兵器,资盗贼以粮物吗? 秦王嬴政读到这篇《谏逐客书》,他幡然醒悟,马上召回李斯,取消《逐客令》。

秦王嬴政审时度势,知错就改,收回成命,很有领导风范,李斯也由此得到重用。

四 破坏人才

很有意思的是,李斯一方面力谏秦王,挽留六国人才,另一方面,在辅佐秦王兼并六国的战争中,他的战略核心却是重点打击对方的人才。

《史记·李斯列传》是这么讲的:'阴遣谋士,赍持金玉以游说诸侯,诸侯名士可下以财者,厚遗结之,不肯者,利剑刺之,离其君臣之计。"什么意思呢? 首先重金收买,收买不成,派刺客暗杀,暗杀也不行,就用离间的办法,破坏对方君臣的关系,等敌国人才被破坏了,然后就派重兵收拾对方。

这只是理论上的吗? 不是,我们看几个实例吧。

先看一个最经典的例子。秦王政十八年(前229),秦王派王翦带兵,准备一举攻下赵国,却遭遇赵国名将李牧和司马尚的抵御。王翦采用反间计,厅重金贿赂赵王宠臣郭开,贿赂赵国派往秦国的使节,使之诋毁李牧和司马尚,最终除掉了李牧。李牧死后，王翦势如破竹，大败赵军，并杀了赵军主将赵葱，攻下赵国的东阳，俘虏赵王迁。赵国原来的各处土地，入为秦地，成为秦郡。李牧是战国时期最优秀的将领之一，一般认为，战国有四大名将，秦国两个，白起和王翦，赵国两个，廉颇和李牧。廉颇被离间计陷害，出走魏国，客死在楚国；李牧也是被离间计陷害，而且是一而再、再而三地被陷害。李牧拒绝交兵权，赵王派人把李牧取代了；李牧不服，赵王又派人把他抓起来杀了，把司马尚职务也撤了。

再举一个齐国的例子。齐襄王的遗孀，叫作君王后，她是齐襄王在民间——在莒（今山东莒县）给人家做佣工的时候认识齐襄王的，她觉得这个小伙子不是一般人，就跟他确定了恋爱关系。后来，齐襄王继位为王，所以她也当了王后。历史记载，君王后在她丈夫齐襄王死了以后，主持国政。她去世后她弟弟后胜辅政，辅佐齐国的末代国王田建。秦国收买、贿赂后胜及其身边的人。他们被收买后，不但故意劝说齐王放弃强军备战，故意不发展军备，而且对秦国吞并六国的战争，采取隔岸观火、不闻不问的态度。等到六国先后灭亡，秦国就把屠刀转向了齐国。这个时候五国都被灭了，齐国孤立无援，再想抵抗，为时已晚了。

我们发现，破坏对方人才的策略，不仅仅是李斯的主意，也是秦国的一个长期的政策。

我们前面讲范雎，就曾经使用离间计，成功地让赵国撤掉老将廉颇，而找纸上谈兵的赵括取而代之，导致赵国在长平之战中大败，元气大伤。秦庄襄王时期，还用重金收买魏国的大将晋鄙的门客，让他离间魏安釐王跟他的兄弟信陵君的关系，使得信陵君再次被剥夺了兵权。

如果说，以前的这些例子，是偶尔为之的话，那么在李斯辅佐秦王时，用收买离间乃至暗杀的手段搞掉对方的人才团队，就已经被定为与秦国对外战争相辅相成的一个国策了。

▲ 在李斯辅佐秦王时，用收买离间乃至暗杀的手段搞掉对方的人才团队，就已经被定为与秦国对外战争相辅相成的一个国策了。

当然这种国策、这种策略能够实行，使得六国的人才凋敝，能人下、庸人上，不光是秦国的战略成功，还需要六国国君本身的昏庸才能做到。

总之，秦国的统一战争，不光是有制度建设基础，有强大的军队和充足的经济条件，还和它的对外战略有密切关系。对外战略如果失误，国家再强大也无济于事，至少是事倍功半。

秦国在发展过程当中，随时调整自己的战略，在选择战略目标的先后重点上，能够根据情况的变化、本国形势和国际形势的变化，随机应变，所以能最终取得成功。

归纳起来说，秦国的对外统一战略有三：

第一，把握时机，选择准确的打击对象，避免六国过早地联合起来对付自己，就是在自己不很强大的时候，要巩固好后方，练好内功；

▲ 秦国的对外统一战略有三：第一，把握时机；第二，分化瓦解，远交近攻；第三，重点打击对方的人才，扫清障碍。

第二，分化瓦解，远交近攻，交替运用刚柔两手，对远的和近的进行掌控，在近攻时，有外交和军事两手，"拒止介入"，防止远处的强敌介入，逐渐壮大自己，削弱对方；

第三，重点打击对方的人才，与此同时，瓦解敌国的执政团队，为最后军事上消灭对手扫清障碍。那么当对方的执政团队被消灭以后，人才没了，最后要收拾对方，找个借口就行了。

《史记》记载秦王嬴政统一天下之后，解释说为什么消灭六国呢？——《资治通鉴》里也有记载，只是不如《史记》里清晰。他说——这听起来就很好笑，都是借口嘛——当初韩王说好的，交土地，交玉玺，请为藩臣，却背约了，反而与赵、魏合纵对付我们，所以我出兵把它灭了；赵王派他的相国李牧前来约盟，我把他的质子归还给他，但他背弃盟约，还攻打我太原，所以我派兵把他抓了，之后他的公子嘉居然自立为王，所以我把他灭了；魏王约好的要入我大秦，最后居然跟赵、韩联合起来攻打我大秦，背信弃义，所以我派大兵把他灭了；楚王说好了献上青阳以西的国土，但背弃承诺，反而侵犯我的边疆，所以我发兵把它灭了；燕王昏乱，他派荆轲来刺杀我，所以我把他灭了；齐王听执政大臣的主意，断绝跟秦国的来使，想作乱，所以我把它灭了。你看看，这就是霸权。

因为人才没了，六国已经不再是秦国的对手，所以要把它灭掉，去找个借口就是，随便说你答应了要服从我，然后又不服从，那我就把你给灭了。你看，所有的托词都是一样的。

秦国的统一，一般都从商鞅变法算起。"六世之余烈"，秦孝公、秦惠文王、秦武王、秦昭襄王、秦孝文王、秦庄襄王，正好是六世，到秦王嬴政，统一天下。

在这个过程当中，除了商鞅变法带来的制度红利，我们看到,以都江堰、郑国渠为代表的水利,在秦公大墓里发现的铁制农具,都反映了秦国的经济生产力在当时有很高的水平。还有,我们看到的兵马俑所体现的它的军事实力。这些都是硬实力,实实在在的。

那么它软实力方面,比如说对外发展战略,对外交往上,至少有两点特别值得注意:一个就是著名的远交近攻的战略,第二个是不拘一格的延揽人才。

▲ 对外交往上,至少有两点特别值得注意:一个就是著名的远交近攻的战略,第二个是不拘一格的延揽人才。

从现在国际关系角度看,秦国在地缘政治环境当中比较好地把握了它的优势。从地理位置来说,秦国其实并不是处于中原。但是事实上秦国正是把握了这样一种地缘上的特色,早期的时候,和中原各国之间的接触并不是那么密切的情况下,它先发展大后方,先扩展自己的实力,扩大自己的势力范围。然后在获得话语权之后,再来展开地缘政治的外交。这种外交,就是远交近攻,就是和地理位置比较远的国家建立起一个比较平稳的关系,然后在这个基础上,能够一步一步地向地理位置比较靠近的这些国家展开博弈。在这些博弈当中,逐渐蚕食它们的领土。

另外一个就是它的同盟战略。远交近攻也好,实施连横也好,都是用来拆散六国联盟的,至少在秦国吞并战争中,能有效阻止他国干预。首先,所有瓦解六国同盟的举措当中,很重要的是要争取齐国,即使不与秦结盟,至少要保持中立。

秦国统一六国的过程当中,这种大战略的发展思路,是非常清晰的。当然这也非常得益于他所用的从六国过来的人才。这些人给他提供了很好的战略视角。因为六国的这些人才，对六国内部情况，有比较清楚的把握，在为秦国献言建策的时候，能够真正把握到六国的命脉所在，让秦国的统一大战略得以顺利地展开。

▲ 上兵伐谋，其次伐交，其次伐兵，其次攻城。

进一步说，《孙子兵法》讲：上兵伐谋，其次伐交，其次伐兵，其次攻城。秦国，尽管它生产力水平高、经济发达，与齐国不分伯仲，尽管它军事上很强大，有白起、王翦两名大将，但如果真正蛮干、以一敌六的话，这肯定是一件非常艰苦的事情。

▲ 秦国一开始就在外交上和谋略上比较用心。

但是，从六国来的一些人才，给秦王策划战略走向，使他能知己知彼。所以一开始就在外交上和谋略上比较用心。一个重要的原则，就是他一定要防止六国联合起来，这是一个重心。六国联合的苗头一出现，他就分层次的破坏他们之间的关系。

第二个就是他一定要破坏对方的重要人才。李斯写《谏逐客书》、秦王嬴政收回逐客令之后，《资治通鉴》里有一句话就讲，李斯献策以重金去收买六国的人才，不能用财收买的，那就用刺客，然后如果还不行，就施离间计，最后再以良将随其后，灭掉对手。打击对方的人才，把对方的人才收买、驱逐、消灭，让这些人不能在自己岗位上，为他们的国家效力。

▲ 防止对方结盟、破坏对方人才这样两个战略对秦的统一至关重要。

这个做法很厉害，李牧、廉颇这类顶级军事人才，逃的逃、杀的杀。还有齐国也是，齐王身边的人都被收买了。总之，用了防止对方结盟、破坏对方人才这样两个战略。

为什么别人不懂这些战略呢？六国的谋臣也懂。你可以打散我的"合纵"，为什么我不可以破坏你的"连横"呢？

六国也有人张罗类似的事：你可以打我的人才，我也可以打你人才。所以第三个条件，这两个战略要发挥作用，还要六国自己国家的领导层比较昏庸，秦国的这些谋略才能真正起作用。

魏安釐王就听谗言把信陵君排挤走了。可见，只有六国的领导人昏庸，这样秦国的计谋才能起作用，你不昏庸，他的计谋也不起作用。所以在君主时代，领导人本身的素质过硬很重要。而这时候秦国相对来说，它运气也很好，秦孝公以来的国君，虽然有寿命很短的，但基本上都是明君。

秦王嬴政在打天下的时候，能够采纳各种谏言。秦孝文王、秦武王在位时间短，秦孝公、惠文王、昭襄王、庄襄王都是贤明的君主。离间信陵君就是庄襄王在位时。秦国的领导层，这一百多年来，总体上是比较精明的。再看魏冉，在秦昭襄王的时候掌政，颇为专权，但给秦国立了大功，秦灭六国的基础，吕思勉认为就是他打下的。

因此，战略是一方面，战略能不能落地起作用，还要看领导层是否贤明，同时对方君主是否"配合"。六国领导层比较昏庸，往往"配合默契"地帮助秦国实施自己的谋略。

比如，赵武灵王稀里糊涂，要把国家分两半，王位早早地给了二儿子赵何（赵惠文王），后来又不甘寂寞，异想天开要分一半给大儿子赵章，弄得兄弟相残，国力大衰。

又比如，燕王哙要把国家让给子之，闹得国家都灭亡了。齐闵王也是，被苏秦忽悠了（也有说是苏代），最后被燕国乐毅几乎灭了国，只剩下莒和即墨两个城没有被拿下。楚怀王被秦国骗到武关，客死异乡。

你看这几个国家的国君,都有这样那样的问题。特别是齐国,经过那一次被燕将乐毅打击的战争,实力大损,再也无力与秦抗衡。所以这些六国的国君,包括他们的团队都有问题。

再看战国四大公子,孟尝君重用的无非鸡鸣狗盗之辈,平原君不能识用毛遂这样的人才,春申君愚蠢地被人害死。四大公子中信陵君算是最强的,但是也被王兄排挤,本人更缺乏审时度势的胸襟气度。王族出身的四大公子,总体上不能跟秦国的客卿相比。所以秦国的这些战略,远交近攻也好,破坏对方的盟友关系也好,打击对方人才也好,之所以能够起作用,都是跟对方的管理团队比较昏庸有关。六国的这些管理团队,多数靠血统上位,四大公子都是王室家族的人。跟秦国不一样,秦国的文臣武将,大多数是通过军功上来的。商鞅也是打了胜仗,收复河西,才被封为商君的。"非功臣不侯"虽然是实行于西汉,实际上是肇端于秦。

(参见《资治通鉴》卷三至卷七)

第四讲　千古一帝

商人吕不韦发现秦国质子异人"奇货可居",几方斡旋,将异人推上嫡嗣的宝座。从别人的需求出发,达到了自己的目的,这就是吕不韦的成功之道。

秦王嬴政是个顾全大局的人,他能改过迁善,能使用不同类型的人,并让他们各尽其才,所以成就了千古伟业。但他没能在制度上设计对权力的制约机制,没能建设发展大一统国家的配套软件,成了后世君王的反面教材。

人人皆知秦始皇,但是,未必人人都知道,从幼年经历来说,嬴政其实是一个苦孩子,十岁以前,都生活在异国他乡,有时不免颠沛流离。

嬴政出生在赵国的首都邯郸,他的父亲,就是后来的庄襄王异人,当时在赵国做人质。那么是谁使他的父亲最后回国能够当上太子,还能够继承王位的呢? 这个人就是吕不韦。

秦昭襄王五十六年,即公元前 251 年,秦始皇的曾祖父昭襄王去世,祖父安国君继位,父亲异人(此时改名子楚)为太子。此时赵国才放嬴政母子回国,嬴政当时已经十岁了。所以十岁前,秦王嬴政是在国外度过的。

我们今天就讲一讲把秦王嬴政的父亲异人推上太子宝座的这位幕后推手——吕不韦。

一 奇货可居

吕不韦和商鞅、吴起一样都是卫国人。他是卫国濮阳(今河南濮阳市)人,常年在韩国阳翟(今河南禹州市)经商。

有一次在赵国做生意的时候,他偶识秦国的宗室、在赵国做人质的公子异人,立即意识到"奇货可居",即投资这个失意王子有赚头。"奇货可居"这个成语,就典出于此。

为什么他认为这笔生意值得做呢?因为这位精明的商人发现,有关各方的供给与需求关系,可以编织成一笔大买卖。一方面,异人的父亲安国君有二十多个儿子,可是他最宠爱的妃子、来自楚国的华阳夫人却无嗣,她最缺的是一个孝敬自己的儿子。另一方面,异人的出身不占优势,母亲夏姬并不受宠;在安国君二十多个儿子里,异人年龄也不占优势,排行在中间,按照常理,原本他是没有机会继位的。

吕不韦发现的商机就在这里。首先,华阳夫人是决定可以立谁为接班人的关键人物,她有这个能力,可是她自己却没孩子。那她会选谁呢?如果按年龄大小顺序立太子,对华阳夫人来说无利可图。因为老大继位是自然继位,他继位后,华阳夫人能不能得到尊重,这是很难说的。只有把一个没有希望继位的人推上去,这才对华阳夫人最有利。异人的价值,就在这里。

于是,吕不韦就去见异人,说:"我能光大你的门楣。"异人笑了,说:"你先把你的门搞大再说吧。"因为那时候吕不韦也就是个商人嘛,而异人即使落魄,也还是王子呢。吕不韦说:你不知道,"吾门待子门而大"。就是说我的门楣要光大,就靠你了。异人不傻,知道他说的什么意思,所以就把吕不韦请到里屋,深入地谈论。

吕不韦说:"你的爷爷昭襄王已经老了,你父亲宠爱的是华阳夫人,可华阳夫人却不生育,而你的兄弟有二十多个,有可能为继嗣的必然是你的兄长,你是中间那个,而且也不得宠,远离秦国,在赵国做人质,你父亲继位之后,也轮不到你当接班人。"异人问怎么办呢?吕不韦就跟他讲:"真正能够立嫡嗣的只有华阳夫人,我虽然不富裕,但是我可以拿出千金,为你到西边去游说,想办法疏通华阳夫人的关系,把你立为接班人。"异人说:"如果真正如你所说的话,事成我与你分享秦国。"

接着,吕不韦首先做了两个安排。

第一,拿出五百金给异人,让他交结宾客。那时候十金就相当于一个中等人家的财产,五百金是很多钱了。古时候没有电视、报纸、电台等媒体,传播一个人的名声就靠嘴巴,宾客的作用就是新闻媒体,他们会到处传播你的名声,"令结宾客",就是这个意思。宾客就是那些游士,他们各有一技之长,依附在某个达官贵人家,来获得衣食之源,同时也找机会帮人办事立功,获得晋身之阶。所以那时候,战国各国的封君,都养了不少门客,最著名的就是孟尝君、信陵君等四公子,养门客达到三千人。养门客需要丰厚的经济实力,吕不韦给异人五百金,让他交结宾客。异人那时候在邯郸的经济状况不是太好,"车乘进用不饶",坐的车都不怎么样,钱也不够花。所以吕不韦给他资助,让他交结宾客,这是一方面。

另外一个安排是,他又拿出五百金,买奇物玩好。买那些珍稀的东西做什么用呢?去见华阳夫人的姐姐。吕不韦是见不到华阳夫人的,他只是一个商人,怎么能轻易见到太子妃呢?而且,通过姐姐传话,姐妹之间可以说些掏心窝子

▲ 古时候传播一个人的名声就靠嘴巴,宾客的作用就是新闻媒体,所以战国时期各国的封君都养了不少门客。

71

的话，有些微妙的计策，只能通过亲人传递，外人不好当面直说的。所以吕不韦买这些珍稀的东西，通过华阳夫人的姐姐献给华阳夫人。他对华阳夫人的姐姐帮异人说了些什么好话呢？关键是两点：第一点，强调异人非常贤能有本事，宾客遍天下；第二，强调异人非常忠孝。吕不韦说异人"日夜泣思太子及夫人"。华阳夫人大喜。为什么呢？因为她没有自己的孩子。按照当时的伦理来说，华阳夫人是安国君所有公子的嫡母，那些孩子们亲生的妈妈叫作生母。从亲情上说，所有的孩子都跟生母最亲，然后才是嫡母。可是，按照礼法规矩，孩子最应该孝敬的是嫡母，所以，吕不韦说异人天天想念父亲和嫡母，华阳夫人非常高兴。

然后，吕不韦还通过华阳夫人的姐姐转告华阳夫人说：以色事人者，色衰则爱弛。就是告诉华阳夫人，靠美貌得到的宠爱，人老了以后，宠也就没有了。如今虽然受到宠爱，但是没有自己的孩子，将来怎么寄托自己的老年呢？如果不趁现在得宠的时候，在诸子中找个既贤又孝的人为嫡嗣的话，将来年老色衰了，再说话还有人听吗？而这个异人，就是贤而且孝的那个孩子呢！

我们平时讲德才兼备，把德放在前面。那什么是德呢？忠孝是最重要的德。但在推荐一个人的时候，首先要讲他贤，讲他有本事，然后才讲他忠孝。吕不韦说：异人贤，而且他自己知道，他是不可能当接班人的，如果这个时候把他提拔起来，他才对你感恩戴德，他是从无国而有国，而你呢，从无子而有子，那么异人对你的尊崇，一定是永世不变的。

华阳夫人觉得姐姐的话有道理。如果吕不韦亲自跟她

▲ "今异人贤，而自知中男也，次不得为嫡，其母又不得幸，自附夫人，夫人诚以此时拔以为嫡，夫人则竟世有宠于秦矣。"

说这些话,华阳夫人是没法做出反应的,因为她对吕不韦不了解,但这话要由她姐姐说,她就完全可以听得进去,所以她觉得有道理。于是她就找了个机会,跟安国君说:"咱们的孩子里面,异人是绝对的贤能,你看往来使者都说他好,誉满天下。"说完后呢,禁不住掉了几滴泪,说:"妾不幸自己没有生孩子,我愿得立异人为嗣,以托妾身,以求将来终身有所托付。"安国君想,反正都是自己的儿子,也就"许之",还刻了一个玉符,立誓以异人为嗣,以防到时候没有凭据了。

嫡嗣之位解决后,异人财政就得到极大改善,华阳夫人厚馈遗异人,而且让吕不韦辅佐他。

有钱就好办事了,于是,异人的名誉盛于诸侯。大家都知道,异人将来是秦国的第三代接班人:第一代昭襄王还在世;第二代是他父亲,现在的太子安国君;现在,异人又被华阳夫人立为了嫡嗣,也就是第三代接班人了。

二 赵姬身世

《资治通鉴》和《史记》,还给我们介绍了另外一个故事,就是秦王嬴政的出身。《资治通鉴》在这个问题上,基本上记述是跟《史记》一样的,不过这里面却留下一些漏洞,引起读者的遐想。

据《资治通鉴》记载,吕不韦有一名同居的邯郸姬妾,姿

73

色出众,能歌善舞。吕不韦知道她怀了孕,请异人来家做客,故意让此女侑酒。异人大概是多喝了几杯,看到此女后,非常喜欢,站起身来向吕不韦敬了杯酒,请求把此女赐给他。吕不韦先是佯装生气,后来献出了这个女子。此女隐瞒了自己有孕在身的事,过了"期年"之后,生了个儿子,取名政,异人就立此女为夫人,史称赵姬(? —前228)。

大家可能说,异人怎么能让人家把姬妾送给他呢? 其实在中国古代的伦理中,这是比较正常的事情。清朝以前都是这样,妻子是正妻,是一夫一妻,但是姬妾是可以送朋友的。晚清红顶商人胡雪岩,经常把侍妾送给生意上的朋友,所以异人想要吕不韦的这个姬妾,也不算什么出格的事。可是这毕竟是吕不韦非常宠爱的一个妾,所以史书讲:"不韦佯怒,既而献之,孕期年而生子政。"佯怒,就是假装不高兴的样子,孕期年而生子政,就是嬴政。

《资治通鉴》这样记述,就有个问题了,"孕期年"是什么意思呢? 一年有十二个月,此前她已自知有身孕,得知她怀孕,怎么还得有两个月,这样算来,孕期十二个月再加两个月,就是十四个月。据说尧是母亲怀孕十四个月出生的,似乎十四个月出生的都是大人物。但是从生理上讲,怀孕十四个月,是比较罕见的。所以,作者也故意留这么一个有疑问的事在这里。六国皆被秦始皇所灭,一定有人,而且不会是一个人,想要对他的出身极尽污蔑诽谤。

更重要的是,吕不韦把一个已经怀上自己孩子的女子送给未来的国君,对他是只有弊而没有利。很简单的道理,因为吕不韦姓吕,他不可能把这事曝光,这样做对他能有什么好处呢？这跟战国时候春申君的情况不一样。春申君是楚国的宗室，他把已经怀了自己孩子的赵国女子献给楚考烈王，孩子生下来就接班了，做了楚王。但春申君是楚的宗室，这个事曝光以后他也有可能渔利。所以赵女的哥哥李园就很害怕此事泄漏出去。但是吕不韦不同，他永远不能曝光，因而没有必要做这件风险很大的事。可以说，赵姬所怀的孩子，不可能是吕不韦的。

异人正式被立为世子那一年嬴政出生，可以说他是双喜临门。

长平之战之后，秦国还继续攻打赵国，围困邯郸，信陵君"窃符救赵"。在这种情况下，赵国就想杀掉作为秦质子的异人一家。异人和吕不韦花了六百金贿赂看守他们的兵士，逃到秦军当中。异人跟着吕不韦逃命后，就留下嬴政和其母赵姬一对母子在那里。赵姬那时很年轻，才二十来岁，嬴政大概三岁左右。所以嬴政幼年的时代，是在非常不安定的条件下度过的。

当时赵王要抓捕他们，母子俩到处躲藏。好在赵姬父亲是个商人，很可能跟吕不韦是生意上的朋友，所以赵姬母子生活上并不拮据。嬴政在赵国生活到十岁，有一些儿时的玩伴，出生在赵国的燕太子丹就是一个。这位燕太子丹，就是后来派荆轲刺秦王的那位老兄。

异人回到秦以后，穿着楚国的服装来见华阳夫人。华阳夫人是楚国人，所以她就给他改了一个名字叫楚。称他"子楚"。嬴政时代把楚国叫荆，就是为了避父亲子楚名讳的缘故。

75

公元前 250 年农历十月初四，秦王嬴政的祖父、秦国的太子安国君，在除其父丧之后正式登基继位，但三天后就去世了，谥号孝文王。

秦王嬴政的命好。他的父亲当上太子，是吕不韦操作的。但是即使操作成功了，他的爷爷如果少活几个月，或者他的曾祖父多活几个月，这个嬴政可能就没希望登基了，是一系列的偶然事件，才导致秦王嬴政最后能够登基，成为千古一帝——秦始皇。

异人(即子楚)继位，即秦庄襄王，只当了三年国君，在他三十五岁就去世了。庄襄王一去世，十三岁的嬴政继位，母亲赵太后垂帘听政，吕不韦号称仲父，以相国的名义执掌朝政。其实在这之前三年，在庄襄王在位的时候，吕不韦就已经主持朝政了。

我们可以分析一下，吕不韦为什么会成功。吕不韦的成功之道有两点。

▲ 吕不韦把政治当商业来经营。

第一他发现了需求。异人有需求，想继位当王子，但是却没有希望；华阳夫人也有需求，她需要一个最不可能继王位的儿子，然后把他扶持起来。就像没通地铁的时候，这个房子会升值潜力大，通了地铁，房子的价格高了，升值空间就小了。所以这是一个发现"潜力股"、奇货可居的经商之道。吕不韦把政治当商业来经营，最不值钱的才是最有可能赚钱的，最有挖掘潜力的。

▲ 要达到自己的目的，先要从别人的利益出发，从别人的需求出发。

第二个道理是什么呢？就是要达到自己的目的，先要从别人的利益出发，从别人的需求出发。商人的工作就是，从别人的需求出发，达到自己的目的。

三 茅焦之谏

嬴政十三岁继位,赵太后垂帘听政,大权掌握在仲父吕不韦手中。

可是吕不韦遇到一个问题。什么问题呢?当相国事务繁忙,可是赵太后年轻守寡,经常找吕不韦来宫中偷欢。他们本来就是旧相识,重温旧梦,十分自然。可是,吕不韦看到嬴政一天天大了,怕自己跟太后这样的关系被暴露,招致杀身之祸,他有些担心,就想脱身。

吕不韦为摆脱和赵太后的纠缠,将市井无赖嫪毐召入府中作舍人,命他在众人面前表演,显示男性的强壮,让消息传入赵太后耳中。于是,嫪毐被伪装成宦官入后宫,并得到太后大肆宠幸。嫪毐还和太后生了两个儿子,偷偷养在秦国故都雍(今陕西宝鸡)的宫中。如果嫪毐只是吃软饭也就算了,问题在于他还有政治权力欲,赵太后不断给他封官,不断给他封土。嫪毐被封为长信侯,封地就在今天的太原。嫪毐这个家伙政治素质不高,他跟人喝酒吹牛,说当今皇上是他的儿子,他是后爸,类似这些大话传出来,传到秦王嬴政耳朵里去了。秦王大怒,采取措施要对付嫪毐。嫪毐知道了,他先下手,决定发动政变。

可是,嫪毐低估了嬴政的能力。秦王嬴政一出手,就处死嫪毐,罢免吕不韦,老妈被逼退到幕后,这一系列动作干净利索,可见嬴政不是个简单人物。通常男子二十岁要举行冠礼,王公之子甚至提前到十八岁或十六岁举行,秦王嬴政却迟迟没有举行冠礼,一直拖到二十二岁,显然赵太后等在位者不愿意退出权力中心。而这时候,嫪毐跟赵太后都生两个孩子了。为了掩盖这个事实,赵太后不住在咸阳了,到雍这个地方去住。雍是秦先公先王庙的所在地,赵太后与所生的孩子住在那里,避人耳目。据说嫪毐跟太后约好,如果嬴政去世,将来就由他们生的孩子继位。嬴政还年轻,年富力强,怎么会很快去世呢? 这只说明嬴政的生命都受到威胁了。

嬴政在除嫪毐的时候,他没有主动出击,而是让嫪毐动手,他做好准备反击。嬴政是故意让嫪毐先动手的,有点像郑伯克段于鄢一样,嫪毐"多行不义必自毙"。嫪毐一动手,嬴政就把他打败了,斩首数百,灭三族。而且跟他相关的舍人门客,共四千家,都发配到四川去。把太后也等于是软禁起来了,不再相见。太后生的两个儿子,嬴政的两个同母异父的弟弟,都被处死了。

下面有个故事,可以看出嬴政的为人,值得一谈。嫪毐事件发生以后,嬴政非常愤怒,他觉得受到了耻辱,耻辱感的背后应当是对权力、大权旁落的愤懑。大臣们劝秦王嬴政不应该如此对待母后。嬴政很生气,处死了那些劝他的人,已经处死了二十七个,把尸体堆在宫阙外面。有一个来自齐国的宾客茅焦,表示要见秦王,还要就这件事提出谏言。秦王派人告诉他说:"你没看见城外死的人吗?"茅焦说:"我看见了,死的才二十七个,天上二十八宿，我正好凑满这个数。"这个使者赶紧跑去报告秦王，茅焦这不是找死嘛！跟茅焦一起来的同乡，一块租房子住的同乡，都吓跑了，并且把他的衣服和财产细软都拿跑了，大家都认定茅焦是死定了，这些衣服细软不拿白不拿。秦王果然大怒，他说："这个家伙故意来冒犯我，以为自己能够堆在城外的死尸堆上，别想得美！我要让你尸骨无存！你们赶紧架好锅、烧好火，改上水，我要把他给活活烹了。"

秦王按剑而怒坐。那时候没椅子，他怒坐的应该是跽坐吧，跪坐在腿肚子上，气呼呼的样子。茅焦进来后不慌不忙，慢慢走到前面，他说：大王的狂悖之行，你自己难道一点都不知道吗？车裂假父（车裂你的后爸），囊扑二弟，而且把母亲给软禁起来，桀纣之行也不过如此。这个事如果让天下人知道了，他们都不到秦国来了，因为他们发现，你秦王是这么一个无义无信的人，到秦国来干什么呢？那么人心就瓦解了，"臣窃为陛下危之"，我都为你的危险处境感到担忧！茅焦说，我的话说完了，你来杀我吧！说完，他就伏在地上，做出等着嬴政来砍他的样子。结果，秦王嬴政不仅没有杀他，还封他为上卿。

茅焦讲的这些话里面，究竟什么话打动秦王嬴政了呢？不是嬴政为自己的行为感到羞辱，幡然悔悟，而是茅焦说的，如果你不改变做法的话，你的江湖声誉，你在六国中的名誉就没有了。什么意思呢？他知道秦王嬴政是个顾大局的人。他要兼并天下的话，如果敌国人说他是个很糟糕的无义之君，对他来说是不利的。秦王嬴政还是爱惜他的羽

▲ 茅焦曰："陛下有狂悖之行，不自知邪？车裂假父，囊扑二弟，迁母于雍，残戮谏士，桀、纣之行不至于是矣。今天下闻之，尽瓦解，无向秦者，臣窃为陛下危之！"

▲ 秦王嬴政是个顾大局的人。

79

毛的。

我们看到,历代史家对秦王嬴政泼了很多脏水。秦王嬴政不可能有好名声:他把六国灭了,六国的人谁不恨他?汉朝人如果不骂他,汉朝就没有建立的理由。所以骂他的人很多。但是实际上,秦王嬴政是很注意自己形象的。他当时可以把茅焦弃若敝屣,茅焦在历史上,也没看见他有什么事迹,也没看到他有什么作为,就是因为这件事才留下了记载。但通过这件事,我们很难得地了解了秦王嬴政的真实本性,他是很注意自己的形象的。

▲ 实际上,秦王嬴政是很注意自己形象的。

经过茅焦劝说后,嬴政马上就驾上车,空出车上最尊贵的左侧座位,亲自去把赵太后接回来,接到咸阳,"复为母子如初",与母亲和好了。

茅焦劝说嬴政的成功,关键在哪里呢?我觉得有人伦的层面和政治的责任层面两点吧。

▲ 茅焦劝说嬴政的成功,关键在人伦的层面和政治的责任层面两点。

从人伦的层面来讲,这个典故其实很像《郑伯克段于鄢》后面,郑庄公对自己母亲的处置。而茅焦也非常恰到好处地影射了这样一个意思,从人伦的角度来说,他认为秦王嬴政跟母亲还是有感情的,他感觉自己有必要劝说秦王去重新建立这样一种母子关系。

第二个更重要的是,他提到了嬴政的行为对山东六国、对天下的影响,这是一种政治使命。秦王嬴政这时年纪并不大,但是他表现出了一个政治家高度的反思和责任感。所以他可以很快地——不管他是发自内心的,还是处于一种政治上的考虑——做出了改正的决定。

▲ 秦王嬴政这时年纪并不大,但是他表现出了一个政治家的高度责任感。

四　始皇功过

关于秦王嬴政的领导能力和执政能力,就《资治通鉴》的记载,我们还有几件事可以给大家谈谈。

第一件事,是李斯进呈《谏逐客书》,秦王嬴政看了以后,马上就撤回逐客令。尽管朝令夕改,对一个领导者是不利的,但是他发现错了马上就改,跟对待茅焦的建议是一样的。

▲ 尽管朝令夕改,对一个领导者是不利的,但是他发现错了马上就改。

同时,还有一件事,郑国以修渠为名,实际上是行疲秦之计,但是他发现后,不但不杀郑国,而且还让他继续修渠,并把这渠命名为郑国渠。这说明什么呢? 说明嬴政考虑问题有大局观念。

▲ 嬴政考虑问题有大局观念。

我再讲一件事。秦王政二十三年(前224),秦王政召集群臣,商议灭楚大计。王翦认为非六十万人不可,李信则认为不过二十万人便可打败楚国。秦王政大喜,认为王翦怯懦,老不堪用,便派李信和蒙恬率兵二十万,南下伐楚。王翦因此称病不朝,回归故里频阳(今陕西富平)。不久李信大败,是为秦灭六国期间少有的败仗之一。秦王嬴政大为震怒,但他第一时间反思自己的问题,亲自乘快车奔往频阳,给王翦道歉,请王翦统领六十万大军启程,最终灭楚。

我们知道战国有四大军事家,白起、王翦是秦国的,然后就是赵国的廉颇和李牧。李信攻打楚国的时候,先胜后败,大败而归,秦王大怒。怒了以后他怎么办呢? 第一,他并没有因此把李信和蒙恬绳之以法,胜败乃兵家常事嘛,只是略加薄惩。后来李信去灭燕国,蒙恬守长城、抵抗匈奴,都做出成就。嬴政不是因为他们一败就马上处以极刑,他没有,而是给他们一个补过机会。更重要的是,他亲自跑到王翦家里去,到他频阳的家里去道歉,说:"寡人不用将军之言,不听将军之谋,李信果辱秦军;将军你,虽然身体不好,怎么能够忍心抛弃寡人,你出山吧,希望你能带兵去打楚国。"在这件事上,我们看到的哪里是一个残暴、粗暴的秦王呢? 在用人方面呢,他是非常有他的章法的,改过迁善。茅焦的事,《谏逐客书》的事,王翦的事,都表示秦王嬴政能够倾听不同意见,能够用不同的人,对客卿也好,对秦国的将军也好。

▲ 秦王嬴政能够倾听不同意见,能够用不同的人。

总之,秦王嬴政在统一天下之前,他确实是表现出很强领导能力的。他能用不同类型的人,比方说赵高,比如法律上面的高手李斯。李斯在治国方面也是很有一套的,秦王嬴政的那些统一措施,大多是在李斯辅佐下提出并实行的,如废分封、海内皆郡县等。

▲ 嬴政在纳谏方面也是从善如流。

嬴政在纳谏方面也是从善如流,他从继位后的第十七年到第二十六年,即公元前 230 年到前 221 年,先后灭掉了关东六国,完成国家统一。后北击匈奴,南服百越,在政治、军事、经济、交通、文化及对外开拓诸方面,采取了一系列新的政策,大大加强了全国之一统,对后世亦产生重大的影响。

秦始皇死后,秦二世胡亥与赵高合谋,篡改了秦始皇的接班人安排,残暴的政治,导致大规模平民暴动起义。秦子婴元年(前206),秦王子婴向刘邦投降,秦朝覆亡。秦朝从统一六国到灭亡,只有十五年国祚。为什么秦王嬴政统一天下十几年后,秦王朝就分崩离析、二世而亡呢?

贾谊在写《过秦论》的时候,是这么讲的,他说:"一夫作难而七庙隳,身死人手,为天下笑者,何也? 仁义不施而攻守之势异也。"他说秦的速亡有两个原因:第一是不用仁义,第二是不应该用打天下的办法治天下,"攻守之势异也"。

▲ 一夫作难而七庙隳,身死人手,为天下笑者,何也? 仁义不施而攻守之势也。

秦王统一,是亘古未有之事。西周是分封制,夏和商很可能是族邦制,它还不完全是分封,尽管也讲分封,但真正实行分封的是西周。那么战国时的情况呢? 一般的情况下是有分封也有郡县,各国都这样。但是秦国的郡县比较彻底一点,秦国三十多个县一部分是昭襄王时设的,其他多数的县是秦王嬴政时候设的。

这些建国措施和制度,有哪些值得我们今天去讨论呢? 我觉得有这么几点。

第一个,重硬件,轻软件。秦王嬴政重视硬件建设,修驰道,类似高速公路、修长城,还在咸阳把六国的武器收来铸成金人,表示不再用武力,把地方武器缴了,这些都是巩固统一的硬件措施,但是意识形态建设方面的工作却留下空白,没有做好。

▲ 秦王嬴政重视硬件建设,但是意识形态建设方面的工作却留下空白。

第二个,重形式,轻内容。秦始皇巡游四方,就是想要六国归附、人心归附,但他做的都是形式。到处立碑,表示秦始皇帝嬴政来过这个地方,是这个地方的统治者,这都是形式上的东西。真正要人心归附,还要做许多思想上的教化工作(儒家叫教化),思想宣传方面的工作。这个方面呢,

▲ 思想宣传方面的工作不够,不能赢得人心。

秦朝没有长进，还是打天下时候的那一套，所谓"攻守之势异也"，不懂得打天下与治天下是不一样的，就是这个意思。秦朝其实是搞过土地改革的，"让黔首自实田"，这是战国授田制的一个延续。但是秦朝徭役繁重，法律苛酷，在政策实际操作层面，不能赢得人心。

第三个，重当下、轻未来，他不注重接班人的安排。秦始皇嬴政死的时候，没有来得及安排好接班人，他的一些措施，比方说度量衡统一、货币统一、文字统一等的措施虽然有作用，但在接班人安排上却犯了大错。在用人方面，重才干、轻驾驭，如赵高、李斯都有才干，但是他对赵高、李斯的驾驭，在制度安排（制约）和文化影响（笼络）方面，都做得不够。

中国人特别讲德和才，我们不用德简单来评价赵高和李斯。一个人有没有德，固然有差异，但更重要的是在制度上防范他出问题。嬴政在这方面是没有安排的。赵高犯了错，秦始皇原谅了他，因为重视他的才干，结果赵高最先起意，改变了皇位接班人，杀死了朝廷老臣，逼走了前线的章邯，实际上葬送了秦朝。李斯呢？有一次他出行时看见李斯车马很盛，流露出不满。因为李斯收买了皇帝身边的宦官，所以就有人告诉李斯，要小心点，告诉他今天皇上看见你的车马太盛、威风太大了。后来李斯就注意了。秦王嬴政知道，这肯定是有人报告给李斯了，就把那天在场的宦官都杀了。但是他对宰相李斯的制约，也没有做制度上的安排。

在秦统一六国的时候，书同文、车同轨，货币上也统一

▲ 秦始皇在用人方面重才干、轻驾驭，做得不好。

▲ 一个人有没有德，固然有差异，但更重要的是在制度上防范他出问题。

了，嬴政把三皇五帝的"皇""帝"合起来作为自己的名号，且自称"朕"。诏令称"制"、"诏"。这些都是形式的东西。秦采用五德终始之说，就是金、木、水、火、土，这是齐国的邹衍提出的，认为五德终始，天命有归，都是跟着五德运作而盛衰的。周是火德，秦代周，所以是水，因为水灭火。那你想想，只要这个成立，下面一定还有土来灭水的，满足当下的解释。只要五德终始理论行，它还会转的，秦朝怎么能够一世、二世，传至万世呢？这是不可能的。中国历史王朝，跟西方和日本不一样，他们万世一系，中国讲朝代更替。五德终始理论，就是给这个现实提供理论解释的工具，它为中国的王朝更替，提供了理论根据。

▲ 五德终始理论为中国的王朝更替，提供了理论根据。

据《史记》和《资治通鉴》中记载，秦始皇到处立石颂德、立石颂功。立石，在到过的地方立个碑，表示我嬴政到此一游，表示控制这里，德堪天下。德是什么东西？德是意识形态的东西，在那个时候就开始讲，得人心爱戴叫德。功业不用说，功劳、功德，是我做成了什么事。这都是形式，真正要争取民心，不是用这个方式，应该用一些实实在在的政策措施，为百姓带来实实在在的好处。后来的皇帝，特别是唐太宗，包括汉高祖刘邦，他们都很注意打天下到治天下政策的转变。

▲ 真正要争取民心，应该用一些实实在在的政策措施，为百姓带来实实在在的好处。

秦始皇嬴政还做了什么事呢？派徐福去求神仙。统一事业大功告成以后，剩下就是想长生不老了。齐国人徐福等上书说，海上有蓬莱、方丈、瀛洲三岛，是神仙居住的地方，有不死之药，服后便可长生不老。嬴政听了很动心，幻想成为长生不老的神仙。秦始皇统一不久，就派徐福与征发的童男童女数千人入海求仙。

同时还干了什么呢？南戍五岭、北击匈奴，做边疆上的防范。秦始皇二十六年(前221)，秦始皇灭六国，完成了统一中原的大业之后，就着手制定北讨匈奴、南平百越的战略。经过一系列的准备，公元前218年，秦始皇命大将屠睢和赵佗率五十万大军，发动了征服岭南越族的战争。公元前214年，秦始皇命任嚣和赵佗，再次进攻百越各部族，秦军势如破竹，很快击溃了西瓯族(今广西等地)和骆越族(今越南中北部)的反抗。整个岭南地区，从此划入了秦朝的版图。

嬴政兼并六国后，为解除匈奴对秦的威胁，命蒙恬率三十万大军北击匈奴。征服南方的同时，蒙恬统帅主力部队从上郡的郡治肤施(今陕西榆林市南)，北出长城攻其东，杨翁子率偏师由萧关(今宁夏固原东南)出长城攻其西，匈奴败逃。

同时，嬴政开始接受李斯的建议，禁诗书百家语，控制舆论。所以李斯真是枉做了荀子的学生——在这方面，他学的已经远离荀子了，倒是把他师弟韩非的那一套东西接过来了，尽管他把韩非杀了。李斯按照法家的一套东西，把秦国以外的史书都烧了，但是不烧医药、卜筮、种树之书，按现在话讲，科学著作不烧。理工科的东西，还是需要的，这些人文的东西就不要了。那么如果要学习，跟谁学呢？就要以吏为师，以官吏为老师，学习律法。

坑儒的事源于始皇求仙。秦始皇不是想长生不老吗，所以他就请人去给他炼仙丹，去找神仙。方士卢生骗他说：

"神仙喜清静,你住的地方不能让人知道,别人知道的话,太闹了,神仙不来的,别人不知道的话,不死之药就能够得到了。"所以最后秦始皇行踪神秘莫测,显然这对他治国理政没什么好处。后来呢,这些书生在背后讥讽始皇。另外,因为炼不出丹,怕被追究责任,就说秦始皇的坏话。秦始皇听说以后很生气:我给你们这么好的待遇,你们却在背后骂我!他就派人进行专案调查。调查的结果为犯禁者四百六十多人,他就把他们坑杀了,这就是后世讲的坑儒。其实书没全烧掉,民间不让看,皇家图书馆是有的,后来被项羽一把火烧了。儒也不是都坑杀了,叔孙通就在秦始皇身边,不过这个家伙很精,秦始皇、二世在的时候,他不说话,后来到刘邦时,他才出来,他为刘邦制礼作乐。

秦始皇三十七年(前 210),嬴政最后一次出行。冬十月出行,秦朝以十月为每年的第一个月,他到了什么地方呢?浙江、江苏、湖南、山东、河北,到处转了一趟,最后在路上得病了,而且病得很重。他以为他还能回到咸阳,写一封诏书,让他大儿子扶苏赶紧到咸阳去。可是没想走到半道上,在河北沙丘,今天的河北广宗县,就去世了。第二年七月份,陈胜、吴广就起兵了。

秦始皇病死的时候,赵高和李斯把消息隐藏起来。赵高、李斯实际上发动了一个政变,搞了个阴谋,说秦始皇的遗诏是立胡亥为太子,赐大儿子扶苏和蒙恬自尽。这个扶苏呢,接到消息就傻乎乎地自杀了。蒙恬不服,最后被关起来了。而胡亥就被立为了太子。这个过程当中,没有发丧,好像这事就是秦始皇的意思,直到咸阳以后才发丧,告知天下始皇崩驾。

我们看到，秦始皇在统一天下之后，如何巩固政权，做了很多虚的东西，表面的文章。这也难怪，第一次在这么广袤的国土上，建立一个中央集权的国家，这不单在中国是第一次，在世界上也是第一次。西方的国家，比如说亚历山大帝国也好，罗马帝国也好，巴比伦帝国也好，那些帝国，其实都是政治军事联合体。像秦始皇这样建立一个从中央直接统治地方的数千万人口的大国，在人类历史上是第一次。所以他就会出现一些软件赶不上硬件，只做当下问题处理，没有做长久的制度安排的情况，这都是秦朝留下的遗憾。

这个遗憾到什么时候才解决的呢？到了汉朝，到刘邦、刘彻时代，才完成了集权国家的政策调整和意识形态建设。

秦统一的历程，各国拼的是战略，是实力，是军事。在这个过程当中，对秦国历史产生重要影响的有几个重要人物。庄襄王死了之后，秦王嬴政继位。他那时候很小，才十三岁，到统一的时候已经三十多了，他在位已经二十多年了。这二十多年如果再算上庄襄王的三年，这里有两个重要人物，一个吕不韦，一个李斯。按照当时的说法他们都是客卿，李斯后来做了丞相，吕不韦成了相国。

吕不韦作为一个商人，他能够坐到相国这个位置上来，因为他有一笔重大投资，投资对象就是在赵国做人质的、远离政治中心的异人。这样一种高风险的投资，如果得到一个好的管控，就能够一本万利，永远运作下去，像滚雪球一样越滚越大。但它也是有一定的边际。吕不韦的这个投资,到了一定的边际,到他身为相匡、掌握重权之后,如果他继续在原有的高风险投机的思路上继续发展,而不收敛的话,那么他很快就会到达一个边际,也就是他的反面下场,就导致他在投资事业的最高峰一下子走向了下坡路,而且是一个断层式的下坡路,这是吕不韦当初没有预料到的。

吕不韦选择异人的时候,正是招襄王时期,秦国的大势已经很清楚了,未来世界是秦国的,吕不韦应该有这个判断。

秦王嬴政在平定嫪毐以后,对吕不韦并没有什么严重的处置,只是让他退休了。吕不韦到了河南洛阳的封国去了。他的封国有十万户之多,相当大。可是吕不韦的问题在于,他到了封国后很张扬,整天跟六国的宾客来往,高朋满座。长期以来,秦国实际上是他在执政,从庄襄王三年到秦王(嬴政)九年,十几年都是他执政,回到封地后他还是"退而不休",不知道收敛。

秦王觉得让吕不韦这样"退而不休"很危险,就让他迁到蜀地,最后他自杀了。这方面吕不韦应该学习范雎。燕人蔡泽跟范雎讲,你现在这个位置,功劳没商鞅他们大,但是你的权势却那么大,日中则昃,知足得福,你应该知足知止。于是范雎就把手中的权放下了。

尽管吕不韦让人编的《吕氏春秋》颇多人生哲理、处事权谋,但他还是对伴君如伴虎这一点估计不足。如果吕不韦到河南以后,能够像后来的张良那样,随赤松子云游,也许他就没事了,毕竟他对嬴政这一家是有恩的。

至于李斯，也是悲剧下场。

李斯自喻，要做仓鼠，不做厕鼠。仓鼠、厕鼠的待遇不同，是因为其处境、平台不一样，于是，他离开乡下，去齐国稷下学宫念书，拜荀子为师。念了书以后到秦国来寻找梦想。他以一个穷书生入秦，最后做到一人之下万人之上的相国，着实不易，可最后却死于赵高的阴谋陷害。

李斯辅佐秦王嬴政统一，是有功的，但他却在秦始皇嬴政死的时候，被赵高利诱，参与了沙丘之变，改了遗诏，继续当上了秦二世的国相。然而也就两年，他就被秦二世和赵高处死了。

李斯的问题是，上了赵高的贼船，却被贼惦记上了。如果你真要上贼船的话，除非你比贼更贼，否则你一定会被贼推到水里去。

当时，他是不是有可能不上贼船呢？不可能。如果说赵高在约他来改遗诏时他说不行，那这个时候他肯定难有全身而退的余地。他要么把赵高打倒，控制住赵高和秦二世，按照秦始皇遗诏来扶立扶苏；要么顺从赵高，参与一场阴谋。赵高能找他，说明赵高对他是看透了，知道他是可以作一段同路人来合作的——如果知道他不能合作，赵高会找他吗？其实，当人找到你商量这件事的时候，想要全身而退是不可能的。要么就是用你的办法，把这件事搞定了，但表面上跟他周旋，实际上有你的安排；要么你跟他上来后，用你更高明的手段，把这个危险处理掉。为什么危险？因为赵高跟秦二世的关系，比李斯跟秦二世的关系更深。

李斯是一个以自我利益为中心、凡事谋划首先考虑自己利益的人。比如他写《谏逐客书》的时候，讲得头头是道，却把韩非这个人才给杀了。在为自己讲道理的时候，一套一套的，但是当失去自己利益的时候，这个道理就没有了。所以李斯的这种自我利益高于一切，个人得失高于一切的价值观，也就决定了赵高会找他。找了以后，也就决定了他最后的命运。因为秦二世跟赵高的关系更铁，除非他甘心给赵高擦鞋提鞋，但是他又做不到，他又看不起赵高，认为赵高是宦官小人。赵高似乎也是那么糊弄李斯的，比如，他让李斯去给二世就当前的局势提意见，就忽悠说，你是丞相啊，应该说呀，我不过只是一个皇家奴仆而已。

李斯与赵高互相攻击，李斯一直在秦二世那里揭发赵高的恶行，希望得到公正的处理，最后落得被赵高陷害而死的下场，是他把领导的品德、境界估计得太高了，而又把对手的水平估计得太低了。

（参见《资治通鉴》卷六、卷七）

▲ 李斯的这种自我利益高于一切，个人得失高于一切的价值观，决定了他最后的命运。

第五讲　亡秦必楚

刘邦起兵之初，一无家世，二无德行，却凭借强大的人格魅力赢得张良等人的追随。在入咸阳之前，刘邦拥有什么呢？一是一支独立的军队，二是仁义甲天下的江湖声誉。

整个战争，项羽都在自己打，谁也打不过他；而刘邦却自始至终在下一盘棋。刘邦最大的本事，在于他会用人，这是他成功的关键。

刘邦凭什么能赢项羽？这是古今很多人都提过的问题。魏晋名士阮籍，游览荥阳、成皋古战场，就摆出一副不屑的神情说：世无英雄，遂使竖子成名！

要论出身，刘邦这个人的出身，真是太普通了。父亲叫刘太公，母亲叫刘老太（刘媪），大哥叫刘大（伯），二哥叫刘二（仲），他叫刘三（季），是地道平民出身。他本来应该是楚国人，他出生的时候楚国还没亡，但后来秦灭楚，他就成了秦的子民。

关于他小时候的表现，有这么几件事：第一，他挺讨人喜欢，也挺善于跟人交往，"爱人喜施，意豁如也，常有大度"；第二，他"不事家人生产作业"，就是不好好干活，跟刘备一样。他的父亲经常说："你要是能像你二哥那样，置点家业多好呢！"

但有两件事，可以体现出刘邦这个人不同凡响。

第一个，他很好客，平常总带一些人回家吃饭。嫂子不高兴了，就把锅铲弄得咚咚响，表示盛饭已经铲到锅底，锅里没吃的了。他请人吃喝，经常赊钱，而且"给人酒酬数倍"，到年底人家经常会给他打个折什么的。刘邦能够当亭长，说明他家也不是穷得叮当响，应该是自耕农这样的家庭。当亭长也是要一定条件的，秦朝的基层组织是乡，亭长

▲ 刘邦凭什么能赢项羽？这是古今很多人都提过的问题。

▲ 刘邦"爱人喜施，意豁如也，常有大度"。

主要是管一个地方的治安,有点儿像治保主任的角色,就是沛县下面设立的一个治安派出机构。

第二个,是他到吕公家祝贺的事。吕公是沛县县令的朋友,有一次他带着家人来投奔这个县令。萧何当时在县里当差,职位相当于县衙的秘书长兼管财政。萧何就四处张罗:县里领导朋友来了,咱们得给祝贺一下,大家来吃一顿饭,送一点礼金。大概那时候有这样一个风俗,领导的客人来了,下面的人得送点礼接风。萧何说,如果交的份子钱不到一千,就坐在堂下;如果超过一千,就坐在屋里边。刘邦呢,他实际上什么钱也没带,他说:我交一万。一万是个大礼,惊动了吕公,吕公就亲自到门口来迎接,然后刘邦就坐在主桌了。

《资治通鉴》没有这些细节的描写,《史记》对此写得很具体。《史记》上记载,高祖刘邦坐在最上的主宾位置上,而且"狎侮诸客"。据说吕公喜欢看相,他一看刘邦的相貌非凡,就用眼光示意他留下,问他结婚没有,有没有家室,因为他想把女儿嫁给刘邦。刘邦当时娶吕后是多大岁数呢?我推算了一下,刘邦应该有四十多了。吕后三十二岁时生下老二汉惠帝刘盈,时在刘邦起兵前一年。老大鲁元公主的出生,也就是早两年,约为公元前 212 年。所以刘邦成婚时,应该是四十三岁左右。而吕后比刘邦要小十五岁,结婚时大约也二十八九岁了,在当时,确确实实是老姑娘了。据说当时吕太太还不愿意,说:"我们家姑娘将来是有出息的,怎么嫁给这么一个人?"吕公说:"人家刘邦可是潜力股。"

吕公有两个女儿、两个儿子,小女儿后来嫁给了樊哙,一个杀狗的,社会身份也高不到哪去。所以我估计《史记》这段描写是后人添加的,高祖娶吕后,未必不是门当户对。

据说吕后长得很漂亮,刘邦死后,匈奴的冒顿单于曾向她求过婚。可是有一点要说明的是,刘邦在跟吕后结婚之前,已经有一个儿子,名字叫刘肥,妈妈大约姓曹。你看,刘邦是一个什么样的人呢,平常不愿做具体的事情,种地啦,做买卖啦,这类的事都不爱做,但是很爱广交朋友。人们都挺喜欢他,他也不抠门,非常慷慨,虽然他没多少钱,但还经常请客吃饭。他有自己的人格魅力,亭、县里的小吏,包括萧何这些人,都对他很推崇——用今天的话说,刘邦对他们有影响力。刘邦四十多岁了还没什么成就,平常就去上班,有时候还回家从事农业生产,帮助吕后种地。《史记》上有这个记载,吕后带着两个孩子在那种地,他还搭把手。

那么机会是怎么来的呢?机会是陈胜、吴广造反造成的。

▲ 刘邦是一个什么样的人呢?他广交朋友,非常慷慨,有他的人格魅力。

一　高祖起兵

陈胜、吴广起兵之前,刘邦就出事了。作为亭长,他要送一批囚犯到骊山修墓。可是这些人知道,到骊山修墓有去无回,所以很多人路上就逃跑了。刘邦并没有加紧看管剩余的人,也没有发文到处抓捕逃亡者,根据逃亡的数量不断增加，刘邦估计，还没走到咸阳，人就在路上跑光了。他对剩下的囚徒说：你们走吧，我也走了。从此他就逃亡，也不敢回家了。从这点看刘邦，他倒不是那么残酷的人。

他出来起义的时候，至少有一百多人吧。这百十人吃什么喝什么呢，我怀疑刘邦当了一阵剪径强盗，就是梁山泊一类的事，或许做过打家劫舍的事情。但史书上对此没有记载。史书讲了这样一个故事：有一次他喝醉了，一条白蛇挡住了道，大家都不敢动，刘邦拔剑把蛇斩了。这时一个老太太出来哭，说："我的孩子是白帝之子，挡着道，如今赤帝之子把他杀了。"刘邦原来不是常人，是赤帝之子呀！这件事儿很多人见到呢，所以一传十，十传百，都说刘季不是平常人。

我们知道在古代，一个君王出现之前，一定要造势。当初陈胜、吴广起兵的时候，秦二世皇帝元年（前209）七月，就是秦始皇去世整一年的时候，为了鼓动大家，他们就做了这样类似的事情，即所谓"篝火狐鸣，鱼腹丹书"。他们弄了一条鱼，这个鱼里面呢，放着红布条，布条上写着：陈胜王。厨师在处理这条鱼的时候，发现了写着"陈胜王"的字条，他问谁是陈胜，大家指着告诉他陈胜是哪个；吴广在草丛里学狐叫"陈胜王，陈胜王，陈胜王"。所有这些动作，都是为了给陈胜提高威信的。刘邦这么做也无可厚非。

陈胜起兵，当时很多地方的人都响应。沛县县令也想起兵，萧何、曹参就跟他说：你是秦朝官吏，你要背叛秦朝，沛县的子弟能听你的话吗？要不这样，我们沛县流落在外不敢回乡的青壮年，大概有数百人，他们本来为秦朝所追捕，你把他们招回来，我们就有几百个人在手上——可见，一般秦朝地方郡县，没有多少军队，秦朝对军队掌控是很严的——有了这数百人的实力，大家就得听你的。县令觉得有道理，就让樊哙去招回刘邦。

刘邦这时候已经有百十人了，他来了之后，沛令又后悔了，他担心这些人都听刘邦的，而不听自己的。于是他又把城门闭上，不让刘邦进城，还要杀萧何和曹参，怀疑他们跟刘邦早就串通好了。萧、曹逾城而逃，刘邦射了一封书信到城中，告示沛县的父老乡亲，以陈利害祸福。

按照正规的说法，秦朝县下面有乡，"父老"就是乡里的那些头面人物。父老得到刘邦的信后，就率乡里子弟杀了沛令，毕竟沛令不是自家人，是秦朝派来的嘛。他们开门迎刘邦，立为沛公。沛公是什么意思，因为楚国的县令不叫县令，叫公。沛公，就是恢复了楚国的官名了。萧、曹等招募了两三千沛县子弟，这就是刘邦起家的资本。

刘邦组织了两三千人，要找大部队。找谁呢？找楚王，因为他们是楚国的子民。陈胜在起兵半年不到就死了，现在的楚王叫景驹，景氏是楚国的大户。刘邦去找楚王，正好张良，也就是刘邦的第一个谋士，也要去找楚王，于是他们在路上相遇了。

张良的故事，有这么几点。第一，张良是个韩国的贵族，父祖几辈人都在韩国当国相。秦灭韩，最恨秦的就是张良及其家人，因为他们当不成贵族了。张良变卖家财，策划刺杀秦始皇，最后没成功，他就到处逃亡，躲到了今天的江苏下邳。据说张良中途曾遇到一个老人，这个老人送给他一部兵法，从此之后他苦读兵法，后来成为刘邦的军师。现

▲ 萧、曹等招募了两三千沛县子弟，这就是刘邦起家的资本。

在他也带领数百人，跟着刘邦去投奔新立的楚王，最后他就辅佐刘邦了。因为张良跟别人讲谋略，别人都不懂，但跟沛公讲，沛公一点就透。所以张良说"沛公殆天授"，有天分。

张良愿意跟刘邦干，这件事也是很值得讨论的。张良是贵族出身，但他也认为从小没有什么品行、没什么身份的刘邦具有领导的魅力，愿意跟他干，这说明刘邦一定有很强的人格魅力。

二　先入关中

刘邦的对手项羽，几乎也是以同样途径起事的。项羽的父亲去世了，叔叔项梁带着他逃亡避难。项羽的老家下相，在今天的江苏宿迁，宿迁离徐州不远，大概也就是几十公里的样子，跟刘邦老家是很近的，不过他造反的时候，年龄只有刘邦的一半。我们知道王翦灭楚的时候，所杀的楚国大将项燕，就是项羽的爷爷，王翦灭楚，项燕兵败而死，项梁就带着项羽他们几个兄弟，流落在吴县（今苏州）。陈胜起兵以后，他们也来响应，杀了会稽郡的郡守殷通，项梁自立为郡守，这时候项羽二十四岁。

项羽这个人有什么特点呢？第一，他是没落官二代，跟刘邦不一样，他是高干子弟。陈胜起兵的时候就冒项燕之名，所谓"吴中贤士、大夫皆出其下（指项梁）"，说明借助项燕的名声，项梁在当地非常有影响。刘邦靠造势（赤帝之子之类)、靠人格魅力,获得影响力;项梁(包括项羽)靠他的出身家世,当然他也是有本事的。这是第二点。

不过,项羽的本事和刘邦的又不一样:他小时候学写字,学了半截不学了;学剑法,学了半截又学不下去了。他叔叔项梁很生气,可项羽说:"写字能记姓名就可以了,剑法敌一人,不值得学,要学就学万人敌的兵法。"可是项羽学兵法,也不上心,略知一二,没学到底就又放弃了,没韧性。总之,刘邦与项羽,两个人有着完全不同的风格。刘邦对人很好,项羽个性刚猛。项羽当时杀死会稽郡守的时候,当时人心惶惶,他杀了数十百人,走出会稽郡官邸的时候,大家都不敢抬眼看他。项羽拉起的队伍共八千人,比刘邦规模大,虽然项羽学什么事都没韧性,但是武艺高强,身材高大,力气过人,是一名猛将。造反的时候年仅二十四岁,刚好是四十八岁刘邦的一半。

▲ 刘邦与项羽,两个人有着完全不同的风格。刘邦对人很好,项羽个性刚猛。

陈胜是秦二世元年七月起兵的,当年十二月就被车夫杀掉,只有半年时间。项羽与叔父项梁起兵不久,有个谋士范增来了,跟项梁讲要抓旗帜。他说:"陈王自立而不立楚王的后人,所以他不能持久;现在楚国各路将领都来依附你,就是因为你世代代为楚国之将,认为只有你能复兴楚国,现在我们应该扶立个楚王的后代。"项梁觉得范增的建议很有道理,他就找了一个楚怀王的嫡孙,给人放羊的叫熊心的孩子,立他为楚王,建都今天江苏省淮安市的盱眙县。

▲ 项羽与叔父项梁起兵不久,有个谋士范增来了,跟项梁讲要抓旗帜。

这时候,山东六国都燃起了反秦大火,秦国大军也已经打过来了。秦军的统帅章邯,是一员猛将。陈胜、吴广被打败了,但是项梁率领的楚军,一路攻下东阿、雍丘,势如破竹,难免骄傲轻敌,在定陶附近,被章邯击败,项梁战死。章邯感觉楚地已经不足忧,率军掉头北上,攻打赵国,把赵王围困在钜鹿(今河北平乡)。赵王就请各路诸侯来救他,可是大家都不敢进军。秦国的军队多强啊,这时蜂拥起兵的六国还不是正规军队,都是抄起锄头、铁锹、木杆之类的家伙就上阵了的杂牌起义军,所以大家都不敢去救赵。

楚王身边官员,成分很复杂,各种各样的人都有,并不都是"项家帮"。项梁死了以后,项羽很凶猛彪悍,大家对他都很忌惮。所以最后楚军兵分两路执行任务:上将宋义,次将项羽,末将范增,北上救赵;刘邦受命向西攻打咸阳。

宋义这个人,带兵北上,行动比较保守,走到了安阳(今山东曹县),他有所迟疑,按兵不动,滞留了四十六天。项羽报仇心切,杀死了宋义,亲自领兵马去出击。楚王也没办法,只好任命项羽为上将军。

最后,项羽发动了震烁古今的钜鹿之战,破釜沉舟与秦军一战。因为项羽的兵马少,对方的兵马多,项羽让每个士兵只带三天粮食,把船也凿沉,把锅也砸了,说,我们有去无回,只能胜不能败。以此来坚定大家的信心。过什么河呢?今天的漳水河(今黄河往北),漳水附近有两个重要城市,一个是安阳,一个是邺(西门豹治邺那个邺)。最后在勇猛的项羽指挥下,大败秦军,章邯投降,王离被活捉,苏角被杀。钜鹿之战奠定了项羽在诸侯中的霸主地位。这是秦二世三年(前207)十二月的事情。

史书是这么记载的,说当时打的时候,杀声震天动地,诸将作壁上观,就是龟缩在自己的军营里看。击破秦军以后,项羽召见诸侯军将,他们"膝行而前,莫敢仰视",都在辕门跪在地上往前走。于是项羽自然成了诸侯上将(联军司令)。你看,我们比较刘邦就知道,项羽的威信是打出来的。诸侯为什么服他? 是他这一仗击败秦军主力赢来的。我们知道,上将军就是最高统帅,这不是诈封的,是项羽打出来的,所以诸侯的军队都听他的。

再说刘邦这一路,秦二世二年(前208)九月(此时的历法,以十月为岁首,故九月就是当年的最后一个月)出兵关中。楚王分配各路军队时讲了,你们就打吧,谁先打到关中,就封谁关中王。所以项羽北上的时候,刘邦西进。刘邦拿到这份相对容易的任务,其实就是因为楚怀王身边的人认为,刘邦这个人比较宽厚,秦朝苛政,如果采用宽厚之政,这些人就不战而降;如果像项羽那么狠,很可能就出事。因此刘邦才拿到这份西进的任务单。

秦军分驻三处,一部分在西边戍卫首都,一部分在东边镇压六国造反,另一部分在长城守边疆。边疆的军队被抽调回来,一块打山东,但都被项羽打败了,现在就剩西边的那部分军队了。其实刘邦这个仗根本就没打,他采取了跟项羽完全不一样的战略。

次年二月,刘邦采纳了儒生郦食其的献策,先拿下了陈留,去说服陈留的人投降,然后向西获得了粮草。这时候郦食其的弟弟郦商,还带来四千人马。然后刘邦就向西推进。南阳的首府宛,也是不战而降。当时这个郡守都想自杀了,后来他的部下陈恢劝他去见刘邦。所以刘邦西进的时候,一路是受降的。这年七月,南阳郡守投降,被封为殷侯,刘

▲ 项羽的威信是打出来的。

▲ 刘邦拿到这份相对容易的任务,其实就是因为楚怀王身边的人认为,刘邦这个人比较宽厚,秦朝苛政,如果采用宽厚之政,这些人就不战而降。

邦把南阳的兵带走,让郡守留守原地。刘邦的军队规定"亡得卤掠",不得扰民,这就是刘家军的"三大纪律八项注意"呀,怪不得"秦民皆喜"。

▲ 刘邦成功的奥秘:亡得卤掠,秦民皆喜。

《资治通鉴》把"亡得卤掠,秦民皆喜"这八个字放到这里,道出了刘邦成功的奥秘。刘邦确实是忠实地执行了楚王要求的政策,就是你不要来硬的,你要来软的,用巧力,不要掳掠。所以刘邦用的是怀柔政策,一路打过去,直打到咸阳附近。

这时候我们知道,秦国的情况已经发生了变化。赵高用阴谋手段杀掉了丞相李斯,天下大事都取决于赵高。赵高在政治上野心太大,章邯投降以后,他杀死秦二世,立子婴为秦王。子婴是秦二世的侄子(也有人认为是秦始皇的侄子)。值得注意的是,子婴不叫秦三世,又回到秦统一以前的称谓了,叫"秦王"了。子婴又设计杀死赵高,灭其三族,这时候才来应对刘邦的进攻,赶紧派人把武关守起来。

刘邦想来硬的。他到底有多少军队呢?史书上说鸿门宴之前,刘邦是十万军队,就是他的军队不会超过十万。所以张良说:秦兵尚强,你不可以轻动,你先虚张声势。就是在山上插上很多旗帜,让对方觉得你军队很多,另外派郦食其、陆贾这些能说会道的巧辩之士,游说秦将,啖以厚利,收买他们——其实这还是当初秦统一的老办法呢——秦将果然求降,不打了。章邯在那边都投降了,咱们还打什么呢!

刘邦想讲和了,张良却说,这是秦军的主将要和,士卒未必同意,我们要趁秦军松懈的时候去进攻。这一打就打到蓝田,秦兵大败。到秦子婴元年(前206)十月,也就是刘邦西进后一年零一个月,刘邦以战胜者的姿态来到霸上,秦王子婴把自己绑上,拿上皇帝的玉玺,在轵道亭旁,以最屈辱的方式投降。后来"降轵道旁"就成为亡国投降的典故了。

子婴投降后,有人建议刘邦杀死子婴。而刘邦说:"始怀王遣我,固以能宽容。且人已降,杀之不祥。"这段话刘邦说得非常出彩,他说,当初怀王遣我来,就是因为我能宽容嘛,现在人家投降了,你却把人家杀了,不合适。于是就把子婴交给司法部门看管起来。刘邦处处展现仁者形象,打宽厚这张牌。他很注意爱惜自己羽毛。而项羽不是,项羽是勇猛残暴,从他后来在关中的作为更能看出来。

▲ 刘邦处处展现仁者形象,打宽厚这张牌。

刘邦入咸阳,大家都取金银财宝,而萧何先到丞相府,把天下山川形胜、户口图籍之类材料都搜罗起来,所以刘邦对天下的形势很了解,就是因为这些地图都在他手上。

▲ 刘邦入咸阳,大家都取金银财宝,而萧何先到丞相府,把天下山川形胜、户口图籍之类材料都搜罗起来。

刚开始,刘邦想住在秦宫室里面,因为这里美女也多,金银财宝也多。樊哙说,你想做富家翁,还是想要天下呢?就是这些东西使秦灭亡的,对你有什么用呢?你赶紧还军霸上吧。刘邦不听。张良说:"秦无道,所以你才能到咸阳来,你如果是见了这些东西就据为己有,那你不是助桀为虐吗?为天下除残贼,应该简朴,应该低调,忠言逆耳利于行,良药苦口利于病,希望你能听樊哙的劝告。"刘邦听得进张良的劝谏,所以他还军霸上。

十一月,刘邦把当地的头面人物找来,说:"暴秦法律严苛,你们辛苦了,我跟诸侯入关前约好了,先入关者为王,我跟你们约法三章：'杀人者死，伤人及盗抵罪。'"三章其实就是保障居民的生命权和财产权，关中人的生命权、财产权被保全了，所以关中地区和平解放了。刘邦说：你们也不要给我送这么多慰问品，国库里多着呢，你们不要破费。刘邦又派人到各地，到关中地方的县里、乡里去贴告示，要求所有人都安堵如故，原来干什么还干什么。所以秦民大喜，唯恐沛公不王关中。

▲ 刘邦在到咸阳之前，赢得的是什么呢？一是独立自主的军队，二是江湖上仁义甲天下的声誉。

刘邦在到咸阳之前，赢得的是什么呢？一是独立自主的军队，二是江湖上仁义甲天下的声誉。

刘邦的对手项羽听说刘邦先入关中，大怒，说："是我消灭了秦军的主力，你倒摘桃子，轻易地进入了关中。"我想他心里对这个结果不满，其实呢，刘邦打关中，关中也有秦兵的主力啊，但问题是，刘邦用的是软的一手，项羽用的是硬的一手。项羽的性格粗暴，他把投降的二十万秦军在新安这个地方活埋了，他说："这些秦军比我的军队还多，我把他们带到秦国去，如果他们与家乡父老联合起来，那我可招架不住。"索性就把他们坑埋了。大家想想看，后面的仗还能打吗？秦军投降了，你把人家坑杀了，后面再打仗，秦军肯定会拼死抵抗嘛。所以，项羽打得很艰苦，刘邦打得很潇洒。项羽晚刘邦一步到咸阳，势所必然。

▲ 项羽打得很艰苦，刘邦打得很潇洒。项羽晚刘邦一步到咸阳，势所必然。

这时候有人跟刘邦说，项羽带着四十六万大军来到关中，并没有报告楚王，而且他封了秦的降将章邯为雍王，雍就是关中，那意思是说，将来会让章邯守在关中了，那就会危及刘邦关中王的位置。刘邦听了这些话，就派人把函谷关守起来了，闭关不让项羽进来。项羽很生气，就让手下大将英布攻打函谷关,眼看刘项就要打起来了。

三　鸿门宴

给项羽火上浇油的,是刘邦军中的叛徒,左司马曹无伤。左司马,大概相当于副参谋长,就是个高级辅佐。这个曹无伤知道项羽势力大,也想投靠项羽,换取分封。所以他派人告诉项羽,说沛公想在关中称王,以子婴为相,"珍宝尽有之",把珍宝都据为己有。项羽一听很恼火。

当初秦王嬴政统一天下,称秦始皇的时候,他把六国的珍宝都拿到关中来了,关中那时候有全国最好的东西,最多的财富。项羽想啊,自己忙活了半天,竟然都是给刘邦忙活的,再说他也看不上年纪又大,出身又低,过去还在他手下的刘邦啊。项羽大怒,跟兵将们说:你们饱餐一顿,明天早晨起来,我们去打刘邦。这就是鸿门宴的前奏。

为什么叫鸿门宴呢?不是项羽设宴诱擒,是项羽要打刘邦,刘邦赶紧去赔罪、和稀泥,忽悠项羽,两人顺便吃了顿饭。《资治通鉴》里记载,当是时项羽军四十万,号百万,在新丰鸿门,沛公兵十万,号二十万,在霸上。范增跟项羽讲,刘邦这个人在山东的时候,在没入关之前,贪财好色,现在入了关以后呢,财物无所取,妇女无所幸(因为他听了张良、樊哙的谏言),说明他有天下之志;而且我找人望气,说他有天子气,我们要赶紧去打他。范增没有说刘邦有没有罪、该

▲ 鸿门宴不是项羽设宴诱擒,是项羽要打刘邦,刘邦赶紧去赔罪,两人顺便吃了顿饭。范增从战略的角度指出,刘邦是项羽最大的竞争对手,所以要把他干掉。

107

不该打，而是从战略的角度指出，刘邦是项羽最大的竞争对手，所以要把他干掉。

如果项羽要打刘邦，刘邦能敌得过吗？实力对比悬殊，显然他敌不过。刘邦确实危在旦夕。可是这时候有人救了他，这个人是项羽的伯父项伯。项伯跟张良有过交往，当初张良在下邳隐居读兵书《黄石公略》的时候，项伯犯罪，被秦兵追赶，是张良救了他，而且给他盘缠，让他到苏州去投奔兄弟项梁，项伯说过将来必报此恩。现在张良也在刘邦军中，项伯连夜就跑过来找张良，说：你赶紧跑，沛公谋反，我的侄儿明天早晨要来进攻沛公，你犯不着跟他玉石俱焚，赶紧跑吧。张良会跑吗？张良不但不跑，还把他介绍给刘邦，请他为刘邦向项羽说情：刘邦哪有谋反之心，你看府库封得很好，一点没动，就等项羽来接收，刘邦打到关中，把秦的首都拿下来了，如此大功，项羽却要杀他，这个怎么能讲得过去呢？

因此，项羽真正杀刘邦也不好动手，没有正当理由。至于为什么把关卡封了，刘邦解释为防盗贼，也勉强说得过去。刘邦的交际能力真的很厉害，他对项伯说：听子房讲，你是个讲义气的好汉子，我也特别重视讲义气者，我有个小女儿，你有个儿子，既然他们都还没婚配，那我们就结成亲家吧。你看，来的时候是敌手，一见面就结成儿女亲家了。

项伯回去就跟项羽讲刘邦不会反。项羽这个人有个特点，他很听项家人的话。而且刘邦还说转天早上当面负荆请罪，本当是兵戎相见的次日清晨，刘邦带着张良、樊哙等人来晋见项羽，当面做解释，赔罪说明闭函谷关的原委。这种情况,沽名钓誉的项羽当然不好动手了。

鸿门宴,其实不是项羽设宴诱捕刘邦,而是刘邦前来迷惑项羽的。

在酒席上,范增还不甘心,他让楚国的舞剑高手项庄舞剑,实际上处处在指着刘邦,所以说"项庄舞剑,意在沛公"。看到这个情形,项伯急了说:"一个人舞没意思,我来跟你对舞吧。"他处处护着刘邦。刀光剑影的把刘邦吓坏了。这时候樊哙进来了,义正词严,说:"你这个项羽呀,人家有功,你还要杀人家,是何意呀?"项羽这个人还是讲面子的,刘邦假装上厕所,一去就不回了,他悄悄地溜走了。临走时留下了带来的礼物给张良转交,说:"你估计我到了军中,你再告诉项羽我走了。"刘邦也不敢坐车了,骑着马从小道逃走。估计刘邦回到军中了,张良就说:"沛公也不胜酒力,怕你责怪他,所以他提前回去了,让我留下这一双玉璧做礼物送给项王,一双玉斗送给亚父。"亚父,就是范增。项羽就把这玉璧收下了,张良走后,范增气得把玉斗往地下一扔,用剑把它撞破了,骂了一句:"竖子不足与谋!夺将军天下者,必沛公也,吾属今为之虏矣!"这句话也不知道是当时说的,还是事后私下说的。如果当着项羽的面发这种牢骚,说明范增不懂说话艺术。为什么项羽跟范增的关系不亲切呢?这跟项羽的为人有关系,但更重要的,或至少有一部分原因,是范增不注意处理跟领导说话的艺术。

接下来项羽怎么做了呢?项羽军队开进咸阳城,大肆杀掠,开始屠城。他把秦王子婴给杀了,把秦的宫室烧了,把秦的金银财宝和美女掠走了,真是"三光"呀!秦民大失

▲ 鸿门宴,其实不是项羽设宴诱捕刘邦,而是刘邦前来迷惑项羽的。

▲ 为什么项羽跟范增的关系不亲切呢?至少有一部分原因,是范增不注意处理跟领导说话的艺术。

109

所望。

《资治通鉴》在写这段历史的时候,是有对比的:在那边写刘邦约法三章,财物无所取,妇女无所幸;在这边写项羽火烧咸阳,杀子婴,掠夺金银财宝。可惜了秦朝皇家图书馆的那些珍贵书籍呀,秦始皇都没有烧,都被项羽焚烧了!秦王的墓也都给挖了,好多陪葬品都挖走了——大概项羽比较急,没有挖干净,所以我们今天还能看到秦始皇陵兵马俑。更重要的是,项羽把咸阳变成一座空城,关中老百姓大失所望。

有一个姓韩的读书人,来见项羽,说关中乃四塞之地,土地肥沃,可都可霸,你怎么把它烧了呢? 在冷兵器时代,关中的形势,进可攻退可守,是四塞之地,周边都是边塞一样——西边通向河西走廊的路,这时还没通;东边出了函谷关就是山东六国,所以这是非常险要的地方。但项羽并没有想留在关中,谋求进一步的发展,他说:"富贵不归故乡,如衣绣夜行,谁知之者!"认为富贵不还乡,就像穿着漂亮衣服在夜里走路,谁能看得见呢? 回家后别人才知道你是成功人士啊,项羽是这么想的,所以项羽的格局比较低。从沛公听了张良的话,退出宫室、还军霸上可以看出,刘邦是心里有天下的。而项羽心里有的是什么呢? 是富贵还乡,让人知道他成功。所以姓韩的读书人从项羽那儿出来以后,他骂了一句:"人言楚人沐猴而冠耳,果然!"项羽听说之后,把这姓韩的读书人给烹了,给煮了。

韩姓读书人骂项羽"沐猴而冠","沐猴而冠"这个成语就是这样来的。

▲ 项羽把咸阳变成一座空城,关中老百姓大失所望。

▲ 刘邦是心里有天下的。而项羽心里有的是什么呢? 是富贵还乡,让人知道他成功。

当初,刘邦与项羽,都曾见到过秦始皇车队的威武,都曾心生窃慕。刘邦说:"大丈夫当如是也。"堂堂男子汉,就应当这样! 项羽说:"彼可取而代之。"刘邦比较含蓄,项羽比较冲动。这不同的心志表达,也预示了两人的性格与命运。

刘邦和项羽起兵的时候,刘邦四十八岁,项羽二十四岁,两个人年龄差一倍,籍贯也相差不远,大概也就距离几十公里,都是苏北人,一个在今天的宿迁,一个在今天的沛县。宿迁现在是江苏省的一个地级市,当时叫下相;沛县在今天徐州。那时候项羽在吴中起兵,刘邦在家乡沛县起兵,他们之间的楚汉之争,也是千古话题。

刘邦跟项羽,在各自总结成败经验的时候,很不一样。刘邦讲过:我不行,张良、萧何、韩信是各方面的翘楚,我因为用了他们才取得胜利。项羽有个范增却不能用,所以他失败了。项羽在总结自己失败的教训时说:我从来没打过败仗,不信我现在就跟你打一仗比比看! 他突围、斩将、拔旗,一胜二胜三胜,所以他说,是"天亡我也,非战之罪也"!

从历史上楚汉之争发展过程来看,如果对刘、项之争进行事业正义性评判的话,则很难判定是非。现在有人讲项羽是要维护分封,刘邦是统一,论断太简单了。刘邦也搞分封,也分封了一些异姓王和同姓王,所以应该排除从这个角度来讨论刘邦和项羽的成败,这是大而无当。

那么应该看什么呢? 其实应该看他的用人,因为领导做事说白了就是用人。自己做事叫匹夫之勇,让别人做事才是领导能力。比如,星期六的早晨,天下雨,外面很冷,学

▲ 领导做事说白了就是用人。自己做事叫匹夫之勇,让别人做事才是领导能力。

生宿舍里面,谁都想躺在被窝里不起来,想让别人给自己打饭,可这种时候想让人给自己打饭多费劲呐,得说服别人,甚至得哄他、骗他、欺负他,他才去给你打饭。但是有领导力的人根本不用自己讲,人家给他都买好放在那里了,这就是领导力,不需要去哄人、骗人,有人会主动自觉地帮他做事情。所以让别人给自己做事不容易,自己亲自做事倒是最容易的。

▲ 整个战争,项羽都在自己打;但刘邦从始至终在下一盘棋。

你看,在整个战争当中,项羽都在自己打,他哪都可以打,谁也打不过他。但刘邦呢,他不是一个人在打,他是在下一盘棋,他用韩信,用彭越,用萧何,还有张良。刘邦最大的本事体现在他用韩信,这是刘邦的一生成功的最关键,也是他领导力的最高体现。

韩信投奔刘邦的时候,没有功劳,没有打过仗,而且还是从项羽那边过来的,刘邦这时候已经不是村干部了,已经是汉王了,他手下都是追随他从沛县一路打过来的老革命、老干部,如周勃、樊哙、曹参、王陵,哪一个都是人物,但是刘邦这时候能够用韩信,还用到最高的位置上,这是一般人做不到的。虽然刘邦刚开始并不看好韩信,给他治粟都尉的头衔,就是今天的粮食局长。韩信干得没劲,跑了,萧何追了两天,才把他拽回来,向刘邦推荐,说韩信是国士无双,刘

▲ 刘邦能够采纳萧何的建议,重用韩信,这就是刘邦的过人之处。

邦能够采纳萧何的建议,重用韩信,以隆重的仪式拜为大将军。这就是刘邦的过人之处,而这种过人之处是很难学的,这是他的判断力和决断力。

更重要的,刘邦还能很好地驾驭韩信。

▲ 驾驭有两种手

驾驭有两种手段,一种是制度,一种是文化。制度塑造

人的行为,文化塑造人的思维和心灵。七如唐三藏用孙悟空,紧箍咒是制度;刘备死了以后,诸葛亮还鞠躬尽瘁、死而后已,这就是心灵层面的影响,而不是单靠制度所能约束的。

对韩信心灵上影响和制度上约束,刘邦都有。制度上,韩信的军队都是刘邦的,下面那些大将,如周勃、樊哙,都是刘邦亲信,所以韩信不敢随便乱来。在最关键的时候,封齐王之后,韩信的老乡武涉受项羽之命来策反,连他的部下谋士蒯彻都建议他单挑,不要跟着刘邦,但韩信都严词拒绝。为什么呢? 韩信说:汉王解衣衣我,推食食我,授我数万之众,言听计从,我为什么背叛他呢?“至死不易”。这就是心灵的影响,他认为刘邦对他有恩,这就是刘邦的厉害之处。

(参见《资治通鉴》卷九至卷十一)

段,一种是制度,一种是文化。制度塑造人的行为,文化塑造人的思维和心灵。

第六讲　楚汉之争

在与项羽的对抗中,刘邦实际的工作是建立统一战线。他一直在争取团结所有跟项羽不和的人、过去反对项羽的人,以及自己部下能够跟项羽单独作战的人。

项羽长叹"天之亡我,我何渡为",看上去是英雄气概、杀身成仁,但从领导者素质的角度讲,这是在逃避责任、逃避奋斗。

项羽在离开关中之前,举行了分封大会,分封了十八个王。在分封之前,项羽曾派人去征求过楚怀王的意见,楚怀王说:如约! 即先入关中者就分封在关中。这让项羽很愤怒。因为他最看不起的就是刘邦。鸿门宴没有杀他,不等于愿意给他关中这么好的地盘呀。于是,项羽自作主张,分封十八个王。

这十八个王包括三类人:一是跟着项羽一起到关中立过功的,封为诸王;一种是没到关中、本来就是王的,项羽把这些人分到边远的地方;还有一部分人,就是像刘邦这样没听他话的和秦国投降过来的将领。项羽在分封中是有私心的,他把楚怀王封为义帝(名义上的帝而已),把他迁到湖南郴州去,自己占领了楚国最好的地方,建都彭城;他又把魏王迁到今天的山西运城,称西魏王,占领了魏国的领土。刘邦则被分封到汉中去了,叫汉中王。把关中划为三部分,分别给了三位投降了的秦将章邯、司马欣、董翳。这就是后世以关中为三秦的由来。

项羽这么做,言下之意是说,章邯等秦将投降才是秦朝灭亡的最重大事件,你刘邦入咸阳这是捡了个便宜嘛。这就不仅是在剥夺刘邦的地盘,而且是要剥夺刘邦的功劳,要把灭秦的功劳归于项羽自己呀!

▲ 项羽分封,不仅是剥夺刘邦的地盘,而且要剥夺刘邦的功劳。

刘邦的最初反应是愤怒,要找项羽拼命,他想反攻项羽。刘邦周围的人都劝他先别激动。萧何说,虽然汉中地方不好,不比死强吗?既然打不过人家,你却又找上门去打,不是送死吗?刘邦明白了,自己实力不如人家,就得认输,所以他重谢张良和项伯,然后出发去汉中了。项羽只给他三万人,还有一些仰慕他、自愿追随的人跟着他走了。

如果光是刘邦不满也就罢了,但这时山东六国也乱了。首先是齐国大乱。

项羽把齐国一分为三,原来的齐国宗室被分到最偏远的地方,而临淄这个真正的齐国,封给了当时向着项羽的人,还有人没被分封,齐国就乱了。齐国有个叫田荣的,他不满意,起兵反叛,把三齐国都攻下了。还有一个打游击的彭越,在河南捣乱,田荣任命彭越为将军,让他去攻打楚军。赵国也乱了,为什么呢?张耳被封为常山王,陈余却只封个侯,他不高兴了。韩王成,就是张良的领导,由于他没有跟随项羽,再加上张良辅佐着刘邦,项羽非常恨他,先把韩王成扣下,不让回国,之后废了他王位,最后还给杀了。所以,刘邦还没出手,东边就乱了。

一　汉王拜将

这个时候刘邦在汉中等待时机,他最缺的是什么呢?刘邦缺一员大将,能够对付项羽的大将。正好这时,从项羽那里投奔来了一员大将。这人就是韩信。刘邦打到咸阳，他有了自己的队伍，有了很好的江湖声誉，也有一批人才，但是缺少一个能独当一面的大将，正在此时韩信来了。

　　韩信这个人，历史上有很多传说，大体来说他在家乡的时候名声不太好，应该也是个没落贵族子弟。可是因他品行不佳，不能推择为吏，又不事产业，还没本钱经商，大概也没地可种，就是个游手好闲的浪子，用现在的话讲，是个无业人员，经常跟人蹭饭吃。有一次，韩信在城外河边垂钓，饿得不行，有一个洗衣服的老妈妈非常同情他，把自己带的饭分给韩信吃，他感激得不得了，说将来必定重重报答。老妈妈很生气，说我是看见你可怜才给你饭吃，谁图你的报答呢？这也从另外一个方面说明韩信这个人是有恩必报的。还有个故事说，有个市井无赖欺负韩信，说："你虽然个子高大，成天背着一柄宝剑，却是一个孬种。你要真有本事，就用剑刺我的胸膛；你要是怕死，不敢刺我，就乖乖从我的裤裆里钻过去。"于是韩信就从他裤裆下钻过去了，围观的人都起哄嘲笑。所以韩信年轻的时候，名声不太好。陈胜起兵，大家起来造反了，他跟着项梁、项羽，一直没什么进展，大概也就是一个保安队副队长。项羽分封以后，他来投奔刘邦了，因为他觉得在项羽那里没有前途。

　　韩信跟着刘邦来汉中这一年，他二十八岁。刘邦开始看不上他，不予重视，导致他一度差点儿因为犯事受株连被杀；是萧何、夏侯婴等人力荐，刘邦才任命他为治粟都尉，一个管理粮饷的事务官。韩信不满意刘邦的任命，就跑了。于是有了"萧何月下追韩信"的故事。萧何追了两三天才把

▲ 刘邦打到咸阳，他有了自己的队伍，有了很好的江湖声誉，但是缺少一个能独当一面的大将，正在此时韩信来了。

119

韩信追回来。那时候跑走的人很多,因为刘邦他们都是苏北人,很多人认为等革命成功了,就可以回家去,但没想到现在分到汉中,所以有些人就想回家去,包括许多将领就跑回家了。这时韩信跟其他的将军一样也跑了,萧何来不及打报告,他连夜追韩信去了。这时有人报告刘邦说丞相跑了,刘邦就傻眼了:丞相都跑了,这不就要散了嘛。刘邦像失去左右手。

等到萧何回来,面见刘邦,刘邦且惊且喜,问:"你怎么跑了呢?"萧何说:"不是我跑,我是去追韩信了。"刘邦问萧何:"韩信是什么人啊,值得你追,那么多大将跑了你都不追,你偏偏追韩信,这算什么呢?"其实,韩信跟刘邦都是苏北人,韩信家在淮阴,就是今天的淮安,离刘邦稍微远一点,大概八十到一百公里。这时候萧何讲了几句话。第一句话,大王,你如果想在汉中过好日子,不作他想,那韩信无所用;如果你想东向争霸天下,非韩信不可! 刘邦就来劲了,说:"那好吧,我就任命他为将军。"可是萧何讲了第二句话,那不行,人家还会走的。刘邦说:"那我就任命他做大将军、上将军。"这就是刘邦用人得其位。那时候刘邦不是村干部了,已经是汉王了,五十多岁了,年龄也是韩信父亲那个年纪了,况且他手下的周勃、樊哙、曹参、王陵等人都是老革命,是从老家一路打天下打到这里的,一个从敌对阵营跑来的二十八岁的小子,没打仗没立功让他当统帅,当大将军、上将军,这不容易做到,刘邦作为一个领导者,他的判断力和决断力确实是超群的。毛泽东讲,刘邦是封建皇帝里最厉害的一个。单这一点,就看得出他厉害。刘邦对萧何说:

▲ 刘邦作为一个领导者,他的判断力和决断力确实是超群的。

120

"你明天让他来吧,我当面任命他。"萧何讲了第三句话,那不行,你以为这是呼唤小孩子啊,呼来唤去的,你这样他还是会走的,你只有设坛拜将,斋戒沐浴,真正以隆重的典礼来拜他为大将军,韩信才能留下来。刘邦照章采纳。听说刘邦要任命大将军,那些战功卓著的老革命们都以为是要拜自己为大将军,最后却是拜韩信,举军皆惊。

这次任命,最后并没有引发太大的骚动,历史也没有记载谁不满,这也说明刘邦的领导力超强,他作出来的决定,将军们都能遵从、执行。还有,要表彰一下萧何,如此坚定地推荐一个没有任何战绩、还不能证明自己有本事的人,而且把他推到大将军位上,这真的不容易,何况这个人还是从对手那边来的,这是有风险的。这些也说明了萧何的赤胆忠心。

拜将之后,刘邦跟韩信讲:"丞相多次向我推荐你,你有什么妙策可以教我啊?"注意,这时候张良还在韩国那边,不在刘邦这边。韩信就问刘邦,说:"大王,你自己估计,勇悍仁强,你比项王怎么样?""勇悍仁强",这几个字有些不大好翻译,这里面有两条意思:一个是勇悍,就是勇敢强悍;一个是仁强,就是要"仁爱"(妇人之仁的仁),待人接物,得有点贵族的花架子。因为刘邦这个人,对人说话是不大尊重的,满嘴跑火车。比如,英布背叛项羽后,来见他的时候,他一边洗脚一边接待,把人气得半死。刘邦不大会顾及面子,但是他的心里对人很实在,给英布居室陈设等物质待遇,与自己的一样。所以那些不讲面子只要里子的人才乐于跟着他干(彭城之败后,魏王豹就受不了刘邦的态度,而拒绝再度与刘邦合作)。

刘邦默然良久,想了半天不愿承认也得承认,说:"我不如项王。"韩信很高兴领导有自知之明,但是,韩信说:"不过,我告诉您,我曾经在项羽手下干过,我知道他这个人的为人,他有的是匹夫之勇,行的是妇人之仁。"

韩信说项羽是匹夫之勇,我们知道,领导不能逞匹夫之勇的。匹夫之勇是什么呢?就是说他个人的本事很大,喑呜叱咤,千人皆废,但是他不能用人,不能用贤将,所以韩信说他是匹夫之勇。

▲ 匹夫之勇是什么呢?就是说他个人的本事很大,但是他不能用人,不能用贤将。

为什么韩信说他是妇人之仁呢?妇人之仁就是做表面文章。项羽见到人以后,恭敬慈爱,别人生病了,他甚至能够流着眼泪,把自己吃的喝的分给别人,可是在别人建功立业,应该封官爵的时候,他把这官印拿在手上,摩挲来摩挲去,都摩挲坏了也舍不得给人。就是用人不知道成就人,光做表面文章。

韩信讲得太形象了,官印做好了,项羽摩挲坏了也舍不得送给别人,说明项羽这个人,不懂得当领导的艺术。匹夫之勇,不能用人,妇人之仁,不能争取人心,所以部下不跟他同心同德。

▲ 项羽这个人是匹夫之勇,不能用人,是妇人之仁,不能争取人心,所以部下不跟他同心同德。

项羽不懂政治,他把义帝放逐到边远地方,而不知道拿这个作为政治旗号,在政治上非常失分;他在分封的时候任人唯亲,诸侯都很愤怒。再加上他在咸阳的所作所为,反映出他残暴、不得民心。

韩信分析的一个要点是,项羽失民心,失天下之心。那么相对的,他讲刘邦有什么优势呢?他说:"汉王你约法三

122

章,深得关中民心;你当初本来应该被封到关中,却把你封到汉中,天下诸侯都同情你,这也是你的一个优势;再加上你宽厚的江湖声誉,你一定能胜过项羽。"

刘邦从年轻的时候就"仁而爱人",他不做太残暴的事情:那些徒犯跑了,他就让他们跑;有人要杀秦王子婴,他说不能杀,人家投降了还杀什么。但项羽就把子婴杀了,所以刘邦是在刻意维护自己这么一个宽厚的形象,而项羽他根本不懂这些。

▲ 刘邦是在刻意维护自己宽厚的形象,而项羽他根本不懂这些。

刘邦听了韩信的分析,大喜,恨用韩信之晚。

形势分析出来了,韩信就建议刘邦应该"明修栈道,暗度陈仓",就是假装要通过修栈道出云,实际上从另外一条叫陈仓道的小路突袭关中地区。

▲ 明修栈道,暗度陈仓。

韩信很快就打到了关中。打到了关中以后,也就揭开了楚汉之争的序幕。那么刘邦打到关中的时候,项羽在哪呢?项羽在山东,因为山东首先闹起来了,他是霸王嘛,哪里出事他就去哪里维护,等于是警察。他带着军队到了山东,去收拾那些造反的势力。

▲ 韩信很快就打到了关中。揭开了楚汉之争第一幕的序幕。

二　陈平献计

按照道理,这时候刘邦是没有理由再继续东进的。当时张良写信给项羽,说:"汉王就是不满意你把他封到汉中,他就是想得到原来关中这个地方,他打到了关中以后,不会东进,没有别的想法了,但现在山东这几国都要对付你,想灭掉你呢。"所以项羽他就不急着考虑西边的事,先考虑东边。

本来刘邦是没有理由再东进了,可是这时候项羽给他送来个理由。当刘邦的军队渡过黄河,直指洛阳的时候,路上碰到了一个三老叫董公,他就告诉刘邦一个不幸的消息——项羽派人把义帝沉江了!项羽真的是不懂政治,这不是给刘邦口实吗?这个三老告诉刘邦"师出无名,大事不成;明其为贼,敌乃可服",现在项羽就是贼呀,他杀害了天下共主义帝,这不就是给你一个政治口号,一个讨伐他的理由吗?刘邦当即痛哭流涕,号令三军缟素三日,大办丧事。

我想刘邦是哭得出来的,为什么呢?义帝对他有知遇之恩,他应该能哭得出来。义帝当初是放牛娃,比他还年轻呢,给他一个西进的任务,然后还坚持先前的约定,谁先拿到关中,就封谁为关中王,但最后却死于非命。更重要的是,刘邦现在需要这个理由,需要明确他为什么去打项羽,需要明确他东向打项羽的理由,就是因为项羽把天下共主给杀死了。所以他就号令天下诸侯,共同讨伐"楚之杀义帝者",这就是他的政治口号,就像梁山寨"替天行道"一样。现在刘邦纠集了五十六万大军,直接杀向彭城,因为项羽现在还在山东。刘邦很快就打到彭城了,把项羽的首都给占了。

当初咸阳的金银宝贝,还有美女,现在都在彭城了。许多美女都是从咸阳带过来的呢,现在刘邦在这里又见到了,他老毛病又犯了。像初入咸阳的时候一样,在宫中大宴宾

▲ 项羽杀害义帝,给了刘邦一个讨伐的理由。

124

客,天天喝酒、请客。项羽气得吐血,他是天下的英豪嘛,刘邦根本打不过他,现在却没想到让刘邦把自己的老家给端了,所以他很快稳住阵脚,把军队留在前方,带了两万精骑,直扑彭城。到了彭城,刘邦还在这喝酒、泡妞呢,项羽军队一下子把刘邦打得落花流水,很多士兵都被赶到水里去了,刘邦落荒而逃。

刘邦要去家乡接老婆孩子,还不错,喝酒泡妞还没有忘去接父母和老婆孩子。自从起兵以后,刘邦就没回过家,他现在去接,项羽派人去抓。最后刘邦的父母跟老婆还有兄长都走散了,刘邦在路上碰见他的一儿一女姐弟俩,儿子刘盈五六岁,女儿最多七八岁,他就赶紧把他们抱到车上去一块跑。可是车重了跑得很慢,刘邦就把两人推下去,儿子女儿不要了,自己跑。随从夏侯婴说:你怎么能不要儿女了呢?于是他又把他们抱上来。可抱上来车又跑不动了,刘邦又把他们推下去,夏侯婴又把他们抱上来。所以刘邦用剑指着夏侯婴:你再把他们抱上来,我就把你杀了。夏侯婴说:你可以杀了我,但不能把儿子丢了。推了三次,最后幸好没出事,带着儿子女儿逃出来。吕后的哥哥在远处驻扎着一支军队,他送刘邦回到了咸阳。

这一次狼狈的失败让刘邦清醒了。历史把刘邦写得很真实,后来的帝王很少像刘邦这么真实的,这应该归功于司马迁。司马迁写刘邦,把刘邦写活了。后来的帝王,个个都是高大上的样子,好像是不食人间烟火,很少能像刘邦这么真实。打赢了,刘邦就喝酒泡妞;一旦败了,他就明白要做持久战。刘邦不是输不起的人,他认为输了也不要紧,可以

▲ 汉王道逢孝惠、鲁元公主,载以行。楚骑追之,汉王急,推堕二子车下。滕公为太仆,常下收载之,如是者三。

▲ 刘邦不是输不起的人,他认为输了也不要紧,可以从头再来。

125

从头再来。儿子来了正好,可以立太子、建宗庙,任命萧何为丞相,把关中安顿好。

此前,张良因为韩王被杀,已经来投奔刘邦。刘邦对张良说:我现在一个人肯定搞不过项羽,我想将来打下来的地方都分封给别人,我不要,你看谁可以共天下。张良建议了三个人选:九江王英布,楚之骁将,可是他跟项羽有矛盾,是可以争取的;在河南梁地的彭越,跟项羽对着干,是可以用作盟友的;你的部下惟韩信可独当一面。"独当一面"这个成语就是这样来的。刘邦实际上是在做什么呢? 在建立统一战线,在争取团结所有跟项羽不和的人、过去反对项羽的人,还有他自己部下能够单独与项羽作战的人。刘邦的意思就是说,打完天下,这些人共分利益。除了这个以外,在他的军队建设上,还组建了个骑兵部队;在战略部署方面,一方面刘邦在中原地区拖住项羽的主力部队,另一方面又争取开辟新的战场。所以项羽是在用力气打仗,刘邦他们是用谋略打仗。

这个时候,除了张良以外,刘邦身边还有一个空降兵,这个人就是陈平。陈平其人,据说长得很帅,"美如冠玉",这个成语就是指他的。又一个故事说,陈平年轻的时候家里穷,娶不起老婆,他看见有个姑娘姓张,五任前夫都死了,就托人去说媒,那姑娘的爸爸还不愿意:陈平这么穷,我姑娘嫁给他受委屈,再说吧。那时候姑娘都出嫁五次了,还不降价,因为汉唐时代的女孩子不忌讳再嫁。女孩子爷爷张负有机会在一次丧礼上接触到陈平这个人,发现陈平很不错才应允了婚事。这是《史记》记载的故事,《资治通鉴》里

▲ 刘邦实际上是在建立统一战线。

▲ 项羽是在用力气打仗,刘邦他们是用谋略打仗。

面省掉了。

据说，陈平娶了这个女子后，家境就慢慢好起来，有时间出外学道，学本事。秦末大乱，陈平先投奔魏王，魏王不听他的，又投奔项羽，曾经立功受奖，但是项羽多疑，他觉得没法相处，就来投奔刘邦。来了以后，刘邦请他吃饭，一下子就跟他聊起来了，觉得这个人很有本事。你看，刘邦有双好眼睛，能识人。刘邦问：你在楚国都在干什么呢？陈平说是都尉。于是刘邦就任命他为都尉，监护诸将，重要的是，他留在了领导身边，出入跟领导坐在一个车上。

刘邦手下的人都说陈平的坏话，他们说："大王偶尔得到楚国一个逃兵，就把他当宝贝，还不知道虚实，竟然就让他来管我们。"刘邦不听，对陈平更好了。这时候有周勃、灌婴站出来说话了。周勃、灌婴是刘邦绝对铁杆的大将，周勃是步兵主帅，灌婴是骑兵主帅。他们说："陈平这个人虽然长得帅，但是其实未必有本事。"他们主要提了陈平三个问题：一个是道德问题，一个是忠诚问题，一个是贪污问题。道德问题，说"陈平盗嫂"，他在家里时道德败坏，跟他嫂子有不正当关系。第二个忠诚问题，他原来跟魏王，后来跟项王，现在跟你，老换东家。第三贪污，大将谁给他钱多，他就安排好的工作，安排好的驻防给他，不给他钱或给他钱少的，就安排在不好的地方调防。面对周勃、灌婴言之凿凿的三个问题，刘邦就不能不疑了，推荐陈平的人是魏无知，他就把魏无知召来，问："你怎么给我推荐这样一个人呢？"魏无知说："我说的是本事，你说的是品行，当今大争之世，即使他有再好的品行，但没本事，有什么用呢？你就看他有没

▲ 刘邦有双好眼睛，能识人。

▲ 他们主要提了陈平三个问题：一个是道德问题，一个是忠诚问题，一个是贪污问题。

有本事,看他的计谋有利国家与否就行,盗嫂受金之类细枝末节,不算什么。"其实,按照《史记》的记载,陈平的嫂子就是嫌陈平整天游学,不事生产,说小叔子闲话,被陈平的哥哥休掉的,盗嫂之事,实在是子虚乌有!

但汉王不能不考虑忠诚问题,于是,就把陈平找来了,问他:"你到魏国干得不如意,去楚国,到楚也不行,又投靠我,一个忠诚之士,难道就这么三心二意吗?"陈平讲:"我到魏王那儿,魏王不听我的,所以我就走了;到项王那里,项王不信我,光信他项家人,信他老婆娘家兄弟,虽有奇谋异策,他也不能用;我听说汉王能用人,所以归大王来。我孤身而来,没有经费,我不接受别人的钱,哪来经费呢?如果我的计谋有可能采纳的就采纳,不能采纳就算了。钱都在这里,你看吧,我可以走人。"汉王刘邦有判断力,他就赶紧道歉,厚赐陈平,并拜为护军中尉,升了一级,整个部队的调防安排,都由他来处理。诸将不敢说话了。

不拘一格任用韩信、陈平,是刘邦领导力最集中的体现。刘邦在完成这些所有的准备后,又去跟项羽对决,被项羽围在荥阳城一年多,外援粮草不通。刘邦求和,但项羽不答应。这时候陈平出了两个主意:一个是离间计,一个就是金蝉脱壳之计。离间什么呢?离间项羽的君臣关系,就是破坏项羽对于范增、钟离眜等将领的信任,使范增一气之下,愤怒出走,最后死在路上。什么叫金蝉脱壳呢?有个叫纪信的将军,鸿门宴就跟着刘邦的,陈平让他打扮成刘邦,假装从东门投降(有的电影演成突围),而真正的刘邦乘乱从西门逃脱。纪信最后活活被项羽烧死,但是宁死不屈。

刘邦他不但能用人,而且还能够争取到人心的支持。

那么刘邦逃出荥阳以后,接下来怎么办呢?刘邦采纳部下的建议,为了方便韩信开辟北方战场,自己领兵南下,把项羽引向河南南部,甘当配角,配合韩信的军事行动。

三　韩信将兵

关于韩信的故事,要给大家作为一个重点讲讲,因为刘邦消灭项羽的主要战争,都是韩信打的。

首先是攻打魏地。当时,韩信军队集结在河西地区,准备从一个叫临晋渡的渡口过河,河对岸有个魏国,魏王豹,过去刘邦打彭城的时候,是跟着刘邦一起反项羽的,后来刘邦失败,他又归附到项羽门下,刘邦派人去找他,他很生气,说:"汉王骂人像骂个奴仆一样,我再也不想见他。"魏王豹是贵族出身,他不能容忍刘邦吊儿郎当的市井气、江湖气,他更受用项羽的做派("言语呕呕,人有疾病,涕泣分食饮"),就跟着项羽与刘邦作对。韩信采取什么手法拿下魏王豹呢?他声东击西,假装在临晋这个渡口强渡,实际上他用木罂桶,从上游做成木筏,让兵从上游过河。而当时魏国的大军,都在黄河的下游临晋这边等着。韩信声东击西,把魏地平定了。然后又把代国,就是今天山西北边大同地区平定。这时候项羽还在南边被牵制着,韩信又越过太行山,出井陉口,进一步去攻打建都邯郸的赵国。

韩信手下只有几万军队,赵国有二十万军队,那怎么能用几万军队打二十万军队呢? 韩信用了另外一个办法,叫背水一战,置之死地而后生,把赵国灭了。打了魏、赵,还灭了代,那么下面目标是燕。这时候他听降将李左车的建议,派人去告诉燕国,说:"你现在如果不投降的话,我大兵就来了。"这是李左车出的主意,先虚后实,他告诉韩信: 大将军接连灭了几个国以后,天下都震慑于你韩信的威名,你现在弱点是战斗力尚待恢复,手下都是新兵,优势是你名气大,令敌人闻风丧胆,所以你不如就派个人去告诉燕国,最好投降,不投降的话,我军队就来打,燕国一定会投降的。韩信采纳了他的建议,不以短击长,而以长击短。燕国果然从风而靡,投降了。投降以后呢,韩信的下一个目标就是齐国。

韩信灭齐的时候,我们看看刘邦那边的情况。这时候刘邦又从河南的南部往北部来了,在荥阳被项羽打败了,从荥阳落荒而逃,就带了几个人逃出去了,过了黄河,逃往修武(今天的焦作),韩信正在那边驻扎着。刘邦逃到韩信军营的时候,韩信还没起床呢,他就到韩信帐下把大将军印拿走了,调走全部军队,只给韩信留了两千人,让他再招募士兵去打齐国。刘邦的军队,在中原老是打败仗,本钱都被输光了,而韩信的"盈利"又都给了他。

▲ 刘邦的军队,在中原老是打败仗,本钱都被输光了,而韩信的"盈利"又都给了他。

刘邦有了韩信的军队,又神气起来了,他回到了中原,采取了一个新的战略——骚扰项羽的粮道,他不但开辟北方战场,给韩信腾出空间,现在他又派刘贾,还有彭越,在南边骚扰项羽的后方补给线。我们发现,刘邦是在下一盘棋,他的心中是有数的,尽管他自己在战场上是不行的,他的战争基本上是输的,但是他的输也是为了别人赢创造条件。你发现没有,刘邦每一次输了以后,都接受教训。现在他跟项羽在中原的鸿沟对峙,项羽一下子打不过来,他说:"我不跟你对决,咱们斗智不斗力。"对决的话,刘邦能打过项羽吗?当然打不过,人家是小伙子,而刘邦都是老头儿了。

　　这个时候发生了一件事。韩信就要打到齐国之际,六十多岁的高阳酒徒郦食其建议刘邦说:我们如果现在派人去齐国晓谕利害,让齐国投降我们,参加我们阵营,那么项羽他就孤立了。郦食其凭三寸不烂之舌,到齐国游说,果然说动了齐王,齐国就撤掉了守备,等于跟汉结盟了。此时韩信还在赵国,他想既然齐国投降了就算了。韩信手下的蒯彻(汉朝后来避讳改名蒯通)是一个策士,说:"你打了一两年,才拿下五十城的赵国,可人家凭三寸不烂之舌,就拿下齐国七十城,你这个将军还不如人家一个书生的功劳呢!再说,汉王让你停止攻齐了吗?没有啊,这样你就去打呀。"于是韩信的军队呼的一下,就打过去了,齐王既然把边疆的兵都撤了,没做布防,所以韩信的军队一直打到临淄城下。这可把齐王气坏了,心想:原来你郦食其跟韩信是做好的局啊,一个骗我,一个打我!他觉得郦食其把自己出卖了,就把郦食其给烹了。郦食其真是死得冤枉。

　　齐王受了这样的打击,他当然就向项羽求援,项羽派了一个叫龙且的大将带着大军去增援,韩信集中相对优势兵力,把龙且打败了,占有了齐国。这时候说实话,刘邦取得绝对优势,项羽被包围了。这时候韩信就担心自己的胜利果实被汉王拿走,因而想做齐王。当初在赵国的时候,刘邦

▲ 刘邦在下一盘棋。他的战争基本上是输的,但是他的输也为别人赢创造条件。

▲ 这时刘邦取得绝对优势,项羽被包围了。韩信就担心自己的胜利果实被汉王拿走,因而想做齐王。

131

任命为他为赵国的国相,而刘邦未来的亲家张耳当赵王。张耳当赵王也有根据的,在项羽分封的时候,就封张耳为常山王,常山就是赵国,所以也是有根据的。可是韩信呢,却还什么也不是,就是个大将军,是个赵国的国相,所以他就给刘邦送了一封信,说现在为了齐的安危,为了保护汉的势力,希望能封我"假齐王"。假齐王就是代理齐王的意思。韩信没好意思直接说当齐王,就说只是代理一下。刘邦当即本能地反感了,认为此时自己在这里被围,急需他救援,他却伸手要官,正要发作时,张良和陈平都踩了他一脚,刘邦一下就明白了:这种情况下闹翻了,还能指挥韩信吗?有制度上的措施来限制他吗?有实力上的优势能控制他吗?没有啊!韩信能听自己的,其实靠的是他对自己的忠诚,就是自己对他的恩德。所以刘邦马上就明白过来了,大声说:要当王就当真王,当什么假王啊!赶紧封韩信为齐王,派张良去送他的诏书,封韩信为齐王。

刘邦封韩信为齐王太及时了,因为这个时候有两股势力在劝韩信背叛刘邦,第一个是项羽派韩信的老乡劝他跟项羽结盟,另一是韩信的谋士蒯彻也劝他背叛刘邦。蒯彻说:"我看你面相不好,最多不过封侯,可是看你的背,却贵不可言。"就是说你背叛的话,就贵不可言,说你现在是功高震主,你应该自个儿干,然后你用你的优势来掌控刘、项,你就是天下霸主。但是韩信不为所动。韩信为什么不为所动呢?他觉得刘邦对他有恩德,"予我数万众,解衣衣我,推食食我,言听计用",我为何背叛他呢!我想韩信之所以不背叛刘邦,有两个缘故。第一个他觉得自己功劳大,这么多地方都是自己打的；第二个刘邦对他很好，对他言听计从，给他数万之众，拜为大将军，给职给位又给权，还给人马，让他去独当一面，韩信认为汉王不会害他，所以他断然拒绝了背叛刘邦的建议。

四　垓下之围

此时项羽已经处在非常被动的地位了，龙且的大军在山东覆灭，项羽劝降韩信又遭拒绝，被整个包围住了，南边彭越还断绝了他的粮草，这时候项羽就要求来讲和了，因为项羽手上还有五个人质呢，至少五个——刘邦的爸、妈、老婆、哥哥，还有一个管家审食其，至少有五个人。项羽说：咱们就讲和，以鸿沟为界，东边西楚，西边大汉。汉四年（前203）八月，楚军粮尽，被迫议和。九月，就一个月后，项羽回去了。刘邦不踏实，担心项羽将来东山再起，所以他用张良、陈平之计，突然在背面发动攻击。项羽只有十万人，刘邦有四十万军队，约齐王韩信、魏相彭越三方一起来联合攻楚，可是齐王韩信不来，魏国相国彭越也不来，刘邦自己的四十万大军被项羽打得落花流水。最后刘邦坚壁自守，问张良怎么办才好。张良跟他讲：你这个激励机制没兑现，这一仗打完你就统一天下了，人家彭越和韩信有什么呢？韩信当齐王还是他自己提出来的，他心里还不自信；彭越呢，一直在梁魏之地对付项羽，魏的地盘也都是他平定的，

▲ 激励机制没兑现，这一仗打完你就统一天下了，人家彭越和韩信有什么呢？你封彭越为梁王，把淮阴、楚地封给韩信，这个条件讲清楚了，他们就来了。

133

你让他当相国,是因为有魏王豹,但这魏王豹早死了,彭越却还是相国,他也想当王。你封彭越为梁王,把淮阴、楚地封给韩信,这个条件讲清楚了,他们就来了。汉王明白了,就按照张良的意见跟他们说,结果韩信、彭越就都引兵来了,后面的垓下之战,就不需要刘邦出手了。

汉五年十二月,韩信、彭越、英布、刘贾等各路大军一共六十万,韩信为总指挥,将十万楚军团团的围在了垓下。项羽已经是穷途末路了,他仰天长叹,说:"我自起兵至今八年矣,身经七十余战,未尝败北,现在却是这个下场,'此天亡我也,非战之罪'(是上天要亡我,不是我打仗不行)。"你看这个项羽至死都不明白,他为什么会败。

项羽穷途末路,带了二十八骑,到了乌江边上。他本来是可以过江的,因为有一个亭长,驾着船在这里,说:江东虽小,地方千里,众数十万,也足以称王,现在只有我有船,汉军来了就过不去了,你赶紧上船。项羽说:"天之亡我,我何渡为!"天要亡我,我过江还有什么用呢?我项籍与江东子弟八千渡江而西,今天没有一个人生还,即使江东父老可怜我原谅我,我何面目见之,难道我不惭愧吗?所以他把乘的马送给了这个亭长,然后自刎于乌江。项羽的尸体被五个汉军分了,每个人拿一块去请功,五个人凭此功得以封侯。

项羽的这番表白,从容镇定,让人感慨。看上去是英雄气概,杀身成仁,但另一个层面,项羽是在逃避,逃避责任,逃避奋斗。因为东山再起更困难,更复杂。项羽死的时候很年轻,满打满算也就是三十一二岁,还正是干事业的时

▲ 项羽已经是穷途末路了,他仰天长叹,此天亡我也,非战之罪。项羽至死都不明白,他为什么会败。

▲ 项羽的这番表白,看上去是英雄气概,杀身成仁,但另一个层面,项羽是在逃避,逃避责任,逃避奋斗。

候,他居然说没面目去见江东父老,而且归之于天命。其实讲命不好、运气不好,都是失败者的逃遁之词。你看刘邦屡战屡败,屡败屡战,项羽一败就起不来了,就自杀了。司马迁当初就在这个问题上做了评论,他说:人事的成败跟天没有关系啊,项羽把自己的问题归咎上天,这是很荒谬的。司马光也说"何预天事",跟天没关系。司马迁、司马光都总结项羽的失败,是因为不懂政治,他放逐义帝,自立为霸主,他在制度建设上,不借鉴前人的经验,奋其私智,创制了一套前无古人、后无来者的制度。因此,项羽的死很悲壮,具有美学意义,审美意义。搞文学的都喜欢拔高项羽的形象,但是,从现实操作层面讲,从领导人物的素质讲,项羽的做法,还是不能肯定。

刘邦的成功之路,其实可以做个深度的分析。汉高祖五年(前202)五月,刘邦自己在洛阳召开庆功大会的时候,他就问大家自己为什么赢了,项羽为什么输了。大家讲了很多理由,刘邦说你们只知其一,不知其二,他说,实际上我哪里都不行啊:"夫运筹帷幄之中,决胜千里之外,吾不如子房;镇国家、抚百姓、给馈饷、不绝粮道,吾不如萧何;连百万之众,战必胜、攻必取,吾不如韩信。三者皆人杰,吾能用之,此吾所以取天下者也。"刘邦说自己的成功,不是自己行,而是自己能用那些有本事的人。刘邦深悟领导力的精髓,领导越大,权力越大,盲点越多。不管什么事,领导都可以说了算,是因为他有权力,并不是他有这个能力。因此,能听进别人的意见,集思广益,兼听则明,就是个好领导,反之,就会犯错误。刘邦打仗听韩信的,治国听萧何的,战略

▲ 讲命不好、运气不好,都是失败者的逃遁之词。刘邦屡战屡败,屡败屡战,项羽一败就自杀了。

▲ 夫运筹帷幄之中,决胜千里之外,吾不如子房;镇国家、抚百姓、给馈饷、不绝粮道,吾不如萧何;连百万之众,战必胜、攻必取,吾不如韩信。三者皆人杰,吾能用之,此吾所以取天下者也。

上听张良的,所以他就成功了。

《资治通鉴》作者司马光,曾提出领导力修炼的三条:仁,明,武。根据《续资治通鉴长编拾补》记载,讲这个话,是在治平四年(1067),司马光上书给宋神宗时讲的。仁就是要懂政治,关心百姓疾苦,能争取人心拥戴,用人能成就人;明是判断力,方向、路径的判断,危与机的判断,人与事的判断,这实际上就是重大问题上的决策能力;武是决断力,排除干扰,把决策付诸实施的能力。他认为皇帝懂得这几条就能治理好国家,没有这几条,国家就危险了(司马光当时另外还提了三条,即官人、信赏、必罚,更多是操作层面的)。刘邦这几条都做得不错,他懂政治,他能争取人心,他有判断力和决断力,识人用人,更是他的长项。

(参见《资治通鉴》卷九至卷十一)

▲ 仁就是能争取人心拥戴,用人能成就人;明是重大问题上的决策能力;武是决断力,排除干扰,把决策付诸实施的能力。

第七讲　西汉开国

刘邦建国后,花了相当大的气力来解决功臣问题。对异姓诸侯王,刘邦未必一定要在肉体上消灭他们,但首先要考虑的是他们不能危及国家安全。刘邦封赏功臣昭示了两个问题,一是开始重视文治,二是塑造以忠诚为第一的价值观。

汉承秦制立国,但没有用苛严的秦政,而是与民休息,无为而治,尽量为百姓创造自由宽松的环境,让他们去创造财富,是为"文景之治"。

一　汉承秦制

《资治通鉴》在记载秦汉历史的时候,没有像理论著作那样去探讨秦为什么二世而亡,汉为什么百年不衰。它把这些道理融合在它的叙述逻辑当中,只要我们仔细品味,就能从中读出些端倪来。

"非承秦不能立汉",什么意思呢?就是说如果不是用秦朝的制度,那就没有汉朝,汉朝是继承了秦朝的制度而立国的。但是汉朝并没有完全按照秦朝的具体方法去做,汉朝用秦制但不行秦政。当然,政、制,其实这两者也是不能够完全分开的,制度跟政治操作之间,是有联系的。

▲ 非承秦不能立汉。

举个例子,在秦朝时候,叔孙通就是博士了,但是他噤口不言,甚至难免还有阿谀奉承之辞,顺着领导的意思说话。而且在刘邦打江山的时候,他也没怎么推荐他的学生到朝中去做官,他的学生因此还很不满意,他却说还没到时候。现在到了刘邦已建立汉朝之时,他就出来了。他帮刘邦建立一套礼仪制度。刘邦作为平民皇帝,即位之初,感觉不到皇帝的尊严,开国武将们一个个觉得是自己打下了江山,对皇权缺乏敬畏。叔孙通告诉刘邦,这是缺乏朝廷礼仪所致,主动提出要制定朝廷礼制。于是,他带着他的学生和从鲁国招来的儒生,制礼作乐,设计朝廷仪式,完善尊卑秩序。

▲ 到了刘邦已建立汉朝之时,他带着他的学生和从鲁国招来的儒生,制礼作乐,设计朝廷仪式,完善尊卑秩序。

当时朝廷的礼仪,非常简单。那些舐血的暴徒,在宫廷宴会上或者喝醉了狂呼乱叫，或者拔剑击柱，毫无规矩，混乱不堪。刘邦对此一筹莫展。叔孙通趁机说："儒家打江山不行，但治江山是可以的。你派我去召集鲁国的儒生，和我的学生一起来起草一个朝廷官员的觐见仪式。"他要规范群臣跟皇帝的关系。刘邦担心他会搞得很复杂，叔孙通说不会复杂，礼制跟着时代变化，可以酌采古礼，然后再加上秦朝的一些仪范，编个新礼就行了。

叔孙通招揽了三十多个儒生，和他的学生一起制定朝廷仪范。搞了一个多月，他跟刘邦说可以来试试。刘邦试了以后觉得不难，很高兴，说："这个我能学会。"之后叔孙通就让大家也学，学会入朝堂应该怎么行走，见皇帝应该怎么行礼。

汉高祖七年（前200）十月，长乐宫建成，诸侯群臣都来朝拜皇帝，参加岁首大典。酒宴之上，众侍臣官员陪坐殿上者，皆俯伏垂首，按尊卑次序起身，给皇上敬酒祝颂。斟酒九巡，谒者宣布宴会结束，从朝见到宴会的全部过程，没有出现敢大声喧哗，不合礼节的人。

刘邦说："哎呀，我现在才知道，做皇帝是这么尊贵！"他赏叔孙通五百金，很大一笔钱，而且还提拔他为太常，相当于文化礼仪部的部长。

用秦制而不用秦政的另外一个表现，是意识形态方面的。秦始皇在他的国家统一之后，做的硬件建设比较多，软件建设比较少，尤其是思想意识形态方面太简单。以法治国没错，以吏为师，除了种树、种田、占卜等科技农技方面的书籍之外，你就不要再读别的书了。马斯洛讲，个人的需要

140

是有层次的，最基本的需要是什么？就是生理的需要，吃啊、喝啊；然后呢，有安全的需要，这是基本的生存问题；再高一点层次，就是有文化、社交、情感的需求；更高呢，对自尊的要求，还有自我价值的实现的问题。你看看秦朝皇帝说的，你别的不需要了，你生活里就两件事，按商鞅的说法就种田和打仗，现在国家统一太平了，你还让他去种田干活，任何文化的东西都认为是多余的，这是漠视人的本性的做法。

所以呢，汉朝要开始重视这件事情。陆贾经常跟刘邦谈诗书，刘邦觉得很讨厌，他说"老子在马上打天下，安事诗书？"陆贾毫不退缩，淡定地说："你马上打天下，你能马上治天下吗？"这个陆贾还讲：你看当初夫差、智伯、秦始皇，都只讲武力，极武而亡。假如当初秦吞并天下之后，行仁义之事，提倡一些思想文化方面的建设，运轮到你来有天下吗？《资治通鉴》用"帝有惭色"四个字说刘邦不好意思了，他知道，如果秦始皇不行暴政，没有他的机会。他说："那好，你就写一篇文章，说说秦为什么失天下，我是怎么得天下，还有古今成败之国的事。"

▲ 陆贾毫不退缩，淡定地说："你马上打天下，你能马上治天下吗？"

陆贾就根据历史材料，写了一篇历史上的国家之所以存亡的分析长文，一共有十二篇。每奏上一篇，"帝未尝不称善"，皇帝都叫好，左右呼万岁，太棒了。这十二篇文章组成《新语》一书。这个《新语》，是一部以儒家为基调，同时混合道家思想的著作。

▲ 这个《新语》，是一部以儒家为基调，同时混合道家思想的著作。

比如《新语》里有一篇文章《无为》，说道之大者，没有能超过无为的。人的行为之大者，没有超过谨慎、恭敬的。君

141

子在治国的时候，要无为而治，就像没有声音那样寂静，像衙门里没有官吏那样安静，百姓怡然而且安分守己。所以说政府尽量不要干预老百姓做事，老百姓呢也别吵吵嚷嚷，就安分做好自己的事。无为而治，在当时的情景下，就要让政府不要过度地干预百姓生产和生活。记得前面讲商鞅变法吗，政府对于生产经营特别操心，什么都管，各种规定细碎繁琐。现在呢，不要管，要清静无为。

▲ 无为而治，在当时的情景下，就要让政府不要过度地干预百姓生产和生活。

刘邦能够听取叔孙通、陆贾的意见，表明他有判断力。尽管他不是儒生出身，实际上还有点轻视儒生，可是他并不是不知道，儒家思想的真正价值。所以他平定英布，经过山东的时候，亲自准备祭品，前往祭祀孔子，他是中国历代帝王中第一个祭孔子的皇帝。如果没有陆贾、叔孙通的影响在前面，刘邦不会去祭祀孔子。这次祭孔子是在汉高祖十二年(前195)，是刘邦去世前夕。

▲ 刘邦是中国历代帝王中第一个祭孔子的皇帝。

用秦制不用秦政的第三个表现是刘邦的分封、郡国并行的制度安排。汉初有异姓诸侯国、同姓诸侯国。异姓八大诸侯国的分封，是为了打天下时的统战需要，争取同盟者，共同打败项羽。同姓诸侯王的分封，刘邦有另外的政治考虑。《资治通鉴》有这么一段话，"帝以天下初定，子幼、昆弟少"，孩子小、兄弟不多，"惩秦孤立而亡"，觉着秦朝孤立无援，汲取秦亡的这个教训，大封同姓以镇抚天下。与此同时，他却在逐渐除去异姓诸侯王，也是出于国家安全的考量。刘邦在公元前202年统一之后，到公元前195年去世，这七年间，他就是在解决异姓诸侯王威胁国家安全问题。最有代表性的就是除掉韩信、彭越和英布。没有异姓的分

▲ 逐渐除去异姓诸侯王，也是出于国家安全的考量。

封,没有人帮他打天下,异姓分封后他从国家安全考虑,又必须加以削弱和剪除。在国家安全问题上,刘邦很务实。

封同姓为诸侯这个问题,后来造成了一些混乱,比如七国之乱。但是你不要否定在当时这个同姓分封的意义。同姓王就是刘家的子弟:刘邦的弟弟、侄子、儿子等,离关中遥远的东部地区,基本是分封的,主要有齐国、赵国、梁国等,作为屏藩汉室的屏障。刘邦搞的是"一朝两制":一个汉朝,两个制度,郡县制和封国制。

▲ 刘邦搞的是"一朝两制":一个汉朝,两个制度,郡县制和封国制。

刘邦一共在历史上活跃了十五年。刘邦四十八岁出来造反,前面七年多是打天下的,分两个阶段:前两年是从家乡打到咸阳,把秦的都城和平解放了。后面五年多,跟项羽争天下,是楚汉之争时期,最后由于韩信等的战无不胜,又有张良、萧何等人的辅佐,刘邦赢得了天下。然后还有七年多时间呢,就是采取各种措施来安定他的江山。

当他临去世前,吕后曾经问他说:"萧相国之后谁可为相?"刘邦说:"曹参。"曹参也老了,吕后问:"曹参以后呢?"刘邦说:"王陵,不过王陵这个人的性格太直,需要陈平一块儿合作,而陈平呢,难当独任,性格上软弱一点儿,需要周勃,周勃可以当太尉。"吕后继续问:"那他们之后呢?"刘邦说:"这就不是你所知道了。"果然到他们之后,吕后也不在了,刘邦不但能算出后面几个宰相的人选,还能算出他老婆活多长呢。

▲ 刘邦去世前,对三位相国的接续做了安排,保证了政权的稳定延续。

刘邦在他的家国传承里面,还有一个重要的事,应该说做得也是比较出色的,就是接班人的问题。汉惠帝刘盈早就被立为太子,这是他跟吕后生的孩子。可是这个刘盈太软弱了，刘邦不喜欢。他喜欢的是谁呢？喜欢他跟一个美女戚夫人生的孩子如意，当时封为赵王。虽然叫作赵王，但是从来没到赵国去，还一直在父母身边。刘邦在外面打仗，也带着戚夫人，戚夫人想立自己的儿子为太子，有时还梨花带雨地吹枕边风，搞得刘邦也想换太子，废黜刘盈，立刘如意。这一来，吕后就着急了，说："这个女人欺负人够狠的，夺了我的丈夫，还想夺我儿子的太子位置！"她就到处动员大臣出面反对，大臣们确实也不赞成换太子，张良又为吕后献计，故意让刘邦敬重的"商山四皓"（四位贤能的隐居长者）出来辅佐太子刘盈，使刘邦放弃了换太子的念头。

这就是刘邦的过人之处。当他发现自己都无法请出山的"商山四皓"，居然甘心辅佐自己认为不堪嗣位的太子，说明太子国本已经受到全国上下的认可，就把个人的情感放在了一边。在太子问题上，应该说，他比秦始皇强。秦始皇到死也没立太子，临死之前说要把位子交给大儿子扶苏，可是却被赵高他们给篡改了。

用秦制而不用秦政在经济活动中最为明显，这就是授田制度。我们前面也讲过，秦始皇的时候，也有此制，"使黔首自实田"，让百姓自己去如实上报，到底要占有多少地，能耕多少地，细节的制度我们不太清楚，但这个耕者有其田是有的。这是战国授田制的继续。

汉朝初年，我们从考古发现可以看到汉初《二年律令》，就是吕后的时候，也曾经推行授田制度，但是跟秦朝不一样的是，由于刘邦实行无为而治，赋役轻省，这些制度能够落在实处，而不是一纸空文。秦朝虽然有"使黔首自实田"的

▲ 这就是刘邦的过人之处。当他发现太子国本已经受到全国上下的认可，就把个人的情感放在了一边。

▲ 用秦制而不用秦政在经济活动中最为明显，这就是授田制度。

土地分配制度，但是有着无穷的劳役，这个问题没有得到切实的推行，老百姓根本没有时间、没有精力去种田，只能应付无穷劳役去了。

总之，刘邦在他临终之前，应该是基本上确定了大汉江山的各项制度。下面问题是，这个制度能不能推行下去，能不能坚持下去。

二　兔死狗烹

刘邦称帝以后，碰到了和秦始皇有点类似的问题。按照道理说，他的情况不如秦始皇，秦始皇是把六国灭了，一家独尊；刘邦还有好多盟友、同姓王和功臣，分封为王，分享权力。秦始皇"奋六世之余烈"，至少从秦孝公算来，他们的统一大业已经一百多年了，如果从秦建国算起都五百多年了。刘邦却是出自草根，靠白手起家，建立汉朝，积淀也很不够。

从制度角度来说，我们讲汉承秦制，三公九卿、中央地方郡县制度，这些东西都是照搬的。值得提出来讨论的有几件事，第一个刘邦要处理的，汉初功臣问题。我想就这个问题详谈，其他问题略谈。

我把这些功臣分为几类，探讨一个领袖人物，像刘邦他的心理状态，他是怎么看他的功臣的？他从哪个角度来考虑对功臣的处理问题？为我们来理解一些历史现象，做一

▲ 刘邦称帝之初，面临着权力分散、积淀不够等问题。

▲ 汉初，如何处理功高权重的功臣，是刘邦面临的一大考验。

个参考。

首先是韩信。在汉初的异姓王里面，有几个彪悍的人，韩信、彭越、英布，这三个人就是当初刘邦要搞统一战线，张良给他建议，首先跟这三人结盟的。韩信是他的部下，当然他是独当一面的。三人之外的其他异姓王，大都是摆设，不构成大的威胁。而韩信、彭越、英布这几个人是真的有战功的。

韩信从齐调为楚，被封为楚王。韩信到楚国以后，他干了两件事，先把那个给他送饭吃的洗衣服的老妈妈找来，赐以千金，老太太发财了。又把当初侮辱他，让他从胯下钻过去的那个小伙子找来，任命他当中尉，说这家伙是个壮士，当年侮辱我的时候，我难道不能杀他吗，杀之无名，所以隐忍至此。我自己不知道别人怎么看，我感觉到在这件事上韩信难免有点做作，矫揉造作。你大度点不杀他，或者给他安排一个什么小队长、小军官，也就算了，竟然给他安排一个高级军官。中尉是什么呢？一国的中尉就相当中央的太尉，中尉是楚国军队的长官。就算要做作，也不要做成这种样子嘛，那些跟你打天下的将士会怎么看呢？所以韩信在这方面有点虚荣。对漂母的赏赐，表明韩信是一个知道报恩的人。

韩信到楚国以后并没有多少时间，也就是一年不到，就有人告他谋反。汉高祖五年（前202）二月刘邦登基，到了第二年的十月，也就是第二年的第一个月，有人告韩信谋反。刘邦说怎么办呢？就问陈平，陈平说："有人上书说韩信谋反一事，韩信知道吗？"刘邦说："不知道。"陈平就说："陛下的精兵，能比过韩信吗？"刘邦说："比不过。"陈平又问:"陛下的将领能打过韩信吗?"刘邦答:"打不过。"兵精不如楚军,将勇不及楚王,若举兵去攻他,那不是逼他造反嘛,那可不得了。刘邦赶忙问该怎么办。

关于这件事我总怀疑它的真实性。为什么呢? 因为打完仗以后,刘邦把韩信的兵都收走了,韩信等于是没有军队,至少没有很强大的久经训练的军队。将不如韩信是可以讲的,为什么说兵不如楚精呢? 韩信打的那几次仗,根本就没有精兵,他那些兵都是新训练的,背水一战的兵都是新兵,所以韩信是能够把那市井之兵训练成精兵的,他有这个本事。这些文字记载,都是司马迁留下来的,司马光在多数情况下,都照搬了。所以就说司马迁喜欢用一些文学的方式,表达当时的这种场景性,造成一些戏剧性的效果。

两个月以后,刘邦就把韩信拿下了。怎么拿下的呢? 当时陈平给他出主意,大家都知道你喜欢玩儿,你要出行巡游,天子巡狩,诸侯有晋见之礼,你去发文约好,在陈这个地方诸侯来见面,韩信一定以为不会出什么事情,没有什么危险,他就会来见面,那个时候你只要一个武士就能把他拿下。刘邦依计而行,果然就把韩信拿下了。

这里面还有点儿小插曲,有人说韩信拿着钟离昧的头来见刘邦的,因为钟离昧是项羽的将领,逃亡到韩信那边。刘邦呢,他对项羽的将领都忌惮,拿着钟离昧的人头不就可以去得到刘邦的喜欢嘛。但实际上《史记》里面,它在另外一个地方,又写钟离昧在前一次战争中已经死了,这是一个未解之谜。韩信发现了刘邦的意图之后,他叹息说:"狡兔死,走狗烹。飞鸟尽,良弓藏。敌国破,谋臣亡。天下已

▲ 狡兔死,走狗烹。飞鸟尽,良弓藏。敌国破,谋臣亡。天下已定,我固当烹!

147

定，我固当烹！"这实际是当初蒯彻给他讲的话，狡兔死，走狗烹，现在应验了。

刘邦回答说，有人说你谋反。抓回来到长安以后，刘邦也没有把韩信怎么样，降为淮阴侯，把他给放了，他是淮阴人士嘛，封侯一般按照家乡的名字封。其实啊，刘邦并不是真正要杀韩信，凭莫须有的罪名，杀韩信这样的功臣，好像太过分了，但是你必须从楚王的位子上下来。因为王跟侯不一样，侯就是有一份待遇，有很多封户，但王是有自己的疆土，有自己的军队和臣民，所以刘邦非要把韩信拿下来才行。

▲ 侯就是有一份待遇，有很多封户，但王是有自己的疆土，有自己的军队和臣民，所以刘邦非要把韩信拿下来才行。

当时有人向刘邦祝贺，说齐这个地方土地肥沃，形势险要，地方两千里，带甲百万，这个地方不是你们家里子侄辈特别亲密的，一般的都不能分封。这话说到刘邦心坎上去了。刘邦给他赏赐五百金。这家伙一句话，就得了五百金。

大概五年以后，汉高祖十一年（前196），刘邦临死前一年，正在北边代地，平定一个叫陈豨的叛将。据说陈豨跟韩信有联络沟通的嫌疑，这事被韩信家里一个家人告发出来，告到吕后那儿。吕后就找萧何，萧何出了主意，他跟韩信说：皇帝陛下在前线打了胜仗，陈豨已被抓，要开个庆功大会，你虽然身体不好，也应该去点个卯。因为韩信已经抱病在家，不出门见人了。韩信听信了萧何的话，可是一到长乐宫，就被抓住，吕后把他处死了。

后人讲韩信是"成败一知己，生死两妇人"。知己指萧何，早年萧何把他拽回来，现在萧何把他诱出来；生死两妇人，那个漂母给他吃的，这回吕后把他杀了。

▲ 后人讲韩信是"成败一知己，生死两妇人"。

刘邦从前线回来后，知道这件事，既惋惜又惊喜。惊喜的是去掉了一个心腹之患，因为韩信太能干了，吕后担心他儿子不行，高祖何尝没有这种考量，但司时又惋惜韩信是一个人才，死的时候正当三十七八岁的盛年。

司马光怎么评论这个事呢？司马光说：韩信冤不冤？冤。高祖之得天下，大体皆韩信之功，他拒绝蒯彻，拒绝项羽派的武涉，诚心来见高祖巡狩，都表明他没有反叛之心。高祖把他从楚王的位置给拿下来了，封为淮阴侯，他有点不痛快，这是有的。卢绾跟韩信的功劳能比吗？没法比。卢绾不过是刘邦的老乡而已，他还当燕王呢，韩信怎么不能当王呢？所以韩信是有这个不满之心。可是韩信本人是不是也有问题，也有不足，也有把柄给人家拿到呢？他确实有的。司马光举了两件事。第一个，楚汉相距中原，灭了齐以后，不去向领导刘邦报告，而自己封王，然后请领导事后认可，领导在困难的时候，拿捏领导一把，这就不厚道了，有点市井作风。后来固陵之战，刘邦约你韩信夹击攻楚，你不来，因为是待遇没讲好，最后答应封你为楚王，你才来，这也很势利，有点近乎要挟。所以，司马光说，那时候高祖就有把韩信拿下的心思了，可惜只是力气达不到，没有那个能力。天下已定你还靠什么呢？"乘时以徼利者，市井之志也。"你趁艰难时期向领导要好处、要待遇，待遇不讲清楚不出手，这是市井心态。而有功要报，这是君子之心。韩信以市井之志来跟领导讲条件，但是希望领导拿出君子之心来回报他的功劳，毫不计较他当年的要挟行为，这就难了。

所以我讲韩信对漂母给他饭吃，他马上说要报恩，事实

▲ 趁艰难时期向领导要好处、要待遇，待遇不讲清楚不出手，这是市井心态。而有功要报，这是君子之心。韩信以市井之志来跟领导讲条件，但是希望领导拿出君子之心来回报他的功劳，毫不计较他当年的要挟行为，这就难了。

上也重重地报了恩。知恩图报，本来是美德，但这种价值观，如果反过来用于他人，认为自己为别人做了事，立了功，别人也得回报自己，否则就不干。这在职场上就会找来麻烦。为人处事真的是不容易，没功劳别人说你没本事，有了功了以后你要学会谦让，否则你就招人嫉恨，乃至被卸磨杀驴。

▲ 所以司马迁说，如果是韩信学学道家的谦让，也许他还能保全下来。

所以司马迁说，如果是韩信学学道家的谦让，不居功自傲，不自以为多么了不起，那么也许他还能保全下来，他就可以享受子孙后代的祭祀了。我想这一种分析，也还是有一定道理的。

三　封赏功臣

汉初建国，功臣有几个类型。韩信被杀，既跟他心怀不满、参与谋反有关，同时也是因为吕后担忧，韩信会给继位的儿子造成威胁，所以不管韩信谋反是真是假，就给他杀了。彭越、英布的命运，也与此类似。他们是汉初功臣中的第一类。刘邦生前几乎把异姓王都拿掉了，这也是他巩固政权的一个措施。

▲ 刘邦生前几乎把异姓王都拿掉了，这也是他巩固政权的一个措施。

汉初还有一类功臣，比如萧何、张良、陈平等。刘邦对萧何的才能非常赞赏，我们从他封功臣的时候看得出来。

萧何封侯，食邑甚多，有的功臣不满意，说，我们披坚执锐，疆场厮杀，大战百余合，小战数十合，萧何从来没有汗马之功劳啊，为什么待遇比我们高呢？刘邦也不会说话，他说：你看见打猎的吗？看见杀野兔的吗？打猎的时候追杀野兔的是谁呢？是狗。指挥这狗去杀野兔的，是人。你们的功劳就像那个狗，是追那个兔子的；但是萧何呢，他是指挥下命令的人，他功劳就像那个指挥的人。如果刘邦老是这么说话的话，这就麻烦了，你老是这么说，你不是老是让你的部下不开心吗，你这领导怎么当的？

在给功臣排名的时候，有人提出平阳侯曹参功第一。因为汉朝人学秦朝人打仗算工分，就是说你多少人打败敌人多少，获敌军首级多少，自己伤亡多少，都有算分的公式。工分算下来，曹参功第一就是第一功臣。这时有一个叫鄂千秋的关内侯，就出来讲：你们都错了，攻城野战之功，是一时之事，萧何的功劳才是万世之功。他说刘邦多次失败，多次亡众，多次没有粮草，都是萧何把粮草及时送上，把军队及时送上，从来没有让领导有过缺粮缺兵的时候，这是万世之功，所以萧何第一，曹参次之。这个鄂千秋是能察言观色的人，为什么呢？你想想刘邦前面都这么表态看重萧何了，你还要把萧何压下去，把曹参放在前面，这人傻不傻？这时候有鄂千秋这样识时务的人出来说话，刘邦只要顺水推舟就行了。

领导不要总是直接跟部下发生冲突，如果一而再地违逆部下的心思，领导的情商就太低了。萧何功第一了，可以穿着鞋子佩着剑上殿，享受特殊待遇，入朝也可不趋（快步疾走），可以迈着四方步去见皇帝了。刘邦说：我听说进贤受上赏，萧何的贡献高，因为有鄂君的阐明才更清楚，所以

▲ 攻城野战之功，是一时之事，萧何的功劳才是万世之功。

151

就把鄂千秋封为列侯。从这些事看,刘邦真的很器重萧何,对萧何很好。

但是,如果只说刘邦懂得如何分封,如何处理下面的功劳,那就简单了。刘邦更重要的是,他对萧何是怀疑的、疑忌的。

汉高祖三年(前204),汉王、项王在京索之间拉锯战的时候,刘邦曾多次请人慰劳丞相萧何。汉高祖十一年(前196),刘邦把淮阴侯杀了后,派人拜丞相为相国,加封五千户,还给他配了五百人的卫队。再过一年,黥布反的时候,刘邦虽然带兵在外面打仗,也多次派人去慰劳丞相萧何。

史书上对此都有记载,这三次其实都是刘邦在疑忌萧何。刘邦为什么怀疑萧何呢?领导的权力太重大了,他一定是多疑的。没有一把手不多疑的,只要是一把手,他对别人挑战他的权威都是多疑的。这是位高权重者"居安思危"的必然表现之一。问题是疑在哪儿,怎么样处理这个疑?有的人呢,一疑就表现出来了,所以搞得众叛亲离。有的人用一个极端手段,把疑的人都给干掉了,结果是自毁长城了。刘邦不是,疑是疑,但是他还有进一步的措施来处理这个疑的问题。这就跟对手有关系了,就是看被怀疑的对方是什么样的人。韩信、彭越这些人,包括英布,他们的覆灭跟他们自身处理领导怀疑不当有关。

再看萧何是怎么处理的。汉三年,项羽与刘邦在那儿打得难解难分的时候,刘邦写信给萧何,表达深切的慰问。萧何身边工作人员对他说:汉王在怀疑你,否则,汉王在外面辛苦打仗,栉风沐雨,怎么反倒慰问起你来了呢?萧何

▲ 刘邦为什么怀疑萧何呢? 这是位高权重者"居安思危"的必然表现之一。

说,怎么办?这人说,你如果把你的子侄辈都送到前线去当兵,主上就不怀疑你了。

韩信被诛以后,刘邦又对他怀疑,怎么办?有人建议他把家财都拿去充军,都拿去做军需,那就不怀疑他了。第三次怀疑的时候,公元前195年,这一年黥布谋反,刘邦亲自带着兵打,他对萧何在后方不放心。有人跟萧何说你太得民心了,你如果贪污贪腐,搞得名声坏一点,领导就对你放心了。最后萧何这样做,"上大悦'。

这个告诉我们什么呢,就是领导对有重要功勋的人,疑是肯定的。但我们处理疑有两种误区,一种是反正我是心比日月,绝对是没有任何叛逆之心的,所以不在乎,这种人很可能会出事。另外一种是不用一个恰当的方式解决领导对他的疑,而是在以极端的方式,从此就走向对抗了。这是两个误区。所以讲萧何的这些事情,我们要表达这个意思。

张良、陈平也是功臣,他们在处理功劳问题与众不同,就能看出他们的过人之处了,这就是不争功、懂感恩。人们都喜欢感恩的人,领导也是这样,没有哪个领导不喜欢感恩的人,感恩是人类的基础道德之一。

张良作为谋臣,没有战斗之功,刘邦使他自择齐地三万户。三万户是什么概念呢?萧何、曹参这些人封户最高的,也就一万户左右,现在却让张良挑齐地三万户。但是为什么刘邦这么跟他讲呢,我估计刘邦也认为张良不会要三万户的。张良很会说话,他说:"陛下,我起下邳,跟你在陈留相会,这是天以臣授陛下,陛下用臣计,幸而有时候还真中了,不是我有本事是运气,你就把我封个留

▲ 面对刘邦的猜疑,萧何没有置之不理,也没有极端对抗,而是就事论事,妥善处置。

▲ 张良、陈平也是功臣,他们在处理功劳问题与众不同,就能看出他们的过人之处了,这就是不争功、懂感恩。

153

侯,作为我们第一次会面的纪念吧！不敢当三万户,万户侯足矣。"

张良这个话表达两个意思,第一个退让不要三万户,第二个,你就给我封为留侯吧,留是我们见面的地方,做个纪念。如果不是陛下,哪有张良今天,表示他懂得感恩。

刘邦封陈平户牖侯。陈平说:"这不是我的功劳。"刘邦很奇怪,就说:"我用先生之计战胜克敌,不是你的功谁的功呢?"陈平说:"如果没有魏无知,我哪能来你身边工作呢?"因为陈平跟刘邦这样讲,刘邦又大赏魏无知。你看看陈平也表达了感恩的意思,说明人不忘本。

所以你看看谋士,这两人就表现得比较聪明。但是你也知道,谋士是很难构成造反的力量的。造反的要么像丞相这样一种人,在全国有影响力;要么是大将,掌握军队的,像张良、陈平的书生一般不会。

刘邦的分封功臣,也不是没有遇到麻烦。麻烦还是有的,他已经封赏了二十多功臣了,进展很慢,其他人日夜争功,不能决高下,都说自己的功劳大。刘邦在分封过程中,难免有一点按照自己的爱憎来处理问题,先受分封的,往往是他信任的,跟他关系好的,受处罚的都是跟他关系不好的,他不喜欢的。这就有一点上下其手,任情爱憎。张良觉得不妥,可是这种事怎么跟刘邦提呢?怎么跟他说才能达到效果,又不把自己缠进去呢?

张良聪明。有一次,刘邦出行,从复道(宫殿之间的空中走廊)上走过,看见那些将军们坐在地上,大声喧哗,面红耳赤。刘邦问:"他们都吵个什么呢,搞得面红耳赤的?"

154

张良说："陛下不知道吗？他们在谋反呢！"哪有领导问起来，你才讲这是谋反，显然张良不是在揭发人家谋反。刘邦问为什么谋反呢？张良就讲："陛下起兵，靠这些人得天下，现在陛下贵为天子，分封的都是你喜欢的，诛罚的都是你不喜欢的。主管部门按功劳封赏，计天下户口，都不足以遍封。这些人既担心得不到封赏，又害怕因为平常过失得罪陛下，被您诛杀，所以他们想起来谋反。"

刘邦忧心忡忡地说："那怎么办呢？"张良说："大家都知道的，您平生最讨厌的是谁呀？"刘邦说："雍齿，我最讨厌他，他曾经不服从我，搞得我很难堪，我多次想杀他，但他功劳太多，我又不忍杀。"张良说："您现在马上封雍齿。雍齿这种人都得到封赏了，大家就会放心，觉得自己也会得到，不会出事。"

于是，刘邦安排了一次盛大宴会，隆重地拜雍齿为什邡侯（什邡，在今成都郊区），并且让职能部门抓紧封赏的流程。群臣散会以后，都兴高采烈地说，连雍齿都封侯，没事了，我们也会得到封赏的。

一个领导人物要心胸广大，心胸广大到能藏污纳垢，人家才能够铁着心跟你干。否则每个人小心翼翼，有一点毛病，就怕你将来抓辫子，大家就离心离德。

处理战后工作，不光是分封，还有纳降其他一些事情。项羽有两位将军，一个叫季布，一个叫丁公，这两个人是同母异父的兄弟。刘邦要抓季布，季布曾经窘辱过他，季布毁发变容，藏匿在一个农家，其实是一个侠客人家。这家人让季布在他家为奴种地，他知道这是季布，知道季布很有本事。

▲ 一个领导人物要心胸广大，心胸广大到能藏污纳垢，人家才能够铁着心跟你干。

155

这个东家,就去找刘邦的亲信夏侯婴,说:"季布有本事,你把他逼急了,南走越,北走胡,那不是把人才送给敌对势力吗?你怎么能恨季布呢? 各为其主嘛,当年跟着项羽的人那么多,你能诛杀得完吗?"刘邦明白了,不但赦免季布,还给了他一个官。季布后来在文帝时候,还做到郡太守的高位。

丁公曾经在短兵相接之时,放了刘邦一马。刘邦称帝,他来谒见,心想,你现在当皇上了,我当时救过你的命,怎么也得给点好处吧。刘邦这个家伙很厉害,不但不赏赐丁公,还把他捆起来,在军中游行示众,说,丁公为项王之臣,不忠,使项王失天下者就是这种人,杀了,使后为人臣者,不会再效仿丁公这样的人。对丁公的这种处理,司马光很赞赏。他赞赏刘邦,是在用这种办法,塑造忠臣。不过,我觉得刘邦还是太狠了点,你可以不用他,把他废了就行了,不鼓励,不一定非要杀了他。

总之,刘邦立国以后,他花了相当大的气力,来解决功臣问题。对异姓诸侯王,他未必是一定要肉体上消灭他们,但是他要考虑他们不要危及国家安全。彭越、英布这些人,担心一朝两制、郡国并行的体制不能持久,所以他们有不自信的原因。韩信呢,被免了王以后,就心怀不满了,就有过激行动。刘邦的封赏功臣,昭示了两个问题:第一,抬高萧何的功劳和地位,不仅是对萧何的重视,而且是对文治的重视,相应地要压低武将在国家政权中的地位和作用——对文治的重视,是由武转文的一个标志性的事件;第二,刘邦

对雍齿、季布等人的宽厚,对丁公的处理,反映出刘邦要塑造新王朝的价值观,臣下以忠诚为第一的价值观。

四 诸吕之乱

刘邦死后,刘盈登基,实际主持朝政的是吕后。吕后这个人虽然权力欲望比较强,心也有点狠,她把赵王如意的妈妈戚夫人给残害了,如意也毒死了。但是吕后却切实的践行着刘邦无为而治的黄老思想,使老百姓得以休养生息。其儿孙辈的文景之治,也继续实施这套既定国策。

虽然制度有延续性,可是这个政治权力的更替,还是有波澜,因为吕后觉得自己缺乏权力的基础,所以她对吕家人要大力提拔,立吕家的孩子为王。我们知道吕后的爸爸吕公,生了两个儿子两个女儿,她的兄弟都是老革命家了,她的妹婿樊哙也是老干部了,现在她要立诸吕为王,就是她的侄子辈为王。

王陵这时继萧何、曹参之后,担任丞相,他反对吕后封吕氏诸王。他说,老爷子刘邦当初已经约定,杀白马盟誓,"非刘氏而王,天下共击之",封吕氏为王不符合当初的约定。王陵坚持原则,吕后不高兴了,她就问陈平和周勃。陈平和周勃说高祖打天下,他封他的子侄为王,您现在临朝称制,您姓吕,封吕家人为王,没什么不可以。吕后觉得这两人支持她的作法,她就很高兴。散朝之后,王陵责问陈平和周勃说,当初先帝歃血盟誓,你们不是都在场吗,现在高皇帝不在了,你们却献媚于太后,太后想封吕家为王你们都不

▲ 陈平、周勃说：现在跟太后面折廷争，当面顶撞，我们比不上你，但是，最终保全社稷、安定刘氏，你也未必如我们。

反对，你们将来还有脸在地下去见高帝吗？陈平、周勃说：现在跟太后面折廷争，当面顶撞，我们比不上你，但是，最终保全社稷、安定刘氏，你也未必如我们。王陵没法应答。

十一月，太后明升暗降，以王陵为太子师，实际上夺掉他的相权，王陵就抱病不干了。吕后派陈平为右丞相，即第一丞相，取代王陵的位子，另外以辟阳侯审食其担任左丞相。辟阳侯审食其实际上是吕后的亲信，在吕后被项羽囚禁的多年中，她身边就是跟着这个审食其。史书讲，审食其得到宠幸，但宠幸有没有超过一般的男女之间、领导和部下之间的关系，稗官野史却有不同说法，不管怎么说，反正他是最得宠的。审食其为左丞相，就是第二丞相，其实他就相当郎中令，办公厅主任一样，在宫中为吕后掌管日常工作。审食其"故得幸于太后"，一向得到吕太后的信任，一般朝务的处理，就是他说了算，是吕后对外的代理人。

▲ 陈平这种能屈能伸、审时度势的态度，叫"识时务者为俊杰"。

陈平这种能屈能伸、审时度势的态度，有人觉得不耻，但我觉得陈平的做法，"卒安刘氏"，从长远的角度来看，叫"识时务者为俊杰"。陈平的智慧，周勃的能力，刘邦生前是看到了的，他在临终之前，给吕后推荐人选，说的都是实在话。事情的发展，也确实是如刘邦所料，陈平、周勃的合作，最后把大汉江山巩固下来。

你不能不佩服刘邦，他实际上对她老婆的优缺点看得很清楚。优点是她能继承他的政策，把刘家稳固下去，因为继位的皇帝毕竟是她的儿子。缺点是吕后这个人，可能比较自私。你看一件很简单的事情，她儿子刘盈当皇帝，那皇后是谁呢？居然是吕后的外孙女、刘盈的外甥女。吕后给刘邦生了一儿一女,女儿嫁给张耳的儿子赵王张敖,后来生了个女孩,就是吕后的外孙女。吕后为了亲上加亲,竟将自己年幼的外孙女张嫣立为汉惠帝的皇后。这辈分都搞乱了。

婚礼是在汉惠帝三年(前192)十月壬寅日举行的。吕后希望张嫣能生子,但由于张嫣年纪实在太小,只有九岁,舅舅刘盈也觉得无法与外甥女圆房。据说张皇后终身是处女,更别谈怀孕生子了。吕太后于是设计教她假装怀孕,再强取汉惠帝与宫女所生之子刘恭,谎称张嫣所生,而后将刘恭的生母杀死,立刘恭为皇太子。四年后,二十四岁的刘盈去世,少帝即位。

吕太后就这样在惠帝之后,又临朝称制八年多,公元前180年的七月,吕太后病重,这时离刘邦去世已经十五个年头了。这十五年无论是刘盈在位,还是少帝在位,都是吕后实际掌权,《史记》干脆给吕后立了"本纪"。现在,知道来日无多,吕太后她跟侄子吕禄讲:吕氏为王,那些大臣心里不服,如果我死了,皇帝年少,大臣恐会生变,所以你们要保卫好皇宫,不要前往送葬,以防被别有用心的人算计。她还安排赵王吕禄为上将军,吕产为相国,由他俩分管南北军。

▲ 刘邦去世后,吕后又掌权近十五年。《史记》干脆给吕后立了"本纪"。

八月十八日,吕太后驾崩,史书上说"诸吕欲为乱"。这个话我总觉得有点蹊跷。诸吕为什么要为乱呢,乱什么呢?现在的皇帝很小,由他们辅佐,皇后还是吕家人,军队也在吕家人手上。那吕家作乱有什么意义呢?我想应该是说,当时那些老功臣,周勃、灌婴跟刘邦打天下的,还有陈平,这些人在吕后专权的时候,敢怒不敢言,现在吕后不在了,他

159

们就想把政权夺回来。实际上，这个事情的起因，不是从老功臣发起，而是从刘家的后代发起的。

朱虚侯刘章是刘肥的次子。刘肥就是刘邦婚前的那个私生子。刘肥被封为齐王，生了好几个儿子，大儿子刘襄继承他的位子为齐王，另外两个儿子在朝廷，即朱虚侯刘章和东牟侯刘兴居。朱虚侯刘章、东牟侯刘兴居兄弟二人想起兵诛杀诸吕，然后立他哥哥齐王刘襄为帝。于是，刘襄在山东首先起兵。

齐王刘襄是汉高祖的长孙，刘襄起兵，既为平诸吕，也是为了争夺帝位。刘襄在起兵时，设计挟持了辈分较高的琅琊王刘泽，夺取了其军队。刘泽假意提出，自己前往长安，说服众臣立刘襄为帝，但他到了长安后，却指出刘襄的舅舅驷钧不是善类，如果立了刘襄，吕氏当国的事情又要重演。

在朝廷这边，吕产、吕禄派灌婴前往镇压齐王刘襄。灌婴到了荥阳前线，心想：我是为谁干呢，我为谁忙活呢？诸吕危害社稷，我帮助他去破齐，那我不是傻吗？所以他就屯兵荥阳，按兵不动，让人告诉齐王和其他刘姓诸侯说：我们先等等看，朝中吕氏会拿出一些什么办法来，有些什么动向。这样呢，山东军队造反的就停下了，朝中的吕禄、吕产，辜负了他姑姑吕后的一番苦心，他们不是那个料，没有本事稳定朝局。

《史记》和《资治通鉴》都记载吕禄、吕产欲作乱，我想这个"作乱"的意思，就是他要想清洗朝中的那些向着刘氏的老臣，内惮周勃和刘章，外畏齐楚等诸侯之兵，又怕灌婴在平叛前线倒戈,没有了主意,不知如何是好。

这时候,周勃与陈平动员吕禄的好友郦寄出面,郦寄的父亲郦商,也是与刘邦一起打天下的老干部。他们派人去做吕禄、吕产的思想工作。大意是让吕禄、吕产放下军队,到自己封国做王。他说:"赵王回到赵国去,梁王回到梁国去,一个放下将军印,一个放下相国印,我们大臣保证你安全,齐兵一定会撤,大臣得安,足下高枕而卧,统治千里之地,此乃万世之利呀。"吕禄果然相信这话,想把兵交给太尉,使人告诉樊哙的老婆和其他一些家里老人。有的说行,有的说不好,是退一步好呢,还是进一步好,犹豫不决。樊哙的老婆吕媭知道后大怒,说:"你为将而把军队丢了,一定死无葬身之地。"

好了,其实我们想一想,吕后临终之前跟吕禄、吕产讲的话,他们都没记住。这两个人不是搞政治的材料,没有能力能够掌控中央的军政大权、震慑其他老臣、搞定山东齐楚起兵的本事。

后来周勃、陈平谋划策略,设计让上将军吕禄交出了兵权。参与这个活动的,有几个官二代:平阳侯曹窋,曹参的儿子;郦商的儿子郦寄,他跟吕禄是好朋友;纪信的儿子纪通,就是当初假扮刘邦牺牲的那个纪信。总之,这些老臣就设计让吕禄、吕产让出兵权,捕杀诸吕,处死吕家老小,夺回了朝中的政权和兵权,还要废掉小皇帝。

大家认为,现在在位的小皇帝,血统很不清楚,不能确定是刘邦的孙子,没有合法的身份,立当被废黜。那么立谁呢?有人说立淮南王刘长,这倒是刘邦的儿子,从小是跟着吕后长大的。她母亲原是一个赵国的姑娘,刘邦去视察,当地官员让赵姑娘侍寝,她就怀孕了,生下了孩子,报告给朝廷,吕后压着,没让刘邦知道。这位刚烈的女子就自杀了。事情闹大了,刘邦知道了,叫吕后抚养这个孩子,取名刘长,后来封为淮南王。这样一来,刘长就与吕太后有了一种不同的关系。加上刘长性格乖戾,大臣觉得不是合适人选。

刘长还有一个哥哥,代王刘恒,是刘邦与薄夫人所生的孩子。最后大家立代王,不一定是因为年龄最大,更重要的是代王很低调,他母亲也低调,在齐楚起兵诛诸吕的时候,他们都没掺和,最后反倒是立的他。

五 文景之治

代王刘恒在代国逍遥于朝廷权力争斗之外,却是渔翁得利被迎立为帝。当初,陈平、周勃立他,并不是因为他有多大本事,而是因为他低调和谦卑,母家薄氏谨慎良善,他本来就仁孝宽厚,不那么强势。阴差阳错,各种原因交织在一起,刘恒从代国继位了。

刘恒在接到消息的时候,还不放心,不知是真是假,问了大臣,问了太后,甚至还问鬼神占卜。大臣有两派意见,一派说不能去,这是诈,高祖的这些大臣多谋多诈,此去凶多吉少。但是有一个叫宋昌的中尉坚决支持刘恒前往长安。宋昌的父亲宋义,就是在钜鹿之战前夕被项羽杀死的那个卿子冠军。宋昌说："为什么说这次请您去当皇帝是真的呢？第一，别人不敢，别人没这条件。因为天下纷争，别人没有合法性，天下是刘家打的。第二，高祖分封子弟，犬牙相交，屏障王室，保护朝廷安全，天下服其强，谁能搞得定。第三，刘家得人心。当初高帝约法三章，施德惠，人人自安，你看看诸吕那么狠吧，周勃入北军振臂一呼，左袒为刘氏，大家都左袒，所以人心所向。那么他们已平定诸吕之乱。再找别的人治理这个江山也没有可能性。所以一定得刘氏。而你现在年纪最长，而且贤圣仁孝，闻于天下，所以大臣他们都是真心实意拥立您称帝，六王，您就别怀疑了。"

后来刘恒，派他的舅舅薄昭去长安了解情况，见了绛侯周勃等，大臣们都说明了为什么迎代王。薄昭带回来了准确信息，代王就跟宋昌讲，果然是真的，然后他们就去长安了。

到了长安，还有几件事值得讲。当时周勃来见宋昌的时候，说我们找个方便的地方谈话，宋昌说王者无私，要么就在这，大伙在一块说。宋昌很精，找个地方说话，他担心有意外。万一他偷偷地跟周勃走了，有什么不测怎么办？所以宋昌办事说话很得体。太尉他们到了代王的驻京府邸，跪着献上天子的符、玺。

就这样，从代邸用皇家的专门车队迎刘恒去继位了。文帝从代邸去继位就做了两件事，一个是安排了他在代国的中尉宋昌为卫尉，即警备司令，镇抚南北军，南军北军是长安最重要的两支禁卫军；一个是把他从代邸带来的郎中令，升任现在汉王朝的郎中令，相当于办公厅主任。郎中令

▲ 王者无私。

163

上传下达，警备司令保安全，其他的职位没动。那么下面就有人在处理这些善后事宜了，比方说把那个小皇帝和其他的一些觉得不是刘氏后代的孩子，以及诸吕杀了。然后让周勃、陈平主持朝政。

陈平很聪明。他说："高祖的时候，周勃的功劳不如我，诛诸吕我的功劳不如周勃，请把丞相让于周勃。"文帝就以陈平为第二丞相，即左丞相，周勃为右丞相，第一丞相，大将军灌婴为太尉。周勃也觉得自己确实是了不得，认为自己的功劳最大。皇上对他也非常敬重，甚至有些谦恭，下朝的时候，以目相送，直到看不见他。

有一次文帝就问他："现在天下一年决狱几何？"就说有多少刑事处理的案件。周勃哪知道呢？他不知道。文帝又问："这一年财政出入情况怎么样呢？"周勃还是不知道，惶恐得直流汗。再问左丞相陈平，陈平说有主管部门知道的，要问司法、刑狱方面的事情，可以问廷尉；要问钱谷粮草方面的事，可以问治粟内史（像财政部长一样）。那文帝问："假如各有主事者，那你管什么呢？"陈平说："宰相要管宰相的事，佐天子理阴阳、顺四时，下遂万物之宜，外镇抚诸侯，使百姓亲附，使卿大夫各得任其职，这就是我的任务。"帝乃称善。

这段话很有名，陈平知道一个当宰相的，应该做什么不做什么。宰相就是要有大的方针设计，同时要平衡内外的关系，使得各个岗位上的官员，各得其职。就是说，宰相的职责是多考虑宏观问题，战略性问题，不是部门主管。陈平获得文帝的认同。这时，周勃才知道，自己比陈平水平差远了,过了些日子,他就主动提出辞职了,这个宰相我做不了了,请归相印。文帝也同意了,就免掉周勃的右丞相,左丞相陈平单独为丞相,不设左右了。

你看,陈平谦让一下,最后却成了唯一丞相了。陈平这是什么样的一种智慧呢? 他让周勃,最后周勃干不成,他倒独享了。是他有意这么做的吗,还是他确实感到必须让周勃,因为周勃功高过自己,这样二人共事的时候,才不显得尴尬呢? 我们可以琢磨一下的。

文帝时期的为政情况,通常被概括为:轻徭薄赋,与民休息。文帝这个人呢,是相对地比较软一点的人。所谓软一点,就是他的容忍度高一些。比如说,当初吴王刘濞的太子跟文帝的太子刘启一块儿玩游戏,刘启把刘濞的太子失手打死了,这个事刘濞就不满了,尸体运回苏州,他竟然让人又运回长安去,刘濞还从此称病不朝觐。最后文帝还是让步,不了了之。文帝还写信给刘濞说,你年纪大了,以后就不要朝觐了。就是有点和稀泥了。

文帝在用季布、用贾谊问题上,都表现出他的优柔寡断。他很欣赏贾谊,但却没重用,因为周勃、灌婴等老干部对贾谊不满,将他排挤出朝任长沙太傅。季布呢,本为河东太守,从地方召来,本欲重用为御史大夫,有人说他坏话,文帝耳根子比较软,也就没有任用,又让他回河东去。

文帝的时候,已经暴露的问题,就是地方的诸侯坐大。比如淮南王刘长,公然私自把朝廷大臣审食其杀了。他认为,审食其当初有责任说服吕后,阻止他母亲自杀。文帝赦免其罪不问。后来刘长居然谋反,死于流放到四川的路上。

准南王谋反这件事，已经充分表明，本来是为了维护汉王朝中央集权安全的诸侯王，也有可能转变成王朝的威胁。贾谊的《治安策》特别强调两件事，一是要以礼仪治国，一个就是诸侯王尾大不掉的问题。太子的老师晁错，也提出了诸侯问题，但是文帝并没有太在意。一直到景帝即位，晁错任御史大夫，急切的提出诸侯国的问题，特别是吴楚诸侯国的问题，他力主削藩。

晁错削藩，引来了七国之乱，他们以诛晁错、清君侧为名，景帝听信了别人的谗言，企图杀掉晁错以换取七国兵退。最后虽然杀了晁错，但人家根本不退兵，诛晁错只是诸王谋反的口号而已。

景帝启用大将军周亚夫平藩。周亚夫是周勃的儿子，将门虎子，他很快带着军队，与窦婴等配合，平定了七国之乱。景帝想起他父亲曾经跟他讲过，如果外面有战事要带兵出征，可以找周亚夫。因为有一次文帝视察军营的时候，别的军营都能随便进去，就周亚夫的军营说将军有令，即使天子也必须要通报，也必须缓行。文帝视察完之后赞叹久之，说人家这才是带兵呢。

总之，文景之治时代，一方面是无为而治，国家无事，给老百姓尽量在经济上创建一个自由宽松的环境，让他们去创造财富；另一方面，是七国之乱的酝酿和爆发，以及战后逐渐地削弱乃至取消地方上的封国。

到了武帝继位的时候，大汉的江山已经走了六十多个年头了，刘邦去世都已经是四十五年了，留下一个天下无事、社会和谐、经济发展的治世景象。《汉书·食货志》记载说,汉朝建立之初,由于经济凋敝,徭役多而财富少,天子都不能找到四匹毛色一样的马驾车,将相有时只能乘牛车,百姓没有什么财产积蓄。文景之后,四十余年,清静节俭,加上前面的刘邦、刘盈、吕后的二十多年,六十多年时间里,江山巩固,田畴垦辟,人口增殖,仓廪丰实,赋役轻省,有利于商品经济的发展。"京师之钱累巨万,贯朽而不可校,太仓之粟陈陈相因,充溢露积于外。"

伟大的汉武帝,就在父、祖辈几代人事业的基础上,使汉朝的江山,走向一个新的鼎盛阶段。

(参见《资治通鉴》卷十一至卷十六)

第八讲　汉武大帝

汉武帝对内加强中央集权,对外开疆拓土,儒外法内,王霸杂用。他一方面"罢黜百家,独尊儒术",另一方面在实际选拔人才中,又不拘一格,注重实际干才。

汉武帝熟谙权变之道。原则、制度是不变的,而社会和世事是不断变化的,两者之间难免会有不契合之处,采取变通的措施和做法,以权变之道来处理,是最好的选择。

我们上一讲谈刘邦的家国传承,特别强调了这么一个问题,就是刘邦继承了秦制,但是没有用秦政。其实,政、制这两个方面,也是有联系的,三公九卿、地方郡国,这些大体的制度,很难改变的。但是刘邦任命叔孙通等人制礼作乐,在治国理念上,提倡无为而治,地方上实行郡国并行(郡县制兼带分封制),都是跟秦朝不一样的。吕后主政、文景之治,都是无为而治,继续推行授田制度,实行低税收政策。刘邦与吕后,又不断地改进治理结构,肃清建国过程当中一些负面的东西。比方说除掉异姓王,然后分封同姓王;当同姓王出现难以控制的局面时,逐渐把它平定了,最典型就是,文景时期对付吴楚七国之乱。

▲ 刘邦继承了秦制,但是没有用秦政。

后元三年(前141),汉景帝驾崩,汉武帝即位。汉朝经过六十多年的休养生息,为雄才大略的汉武帝刘彻大施拳脚,提供了物质基础。

汉武帝其人,跟他的前辈不一样,刘邦是平民出身,文帝、景帝年轻时也吃过苦,景帝还是在山西长大的。但武帝不一样,他是真正的官二代、富二代,是深宫之中长大的。他的母亲身世也不寻常,他的妈妈是结过婚,生了孩子,后来又离了婚,才嫁给汉武帝的父亲的。景帝当时是太子,想要什么样的女孩子没有啊,却找了个离了婚,生过孩子的人。可见汉朝人对这些贞节之类的事是不在乎的。而且或许正是因为王夫人曾为人妻、曾为人母,阅历颇丰,所以她有主见,在后宫的竞争当中脱颖而出。

一　金屋藏娇

在这里面特别要提到的就是一个叫"金屋藏娇"的典故。汉景帝有十四个儿子,大儿子刘荣,母亲栗姬。汉景帝还有一个皇后姓薄,是文帝的母亲薄太后的娘家人,后来由于不生孩子,景帝也不喜欢,就废了。汉景帝立了栗妃的儿子,也就是大儿子刘荣为太子。可是汉景帝的妈妈窦太后,还一心想立景帝的弟弟梁王刘武为太子,那怎么最后能花落刘彻身上了呢?这个太子之位得来,就跟"金屋藏娇"这个典故有关系。

景帝姐姐长公主刘嫖,有个女儿名陈阿娇。刘嫖想把女儿嫁给太子刘荣,可栗姬不干,这刘嫖就觉得受到挫折了,就跟刘彻的母亲王夫人说这事,王夫人抓住机会立刻表示愿意结亲,刘彻当时还是个四五岁的孩子,也用童稚的声音一本正经地说:"我要是娶了阿娇做媳妇,我要造个大大的金屋,把她藏在里面。""金屋藏娇"的典故就这么来的。这个故事虽然出自后世的《汉武故事》,难免小说家言。但是,孩子们说话童言无忌虽不足为据,而两个大人之间订了娃娃亲,则是彰彰事实。

▲ "我要是娶了阿娇做媳妇,我要造个大大的金屋,把她藏在里面。""金屋藏娇"的典故就这么来的。

172

这长公主刘嫖,自此以后处处为未来的女婿刘彻说话,在太后和弟弟景帝面前说刘彻如何聪明,如何伶俐。从刘彻后来的表现来看,他小时候的英姿不凡,我们也是可以想象的。另外,当初王夫人生刘彻的时候,就制造过一个神话,她说梦见一个太阳往怀里一钻,就怀孕生了刘彻。所以景帝对这十四个孩子当中排行老十的刘彻,是有所偏爱的。

后来栗姬失宠,刘荣被废,栗姬忧愤而亡。刘荣被废,窦太后曾经要景帝立刘武为太子,也被大臣们阻止了。汉景帝七年(前150)四月,在废太子刘荣之后三个月,只有七岁的胶东王刘彻,被立为太子。在废立太子过程当中,显示了王夫人的心机,她在宫中能够团结一切可以团结的力量,为她儿子赢得太子之位。景帝立刘彻为太子之前几天,就先把他妈妈立为皇后,以让刘彻立为太子之事顺理成章。

二　汉家故事

后元三年(前141)正月,汉武帝即位,年仅十六岁。

汉武帝所做的最有影响的一件事,就是采纳董仲舒尊儒术、立太学、举荐贤良方正来选拔人才的建议,罢黜百家,独尊儒术。可以说,这是儒家思想第一次真正被奉为主流意识形态。在这以前,刘邦虽然听取了陆贾《新语》中的建议,但是他也没有完全从理论上从意识形态上把儒家奉为治国的最高的原则。孔、孟在有生之年不得志,到这个时候

173

▲ "罢黜百家,独尊儒术",是一个以儒家价值为核心的、大一统国家所需要的主流意识形态。

被尊为主流意识形态。我们知道,"罢黜百家,独尊儒术",并不是百家真的不要了,而是以儒家思想为主,融合诸子百家的思想精华,建立一个以儒家价值为核心的、大一统国家所需要的主流意识形态。

秦朝崇霸道、用刑法,用法家来治国。汉朝讲王道政治,从武帝开始,明确提出以儒家治国。可是,汉武帝刻薄寡恩,开疆拓土,并不完全按儒家的方式做事。汉武帝走的路子是,对内加强中央集权、对外开疆拓土,这就是外儒内法的路子,外面讲的儒家,内里用的法家。或者叫儒表法里,德主刑辅。

▲ 汉武帝对内加强中央集权、对外开疆拓土,这就是儒表法里,德主刑辅。

有个叫汲黯的人,九卿之一,是一个部级干部。这个人说话很直,敢当面批评别人,正在天子要招揽儒生,说要实行儒家的仁治之道的时候,汲黯却当面顶撞汉武帝说:"陛下内多欲而外饰仁义,你还效法什么唐虞之治呢?""上默然,怒,变色而罢朝。"就是当面说汉武帝内心的欲望很多,外面却表现出仁义的样子。汲黯的观察并没有错。汉武帝要建功立业,要开疆拓土,要加强集权,这些内在的要求,都是很强烈的,但是这与意识形态上提倡儒家,倡导大一统,提倡忠君,并不矛盾。

经历过磨难的汉宣帝,对此心有所悟。对他儿子汉元帝讲,汉家制度,本来就是霸道、王道交杂使用,怎么能纯行周政、用儒生呢? 他批评元帝对"独尊儒术"理解的拘泥迂腐。从元帝一直到王莽用的都是腐儒了。那汉宣帝讲不用纯儒,就是说儒家可以作为主流意识形态,但是在国家治理操作上,还需要融汇诸子百家,尤其是法家霸道的治国

▲ 汉家制度:王霸道杂之。

之策。

这个政策其实就是汉武帝的政策。汉武帝就是外儒内法。不过汉武帝的政策，在他晚年稍稍有点儿变化。

董仲舒上"天人三策"，提出"《春秋》大一统者，天地之常经，古今之通谊也。今师异道，人异论，百家殊方，指意不同，是以上亡以持一统，法制数变，下不知所守。臣愚以为诸不在六艺之科、孔子之术者，皆绝其道，勿使并进。邪辟之说灭息，然后统纪可一而法度可明，民知所从矣"。

董仲舒对策是否如《通鉴》所载，系于武帝初即位的建元元年(前140)，胡三省依据司马光本人的《考异》已经表达了异议。目前学术界也有不同看法。

学术界的争议主要集中在如下两点。第一，汉武帝采纳董仲舒对策，尊崇儒术究竟是在即位初年，还是大约十年之后、公孙弘第二次对策之时？第二，汉武帝是否真的如《汉书·武帝纪》"赞"总结的那样，"罢黜百家，表彰六经"，还是尊儒的同时，依然"悉延百端之学"？(《史记·龟策列传》说汉武帝即位后，"博开艺能之路，悉延百端之学，通一伎之士，咸得自效"。)

▲ "罢黜百家，表彰六经"，还是尊儒的同时，依然"悉延百端之学"？

第一个问题涉及提出政策的确切时间，属于技术性问题，可以不具论。第二个问题涉及汉武帝治国理政的方针和政策问题，不能不论。

司马迁《史记·儒林列传》最早记载了汉武帝政策转向之事："及窦太后崩，武安侯田蚡为丞相，绌黄老、刑名百家之言，延文学儒者数百人，而公孙弘以《春秋》白衣为天子三公，封以平津侯。天下之学士靡然乡风矣。"汉武帝及其朝臣提倡儒学，董仲舒的"天人三策"也符合汉武帝巩固大一统王朝的需要，也符合这个时代的需要，这是可以肯定的。为此，汉武帝采取了一系列提升六经和儒学地位的政策。比如，设立五经博士，建立太学，招收博士弟子员五十名。更重要的是，"经明行修"（熟悉六经，修养品行），射策选士，成为士人进身官场获得利禄的最重要途径。官府的引导作用，自然使得天下的读书人，"靡然乡风矣"。

▲ 汉武帝采取了一系列提升六经和儒学地位的政策。

但是，正如班固所说的，就汉武帝用人实践来说，绝对是不拘一格的：班固罗列了一大堆名单，从公孙弘、卜式、倪宽，到司马迁、司马相如，乃至李延年、桑弘羊、张骞、苏武、卫青、霍去病、霍光、金日磾，其中，能够称得上儒学出身的，似乎只有公孙弘、董仲舒和倪宽。但是，在汉武帝器重的这一串名单中，有两点特别值得注意。

▲ 但是就汉武帝用人实践来说，绝对是不拘一格的。

首先，他们都能在自己的本职工作上做出成绩，建立功业，如公孙弘为相、倪宽为左内史及御史大夫，赵禹、张汤主管法律工作，司马迁、司马相如的文学成就，张骞、苏武的外交风采，卫青、霍去病的战功，霍光、金日磾作为顾命大臣的作为，等等。可见，是否儒学出身，有多少儒学水平，不是汉武帝用人的绝对标准。相反，就儒学知识素养来说，董仲舒远远超过公孙弘，而且足足比公孙弘年轻二十一岁。但是，公孙弘心思比较灵活，具有实际政务操作能力，得到汉武帝重用，官至宰相。对于比较迂阔的董仲舒，汉武帝却是嘉许其说，而不重用其人。

▲ 首先，他们都能在自己的本职工作上做出成绩，建立功业。

其次，这些官员虽然不是儒生出身，但是他们或者在道德品行上有上乘的表现，不悖于儒家的价值观；或者努力向

▲ 其次，这些官员虽然不是儒生出身，但是他们或者在道德品行上有上乘的表现。或者努力向学，向儒家价值观靠拢。

学,向儒家价值观靠拢。前者如石建、石庆为人笃实,汲黯、卜式为人正直,韩安国、郑当时为人忠厚。后者最典型的是张汤,本出身文法吏,但是,自从知道部下倪宽以经书判案狱,得到汉武帝的肯定,"(张)汤由是乡学,以(倪)宽为奏谳掾,以古法义决疑狱,甚重之"。

总之,汉武帝的所谓"独尊儒术",首先是一种意识形态的倡导,统治秩序的构建,社会行为的规范,即所谓"教化"的功能。为了将这种意图贯彻下去,必须有制度化措施,作为保障和驱策工具。于是,就有了太学和博士弟子员的设置,有了征辟、察举的入仕途辙。然而,在实际的治国理政操作中,汉武帝是非常务实的。元封五年,汉武帝以朝廷缺乏文武人才,乃下诏曰:"盖有非常之功,必待非常之人。故马或奔踶而致千里,士或有负俗之累而立功名。夫泛驾之马,跅弛之士,亦在御之而已。其令州郡察吏民有茂材异等可为将相及使绝国者。"

可以这样说,汉武帝一方面批准丞相关于"所举贤良,或治申、商、韩、苏、张之言乱国政者,请皆罢"的奏章,因为就仕进渠道而言,朝廷并不崇尚法家和纵横家;另外一方面,在实际人才选拔中,又是不拘一格,注重实际干才。这样就出现了看似矛盾的现象,或者说印证了汲黯的观察,即汉武帝志在高远(内多欲)而外饰以仁义礼教。

其实,这里并不矛盾。尊崇儒术,是道、是经,悉延百端之学,是术、是权。唐太宗说过:"道以光大为功,术以神隐为妙。"道与术的问题,也是儒家常常讲的"经"与"权"的问题。不变的原则(经或者道)与变化的世界,难免有不完全契合之处。于是,就要采取变通的措施和做法,这就是"权变"。所谓"以正治国"——经,"以奇用兵"——权。

可是,外儒内法,也不能仅仅从"道"与"术"、"经"与"权"的角度去理解。这还涉及利与弊、时与势的关系问题。

有一利,必有一弊。我们都知道,汉武帝"独尊儒术"(尽管此"独尊"兼容并包"百端之学"),有利于纠正汉初陆贾、贾谊提出的道德滑坡、社会失序问题,对于后来的中国历史发展也影响深远。儒学的教育深入人心,到了西汉后期,特别是东汉,儒学成为一种神圣化了的意识形态。于是,腐儒、陋儒、伪儒、神儒(谶纬化了的儒学)也纷纷出现。汉元帝为太子时主张"纯用儒生",已经令汉宣帝忧心忡忡:乱汉家天下者,必太子也! 王莽更是成功地借谶纬化的儒学,为取代西汉王朝造势。东汉儒学的影响深入到社会的各个角落,同时"举秀才,不知书;察孝廉,父别居。寒素清白浊如泥,高第良将怯如鸡"的伪君子也比比皆是。于是,才有"越名教而任自然"的魏晋风度出现。这就是利而生弊。

怎么解决利中有弊的问题呢? 这就涉及"时"与"势"的问题。社会在发展,时势在变化,治国之道、化民之术,也需要与时俱进。如何做到张弛有度、刚柔兼济、礼法合治、德刑并用,考验着执政者的政治智慧和治理能力。所谓审"时"度"势",就有这个意思。如果不懂世异,不知时移,就会胶柱鼓瑟,适得其反。假如把由此而产生的问题,归罪于汉武帝的"独尊儒术",就十分可笑了。

三　武帝功过

武帝的武功方面,我们先讲讲他对匈奴的战争。汉朝初年,匈奴十分强悍,而且不时南下侵扰汉地。匈奴的强悍不是一朝一夕了,就在刘邦死后不久,当时的匈奴冒顿单于,他就给吕后写信求偶,说:"陛下你寡居,我也孤身一人,咱们两人多么孤独,都不怎么开心,无以自我娱乐,愿以所有,易其所无。"就是说你没有丈夫我没有老婆,我们正好结合在一起就行了。吕后当时大约四十五岁,写了一封回信,大气都不敢出,说:"我年纪大了,年老气衰,发齿堕落,行步失度,单于你听错了,我这颜值,不足以自污啊。"你看,吕后都不敢对匈奴轻佻的言辞进行反击,可见当时的情况很严重。

汉武帝多次派卫青、霍去病去攻击匈奴,主要有三次大的战争。为了配合对匈奴的打击,还派张骞通西域,试图联络友邦,夹击匈奴,虽然军事目的没有达成,却从此开通了官方的丝绸之路。

开发西南夷,征服南越,东北设乐浪、玄菟、真番、临屯四郡,还有西域置都护府,这都是汉武帝奉行积极对外开拓政策的结果。从东北地区朝鲜半岛,到西南地区,包括夜郎国,都有汉朝军队的身影。这是对外。

对内文治方面。他建立十三部州刺史,用推恩令使诸

▲ 为了配合对匈奴的打击,还派张骞通西域,虽然军事目的没有达成,却从此开通了官方的丝绸之路。

侯的封地不断缩小；建立内朝尚书台，皇帝在内廷可以处理重大事情，对于丞相的决策形成一种指导。再有，就是财经领域实行盐铁官营等，如均输法，是物流法；平准法，即物价调控；盐铁榷买，就是国家专卖制度。所有这些做法，特别是加强中央的铸币权，收回民间私自开采食盐铁矿等等这些权利，都是显著收缩汉初以来极度开放的经济政策和财经政策，今日所谓民退国进。

这样做的目的有两个。第一，改善中央的财政税收。第二，打击豪强，遏制土地兼并和社会分化。通过改革，财政上把铸币权收归中央，把物流权也收归中央，物价的调控，在于抑制商家谋取暴利，同时还可以通过平抑物价，增加中央财政收入。张汤提出征收财产税，让大家个人报财产，财产多的多交，财产少的少交，这叫算缗。可是有的人财产申报的不实，怎么办？有一个叫杨可的，提出告缗法（举报奖励制度），你若举报有隐瞒财产不申报的，没收其财产奖励你一半，这样，天下人人告缗，使诸侯自身难保，商人无所逃脱。

商人们并不是不爱国，但是对这种与民争利的制度很反感。有个叫卜式的洛阳商人，非常爱国。他靠畜牧业致富，武帝的时候匈奴屡屡犯边，他上书朝廷愿以家财之半，捐助国家作为军费，支持朝廷讨伐匈奴。朝廷的官员都不相信，问他："你是不是有仇要报？"他说："我没有仇。"又问他："你是不是想做官？"他说："我不想做官。"又问："既不想做官又没仇人，你捐这么多钱图个什么？"他说："就为国家着想。"人们不都相信他。后来发生自然灾害，他又捐赠二十万钱要救济那些灾民。武帝看到名单上卜式的名字说，这不就是当初那个要把一半家财充军打匈奴的人吗？找来一看真的是，就给他一个官做，他也不想做官，但是，汉武帝为了树立爱国榜样，还是给他官做，甚至做到了御史大夫。

可是到桑弘羊搞盐铁官营的时候，卜式提出严厉批评，坚决反对。他批评这个事不符合经济规律。国家应该靠租税来生存，怎么能够自己到市场去盈利呢？当时，天久旱不雨，卜式激愤地说，烹弘羊，天乃雨。

汉武帝死后，主持朝政的霍光曾经召开讨论会，讨论盐铁要不要官营。桑弘羊面对儒生责难，只是说维持财政支出需要这些钱，没办法，在总产值一定的前提下，这里钱多了，那里钱就少了。这个会议已经是汉武帝死后的事了。

后来会议的结果是，桑弘羊辩论失败，在一定程度上，修正了汉武帝晚年的制度。

四　巫蛊之祸

汉武帝的感情世界，简单地讲，主要影响了他对接班人的选择。

当初金屋藏娇的那个陈阿娇，因为性格强悍，与汉武帝有冲突，很快就失宠了，加上又不生孩子，还被发现搞巫蛊等歪门邪道，就被废为长门怨妇。后来汉武帝姐姐家歌女出身的卫子夫，给汉武帝生了第一个儿子刘据，这时候他已经二十九岁了。在那个时代,二十九岁得子就是晚的了。卫子夫应该跟武帝的年龄相仿,到武帝晚年,卫子夫显然也失宠了,她不仅仅是年纪大了,更重要的是她文化水平也不高,很难跟武帝保持一种心灵上的默契。之后有个倾国倾城的李夫人,很年轻就病死了。这时候另外有一个赵姑娘,叫钩弋夫人的,她很年轻就到了武帝身边,武帝一直对她宠爱有加,封为婕妤。她手心里有一个钩子的胎记,据说从一出生,这只手就握拳藏记,掰都掰不开。直到初见武帝时,才第一次舒开了手心,露出胎记。这个话真实性不强。这个钩弋夫人是个大美人,她给武帝生了个儿子叫刘弗陵,据宦官记载是怀孕了十四个月才生的。武帝老年得子,所以特别喜欢,他将钩弋夫人住的钩弋宫改成尧母门。妈妈是"尧母",那儿子是什么? 这样一推导下去,可不得了,太子感到地位受到威胁了,因此激起来一场史称"巫蛊之祸"的政治事变。

▲ 武帝老年得子,所以特别喜欢,他将钩弋夫人住的钩弋宫改成尧母门。太子感到地位受到威胁了,因此激起来一场史称"巫蛊之祸"的政治事变。

巫蛊是什么东西呢? 就是有人为除掉自己的政治对手,在特制的木头人上插上针,或者插上有名字的布条,进行诅咒,当时人们相信有一种巫术的超然力量,能对被诅咒者造成很大影响。有人诬陷太子在宫中行巫蛊,诅咒武帝。这个东西实际上是当时有人来动摇国本做的阴谋。因为既然有尧母门,他的儿子就是尧,才最应该接班嘛。而现在的太子已经失宠,就有小人想设计废掉他,拥立武帝宠爱的幼子。太子刘据遭到诬陷,无处辩白,冲动之下起兵被杀,而皇后卫子夫也上吊自杀,太子家除了一个还是婴孩的孙子外,被满门抄斩。

武帝后来发现太子起兵其实是被逼的,所以他很后悔,但事情已无法挽回了。武帝的年龄一天天大,来日一天天少,那立谁为太子呢?这时他看中了钩弋夫人生的孩子刘弗陵。可是他担忧钩弋夫人这么年轻,才二十多岁,自己千秋万岁后,小皇帝不能亲政,钩弋夫人女主临朝,又再出吕后专权的事儿怎么办呢?所以他居然找了一个借口,把钩弋夫人杀了,然后委托霍光等人来辅佐刘弗陵,就是后来的昭帝。

历史上评价汉武帝说,汉承百王之弊,高祖拨乱反正,文景务在养民,但是在文教方面还做得不够。武帝一即位,就开始重视《六经》,修建太学,制礼作乐,使他的号令文章,得以流传天下,他希望他的后代能够尊崇洪业,有三代之风,能够做出一番事业。《汉书》作者班固认为,如果以汉武帝的雄才大略,不改变文景的恭俭,那么,即使是儒家的诗书所称赞的圣明君王,也不能超越他。意思是说汉武帝改变了文景无为而治、谦恭低调的治国之策,给国家造成了灾难。

与文景的低调相比,汉武帝可谓奋发蹈厉。他的意义,就是把秦始皇开创的制度,从政治制度到各方面的社会制度,都巩固下来了。

商鞅变法以来,竞争上岗,成为社会的常态,陈胜的激愤,刘邦及其平民将相的成功,都令人按不住寂寞,都激励着百姓去建功立业,竞争上岗。可是,天下打完以后,大家干什么去呢?一旦人的这种"王侯将相宁有种乎"的观念,这种对现实世界建功立业的渴望,被激出来以后,是需要有个规范和引导的,秦始皇没解决这个问题。当社会被激励到这个路上来的时候,若没有一个意识形态的东西,来把人民嗜利的欲望管控起来,把新追求目标确立起来,那就非常危险。贾谊的《过秦论》曾经忧虑过这个问题。

▲ 从制度建设、制度巩固的角度来说,汉武帝的意义超过了刘邦。

如果从制度建设、制度巩固的角度,不从大汉江山的角度来说,汉武帝的意义超过了刘邦。但是他也带来了很多问题。由于他的开疆拓土,连岁用兵,他的财政出问题了。解决财政问题的办法,就是盐铁官营,国进民退这种措施。这个问题一个方面像桑弘羊讲的,财聚不足,钱不够花。大一统的朝廷有那么多官员,那么多军队,都要政府负担起来了,那怎么办呢? 另一个方面,也是要解决短缺经济情况下,财富过度集中的问题。农业社会本身是个短缺经济,在农业社会财富不足的情况下,贫富差别的扩大,其伤害性比工业社会更大。尤其中国人,不患寡而患不均,与贵族世袭制度下各安其分的思想很不同。在竞争的时代情况下,这种贫富分化,激起社会更加不平,引起社会动荡。

▲ 汉武帝用盐铁官营的办法来解决财政问题。

汉武帝时就有人讲,社会出现的问题,一个叫土崩,一个叫瓦解。他说瓦解好办,瓦解指的是上层出了问题;土崩才是最要命的,这是因为老百姓有不平之气。就是说贫富差别太大了。汉武帝采取了措施,用"国企"专卖来堵塞豪强煮盐卖铁等工商收入,或者通过一些财产税、举报、算缗、告缗,使他们破产,是对贫富差别的一种遏制。

这些政策起到两种作用,一个就是为了政府需要财政收入,第二个对贫富差别的遏制。你发现此后历朝的改革,

184

包括王安石变法,包括唐代安史之乱以后的改革,都是从政府的财政需求出发。所以中国的这些改革,成为一个解决财政问题的办法。本质就是要把工商业经济控制在政府手里,尤其是把最大的生活生产资料盐和最大的生产资料铁,掌握在官府手里,通过掌控其盐铁的流通,来获得财富。

汉武帝最早开了盐铁专卖的先河。虽然这暂时解决了当时政府的财政问题,却有点儿杀鸡取卵的意味,并不能促进经济发展。所以汉武帝以后呢,尽管有短暂的昭宣中兴,但元帝之后到了成帝和哀帝时期,问题却更加严重了。

(参见《资治通鉴》卷十七至卷二十二)

▲ 此后历朝的改革,都是从政府的财政需求出发。

▲ 汉武帝最早开了盐铁专卖的先河。

185

第九讲　昭宣中兴

从昭帝霍光辅政到宣帝亲政，其间的四十年，史称"昭宣中兴"。霍光没有文化，没有战功，仅依靠谨慎、机敏爬到了人臣权力的巅峰，体现了他的政治魄力。但当他的权力大到没有什么可以制约的时候，自我膨胀使他听不进任何人的建议，自己不知进退，又疏于对家人的约束，最后满盘皆输。

一　霍光辅政

西汉的衰落,自汉武帝晚年就显现出来了,虽然之后有所谓"昭宣中兴"阶段,历四十年,依旧颓势难以挽回,无可奈何花落去,这其中有一个关键的人物是霍光。

霍光是霍去病同父异母的弟弟,籍贯在今天的山西,出身低微,父亲霍仲孺是平阳县的一般官吏。他的哥哥霍去病,是霍仲孺在平阳县任职时与平阳公主府中的奴婢卫少儿私通所生私生子。卫少儿是卫子夫的亲姐姐。霍去病先是随舅舅卫青出征匈奴,他自己也以主将身份率军远征,立下大功。霍去病曾说过一句很有名的话:"匈奴未灭,何以家为!"

父亲霍仲孺跟卫少儿分开后,回到家乡,娶妻结婚,生下了霍光。霍去病功勋卓著,封了侯,官至骠骑大将军,知道自己生父的身份以后,在一次出征途中,专门去看了自己的父亲,父子相见后,他认祖归宗,恢复霍姓,还给父亲买了土地房产,并且把年仅十岁的霍光,接到了长安亲自教养。

霍去病去世后,霍光就被养在宫中,侍奉汉武帝。在武帝身边工作时,霍光处事谨慎小心,从来没有让武帝不高兴过,是个非常善于给领导当助理的人。史书上这样描写他,一米七的个儿,皮肤白皙,眉目疏朗,是当时标准的美男子。霍光在历史上是很有名的,伊霍(伊尹、霍光)并称,他被后

▲ 在武帝身边工作时,霍光处事谨慎小心,从来没有让武帝不高兴过,是个非常善于给领导当助理的人。

189

世称为与周公一样的功臣。据说，当初伊尹曾经把商汤的孙子太甲流放到桐宫，让他反省错误，三年以后，太甲认错，伊尹才把他接回来，让他继续执政。霍光也有过类似经历。

这话要追溯到汉武帝晚年，选钩弋夫人之子刘弗陵做太子的时候。刘弗陵是武帝最小的儿子，由于巫蛊之祸，太子刘据被废自杀，武帝决定立刘弗陵为嗣，他认为这孩子性情最像他，将来能够承续大统。临终托孤之时，首席托孤大臣就是霍光，另外还有金日磾、上官桀、桑弘羊等。

▲ 霍光虽然没有出任地方官或者担任三公九卿的经历，但是他确实有政治家的风度。

霍光虽然没有出任地方官或者担任三公九卿的经历，但是他确实有政治家的风度。举几个例子吧。

他执政之后，主持了一次国务会议，讨论关于盐铁专卖等问题，请主管财经工作的桑弘羊，跟那些儒生的代表，来辩论这个事情，会议开了好几天，结论是汉武帝时盐铁专卖的官营政策，应该有所改变。通过辩论听取不同意见，用这个办法来纠正汉武帝晚年政策的一些偏差，体现了霍光处事的谨慎和稳妥。

▲ 通过辩论听取不同意见，用这个办法来纠正汉武帝晚年政策的一些偏差，体现了霍光处事的谨慎和稳妥。

还有一件事。有一次，宫中出了异常状况，群臣惊扰，当时霍光第一个想到，慌乱之中应该把皇帝的符玺保护好。所以专门找到管符玺的郎官，索要符玺，符玺郎不愿意给他，霍光急了，一伸手想把它夺过去，符玺郎厉声说："头可得，玺不可得，我的任务就是管这个玺，你怎么随便拿走呢，将来玺用得不当，那是谁的责任呢？"霍光觉得这个年轻人恪尽职守，难能可贵，不仅不恼怒，还奏明皇上，给这个郎官升等二级，给他涨工资了。《资治通鉴》这样记载，"众庶莫不多光",大家都觉得,霍光这个人有度量。管符玺的郎官驳了他的面子,但是坚持职守,他不是以势压人,而是肯定郎官忠于职守。过去霍光很少有独立到前台去做事的机会,他只是汉武帝的侍从之臣,所以大家难见其风采,这件事把霍光正直的一面,就显露出来了。

几位托孤大臣,各有特点,霍光谨慎,金日磾笃慎忠厚,上官桀乖巧,而桑弘羊有财政方面的突出能力,桑弘羊从小就是擅长心算的数学天才。

金日磾本是匈奴人,归降后,一直侍奉在武帝身边,非常受信任。金日磾的特点是忠诚笃慎。有一次,他的儿子与宫女打打闹闹,他觉得不成体统,便把儿子给杀了,以当时的标准,认为他这样做属于忠厚诚笃。

上官桀是乖巧。怎么乖巧呢?汉武帝有一次生病了,上官桀的职务是管马的,武帝的病好了以后,发现上官桀养的马瘦了,没精神了。武帝大怒,说你以为我活不过来了,看不见这些马了,你居然敢不忠于职守。上官桀怎么回答的?上官桀说,皇上你生病,臣忧心如焚,根本就没心思想马的事,说着说着还掉了几滴眼泪。武帝觉得此人为我生病担惊受怕,忠诚可嘉!这就是上官桀的乖巧之处。

霍光的为人,耿介、谨慎、严谨。再举一件事为例。金日磾去世后,他有两个儿子,一个叫金赏,一个叫金建,跟昭帝的年纪差不多,在宫中任侍从之职,为侍中。老大金赏继承了父亲的爵位,因此他有两块印绶,一个是奉车都尉印绶,一个是秺敬侯,而金建只有一个驸马都尉印绶。皇上为此跟霍光讲,金家两个兄弟都是我儿时的朋友,能不能给老二金建也封个侯？霍光说，金赏因为是长子，是从他父亲那继承的侯爵，金建无功怎能封侯呢？皇帝笑了，侯不侯，不就是我们俩决定吗。这时候霍光严肃地说，那怎么行，有功乃得封侯，霍光连皇帝的面子都不给。

但是我想这件事，不光反映出霍光的耿介忠直。也说明皇帝昭帝对霍光很敬重。

问题发生在另外一个托孤大臣上官桀那儿。上官桀跟霍光是儿女亲家，霍光只有一个儿子，七个女儿，大女儿嫁给了上官桀的儿子上官安，夫妻俩还为霍光生了一个外孙女，年方六岁。上官桀、上官安就想把这小女孩送进宫去给皇帝做媳妇。这事必须通过首席顾命大臣霍光，可霍光认为孩子年幼，没有同意。上官父子并未就此罢休，他们商量一番，另找门路。

昭帝即位时年仅八岁，年幼需要人照顾，大臣们就请武帝的长女、寡居的鄂邑盖长公主，来宫中居住，照顾小皇帝的起居生活。她是昭帝唯一在世姐姐。盖长公主有一个男宠或面首，叫丁外人。上官安与丁外人，素来交善，并以加官晋爵为诱饵，通过他说服了长公主，将女儿送入宫中。于是上官安的女儿被封为婕妤，不久又立为皇后。上官安由此成为国丈，兼任车骑将军，封为桑乐侯。

上官安这个人格局比较低，现在这个小皇帝是他的女婿了，难免到宫中去吃顿饭，见个面什么的。他回去就吹牛，哎呀，跟我家皇帝女婿喝酒吃饭，真是快乐呀，你看看人家那个穿的衣服，那些装饰，真是豪华！看了后，真想回去把家里的东西全都烧了，没法比，咱们家里哪是什么东西。到了一趟宫中回来就吹嘘，讲这些很低谷的话。

上官桀、上官安父子有些自我膨胀了。当今皇上，是我上官安的女婿，只是你霍光的一个外孙女婿。上官桀在辅政以前，位置比霍光还高，当时霍光是武帝身边的侍从，而他已经是太仆，位居九卿之一，现在凭什么都由你霍光做主！他们感激丁外人帮的这个大忙，想为丁外人经营封侯之事，霍光不同意；又想给丁外人弄个官做，任光禄大夫，有了这个官衔，丁外人就能够经常进宫，会自己女朋友了，霍光依然不同意。于是，盖长公主就有点恨霍光了。上官桀父子多次为丁外人求官封爵，都未获准，他们感到很没有面子。

还有一件事，使盖长公主与上官父子的关系更加密切。上官桀岳父的一个朋友犯了罪，按照当时法律，应该下狱处死。汉朝的法律有赎罪的条款，盖长公主拿出来二十匹马，这是一笔非常大的财产，为这个人赎罪。上官桀岳父的这个朋友，由此就得以免除死罪了，这是多大的恩德！上官桀的岳父有面子，上官桀也就有面子。所以上官桀父子，由此觉得盖长公主真是恩重如山，而对霍光的不讲情面，就更加怨恨了。

其后的事，史书的记载如下，可能专案组最后拿出材料就是如此。

昭帝有个哥哥燕王刘旦，比较浑，不受汉武帝宠爱，所以未被立为太子。刘旦想，我是哥哥，怎么反而是兄弟即位，不是我呢？他本来就心怀不满。他们几个人据说就勾

▲ 上官桀、上官安父子有些自我膨胀了。

结在一起,包括盖长公主、刘旦、上官桀父子,想要除掉霍光,然后把皇帝换掉。

燕王刘旦派人上书诬告霍光谋反,说霍光在检阅卫戍部队,有谋反之举。这个诬告者,实际上是上官桀指使人干的。年仅十四岁的昭帝,对霍光十分信任,毫不怀疑,他说,这事是不可能的,大将军检阅部队的时候,离现在才几天呐,这消息怎么可能传到燕王刘旦那儿,然后又派人告状告到长安来了呢?这一来一回得多少天呢?不可能。皇帝说要追查告密者。

上官桀他们一计不成,再生一计。据说这次是让盖长公主设宴招待霍光,计划埋伏兵甲把他杀了,然后废掉昭帝,迎立燕王。这个事我颇有些怀疑。记载还说,上官安的计划,是假装迎燕王即位,待燕王迎来以后呢,就把燕王杀了,然后再让他爸爸上官桀当皇帝。这个假,造的一点都不像了。上官安脑子有问题才会这样做,现在昭帝是你的女婿,你让这个年长的燕王刘旦来,他跟你什么关系?他能够听你的吗?再说了,你杀了刘旦,天下人能够答应你上官家的人当皇帝?所以这些说法,我总怀疑杀霍光是有可能的,但是其他的那些,就有点不合情理了,不过历史记载确实是这么讲的。

最后长公主、燕王刘旦自杀,上官父子,还有丁外人,被处死了。桑弘羊据说也参与这些叛乱被诛,桑弘羊这时候都已经七十岁了。

金日磾在这场变乱的几年前就死了,现在的托孤大臣,只剩下霍光一个人。

二　宣帝继位

昭帝仅二十来岁就去世了,没有子嗣。大臣们选中汉武帝的孙子昌邑王刘贺继位。

刘贺从山东赶过来当皇帝,路上就不守规矩,征歌狎妓,胡作非为,入了京城,他见了昭帝棺材也不哭。要知道,刘贺是来给昭帝做儿子的,他却说他哭不出来。刘贺嬉戏无度不说,还把他封国的那些下属,都征到长安去,超擢拜官。有人跟他进谏,国辅大臣未曾褒奖,昌邑的小辈一个个都升官了,这是你最大的过错,他根本不听。

大将军霍光"忧懑"——忧虑国家的前途,愤懑于这位刘贺荒诞的表现。当年汉文帝刘恒,从代国来到长安的时候,他怎么做的?除了办公厅主任(郎中令),除了警备司令(卫尉),这两个是他带来的之外,别的没变动,对周勃等人尊敬有加,对陈平也很尊敬,所以朝政很稳定。这个刘贺倒好,他来到长安,国辅大臣未褒,到把他家乡带的人先升迁了,完全不懂人情世故嘛。

霍光忍无可忍,就跟群臣商量,要把他给废了。据相关官员调查的情况,二十七天内,刘贺就干了一千一百多件坏事,每天平均四十多件,所以大臣们上奏,请上官太后,也就是霍光的外孙女,废了他,令其回到自己封国去。这位刘贺回去后,封国已经废了,安置在山阳郡。后来宣帝封其为海

▲ 大将军霍光"忧懑"——忧虑国家的前途,愤懑于这位刘贺荒诞的表现。

昏侯,在今南昌市郊。2015 年发现了海昏侯墓葬,2016 年又公布很多新发现,引起了轰动。这是后话。

废了昌邑王,现在立谁为皇帝呢?大家犹豫不决,汉武帝的大儿子废太子刘据,死于巫蛊之祸,昭帝也死了,燕王自杀了,昌邑王刘贺也废了,现在大家都不知道该立谁了。

这时候刘病已被提出来,他是刘据的孙子,汉武帝曾孙,也就是后来的汉宣帝刘询。在废太子刘据因巫蛊之祸,被抓捕而自杀的时候,这个孩子才几个月,刘病已的父母,祖父母等都被杀了,刚出生的刘病已被投入大牢。当时这个案子由一个叫丙吉的人来审判,他知道太子刘据是无辜的,这个小孩刘病已就更无辜了,便让掖庭宫中那些比较厚道一点的,谨良一点的女子,乳养这个小孩儿,他自己还每天亲自探视两次。

后来,皇曾孙刘病已由奶奶家抚养,武帝晚年知道太子刘据无辜,建望子台,并且赦免了刘病已。但是也没有大肆张扬,因为那样就有可能会威胁到昭帝刘弗陵的位子。所以只是就说他没事,可以归宗了,恢复他的宗室身份,但是由于少经离乱,刘病已从小是在掖庭里长大的,掖庭是皇家宫廷里那些普通下人待的地方。当时掖庭令张贺,过去在太子刘据手下做事,张贺是著名的司法官员张汤的儿子。他感念过去的老领导卫太子刘据,所以对他的孙子刘病已抚养甚厚,而且还让他读书,给他聘了一个名师,教他儒家经典。

这样子日子一天一天过去,刘病已也长大了,张贺还出面为他娶了个媳妇,叫许平君,许平君父亲许广汉也是掖庭的人，他的身份应该是宦官。这就是一个非常普通的民间婚姻。刘病已是普通宗室成员，朝中的事，跟他没关系。他在民间生活，读书，民间的这些闾里奸邪，斗鸡走狗，吏治得失他都知道。他是历史上少有的，作为王朝中期的皇帝，却有长期生活在民间的经历，了解民间疾苦。

昌邑王废了，请谁继位，未有所定，看来是先废后决定的。

这时候丙吉出来说话了。他说，现在有一个人，他是武帝的曾孙叫刘病已，在掖庭，我曾经觅过他，现在都十八九岁了，他读过儒家经典，"行安而节和"，《资治通鉴》用了这几个字形容他，就是说这个人，很有品立，有美材。丙吉说，愿大将军根据大义，再加上蓍龟占卜一下，既从政治角度考虑，也从天意预卜看看此人是不是合适。

丙吉的这番话，打动了霍光和张安世。霍光其实跟刘病已还是有点沾亲带故的关系。刘病已的祖父刘据，是卫子夫的儿子，而霍光的同父异母的兄弟霍去病是卫少儿的儿子，卫少儿、卫子夫是姐妹，你看，这不是有一点儿关系嘛。所以霍光他们考察以后，就同意了，让刘病已进宫去见上官太后，先封个侯，当天登基当皇帝，这就是汉宣帝。

三　霍光之死

汉宣帝这个人，当然就比那个昌邑王强多了。

他最后怎么处理和强势的霍光的关系呢？他跟文帝还不一样的，文帝刘恒毕竟是诸侯王啊，是刘邦的儿子。汉宣帝刘病已，他与皇室这层关系，必须追溯到汉武帝那里去，这都是曾孙这一辈了。应该说他这个皇帝，霍光说他是就是，霍光说他不是就不是，因为像他那样子血统的人太多了。

但是，我们就发现，霍光辅政几年后，就发生了一个悲剧，霍光家族被汉宣帝满门抄斩。究竟是为什么呢？这件事我想要从两个方面来讲，第一个是霍光本人及家人的问题，再一个才是汉宣帝的问题。

先讲霍光本人。霍光本人，我们从前面几件小事可以看出，他这个人很耿介，很坚持原则，做事很讲章法。但是有原则，讲章法，有时候难免就不通人情。比如，前面盖长公主的事，就显得有一点儿过分。但是现在用在宣帝身上，而且是他现在这个身份上，就已经不仅仅是坚持原则、不通人情的问题。

许平君，是汉宣帝在民间时候娶的妻子，两人婚后感情很好。你想，刘病已家人亲人都没有，再亲都是他奶奶的娘家人，所以有人嫁给他，对这个年轻人来说，是很大的安慰。一年以后生下儿子，生下儿子以后，几个月他就当皇帝了，当天封侯，当天登基，这个许氏就自然被立为婕妤，但还不是皇后。

霍光的小女儿，是皇太后的小姨，应该是霍光后来的小妾霍显所生，霍光的大女儿当为原配所生，因此这个小姨与外甥女年龄相仿，自然平常来往密切。所以大家就说，要立

▲ 霍光这个人很耿介，有原则、讲章法，有时候难免就不通人情。

皇后的话,那还不是霍将军的女儿吗？中国的历史上,皇家的婚嫁从来不讲辈分的。

但是这话并没有明确说出来。现在霍光已经是权势煊赫,无人可比了。他是真正的三朝元老,辅佐过一个皇帝,立了一个皇帝不成器,二十七天被废了,现在再立一个皇帝。经过这几次废立皇帝,霍光那种说一不二的位置和身份,已经无人可敌了,其他的辅佐六臣早早地就去世,他的位置已经到了一言九鼎的程度。

▲ 经过这几次废立皇帝,霍光那种说一不二的位置和身份,已经无人可敌了。

所以大家都想,现在的这个皇帝就是他立的,那么他们家女儿肯定应该近水楼台了。可是没想到汉宣帝很有城府。他下诏说,我有一把旧剑丢了,这虽然是我过去用的一柄旧剑,但是也不能随便废弃,你们给我找来。一般的人以为他真是找剑呢,其实他是告诉六臣,我不愿意换老婆,皇后就是这个许婕妤。这时候有些官员们还真明白了,人家不愿意换老婆,就上书请求立许婕妤为皇后。

为什么汉宣帝刘病己不趁这个机会就娶了霍光的女儿做皇后呢,这样不就使关系更铁更亲、皇位更稳了吗？其实错了,如果外面是霍光,宫中是他女儿,头顶上的皇太后还是他的外孙女,这个皇帝当的是不是一点自由空间都没有了？所以他不愿意。这样说明刘病己很有城府。

可是霍光在这件事上的反应,是非常糟糕的。《资治通鉴》是这么记载的,"霍光以后父广汉,刑余之人,不可以君国"。人家女儿当皇后,她爸要讨个侯,这并不是一个太过分的事,上官安不就是这样过来的吗！可是霍光却说,这个许广汉是个刑余之人(宦官),不可以封侯,拖了一年多,乃封为昌成君,君就比侯爵位低多了。

这说明什么呢? 说明霍光潜意识里,并不把皇帝的岳父放在眼里,也就是间接的说,对这个皇帝本人的威权缺乏尊重。我们不要用今天的关系来看,该不该封侯,我们要用当时的伦理来看,霍光在这里犯了一个轻视领导的错误。问题是他自己还不知道。他那种耿介的脾气,按章程办事的正直,还在底下支撑着他,膨胀着他,强化了他良好的自我感觉,恰恰掩盖了他潜意识里轻视领导的错误。

▲ 霍光潜意识里对这个皇帝本人的威权缺乏尊重。他那种耿介的脾气,按章程办事的正直,强化了他良好的自我感觉,恰恰掩盖了他潜意识里轻视领导的错误。

回顾一下,当初汉文帝对周勃的情形。汉文帝对周勃也是非常尊重,下朝的时候,要一直目送着他远去。每次见到周勃,"礼下之已甚",就是非常谦卑。袁盎就跟文帝讲,说这可不符合君臣之道,他再有功,皇帝是皇帝,功臣是功臣,你不必对他这么谦卑。后来汉文帝就改变了做法,文帝的态度愈益庄重,周勃为臣的礼节,越来越恭谨了。

霍光对宣帝,君臣之间的礼节自然还在,但是在处理许广汉封爵这个问题上,他其实流露了那么一种妄自尊大的骄狂心态。对于霍光的大权在握,后人就有评价,说昭帝十四岁就能够明辨是非,判断那些诬告霍光谋反不实之词,那时你就可以归政了,现在这位年近弱冠的刘病已在位,霍光更应该稽首归政才对。

▲ 在处理许广汉封爵这个问题上,霍光对宣帝其实流露了那么一种妄自尊大的骄狂心态。

大将军确实提出稽首归政了,宣帝谦让,霍光他就作罢了,皇帝谦让谦让,就不归政了,霍光已经不是当年那个谦卑的霍光了。朝廷任何事还是先报告霍光,然后再报告皇帝,他才是真正的中央最高领导人,先报告他,然后到皇帝那备案,就是他先处理了的事,皇帝肯定按他的意见办了。

在昭帝的时候，霍光的儿子，霍光的侄子，霍光的女婿，都已经在朝里任职，掌握着禁军，盘踞在各个重要的岗位，盘根错节。昌邑王废了以后，霍光的权力就更重了，每次皇帝与霍光见面的时候，"上虚己敛容，礼下之已甚"，非常谦卑低调。这个时候，没有一个袁盎这样的人出来，指出君臣关系的不正常。

真正把事情闹到不可收拾的，是霍光的老婆霍显。霍光的正妻病死了，霍显是由妾转正的，她想让自己女儿霍成君入宫做皇后。可是这时许婕妤已经是许皇后了。机会有没有？机会来了。许皇后怀孕了，怀孕期间还生病了。病了就要有医生给皇后看病，那时候有个女医官淳于衍，跟霍氏关系不错。古代的医卜者流是下等人做的职业，一个大将军的夫人跟她关系那么密切，可以知道女医官的水平不简单。淳于衍有事没事会到霍府来串门。她丈夫是掖庭的护卫人员，就跟淳于衍讲，你跟霍夫人的关系那么好，霍光权倾天下，你找她给我安排一份好工作吧。

这一天淳于衍就去见霍显，提出请求。看着淳于衍，霍显心里突然有了主意，你现在不是给皇后看病吗，如果能把这件事做成，你丈夫这事就能成。霍显让淳于衍做什么呢？让她利用给皇后看病的机会下毒药，最后就把许皇后给毒死了。

满朝文武都很震惊，皇后偶染小恙，怎么就死了？太医都干什么去了？宣帝就下诏调查这件事，霍显知道后就害怕了，如果淳于衍顶不住，把这个事捅出来怎么办？这麻烦可就大了。所以她就吞吞吐吐地向自己丈夫霍光，交代了事情原委，这事是她让淳于衍干的，现在事已至此，希望负责调查的官员们不要逼得太急，否则淳于衍可能把她招供出去。史书上说霍光得知后大惊，他就想举报这件事，可是他又不忍，犹豫不决。

如果霍光还是当初那么一个严谨的人，坚持原则的人，这时他可能就举报了。他现在犹豫，没举报，还是如我所分析的，现在位高权重，霍光他已经有一点轻慢了，他以为自己可以上下其手了。

▲ 现在位高权重，霍光他已经有一点轻慢了，他以为自己可以上下其手了。

这个材料报上来了，霍光签署意见，说淳于衍就不要再审了。因为他先于皇帝处理诸般政务，这件事就压下来了。不久，霍光做主，把他的小女儿霍成君嫁到宫中。汉宣帝本始四年(前70)春三月，立霍光的女儿为皇后，大赦天下。

这件事出来以后，汉宣帝有什么反应？汉宣帝当初不愿意立霍氏为皇后，现在塞给他一个皇后，他却马上同意了。但是三月份立皇后，不久后他下了一道圣旨，立儿子刘奭为皇太子，还为太子安排了师傅。同时立岳父许广汉为平恩侯。

太子师中有个人叫疏广，很有名，《资治通鉴》上载有他一句话关于给子孙留钱财的话：子孙贤而多财，则损志；愚而多财，则益过。

▲ 汉宣帝把许皇后的儿子立为皇太子，并且为老岳父许广汉封侯。

汉宣帝这么做的目的，是要把许皇后的儿子立为皇太子，并且为老岳父许广汉封侯。同时为了平衡，封霍光的侄孙为冠阳侯。霍家女儿为皇后了，那就要封霍家一个人为侯，许家有一个外孙为太子，所以封他的外公为侯。

这件事我们比较一下，当初霍光磨磨蹭蹭，舍不得给许广汉封侯，一年多才封个君，就反衬出霍光的不得体了。

从这些人事安排里面，能看出汉宣帝是有心计的人。

霍光的夫人听说立了太子十分生气，气得吃不下饭，她说这个刘奭是皇帝在民间生的儿子，出身低微怎么能立为太子呢？将来我家姑娘生了个孩子，只能为亲王、为诸王，这个小子居然当太子？据说，她又叫皇后去毒太子，太子多次被皇后诏去，但是不管皇后赐食什么东西，那些保姆们都先尝尝，皇后携着毒，却一直没有下手机会。

地节二年（前68）三月霍光病逝。宣帝在霍光病重期间，亲自到家里去看望，在病榻前还泪流满面。霍光死后诏以皇帝的规格下葬，这是罕见的荣耀，大概也就周公有这个待遇。这时候汉宣帝才开始亲政，离他即位已经六年了。

四　祸萌骖乘

又过了两年，即公元前66年，霍家被诛灭，皇后也被废。为什么呢？因为有人告霍家人谋反。

其实，在有人告发霍家谋反之前，汉宣帝就已经不露声色地采取行动了。他逐渐把霍家的人从关键岗位撤出，明升暗降，调在不太重要的岗位，特别是解除霍家的军权。对此，霍家人似乎有所察觉，心里不免恐惧，据说霍光的夫人霍显就把当初毒死皇后的事给家人说了，大家一听就害怕了，是不是皇帝察觉出什么蛛丝马迹了呢？于是，就打算谋

▲ 其实，在有人告发霍家谋反之前，汉宣帝就已经不露声色的采取行动了。

反,之后就被皇帝抓捕了。霍禹腰斩,其他人弃市,株连者数十家,连霍皇后也被废了。

关于这件事后人评论很多,《资治通鉴》在这后面有一段话,说汉宣帝刚刚被立为皇帝的时候,按照规矩应该去拜谒高庙,就是开国皇帝刘邦的庙。"大将军霍光骖乘,皇上严惮之",他心里又紧张,又害怕,若有芒刺在背,后来车骑将军张安世,代替霍光骖乘,"天子从容肆体,甚安近焉"。

这个说明什么呢,霍光废了昌邑王之后的那种显赫的威权,让这个青年皇帝感到不自在了。所以有人讲,霍氏之祸萌于骖乘,就是第一次陪宣帝去谒高庙的时候,他们的矛盾就已经发生了。

《资治通鉴》里面,记载了一个姓徐的读书人对霍氏的判断。他认为,霍家权势显赫,生活奢侈,大红大紫,得出结论是:霍氏必亡。为什么霍氏必亡呢?他谈了两点理由,他说"夫奢则不逊,不逊必侮上,侮上者,逆道也,在人之右,众必害之"。木秀于林,风必摧之,行高于人,众必非之。权势在人之上,别人就嫉妒,霍家秉权日久,嫉妒他的人很多,

他还不尊重领导,侮上行逆道,不亡何待?

所以很可惜,霍光的结局,足以给很多权势显赫的人以警戒:要管住老婆,管住孩子,更要管住自己。

班固在记载这段历史的时候,说霍光受襁褓之托,匡护国家,安定社稷,辅佐昭帝,拥立宣帝,虽周公阿衡相比,也不过如此,可是他不学无术,暗于大理,阴妻邪谋,立女为后,湛溺盈溢之欲,以增颠覆之祸,死后不到三年,家族就诛

灭了,非常可惜。

可是有一点是可以肯定的,尽管家族被灭,但霍光本人自宣帝之后,一直是在正面褒奖的名单上。汉宣帝曾经颁布了一份汉家功臣的一个名单,最显赫的霍光仍然在内。因为霍光如果被打倒,汉宣帝当皇帝的合法性都没有了。

司马光在评论此事的时候,大体也是这个意思。他肯定霍光辅佐汉室的忠诚,但是为什么不能保住宗族呢?他说,权势威福者,是人君之重器。你怎么可以大权在握,久不归政?十四岁的汉昭帝,就懂得上官桀之诈,就可以主政了,十九岁的汉宣帝,聪明刚毅,知民疾苦,你霍光怎么能把持着朝政,一直到死后才让人亲政,不知避位呢?何况,你霍光还多蓄亲党,充塞朝廷。人主蓄愤于上,吏民积怨于下,不亡何待?只是待时而发罢了。霍光本身能免祸,就已经不错了。

▲ 霍光还多蓄亲党,充塞朝廷。人主蓄愤于上,吏民积怨于下,不亡何待?

霍光贪慕权势,治家不严,这都是他的教训。连霍光这么谨慎,在汉武帝这么一个刻薄寡恩的帝王面前,几十年都不犯错的人,在权力的作用下,都变得不能自律,都那么轻忽自大,所以说权力真的是一剂毒药。

▲ 权力真的是一剂毒药。

如果进一步分析这件事情,关键还有一个制度和机制建设问题。

我有个说法,制度应保护有能力的人,制度能让有能力的人不去犯错误。因为没能力的人干不成事,犯错误的几率也少。制度有漏洞,会让有能力的人最先犯错。

霍光没有高深学问,没有战功,依靠谨慎机敏,爬到人臣权力的高峰,辅佐汉昭帝,除掉反对派,毫不手软,充分展现了他的政治智慧。废掉昌邑王,拥立汉宣帝刘病己,体现

▲ 制度有漏洞,会让有能力的人最先犯错。

了他的政治魄力。如果能够在汉宣帝继位以后不久急流勇退，霍家就能够保有他的宗族了。但问题是在立汉宣帝以前就有了。昭帝的时候，他就大权在握，富贵满朝。那些一块辅佐的大臣，都先后死的死、被杀的被杀，已经没有人可以制约霍光。所以讲没有制约的权力，一定走向腐败，或者走向祸害。霍光不知进退，又疏于对自己家人的管教，最后满盘皆输。

　　霍光一方面确实比较优秀，获得汉武帝青睐，有比较强的管理才能；另一方面，他的蹿升跟他是霍去病的弟弟这样的身份也有很大的关系，因为霍去病对于汉朝击败匈奴建立了不朽的功业，这功勋身份能够保证他比较快地上升。加上最后他废昌邑王之后，确实达到了权势煊赫的程度。但是这个权力基础并不是特别牢固。他在权力快速上升的过程当中，事实上也埋藏了很大的危险。

　　霍光立了一个新君，想行伊尹的故事，控制政权，控制新的皇帝。如果是比较无能的皇帝，可能好控制一点，但是刘病已虽地位低，连侯都不是，智慧并不简单。霍光看低了这位年轻的皇帝，过于简单地看待废立皇帝这个问题，导致他最后是结局不能算太好。

　　霍光本人并没有多少复杂的人生历练，可以说他从十岁的时候，霍去病把他从家乡带来，从平阳（今临汾）带到长安去，然后在宫中长大。他父亲就是个小吏，跟卫少儿有一段恋爱同居关系，尽管已经生了霍去病。然后两人还是分开了，各自成家，卫少儿嫁了陈平的曾孙，霍仲孺，就是霍光的父亲,也回家结婚生了霍光。霍光就出生在这样一个家庭,后来被哥哥带到京城去发展,他哥哥不久又死了。

霍光这么一个出身,养成了他一个很谨慎的性格。为人很谨慎,因此从来没让汉武帝不高兴过。从他除掉想把他扳倒的上官桀父子,包括盖长公主还有桑弘羊,可见霍光是有政治智慧的。从他能废掉昌邑王,换上汉宣帝,可看出他的政治决断力,他这个人是耿介的,是有原则的。

但是一旦位高权重,无人匹敌的时候,那种自己都意识不到的处事随意就会自然而然地流露出来。当他得知妻子毒死许皇后这事,曾一度冲动,想大义灭亲,最后侥幸地认为可能没事,就压了下来。

他也曾讲过要还政,但汉宣帝一挽留,他马上就觉得好像理所当然了。过度的权高位重,对于一个身处霍光这个位置的人来说,很可能是一件有害的事情。霍光应该怎么办?他应该在他最巅峰的时期,放弃权力,体面地退下来。这里面有什么逻辑和道理可讲吗?还是有的,这就是权威足够大以后,自己听不得正确意见,别人也不敢给你提不同意见,就势必会犯错误。

这就是为什么人一定要在赢的时候退出来的道理,不要到犯了错误之后,在输的时候退出来。洗手一定在金盆洗。我想,这是霍光的故事给我们的启迪之一。

霍光辅政以及宣帝亲政,将近有四十年,是汉朝的一个中兴时代,史称"昭宣中兴"。

继汉武帝下轮台诏,自我检讨之后,汉朝进入恢复稳定和发展阶段,就是始于霍光辅政时期的几位君主,他们都注

▲ 过度的权高位重,对于一个身处霍光这个位置的人来说,很可能是一件有害的事情。

207

意减轻农民的负担,减轻田租、口赋。尤其是汉宣帝刘询,来自民间,熟悉社会情状,他着力整顿吏治,推行了一系列招抚流亡,安定民生的政治经济措施,使社会生产重新走上发展的轨道,所以称中兴。

可是这都是救一时之弊,不是治本。"本"在什么地方?就是土地兼并造成的贫富分化,这个问题没有根本的解决。昭宣时期虽然稳定了武帝晚年的一些危机起伏的社会形势,开始走上一个稳定发展的轨道,但是社会矛盾,社会问题没有解决。在宣帝去世以后,以元帝时期为转折点更明显了,到成帝和哀帝之时,就被历史上称为是土地兼并、社会矛盾最激烈的时代了。

这个问题是双重的,一重就是积重难返的社会问题,昭宣的这些治标的措施,不能完全解决。还有一重就是,在王朝的末期,往往国君比较无能,比较低能。你看元帝之后的皇帝,成帝、哀帝,一个比一个糟糕,这就给权臣王莽提供了上位的契机。

(参见《资治通鉴》卷二十三至卷二十五)

▲ "本"在什么地方?就是土地兼并造成的贫富分化,这个问题没有根本的解决。

第十讲　王莽始末

王莽在时代理论营造的氛围中,经过多年的苦心经营,在万人推戴下,和平演变登上了帝位。有道是,风光的背后,不是沧桑,就是肮脏。王莽手上的权力,是肮脏的。

　　西汉在王莽的禅让中,寿终正寝;王莽在他自己推行的改革中,也灰飞烟灭了。王莽没有解决当时社会问题的能力,却设法坐到了皇帝的位子上,既是民族国家的灾难,也置个人于危险的境地。

一　纯儒起家

王莽何许人也？王莽的姑妈是王政君，王政君的丈夫是汉元帝刘奭，就是宣帝早年在民间生的那个孩子。

王政君嫁给元帝刘奭，还有一个故事。王政君在娘家的时候家里给找了一个未婚夫，还没成亲，未婚夫死了，又与另一家订婚，结果男方又死了，因为克夫的名声不好，没人敢要她了，父母只好把她送到皇宫做宫女，在汉宣帝身边做一般的宫女。太子刘奭原本与太子妃司马良娣十分恩爱，不幸良娣生病去世了，临终之前，她跟丈夫讲，她是被那些嫉妒她的女人咒死的。少年太子十分伤感，也迁怒于东宫的姬妾，从此不近女色，子嗣的事也耽搁下来，弄得他父亲宣帝非常着急，就从身边的宫女中找了几个女孩子送去，逼着儿子一定得挑一个。身材高挑的王政君就是其中的一个，这天她穿的衣服很显眼，恰好站的位置也离元帝不远。元帝很孝顺，虽然无心于女色，也不好拒绝父亲的美意。他就随手一指，正巧选中了王政君！于是王政君当夜就被送到太子东宫，一夜春风，王政君怀孕了，竟然生了个大胖小子，就是后来的汉成帝刘骜，也就是赵飞燕的丈夫。

黄龙元年(前49)，宣帝去世，元帝刘奭即位，立王政君当皇后。其实元帝对王政君并不太宠爱，少年时代因太子妃去世引发的伤感，慢慢地淡漠后 元帝逐渐有了一些新宠，如傅昭仪、冯昭仪，这些女人也都给他生了孩子。因此元帝甚至一度想废掉太子骜，多亏外戚史家和王家兄弟王凤等的鼎力维护。竟宁元年（前33），元帝去世，王政君成了皇太后，她的儿子刘骜汉成帝继位。王家就更加得势了。

成帝特别感激几位舅舅的帮衬，王氏兄弟五人同日封侯。只因王莽的父亲死得早，没能赶上这个机会。所以王莽在王氏外戚家族里面，是一个另类，位置比较低。他的那些堂兄弟们，一个个声色犬马，他却折节恭俭，衣服穿得像普通读书人那样，对母亲、寡嫂以及几个侄儿，都特别的关照。外结英俊，内事诸父，所以名声非常好。他的大伯大将军王凤，在朝廷中相当于霍光那个地位，有一次生病的时候，王莽侍汤奉药，比亲儿子还亲，蓬头垢面不解衣带地伺候了好几个月，所以王凤很感动，临终之前，就给自己的妹妹王政君和自己外甥成帝留下遗言，希望对这个孩子多加照顾。

于是，王莽得到第一个官职，黄门郎。过了些日子，他另一个叔父，成都侯王商上书，愿意把自己的封户拿出一部分给王莽。当时还有很多其他人，都说王莽的好话，皇上就觉得王莽不错，太后也多次谈到他，不久王莽被封为新都侯，封地在今天的河南。

王莽依然低调，爵位益尊，为人愈益谦和，广结名士，把自己家里舆马衣裘，都送给宾客，家无所余。朝野上下，夸他的人很多，大家都说王莽真是个人物，王莽真是贤能，声望都超过他的那几个官居高位的叔伯父了。

举个例子吧，王莽做的一件事，史书上称为"激发之行"。王莽一直以道德高尚自居，他曾花钱买了一个婢女，被他们家的那些兄弟们知道了，于是王莽就说，后将军朱子元没有后代，我听说这姑娘很能生孩子，"宜子"，所以我为他买了，然后就把这姑娘送给朱子元。

史书上说他匿情求名如此。这是什么意思呢？就是王莽很可能是给自己买的，但是被人知道以后呢，他就顺口说是送给朱子元的。

史书上记载王莽的这些事，是为了说明什么呢？王莽的皇帝是被人推上去的，王莽并不是一开始就想当皇帝的，他只是不断赢得社会声誉，不断提高自己的政治声望，希望得到更高的权位。

▲ 王莽不断赢得社会声誉，不断提高自己的政治声望，希望得到更高的权位。

在他仕途上，有一个绊脚石，有一个对手，名字叫淳于长。淳于长是王莽的表兄，淳于长的妈妈是王莽的姑妈，所以对王政君来说，王莽是她侄子，淳于长是她外甥。在王凤病重的时候，不光是王莽在那儿侍奉他，淳于长也侍奉他，所以王凤临终推荐了王莽和淳于长。淳于长的官位高于王莽，当时他已经是卫尉了，九卿之一。淳于长还在立皇后的事情上给汉成帝立了功，汉成帝的宠妃赵飞燕，出身很低，赵飞燕的妹妹赵合德，也一块儿侍奉汉成帝，都很得宠。汉成帝想立赵飞燕为皇后。可是皇太后王政君觉得赵飞燕出身不够高贵，不大同意。淳于长巧妙地说服了姨妈王政君，立赵飞燕为皇后，这不等于给成帝立了功嘛，所以成帝封他为定陵侯。

其实，从吕后开始，西汉的皇后有几个出身高贵的？吕后是平民，薄太后是刘邦的一个宫女，窦皇后出身不高，卫子夫出身长公主家的奴婢,所以赵飞燕立皇后,没什么大的问题。

可是淳于长这个人品行上不大检点。成帝当初有个皇后姓许,后来被废。淳于长跟许废后的姐姐私通,并纳她为妾。为讨已废的许皇后欢心,淳于长写信对她吹牛,说可以想办法让皇帝把她从冷宫里放出来,重新封为婕妤。他写给被废的许皇后的信用词轻佻,甚至还有挑逗性的字眼儿。

这些,都被一个人看见了。谁呢?王莽。王莽就向他的叔父曲阳侯王根举报。王根当时是辅政大将军——王政君的几个兄弟轮流主政。王根病得很重,可能要退休,而淳于长是最有希望接班的人选。淳于长接班在望,未免有些得意忘形,私下里就已经在许诺自己主政以后将安排谁在什么位置了。王莽借着给这位曲阳侯叔父侍疾的机会,就举报了淳于长私下窃喜,认为王根病重,不行了,准备来接辅政位子,甚至对那些衣冠子弟都做了职位安排的事情。这个话王根听了会怎么想?王根当然很生气。王莽顺带把淳于长与许皇后姐妹的事也给捅出来,火上浇油。王根更愤怒了,说,既然这样,你还不赶紧告诉皇上?王莽说我不知道您的意思,所以不敢说。王根说你赶紧告诉太后去,王莽就打着叔叔曲阳侯王根的旗号去向王政君告状。王莽说淳于长急着要取代曲阳侯王根,而且他与已废的许皇后的姐姐通奸,收了她的衣服财物并且有轻佻不敬的言辞。王政君大怒,让赶紧告诉皇帝去。王莽又跑到皇上那里去告状,说太后让来的。成帝迫于太后的压力,就撤了淳于长的职位,但是并没有治他的罪,可见还是想要包容他。

从皇帝对淳于长的宽宥态度上看，当初王莽如果直接去找皇帝检举，说不定还真得惹一身骚。所以王莽很会告状。成帝让淳于长回到自己的封国去，淳于长回去以后，不甘心失败，还做各种动作，企图东山再起，最后招致了杀身之祸。

▲ 王莽很会告状。

二　万人拥戴

排挤掉淳于长之后，王莽就做了大司马大将军，取代了他的叔父王根。

王莽做了很多赢得社会声望、争取人心的工作。比方说，王莽母亲生病的时候，公卿列侯都去看望太夫人，王莽的夫人亲自在门口迎候宾客，衣不曳地，裙才蔽膝，大家都以为是他们家的佣人，最后知道原来是大将军的夫人，都非常吃惊。刻意营造作风简朴的个人形象以外，王莽还推荐贤良之人担任各种职务，这时，王莽声望已经如日中天。

▲ 王莽做了很多赢得社会声望、争取人心的工作。

可是正在这当下却出了事，汉成帝整天跟赵飞燕、赵合德姐妹在一起，于一天早晨暴毙，死时只有四十多岁。

成帝没留下子嗣，据说曾经有儿子，也都被赵飞燕姐妹给害死了，大臣们就让成帝的侄子哀帝即位。赵合德被迫自杀，赵飞燕因为支持哀帝继嗣有力，仍然受到礼遇。

哀帝的母亲出自丁家，哀帝的祖母出自傅家，傅昭仪当年是跟王政君一起侍奉元帝的。王政君下诏让王莽交出大

215

权,两年后甚至离开了长安,回到封国新都侯国去,闭门闲居了三年。丁、傅两家掌权。

哀帝喜好男色,他宠爱董贤。有一次他和董贤白天同榻而眠,他先睡醒有事要起身,衣袖压在董贤身下,他不愿意惊醒董贤,就用剪子把袖子剪断。断袖之癖用来形容同性恋,就是从这儿来的。

这个哀帝还是个双性恋,他让董贤的妻子也住在宫中,把董贤的妹妹也娶为昭仪,于是董贤、董贤的妻子、董贤的妹妹轮流陪侍,且夕服侍哀帝。哀帝这么荒淫无度,很快就去世了。

元寿二年(前1)六月哀帝去世。哀帝去世时很年轻,也没有子嗣。而这个时候,傅太后和丁太后也相继去世,年已七旬的王政君,当天就跑到未央宫,把皇帝玉玺拿来,马上诏王莽回来统领禁军。在宫廷斗争中,有时候活得长很重要,王政君就活得长,七十岁了,你看别人都熬不过她。

王莽复出后,接受教训,连烧了三把火。第一把火,以太后的诏令,罢免大司马董贤的职位,甚至逼迫董贤和他妻子自杀,从董贤家搜到的财产数以亿万计。第二把火,立个新皇帝,选成帝的另外一个侄子,也就是冯昭仪的孙子,才九岁孩子为平帝。太皇太后王政君临朝称制,实权掌握在王莽手中。第三把火,说赵氏毒害皇子,骄奢淫逸,迫令孝成皇后赵飞燕自杀,哀帝的皇后傅皇后也自杀了,把丁家、傅家,这两个外戚都给赶走了。赵飞燕因在哀帝即位当中帮过忙,所以哀帝期间她没事,她还是当皇太后,可是现在呢,王莽把他们都杀了。

这三把火，稳定了王莽的权势。王莽现在是真正的朝中辅佐大臣了，他的位置不亚于当初霍光。这时候呢，王莽继续作秀，收买人心，做了两件事情。第一个，想方设法制造祥瑞，收买死党，为己造势。我们知道从董仲舒以后，儒家的政治，带有一些神秘的色彩，宣扬皇帝干得好不好，上天是会对你发出警示。这个警示是通过祥瑞和灾异来表达的，上天显示祥瑞，说明皇帝治理得好；显示灾异呢，表明天子治理得不好。根据《尚书大传》的一些解释，周公治天下的时候，就出现了祥瑞，比如说出现凤鸟之类的东西。现在，王莽派人让益州送来白雉一，黑雉二。雉就是野鸡，王莽就告诉太后，你看这是祥瑞，说明我们治理国家治理得好了。于是就有人开始吹捧王莽，说周公辅佐成王有祥瑞，所以号周公，现在王莽，达到这样的成就，应该叫安汉公。太后说，那你们拿出方案吧，怎么奖励辅政大臣。王莽说这不是我的功劳，功劳要归于孔光等那些跟他共事的高官们，以及王舜、甄丰等这几个大臣，要褒奖他们。

▲ 王莽继续作秀，收买人心，制造祥瑞，收买死党，为己造势。

最后王莽通过多次的造势，不但培养了一批铁杆拥趸，他自己也因势而上，号称安汉公。他要名，那些一时之利，他都不要，把封给他的钱财类的奖赏都退了，越退大家越说要给他奖赏，王莽更是加倍辞让。

▲ 王莽通过多次的造势，不但培养了一批铁杆拥趸，他自己也因势而上，号称安汉公。

第二，王莽给大家涨工资。对官员普遍涨工资，给宗室和过去的名人之后安排职位、加官晋级。给老百姓减免赋税，不是有旱灾、蝗灾吗，民不聊生，他把自己的钱粮、自家土地，都拿出来分给大家。他还在长安城里盖了两百个小区的经济适用房，分给贫民。如果有水灾，他就吃素不吃

▲ 王莽通过普施恩
惠的办法，来笼络各
个阶层。

肉，弄得皇太后都派人慰问说，你要爱惜身体，要按时吃肉。
王莽通过这种普施恩惠的办法，来笼络各个阶层。

王莽嫁女也嫁得很出彩。

平帝逐渐长大了，还没有结婚，王莽想要把姑娘嫁给
他。这点他比霍光做得高明，他建议从天下为皇帝选后，但
是他的姑娘大概也不那么突出，名望不够高，难以获得众口
一致的推荐。所以他请太后下令，他说我现在是辅佐大臣
了，我女儿的名字不能放在候选名单里面。太后以为他是
真心实意辞让，就下令王氏女不要放在候选名单里。这时
候全国人民都不答应了。庶民、书生、郎吏，一拨一拨到皇
宫里去请愿，每天都上千人上书，说这不公平，安汉公功高
盖世，他的女儿怎么能够不放进皇后的候选名单里面呢？
王莽还派自己办公室的人，来告诉大家，我的女儿就不要参
加候选了。可是，这更激起大家的强烈要求，不能歧视安汉
公家姑娘，最后弄得太后不得不下诏，王莽的女儿，也放在
名单里吧。

经过这么一场风波，王莽女儿得以进入候选名单里，假
如你现在是候选委员会的负责人，你说怎么选？这个事情
这么一搞，反而让大家没法选了，就选王莽的女儿吧。所以
王莽做事，很懂得先抑后扬之道，最后王莽女儿选为皇后
了，比那个霍光和霍光的夫人，要有手段多了。

▲ 王莽做事，很懂
得先抑后扬之道，
最后王莽女儿选为
皇后。

按照礼制，皇帝娶个皇后，给女家的礼金要花两个亿，
王莽说我不要这么多，应该分给别人。王莽他不贪财，他把
家里土地财产都分给别人，所以大家都上书说不行，不给王
莽待遇都不行。

元始五年(5)四月,由于王莽不接受封赏,居然有四十八万七千五百七十二个人上书。那时候还没发明纸呢,都是竹简,这四十八万多份上书,不知道花了多少人力物力,送到长安。现在王公列侯、宗室大人都有上书,应该给安汉公大加封赏,一直到官府出来,接见各位代表说,行了行了,我们给安汉公奖赏就行。

所以王莽的造势造到什么程度,最后不让他当皇帝都不行了。平帝到了十五岁,有一次大概平帝看王莽的眼神中有点怨恨——为什么怨恨呢?因为平帝的母亲不能被接到长安来,是王莽怕他们到长安来之后,会排挤他这个老外戚。这眼神让王莽感到心里一惊,他就在一个腊日,在酒里面下了毒,小皇帝被毒死了。要知道这是他的女婿,他曾经想让她女儿改嫁,她女儿不从,就守寡了。

从此,王莽更加大权在握了,更加风光了!有道是,风光的背后,不是沧桑,就是肮脏。王莽手上的权力,是肮脏的。

▲ 风光的背后,不是沧桑,就是肮脏。王莽手上的权力,是肮脏的。

三　新莽改革

汉平帝死后,即公元 6 年,王莽选立了汉宣帝的玄孙、一个才两岁的小孩孺子婴为继嗣。大臣们请求效法周公辅佐成王故事,由王莽摄政。王政君虽然心知不可,却无法阻止。王莽自称"摄皇帝"(代理皇帝)。王政君听闻后说:"我虽是一妇人,也知道王莽这样的行为必然招灾惹祸,是万万不可的。"但王莽又拿出更多的祥瑞之兆,说明天命所归,并将这些符瑞告诉王政君,王政君只好作罢。

有一个叫作哀章的人,混迹长安,素无品行,好为大言,就是好说一些大话,看着王莽已经代理皇帝了,他就伪造了一个金匮,上面刻着字说上天有旨,刘家应该传帝位给王莽。他说王莽这个家族是舜的后代,刘邦的家族是尧的后代,尧当初不是把位子让给舜了嘛,现在再让一回吧,就是刘家再让给王家,说王莽应该是真天子受天命。金匮神书还写着王莽有主要大臣八个人,都取吉利名字,还把他自己的名字哀章也塞进去,连当什么官都写好了。

王莽派人拿着这个金匮神书,要求王太后,交出传国玉玺。王太后对着来讨玉玺的王家兄弟破口大骂,说你们这帮兄弟,猪狗不如,汉家朝廷对你们怎么样,你们就干这种事,王莽不是要当新皇帝吗,王莽的朝代是新,改正朔嘛,你就自己造一个玉玺,你要这个亡国的玉玺干什么!我就是汉家的老寡妇,早晚就死了,我要跟这个玉玺一块埋葬。但是这时候太后都八十了,有什么办法呢?来索要玉玺的王舜,也是他王家人,逼迫老太太说,事已至此,有什么办法?最后她没办法就把传国玉玺摔在地上。后来传国玉玺少一个角,就是王政君给摔的。

公元 8 年,王莽就这样被推到帝位上了。推他的不光是王家人,还有刘家人,为什么?因为当时确实有许多人真的以为天命就在王莽这儿。以董仲舒为代表的西汉儒家,有这么个理论,就是当一个王朝的气数已尽,新王朝的诞生,存在两个可能性,一个是革命,一个是禅让。革命是暴力的,禅让是和平的,不愿意革命,那就禅让。王莽是第一个禅让即位的皇帝。再以前是谁呢？尧、舜、禹。王莽,是在时代理论营造的氛围中,经过多年的经营,在万人推戴下,和平演变登上帝位的。

那王莽登上帝位后做了些什么呢？王莽做出了一系列的改革。

首先是土地改革,把土地收归国有,平均地权,全国的土地都无偿征收,叫作王田,就是国家土地。每人一百亩,耕者有其田,要彻底改变商鞅变法以来所确立的土地私有制度。土地的私有化,导致了土地兼并的趋势,愈演愈烈,及至汉代成帝、哀帝时期,是最激烈的时候。唐朝杜佑曾说,开元末年土地兼并,"有逾于汉成哀之间"。说明汉成帝、哀帝的土地兼并,是一个标志。王莽想按井田制的办法,规范农民的土地,如果你家土地多,拿出来分给邻家。王莽能做到吗？政府能够用强力的办法,无偿剥夺豪强们的土地,改变土地占有关系吗？豪强们光占有大量土地还不行,靠谁耕种呢？土地兼并的另外一面,就是大量私家农奴的出现。因此,王莽同时下令,废除奴婢制度,废除的办法就是不再称奴婢,叫私属,并禁止买卖。他想同时把奴婢制度与土地制度一起解决了。

这样一来,能不激起豪强们的反对吗？他们怎么甘心土地被无偿剥夺,这些无地可种也无路可走的农民,不能卖身为奴,生活更加困难呀。为什么呢？因为他们根本分不到土地,谁能把土地拿出来给他们呢,王莽哪有这样的社会

▲ 王莽,是在时代理论营造的氛围中,经过多年的经营,在万人推戴下,和平演变登上帝位的。

▲ 王莽想按井田制的办法,规范农民的土地,想同时把奴婢制度与土地制度一起解决了。

▲ 王莽哪有这样的社会组织能力和动员能力,强力保障土地国有化运动得以实现呢？

221

组织能力和动员能力，强力保障土地国有化运动得以实现呢？所以，这些做法，都是一纸空文罢了。

王莽其他改革更是糟糕，政府专卖酒盐铁，矿产、水利资源收归国有，把汉武帝晚年包括昭宣时代，那些纠正了的国家过于集中经济资源的改革措施，又都恢复起来了。国家过度管控对经济的发展，无疑是雪上加霜。王莽的货币制度改革更糟糕，私家不得铸货币，朝廷三番五次地发行新货币，这个新货币，是一种带有信用性质的货币。什么意思呢？就是货币的质重跟它的币值不是挂钩的，那个时代经济发展程度还无法支撑这样的币制改革。

总之，王莽的这些改革，空想的成分多，把整个社会都搞乱了。搞乱后民怨沸腾，就造成了各地流民起义。绿林、赤眉、铜马，这里面就有一个人叫刘秀。刘秀在战乱当中脱颖而出，最后建立东汉。王莽在东汉的建立过程中，丢掉了江山，自己也被杀。

▲ 王莽的这些改革，空想成分的多，把整个社会都搞乱了。

四　王莽末路

反观王莽这个人，其家庭生活是很不幸的。他有三个儿子，均死于非命。有一个儿子，失手杀死了奴婢，按照当时法律，不是什么大不了的事儿，王莽为了维护他个人的形象和声誉，逼儿子自杀了。另一个儿子，由于为平帝讲话，王莽也把他害死了。他的妻子，由于儿子一个个死于非命，伤心得把眼睛哭瞎了。他的第三个儿子叫王临，被立为太子，居宫中照顾病重的母亲，现在应该叫母后。这位皇后身边有个侍女叫原碧，已经是王莽的人了，本来富贵人家的丫头，身份就是侍妾，这种情况很常见，何况王莽是皇帝，皇后身边的那些宫女，当然他是可以临幸的。可是他这个儿子也不老实，也跟这个原碧私通了，害怕这事被他老爸知道了，两人想要谋杀王莽。

王临的妻子、太子妃刘愔，是国师刘秀的女儿。这个刘秀不是光武帝刘秀，他是著名的古文经学大师，后来改名为"刘歆"，他是支持王莽登基的。据说刘愔颇懂谶纬之类的神神秘秘的事儿，说宫中有什么白衣会。王临担心王莽会发觉自己的不轨行为，给他母亲写了一封信，说我父皇对子孙要求很严，你看前面几个兄长，都是到三十左右就死了，我也快三十了，我也恐怕要出事了，不知命之所在。

王莽他探视妻子的时候，看见这个信，大怒，怀疑王临心怀不轨。妻子病死，王莽不让儿子来参加丧礼。葬礼结束后，他就拷问妻子身边的侍女原碧，原碧就一五一十地招了，于是，王莽又逼儿子王临自杀，勒令儿媳妇也自杀了。这样，王莽把自己的儿子都杀光了。

王莽将女儿嫁给平帝，平帝十几岁就死了，她就守寡了。王莽又把孙女的姑娘嫁给子婴，子婴就是一个白痴，由于王莽看管很严，不让人跟他说话，长大了，连猪、马、牛、羊都分不清楚。

所以，王莽这个人，治国没做成，治家也是一塌糊涂，机关算尽，反害了自己。

▲ 王莽这个人，治国没做成，治家也是一塌糊涂，机关算尽，反害了自己。

后人评王莽，是两个极端的，有人把他骂得一塌糊涂，有人同情他，说他是个书生，书生治国一事无成。

王莽的新王朝，一共只有十四五年，他临死的时候，还有很多人跟着他一块死了。王莽最后被起义军杀死在长安，人头被悬挂在宛城的城墙上。这个宛城，在当时是刘秀他们汉军起兵的都城，后来迁都，王莽人头也转挂到了洛阳，据说一直到西晋的时候，王莽的人头还在。最后被一把火烧了，包括王莽的人头、孔子的一双草鞋，还有汉高祖刘邦起义斩白蛇的宝剑，一块给烧掉了，这是后话。

西汉在王莽的禅让中寿终正寝，王莽在他的改革中也灰飞烟灭了。

▲ 西汉在王莽的禅让中寿终正寝，王莽在他的改革中也灰飞烟灭了。

▲ 从秦皇到汉武，是王道霸道的兴衰史。

从秦皇到汉武，是王道霸道的兴衰史。秦始皇用的是霸道，以吏为师，法家治国。汉武帝之前，虽然刘邦是休养生息，从陆贾的《新语》显示，已经是儒、道并用，但是整个治国基调，是以道家清静无为为主。汉武帝提出独尊儒术，容纳了诸子百家。这个时候儒只是他的一个外壳，汉武帝治国，无论是中央集权的加强，还是对外开拓疆土，都是很强势的一种霸道作风，不是王道作风。所以汉宣帝才说，吾汉家本以霸、王道杂之。汉家的老规矩，就是既讲霸道，又讲王道，外儒内法。所以我们不能说汉武帝是个儒家皇帝，尽管他提出独尊儒术，汉武帝晚年，改变了政策。昭、宣二帝，延续了这些政策，并不是改到儒家去了，还是外儒内法，只是说国家政策的操作层面，更加人性化了，有一些道家色彩，清静无为，休养生息。但是到了汉元帝刘奭以后，这个

▲ 汉家的老规矩，就是既讲霸道，又讲王道，外儒内法。

人纯用儒生,所以他爸爸批评他,坏我汉家规矩者,必太子也,那时候汉元帝还是太子,就是汉元帝时候,才改为真正讲究儒家这套。王莽也是儒生,新莽政治的变态,就是在这一背景下产生的。

我们发现,儒家这套王道政治,其实有一点迂腐,从汉元帝到王莽这儿,不切合实际,王莽的改革不切实际,而真正切合实用的,还是霸王道杂之。历朝的明君,既要讲制度建设、法制规范,同时也要讲儒家的大道理,关注民生。

再来比较一下霍光与王莽。如果说霍光的问题是不懂得急流勇退的话,那么王莽比霍光幸运,时代让他跨过了这一层局限,他最后称帝了。王莽的问题,我觉得在于没有处理好理想和现实的关系。王莽的学业专攻之一,是周朝的礼制,也许有大同的理想,他看到了西汉末年土地兼并,民不聊生的局面,希望通过改革,来让老百姓得到好处。但是他的改革,变成了对老百姓的简单的讨好,通过给大家分配土地,来换取破产农民、无业游民,甚至乞丐的支持和拥护。但是没有一个长久的操作层面的解决办法和制度保证,这样解决国用和民富的思路,变成了简单的政治上的讨好或者说拉选票。当他手中的资源用完的时候,不光老百姓失去了政治热情,而他之前触动了这些大贵族既得利益者,也没办法去协调,导致他在上、下层同时失去了支持。他有天下大同的理想,但是他做起来过于把问题看得太简单了。王莽没有像霍光一样,他恰恰缺少像霍光一样从比较实际的层面,去以一个政治家的操作性的手段来实现自己理想的能力,我觉得这是他最大的遗憾。

我们现在评论历史事件和人物,要有两个角度:一个是历史本来是怎么样,另一个是历史记载的事实是怎么样。你看霍光其实一直在历史上没有人否定他。霍光他的家族被灭,但是霍光一直没倒,霍光死的时候是以皇帝之礼葬的,在病榻前汉宣帝去看他,泪流满面。汉宣帝虽然灭了霍氏家族,但是对霍光一直视为功臣,所以霍光的形象总是正面的,后世一直是伊尹、霍光并称。因为,如果把霍光否定了,汉宣帝的合法性也有问题了,所以汉朝的史书,一定都是对霍光不否定的。

而王莽就不一样了,不否定王莽,刘秀就没有合法性。而且王莽确实篡人国、夺人位,历朝历代都不能容忍王莽的这些行为,因此不管真实的王莽如何,记载的王莽一定是不好的。

事实上,王莽直到他在渐台被杀死的时候,还有数以千计的官员,陪着他一块去死,可见,王莽的政权,是受到相当多人拥戴的。那个本名刘秀、后来改名刘歆的国师,是刘氏宗亲,王莽的儿女亲家,也都支持王莽改朝换代。

王莽专攻周礼,儒生出身,有王道理想,但是缺乏操作能力,他是一个知识分子,知识分子上台,按照理想执政。他按照周礼的这一套来治理国家,包括处理外交事务,处理金融事务,他做了金融改革,做了土地改革,想实行《王制》的理想,最后失败了。

这告诉我们什么呢?我想至少有两条。第一个,汉武帝以后的问题,就是土地兼并,就是贫民吃糟糠,富家食粱

▲ 评论历史事件和人物,要有两个角度:一个是历史本来是怎么样,另一个是历史记载的事实是怎么样。

▲ 不否定王莽,刘秀就没有合法性。

▲ 王莽专攻周礼,儒生出身,有王道理想,但是缺乏操作能力。

肉,就是贫民无立锥之地,富家田连阡陌,而且富家征租很重,贫民受他们剥削。在这种情况下要实行王道理想,但不能罔顾现实、脱离现实,如果现实跟理想有这么大的差距,能不能做成事,关键是在理想跟现实之间找到一个平衡点。这个平衡是什么呢?就是操作手段,就是解决问题的术。

第二个,就是一个人如果没有这个本事,却被放在这个位子上,也是灾难。王莽就不该去当这个皇帝,他没有解决当时社会问题的能力,他在这个位子上,既是民族国家的灾难,也置个人于危险的境地。

这个时代是不是有人能够处理这个问题呢?历史没告诉我们,也许有人是可以的。打个比方,北宋的赵匡胤,他就解决了唐末五代的问题,他也是通过禅让方式上台,尽管宋代积贫积弱,但是宋代整个社会发展,他解决了前代留下的这些问题。虽然石敬瑭失地的问题(幽云十六州)没解决,但是其他如晚唐五代藩镇问题、土地兼并问题、经济发展的问题,都不同程度地得到解决。

因此说王莽有上位的能力,但到了位上却没有解决问题的能力。

(参见《资治通鉴》卷三十至卷三十九)

▲ 现实跟理想有差距,能不能做成事,关键是在理想跟现实之间找到一个平衡点。

▲ 王莽没有解决当时社会问题的能力,他在这个位子上,既是民族国家的灾难,也置个人于危险的境地。

第十一讲　光武中兴

南宋的陈亮认为,中兴之盛,没有能超过光武帝的,他的功业之大、成效之高,不光是靠天命,也靠人的谋略——"有一定之略,然后有一定之功"。

　　刘秀是个宽厚的人,也是个精明的人。精明用在大事上,厚道用在小事上,无论精明还是宽厚,刘秀都是从事业的需要出发的。

一　少年有志

一个王朝的衰败，一定会伴随着这样一些现象，首先是社会矛盾尖锐。其次是用什么措施去解决这些问题。最后，统治者是否有足够的能力，去解决这些社会问题，而不是使社会矛盾更加激化。

西汉晚期最严重的社会问题，就是土地兼并、贫富分化。到了成帝、哀帝的时候，社会矛盾更加尖锐。王莽的改革，试图改变这个境况，但是却带来更大的灾难，因为他的措施是错误的，不切实际。所以地方动荡，民众造反，造反的不仅仅是农民，还有一些有见识的社会中产阶级，比如说像刘秀兄弟，就是这类人。他们不是没有饭吃，而是想乘势（农民军之势）而起。

刘秀，字文叔，高祖刘邦九世孙，先祖是长沙王刘发，传到他父亲刘钦，只是一个县令了，世居南阳郡湖阳县春陵乡（今属湖北枣阳）。虽说刘秀也是王室远支，可是，元帝之后皇室后裔，数以十万计，刘秀这个家族，早就没有了宗室特权。

刘钦与夫人樊氏生了三个儿子三个女儿。刘秀排行第三，自幼丧父，由叔父刘良鞠养。两个哥哥叫刘縯、刘仲，另外还有两个姐姐一个妹妹，分别是刘元、刘黄、刘伯姬。刘秀的家境十分平常，大概是个自耕农家庭。

▲ 西汉晚期最严重的社会问题，就是土地兼并、贫富分化。王莽的改革带来更多的是灾难。

刘秀给人的印象是忠厚本分,性勤稼穑。他的大哥刘縯经常笑话他,说你呀就是个乡巴佬,就像当初高祖二哥刘仲。西汉开国皇帝刘邦,在乡下的时候,不好好种地,他父亲经常批评他,希望他能像二哥刘仲那样,挣点家业产业,所以刘邦后来当了皇帝,就跟父亲开玩笑,让他父亲看他现在置的家业产业,跟他二哥比怎么样。史书上说,刘縯性格刚毅,"慷慨有大节,自王莽篡汉,常愤愤,怀复社稷之虑,不事家人居业,倾身破产,交结天下雄俊!"你看,是不是有点像当年的刘邦。

其实,刘秀这个人是内秀,内藏心机不张扬,很有主见。举个例子吧,有一次他跟姐夫邓晨聚会,在场有人懂图谶,图谶就是那些可以应验的预言,当时盛传的预言说"刘秀当为天子"。我前面讲了,国师公刘歆当初就叫刘秀,因为这句鬼话,为避嫌才把名字改了。有人就说,这个刘秀是国师公吧,刘秀(文叔)当时在场,他开玩笑说,"安知非仆耶",怎么知道不是我呢?刘秀这么说着,大家于是开怀大笑,只当是句笑话。姐夫邓晨却心中窃喜,他认为刘秀开这个玩笑,说明心中不是没有大志,他这位小舅子是有想法的人。

我想这句话的意义,大概类似于当初刘邦在咸阳,看见秦始皇的车队,脱口而说出的,大丈夫当如是也。

有本史书叫《东观汉记》,它记载说,刘秀在长安求学的时候,朝廷有什么政策变动,他总比别人先知道,还能解说。他热心时政,朝政有什么新的东西,他不仅关心,还给同学解读,说明他不是甘于埋首田园的庄稼汉。

与喜欢张扬外向的刘縯相比,内向不露心机的刘秀,在外人看来,可能更值得信赖、更可靠。有一次,刘秀到宛城(南阳郡治所在地)去卖粮,被李轶、李通这堂兄弟俩接到僻静处商议大事。原来,李家兄弟认为,现在天下扰攘,汉当复兴,我们这儿只有刘縯、刘秀这兄弟俩能成大事,我们应该跟他结交。所以刘秀到宛城卖谷的时候,李通兄弟就跟他相约,联合起事,李通在宛城起事,刘秀他们在春陵家乡举兵响应。这个故事说明大家对刘秀是信任的。

还有一件事,就是邓禹追随刘秀的故事。邓禹在长安太学里读书的时候,最佩服的人就是刘秀,几乎和刘秀形影不离。后来,刘秀在河北独立发展,邓禹马上就从家乡,"杖策而行",追上去了。刘秀就是具有这样的人格魅力,能得到大家信任和追随。

二 榻下之对

刘秀是有号召力的。刘縯商量起兵的重要时刻,其他刘家子弟都害怕,想藏起来,因为刘縯经常惹官司,他们不想掺和。后来,当看到刘秀也穿着起义的服装走出来的时候,大家一惊,这么忠厚谨慎的人,都参加起义造反,也许是时候造反了,大家就安心了。你看是不是,刘縯出来大家害怕,刘秀出来,大家想也许起兵是对的。

这一年刘秀二十八岁,《东观汉记》说刘秀经过深思熟虑,觉得天变已成,该改朝换代了。刘秀做事,不是凭借一

▲ 刘秀是有号召力的。

▲ 刘秀做事,不是凭借一时的冲动。

时的冲动。

地皇三年(22)底,刘秀兄弟在舂陵乡起兵,首先攻打湖阳县。打下了县城,分战利品的时候,新市、平林兵这些绿林兵不满意,"众恚恨,欲反攻诸刘"。刘秀就把刘氏宗人获得的战利品,全都拿出来分给友军,化解了一场内部火并的危机。

转年正月,他们再往南阳郡治所在地宛城进发。各路兵马中,有下江兵,有新市兵,有平林兵,还有舂陵兵,他们都是绿林好汉。大家商量着,不同的部队,得有一个统一领导,大家都想是刘氏为天下,就选刘氏宗亲吧。这时候有一个叫刘玄的人在平林兵中,号更始将军,更始就是从头开始。有人就想推刘玄出来主事,也有人想起刘縯,但是多数人愿意立刘玄,因为大家觉得刘縯为人太强势了,刘玄比较懦弱,这样的好掌控,最后就立了刘玄。

立刘玄的事,大家先商量好了,才把刘縯找来,把意思告诉他。除了刘縯厉害,刘玄好掌控这个原因以外,还有地位上的考虑,我们看看他们两家谱系,刘縯跟刘玄,出自同一个高祖,就是刘买,但是刘玄的曾祖是长房,继承了舂陵侯爵,所以要从宗室地位上讲,刘縯、刘秀是要比刘玄差一点的,虽然都是姓刘的后代,刘玄的房支是长房,立刘玄更加名正言顺。

事实证明,刘縯确实比较强势,也许是不懂得笼络人心吧。刘玄从后来的发展看,稍稍弱一点。面对既成事实,刘縯婉转反对,他说,尊立刘氏,固然很好,但是现在呢,你看山东还有赤眉,如果他们也立个刘家天子,怎么办呢?互相不成对头了？王莽未灭，互相就已经打起来了，这个不好吧！他主张先破王莽，降赤眉，然后再推举皇帝不迟。他甚至还说，如果是赤眉先立了姓刘的为帝，他也不会夺掉我们的位置，我们也是一方诸侯。刘縯显然想拖一拖。争论不休之际，有个叫张卬的将军，拔剑击柱，说疑事无功，今日之事，不得有二，就这么定了。张卬，还有朱鲔，这些人都是向着刘玄的，刘縯寡不敌众，人家不支持他，所以最后就立了刘玄。

好了，现在已经立了一个刘家皇帝，国号也称汉，也安排了刘家兄弟一些职位，从这个职位的安排来说，其实还是照顾了方方面面利益的。比如，刘縯仁大司马，刘秀任偏将军兼太常，他们的叔父刘良，还担任最高顾问呢。

三莽感到了压力。因为新成立的汉军，跟一般草莽农民起义不一样，他们发表檄文，号令天下，搞宣传攻势，是以取代王莽为诉求的。所以王莽就急了，他纠集大军前来镇压，直扑昆阳。六月，刘秀等领导的汉兵在昆阳(今河南平顶山市)大败新莽四十多万军队。刘秀昆阳大捷前夕，刘縯拿下了宛城。昆阳大战，刘秀以少胜多，表现出卓越的军事才能，一战成名。

具体战争过程，不再赘述。刘秀兄弟立功了，又招来嫉恨。这天，在南阳召开了一个大会，据说刘縯下面的一个将领，不服刘玄指挥，最后被处死，刘縯为之争辩，也被处死。当初，李轶本来是向着刘縯的，一看势头不对，刘玄当了皇帝，他又转而谄事新贵。其实刘秀和姐夫邓晨，都劝过刘縯，要他注意保护自己，可是刘縯都一笑置之，没当回事。刘縯在六月份宛城和昆阳之战胜利以后，战场还没打扫干

▲ 昆阳大战，刘秀以少胜多，表现出卓越的军事才能，一战成名。

▲ 刘縯在六月份宛城和昆阳之战胜利以后，战场还没打扫干净，就在内部争斗中被杀了。

235

净,就在内部争斗中被杀了。

这下要考验刘秀了。这时候刘秀正在今天的宝丰县继续扩大地盘呢,哥哥被杀了,刘秀怎么应对? 首先,他马上跑到宛城,向刘玄谢罪。兄长犯罪,自己作为同胞兄弟难辞其咎。刘秀跟刘玄不谈哥哥的冤,只谈哥哥犯上、对皇上不尊重。第二,他不接触哥哥的部将,避免嫌疑,绝不谈昆阳之功,也不为哥哥服丧,吃肉喝酒谈笑自如,就表示哥哥死了是罪有应得,自己毫不悲伤,显得没肝没肺。其实刘秀的心里在流血,在晚上睡觉的时候,枕席上都是哭过的泪痕,长兄当父,他父亲早死,虽然依附着叔父过活,可大哥没少对他照顾,刘秀对大哥有着很深的感情。

▲ 哥哥被杀了,刘秀怎么应对? 他马上跑到宛城,向刘玄谢罪。

这些做法暂时缓和了刘秀跟更始帝的关系,更始帝自己也不好意思,因为确实刘縯兄弟给他立过功,刘秀这个做法符合他平常在众人中形象,昆阳之战表示他有军事才能,但是没有政治野心,所以刘秀不但没有受牵连,反而升了官,更始帝内心有愧,所以特意给了他一个位置,反正是刘氏宗亲嘛。后来攻取洛阳,洛阳就暂时定为首都,这个首都的整治工作,还是刘秀做的。

▲ 这些做法暂时缓和了刘秀跟更始帝的关系,刘秀不但没有受牵连,反而升了官。

六月刘縯被杀,九月王莽被杀,同月洛阳被攻占,十月刘秀做了司隶校尉,前去收拾宫室,准备迁都。更始帝就做进一步部署了,首先带一部分人北上,平定河北这些地方,上谷、渔阳郡。

山东的赤眉一看汉兵势力大,赤眉的首领樊崇也到洛阳来归降,更始政权还派一支军队西上指向长安,也准备迁都长安了,以刘赐为丞相,先入关修宗庙宫室。

眼看刘玄的天下差不多搞定了,就差河北还没有完全归附。也就是在派谁去河北的问题上,发生了争执。刘赐说河北很重要,我们刘家宗室的人里面,只有刘秀有这个能力,山东赤眉归附了,河北还有铜马,河北再往北长城边上,边疆有新朝(王莽的朝代号"新")重军屯驻。可是朱鲔、李轶反对,因为他觉得刘秀厉害,怕放虎归山,他们曾怂恿更始帝除掉刘縯,害怕遭到报复,因此对刘秀心存疑虑。可是刘赐坚决支持刘秀,更始帝虽然也有点犹豫,但刘秀的低调,最终打消了他的顾虑,觉得刘秀不会有后患。当然,刘秀还是做了许多幕后工作的,他收买了更始帝身边的亲信曹氏父子,让他们也为自己说情。于是,刘秀拿到了这份任务,以钦差大臣、代理大司马的身份,去招抚河北,但是更始帝没有给他军队,就是个光杆司令。

▲ 更始帝虽然也有点犹豫,但刘秀的低调,最终打消了他的顾虑。

北巡河北,是刘秀事业发展的非常重要的机遇。他现在有了自己的战略发展空间了,虽然没有多少"资本",但是他有了独自施展拳脚的舞台。他当年的至交,也是太学里的同学邓禹,杖策北上,追随过来。当初,刘秀兄弟在刘玄手下干的时候,邓禹没有出山,有人劝他参加他不参加,但当刘秀有了自己地盘以后,他知道机会来了,他就一路北上直接追随过来了。

▲ 北巡河北,是刘秀事业发展的非常重要的机遇。

见到邓禹,对榻而坐,刘秀跟他开玩笑,你是想做官吗,我现在有发官帽的权力了。邓禹就讲出了自己的想法——"图天下策",我们把它叫"榻下对",这可以跟后来的隆中对,还有以前的韩信的汉中对,具有同等意义。帝王起事,建功立业,确定自己的战略发展目标,需要有一个清晰的规

▲ 帝王起事,建功立业,确定自己的战略发展目标,需要有一个清晰的规划。

237

划。邓禹的判断,揭示的战略目标很清晰,这就是发展壮大自己的队伍,谋求更大的发展空间,最后打出自己的天下。

做出这种判断的两个前提,第一个是对刘玄更始集团的认识,第二个是对刘秀本人的期待和认识。他说,更始帝是个平庸之辈,并不能完全掌控政局,手下的那帮将军们更是庸人,志在发财争权,朝夕自快而已,并没有明确的发展目标,也不懂尊主安民的道理,所以,他们是成不了大事的。邓禹认为,只有刘秀有这个能力,重建河山,光复汉室。眼下要做的事,就是要笼络人心,"延揽英雄,务悦民心"。

邓禹的这个"榻下对",谋天下策,对整个时局的分析是非常清醒的,先把河北搞定了,然后再徐图天下大业。这一席话,跟刘秀的内心,一定是不谋而合的。

三　刘秀立国

河北也不是没有英雄。当时,河北有"三王"盘踞,其中以赵王刘林势力最大,但是他自己不愿意出头,就在邯郸推举王郎称帝。王郎何许人也?王郎自称是汉成帝的儿子刘子舆,说由于赵飞燕姐妹俩嫉妒别的女人跟成帝生的儿子,多加残害,所以他是流落民间长大的,现在他恢复本姓叫刘子舆。刘林推举他称帝,因为成帝的血胤,跟皇统的关系最近,于是在邯郸建立一个"大汉"政权,我们把它叫赵汉,刘玄的汉政权叫更始汉。

刘秀是更始政权派来收复河北的,赵汉政权怎么能容忍!他们就派人到处抓捕刘秀,说谁能够抓捕刘秀的话,我们就封他为万户侯。刘秀势力单薄,如果不是得到耿弇帮助,几乎都要放弃了。

耿弇说服了父亲上谷太守耿况归顺之后,前来接应刘秀。当时,河北的情况是,除信都太守任光之外,还有上谷太守耿况、渔阳太守彭宠,都归附于更始政权。于是,刘秀随耿弇北上,归附的渔阳、上谷的骑兵数以万计,都是边疆劲旅,军力强盛。

刘秀一行到了蓟县,城里又出了事,广阳王刘接也响应邯郸王郎。刘秀此时正在城里,赶紧逃跑出城,日夜兼程,在有人的地方都不敢停留,只能寄宿芦郊野外,一路上吃尽苦头儿。所谓晨夜草舍,荒亭进粥,滹沱河麦饭,这些故事都是刘秀在逃亡的过程当中吃的苦。他早晨夜里都赶路,住在草舍和荒亭里,没有米,一天只能吃一顿麦饭,身上都是湿的,烤火烘干。有一次,他们到了饶阳城,谎称是邯郸王郎的使者,当地官吏就赶紧招待吃饭。一看这些人狼吞虎咽的,哪像官方使者,就怀疑他,骗他说真的将军来了,刘秀他们大惊失色,想赶紧逃,又怕逃不出去,只好故作镇定,后来也没见人来,原来人家是骗他们,考验他们的。

他们这一行人,最后到了信都郡,信都郡守任光,是隶属更始汉的。刘秀一度想放弃河北去长安,因为这时候刘玄已经迁都长安。任光就劝他,说你走也走不了呀,你放弃河北,谁跟你去长安呢? 刘秀才打消了离开河北的念头。接下来该怎么办呢? 当时河北三王之一的真定王刘杨,与广阳王刘接、赵王刘林情况不同，因为在拥护邯郸王郎的问题上，刘杨态度还没完全确定，有点儿犹豫，或者说他还可以争取。

刘秀就全力去争取刘杨，亲自跑去真定，跟刘杨会见，还在刘杨妹婿的郭家庄与大伙开怀畅饮，当场娶了刘杨的外甥女郭圣通为夫人。其实，头年六月，刘秀刚刚在家乡结了婚，夫人就是刘秀的初恋、美女阴丽华。可是，这时候顾不得许多了，为了政治需要，刘秀当即娶了郭圣通。其实，他来河北之前，已经把阴丽华送到了家乡安置，虽然长安方面多次要他把家属送去，他也没照办，可见刘秀内心早就有脱离更始政权的打算。

刘杨手上有十万军队，联姻使他支持刘秀。现在，刘秀手里有这么几支军队，有临时招募的，有渔阳上谷骑兵，还有更始帝派尚书令谢躬带来的一些支援军队，再加上刘杨的支持。刘秀于是进军邯郸，连战皆捷，于公元 24 年农历五月，攻取了邯郸，王郎被杀。

刘秀在王郎的邯郸宫廷里，发现了数以千计的书信，都是他自己手下的官兵将士，给王郎写的效忠信。这些人担心刘秀坚持不下去，想给自己留一条后路。刘秀怎么办？他当着诸位将士的面，当场销毁。还说这都是伪造的，是离间我们关系的。刘秀这样做，不仅是表示自己大度，而且是为了让那些当初心怀两端的人安心，所谓"令反侧子自安"。

刘秀的这种见识，体现了他的领袖风度。古人讲，"含垢藏疾，君之体也"，就是说当领导的胸怀要宽广一点，当你刘秀都不能自保，风餐露宿，甚至要逃离河北，手下人自然也会有一些想法,对此你要容忍。如果察察为明,真的追究下去,不利于团结。"统一战线"的意思就是,跟你的政治目标不完全合辙的人,你也要能容纳他们,尤其是打天下过程中,应该团结一切可以团结的人。

▲ 打天下过程中,应该团结一切可以团结的人。

刘秀从地皇四年(23)十月,光杆司令空车单使出巡河北,到第二年的五月份,攻破邯郸,仅用了七个月的时间。这种成功,得益于他的坚韧,他也犹豫过,想放弃,但是有人劝说,他马上纠正了离开河北的打算。同时,他能够团结一切可以团结的力量,最大限度地团结各方势力,特别是与刘杨的政治联姻,为他赢得了一支强大的军队,十万军队,跟着他去攻打邯郸。刘秀很宽厚,在处理部下给王郎写的效忠信的时候,能够妥善处理,没有搞清理阶级队伍那一套。总之,刘秀在河北打败王郎站稳脚跟,是一个重要的开始,尽管时间只用了七个月。

▲ 刘秀在河北打败王郎站稳脚跟,是一个重要的开始。

这个时候,更始帝已经对刘秀表现出猜忌。他封刘秀为萧王,请他交出兵马返回长安,让尚书令谢躬就地监视刘秀的交兵行动,而且派人来接管幽州,接管上谷、渔阳,更始帝真正开始限制、架空刘秀的行动。

刘秀怎么办?这天刘秀在邯郸宫里休息,耿弇进来了,他说现在我们的部队伤亡很重,请让我回到上谷去增兵。刘秀也许是明知故问,说仗都打完了,王郎已灭,河北基本平定,还征兵干什么?耿弇说,王郎虽破,战争才刚开始呀,有人从长安过来,想撤兵,你不要听他的,赤眉、铜马的人是我们的数十倍,圣公(刘玄字圣公)肯定抵挡不住。但是刘秀还装模作样说,你失言了!要斩耿弇,你怎么能说更始皇帝抵挡不住赤眉呢！这是刘秀做姿态的。耿弇说他是跟刘秀推心置腹讲实话，因为刘秀对他们有厚恩。刘秀才说他是跟耿弇开玩笑的。让耿弇说说他的理由，耿弇说：老百姓苦王莽久矣，复思刘氏，所以汉兵才能够成功。可是现在更始帝呢，你看看他都做些什么？在都城内，将士们横行霸道，"元元（元元指百姓）叩心，复思莽朝"，还不如王莽呢。在山东，他们的大将擅命，不听中央的。内外都是这样子搞法，我就知道他一定持久不了。你不一样，你现在名声已著，天下人都知道你刘秀爱民如子，而且你在河北的发展，已经做出了很好的一个样子，你现在只要传檄天下，就能平定。

　　司马光这么记载这件事，有什么意义吗？我想有两个原因，第一个为刘秀背叛更始帝找一个合适的理由。按照正统说法，你势力大了就背叛你的领导，不合适，所以要通过耿弇讲出来，使刘秀这个形象不那么龌龊，是部下鼓动他的。第二个本来更始帝也不行。

　　刘秀最后同意耿弇的分析。所以我想一定是刘秀心中早有此打算了，但是要通过别人讲出来，这也是一种领导方法吧！自己主动去动员下属，不如让下属主动谈出来，这样呢，领导的精神能得到更好的贯彻。

▲ 耿弇的这一建议，把天下形势分析的非常清楚，跟前面邓禹的榻下对，是前后相继的。

　　总之，耿弇的这一建议，把天下形势分析得非常清楚，可以说体现了非凡的战略眼光，跟前面邓禹的榻下对，是前后相继的。其实耿弇和邓禹这两个建议，加起来就是说，把河北经营好，以这个为基地谋图长远，不要急着攻取长安，让更始帝的绿林好汉跟赤眉他们火并去吧。你坐山观虎斗，然后得渔翁之利。

刘秀很快控制了刘玄派来的谢躬的军队,谢是个老实人,哪里是刘秀的对手。他故意拖延,不急着往长安去,樊崇此时带领的另一支起义队伍赤眉军,直扑长安,他们在路上,也找了一个姓刘的孩子,刘盆子做皇帝。刘秀在河北虽然还是打着更始帝的旗号,但已经自行其事了,他对燕赵之地进行整固,不管长安的事。

在刘秀平定河北的时候,长安的局势已经发生了变化,赤眉的势力,已经超过绿林。

公元25年,也就是平定邯郸以后的一年多一点,刘秀在众人拥戴下,于六月在河北鄗城的千秋亭即位登基。这时候天下已经有很多皇帝了,刘秀只是其中之一。其实在刘秀称帝的同月,赤眉拥刘盆子向长安进发,对更始政权发起进攻。刘秀却不顾这些,在刘玄还在位的时候,他就称帝了。不知此时的刘玄,是否后悔他当三放刘秀北巡。

当时天下至少有三个刘姓皇帝:长安更始帝刘玄,河北刘秀及赤眉拥立的皇帝刘盆子。其他还有很多割据称雄的政权。九月,刘秀称帝三个月后,刘玄投降赤眉被杀,更始政权瓦解了。

刘秀其后进行了十几年的征战才平定天下。建武三年(27),在河南称帝的刘永死;同年,刘盆子死,赤眉也被刘秀灭掉;建武七年(31)平定关东,九年(33)平定陇西隗嚣,十二年(36)平定巴蜀公孙述。刘秀即立以后十几年的时间,平定各地割据势力,恢复了大汉江山,号称光武中兴(刘秀谥号光武帝)。因为建都在洛阳,史称东汉,或者后汉。

对刘秀的成功,南宋陈亮有一个评论——因为南宋的人也怀有"中兴"的梦想——北宋灭亡了,他希望偏安一隅的南宋要中兴。前面有西周宣王的中兴,然后是汉代的光武中兴。陈亮认为中兴之盛,没有能超过光武帝的,他的功业之大,成效之高,不光是靠天命,也是靠人的谋略。有一定之略,才有一定之功。所以对刘秀的成功,我们可以做一个深度的分析。

第一点,刘秀有他的特点,他很注意做好当前的事情,不好高骛远。不是他没有理想,但是他一定要做好当前的事。造反之前,刘秀是个出了名的乖孩子。建武十七年(41)冬十月,刘秀回到了家乡,家乡的一些父老乡亲就夸刘秀,说他少时就是个谨慎柔和的人。刘秀确实是如此。该读书就读书,该种田就种田,该卖粮就卖粮,还暗恋着邻县的美少女,就是个普通的农村青年。他的志向是"仕宦当做执金吾,娶妻当娶阴丽华",但是刘秀不甘于平庸,他读书长安,解读时政的高度热情,聊"天变"谶语,"安知非仆"的脱口而出,也流露出他并不是胸无大志的人。刘秀总是做好当前该做的事,当下该干什么干什么。这给我们什么启发呢? 一个不能做好当前事情的人,很难做好未来的事。

刘秀在长安读书的时候,用今天的话说,他挺善于理财的,他跟朋友们凑钱买了头小毛驴,再把它租出去,然后用租金供应生活费。就像现在的孩子到北京、上海去念书,他把家长给他的钱投资一辆出租车租给人,然后拿这个租金来过日子。刘秀其实是个很务实的人,这是第一点。

第二点,把好吃的放到最后吃,处理好当前利益和长远利益的关系。何炳棣先生在他的回忆录里面说,小时候家里人跟他说,吃饭的时候吃红烧肉,要把一块肉放在饭底下,最后一口吃的是肉,不是饭,将来有福。学会克制自己当下的欲望,不光对于小孩来说很重要,对于胸怀大志的领导很重要。昆阳之战时,很多农民军都希望保住钱财,只有刘秀明白这些浮财无用,只要把仗打胜了,自然就有钱了,集中所有的力量,尽可能拿到前线去,所以那一仗,刘秀赢了。

▲ 学会克制自己当下的欲望,对于胸怀大志的领导很重要。

第三点,刘秀很善于把握住自己的发展目标、机遇和路径。在他大哥去世的时候,他白天谈笑风生,好像没肝没肺,吃肉喝酒,跟没这件事一样,晚上蒙着被子哭,打落牙齿和血吞。哥哥冤死了,他却向更始帝道歉,因为他有更高的目标,他要忍,不作匹夫之怒。

▲ 刘秀很善于把握住自己的发展目标、机遇和路径。

刘秀到了河北以后,需要一支自己的队伍,可是更始帝没有给他。邓禹就建议刘秀招徕英雄、务悦民心。云台二十八将,排名第一的是邓禹,因为邓禹最早帮助刘秀确立了发展前景,坚定了刘秀在河北的发展定位。

第四点,刘秀这人既精明又厚道。一个人精明加精明可怕,厚道加厚道太傻,刘秀是大事精明小事厚道。刘秀在处理跟更始帝关系的时候,在处理大量投诚书信的时候,都手段柔软,表现出精明与厚道的结合。

▲ 刘秀是大事精明小事厚道。

再举个例子吧,河北有很多农民军,如铜马,如果要把投降的军队都杀了,不仅名声不好,而且也不利于扩大队伍,最好能够把他们收编。但是被收编的人能安心吗?肯定不安心。刘秀知道他们的心思,所以就轻装简从,来到这些收降的军队里，检阅军队，毫不戒备。铜马降军受到震动：萧王(指刘秀)推心置腹，我们能敢不投诚乎！当初恺撒打败庞培的时候，庞培的部队怎么处理，恺撒也做了类似的安排，所以庞培的军队就都归顺他了，古今中外，智者都有相同的智慧。

在赤眉还没到达长安，更始帝没出事的时候，刘秀就自立为皇帝了，堪称精明。这个时候他当断则断，他一方面举大事不记小怨，一方面做大事的时候，该拉下面子就拉下面子，这时候他不会顾忌更始帝的感受，自立为帝，尽管你没有死还没有败。精明用在大事上，厚道用在小事上，无论精明还是宽厚，都是从事业的需要出发。

最后，刘秀在治国的问题上，也有值得一谈的。他轻徭薄赋，加强吏治，减轻税收。有个故事，可以从中看出刘秀治理天下的方法。

刘秀的姐姐湖阳公主刘黄的丈夫死了，刘秀就想再给她找个对象。湖阳公主看上了御史大夫宋弘。宋弘人长得帅，气宇轩昂，公主心中爱慕，认为没有谁能超过他。刘秀就答应来给姐姐说媒。这一天他把宋弘找来，让他姐姐坐在屏风后面，然后就劝宋弘说：贵易交，富易妻。一个人地位高了就换朋友，一个人钱多了就换老婆，人之常情嘛，提醒他换换老婆。宋弘说出了另外一番道理：贫贱之知不可忘，糟糠之妻不下堂。显然，宋弘不同意休妻另娶公主。刘秀等宋弘走了以后，跟自己的姐姐说这事不成，既不能强迫人家离婚，又不能强行嫁给他，让他的正妻降为妾，宋弘肯定也不愿意，所以这个事情没办成。刘秀不以皇家威势胁

▲ 精明用在大事上，厚道用在小事上，无论精明还是宽厚，都是从事业的需要出发。

迫人，而是尊重对方的价值观，体现出明理宽厚的一面。

　　还是这个湖阳公主，她有一个很得用的仆人，那时叫苍头。这个苍头在洛阳犯事了。有个书生进京城来，投亲靠友，朋友不在，盘缠也没了，就把自己的马拿去卖，是一匹骏马，很值钱。湖阳公主的苍头就用石头假充银两，骗走了书生的骏马。这个书生发现后就找他拼命，苍头一刀就把书生给杀了，周围看热闹的老百姓吓得四散而逃。当洛阳县令董宣前来侦办的时候，这个苍头早逃到公主家里去躲起来了。董宣不露声色，等风声过去以后，这个苍头以为已经没事，就跟湖阳公主坐着车出来了，董宣拦住公主的车马，宣布苍头的罪状，当场就把他拉下处死。湖阳公主气坏了，跑到刘秀面前去哭诉。刘秀一听也很愤怒：欺负到我姐姐头上了，我姐姐已经够可怜的了！就把董宣找来，说要处死他。董宣说你不要处死我，陛下依法治天下，公主的奴仆光天化日杀人，能够不治罪吗？你不要给我治罪，我自己撞死算了。刘秀知道董宣是在理的，所以就把他拉住了，说你跟我姐磕个头认个错。董宣说自己没错，刘秀坚持让他磕头，让两个官吏按着他的头往下按，董宣用手死撑着地，按不下去。刘秀说：你真是强项令！令是县令，项是脖子，强脖子按不下去，就是不认错。刘秀于是作罢，还重赏了董宣。这件事说明刘秀明白事理，不徇私枉法。

▲ 刘秀明白事理，不徇私枉法。

　　湖阳公主嘟囔着说，文叔（刘秀的字）当布衣的时候那么厉害，当地的官府都怕你，你怎么当了皇帝，一个县令都管不住呢？刘秀笑着回答说："天子不与白衣同。"当天子得守规矩，当老百姓你想干点儿什么倒无所谓。我很欣赏这

247

▲ 一个领袖人物，有重大的社会责任，职位在身的时候，你的行为要更加规范。

句话，就是一个领袖人物，有重大的社会责任，职位在身的时候，你的行为要更加规范。

刘秀死的时候，六十二三岁。很有意思，三刘，刘邦、刘备、刘秀，都是差不多这个年龄死的。刘秀一生非常勤勉，处理朝政也很勤奋，而且还提倡儒学，所以在历史上，刘秀应该是一个很不错的皇帝。

关于东汉重视儒学，提倡以儒学治国，还有几点补充。我们前面讲过，西汉元帝之后的儒学，尤其是到王莽时，就有点迂腐了。东汉光武帝讲儒术，这个儒术不迂腐，比较务实。东汉功臣多近儒，这是后代史家讲的。刘秀本来就好学问，他曾亲自去太学里讲经，他儿子明帝刘庄也经常去太学演讲，那些儒生还围着他，请教经学的问题呢。

▲ 西汉开国功臣都是平民，东汉开国功臣大都是儒士，这是两汉政治文化很不一样的地方。

这是西汉开国功臣，跟东汉开国功臣的差别，西汉开国功臣都是平民，东汉开国功臣大都是儒士，这是两汉政治文化很不一样的地方。

但是东汉政治体制，在这个基础上发展，却走向了儒学的神学化和庸俗化，为魏晋玄学的出现提供了土壤。这也是必然的，因为东汉的儒，似乎在开国的时候跟王莽、元帝有所不同，但是在谶纬方面，在神学目的论方面，还是一脉相承的。

东汉前三位帝王、刘秀、刘庄，以及继之者刘炟，这爷孙三人还基本上是正常的。刘庄即位的时候，已经三十出头了；刘炟即位的时候，接近二十了；此后的和帝刘肇及其以下的皇帝，都是少年皇帝，没有超过十五岁的，小的才几个月，从此开始了凄惨的"童工皇帝"史。

▲ 和帝刘肇以下的皇帝，都是少年皇帝。

这对东汉中后期的政治，造成了很负面的影响。皇帝小，其母就要出来垂帘听政；母亲掌大权，难免要倚重娘家的哥哥或者父亲，这样就形成了外戚专权。皇帝长大了，对舅舅对外公的掌权不满意，用身边的宦官打掉外戚。于是宦官借着皇帝的信任上来掌权专政。这些皇帝即位年纪小，活的也短命，然后有新的小皇帝继位，如此周而复始。

东汉末年桓帝、灵帝的时候，朝政日非，社会混乱，黄巾起义，为三国的到来，提供了一个契机，曹操、刘备、孙坚(孙权之父)，都是在平定黄巾起义过程当中，涌现出的一方豪杰。

（参见《资治通鉴》卷三十八至卷四十三）

▲ "童工皇帝"对东汉中后期的政治，造成了很负面的影响。

第十二讲　士风矫激

桓帝和灵帝时期,宦官掌握着朝廷大权,士人羞与为伍,却又与之争权夺利。他们实现自己政治和经济诉求的途径,是利用舆论工具:第一批评时政,评骘公卿;第二互相抬高,激扬名声。

　　东汉的士人们标榜自己的行为是为了伸张社会的正义,但实际上这种行为背后潜伏的却是自身的政治诉求和经济利益。他们鼓动全社会疯狂,实际上无助于社会的进步。

一　宦官专权

东汉宦官参与政治，在和帝以及邓太后时就有了，比如，忠心耿耿的郑众和大名鼎鼎的蔡伦(造纸专家)，都曾是皇帝和太后的得力助手。但宦官整体得势，是安帝去世之后。由于阎太后的干预，安帝独子刘保不能顺利即位，宦官孙程等十九人歃血为盟，发动宫廷政变，杀死阎氏兄弟子侄，将阎太后迁出宫，拥立年仅十一岁的刘保为帝，是为顺帝。事后十九位宦官因拥立之功全部封侯。汉顺帝刘保靠宦官上位，宦官自然得势，但是此时的宦官还谈不上擅权。

建康元年(144)，顺帝死去，无嗣，冲帝即位，顺帝的皇后梁妠升为皇太后，父亲梁商、兄长梁冀先后以"大将军"的身份掌权。几个月后冲帝夭折，质帝即位，年号本初，朝廷依然是梁家的天下。数月后的一天，年仅九岁的质帝在朝堂上指着梁冀的背影说，此跋扈将军也。梁冀得知后，如芒刺在背，竟然毒死了这位童言无忌的小皇帝。短短两年，"皇纲三断"(顺帝、冲帝、质帝三位皇帝驾崩)，东汉陷入深重的皇位继承危机。梁冀在立帝问题上一手遮天，一意孤行。最后，梁冀妹婿、蠡吾侯刘志，继立为帝，是为桓帝。梁家的势力历经顺帝、冲帝、质帝、桓帝，势焰熏天，是东汉外戚最跋扈的时期。

外戚势力强盛，反外戚的势力豪结起来，必然也更有冲击力。史称"(梁)冀秉政几二十年,威行内外,天子拱手,不得有所亲与",尤其在梁太后死后,梁冀与桓帝发生了严重的权力冲突。延熹二年(159),桓帝把宦官唐衡叫到厕所里商量对策,随后秘密召见几位不满梁冀专权的宦官,共定其议,歃血为盟。皇帝与宦官歃血为盟(尽管是桓帝啃宦官单超的手臂出的血),去做一件除掉外戚的事情,可见事件的严重性,远远超过了顺帝时期十九个宦官歃血为盟的程度。

八月,桓帝派军队包围了梁冀住宅,强行收回了梁冀的大将军印绶,梁冀夫妻即日皆自杀。从此之后,宦官全面掌握着朝政,特别是所谓"十常侍",更是跋扈嚣张,窃威弄权。地方上"兄弟戚姻,皆宰州临郡",瓜分了原本属于士大夫的那份仕进之路,激起了士人的普遍愤懑。特别是当这种不满情绪与外戚和宦官的冲突发生共振的情况下,孕育起来的风暴,威力就会更大。

二　清议名士

东汉的儒学,由于光武帝、明帝、章帝等的提倡,十分繁荣发达。到了桓帝灵帝时期,京师的太学生和地方郡国及私学的儒生数量,总数已超过十万人,他们互相推引,互相声援,其中的一些名士,更是声望隆重,万人景仰,构成了重要的政治与社会势力。

东汉士人做官,多数通过公府辟召和地方察举等手段。

地方察举制度,是指各郡国推举孝廉(孝子、廉吏):一般按照郡国人口比例,每二十万人举一人,全国大约二百二十八人。入围条件一般是年四十岁以上,"经明行修"。

公府征辟制度、朝廷辟召,是指朝廷征召一些社会名士,直接到中央任职。比如以德行高尚闻名的陈寔仅任太丘县长,每次朝廷三公缺位,总有人会想到他。太尉杨赐、司徒陈耽,"每以寔未登大位而身先之自愧"。东汉末经学家郑玄,直接被征召为大司农(农业部长),朝廷安排专车去迎接,一路上所过之处,"长吏迎送"。

但是,在宦官外戚的黑暗统治下,州郡牧守在察举征辟时,往往逢迎当朝权贵的私意,望风行事,而不附权贵的刚正士人则受到排斥。士人们通过品评时政人物,表达自己的政治意见,称为"清议"。太学是清议的中心,太学生们试图通过清议影响现实政治,反对当权的外戚宦官,为了争取自己的权益,也为了拯救沉沦的东汉王朝。这自然会招致外戚宦官的反对。在这种矛盾环境下,士人们或智或愚,各显神通,尽露本色。

东汉名士颇有傲人的品行。如杨震不接受昌邑县令王密的贿赂,"天知、地知、你知、我知",千古传播;其子杨秉,官至太尉,"为人清白寡欲",自称:"我有三不惑:酒、色、财也。"除杨震父子外,还有许多士人,表现出独特的名士风范,然而,一旦过了头,就成了"矫激"。

什么叫矫激呢? 矫是矫情,激是偏激。求名过了头,名不副实;谦虚过了头,弄得不真实,就是一种矫激。

比如,南阳樊英,"少有学行,名著海内"。名士的成名

▲ 太学是清议的中心,太学生们试图通过清议影响现实政治,反对当权的外戚宦官。

▲ 求名过了头,名不副实;谦虚过了头,弄得不真实,就是一种矫激。

255

条件,一般是"经明行修",前者是经书读得好,后者指品行超群。品行超群,大多表现为具有一些难得的正面品质。比如,拒绝征召入朝为官,推辞州郡聘请入仕。樊英曾经多次放弃入仕的机会,甚至"安帝赐策书征之,不赴"。于是,安帝一方面赐予厚礼,一方面给郡县官员下了死命令,绑也要把樊英绑来。就这样,樊英"不得已"到洛阳见皇帝,到了之后,还是装病不起。你看这是不是有些矫揉造作呢。

安帝没办法,安排皇家太医给樊英看病,国家供给羊酒调养。过了些日子,大约没有发现有什么毛病,安帝就为樊英专门设立了一个论坛。论坛开讲的日子,由皇家车队的领导(公车令)出面导引,内廷尚书亲自陪同,"赐几杖,待以师傅之礼,延问得失",还拜为五官中郎将。这样待了几个月,樊英又闹着说身体不好,诏以为光禄大夫,赐告归,"令在所送谷,以岁时致牛酒"。待遇确实优厚。樊英坚决辞谢,安帝一再开导,最后下诏,不准推辞。樊英三番四次的推官,安帝特别隆重的推崇,弄得樊英的名声更大了。但是,其后关于时政的应对中,樊英表现平平,"无奇谋深策,谈者以为失望"。

时人在谈到这件事的时候,说了一句很有名的话:"阳春之曲,和者必寡;盛名之下,其实难副。"为什么大家都很失望呢? 为什么"毁谤布流,应时折减"呢?"岂非观听望深,声名太盛乎?"要么你坚持不出来做官,真正成为一个名士;要么你出来就拿出一点济世安民的真知灼见来。樊英的矫激,是作为名士的表演过了头。这样徒有虚名的名士,印证了一个普遍的道理:吹得越高,跌得越重。

东汉名士中也有另外一种不那么矫激,比较中庸务实的人。代表人物是胡广。

胡广,字伯始。历事汉安帝、顺帝、冲帝、质帝、桓帝、灵帝,为官三十多年,可谓六朝元老。在风雨如晦的东汉政治舞台上,胡广是不倒翁。

胡广曾经与宦官丁肃结成儿女亲家,这对反宦官的士人来说,就是一个污点,可是这位丁肃却是个比较廉洁谦谨的人。顺帝内宠太多,在女人中摆不平,不知道应立哪一位宠妃为皇后,提出让几位宠妃抓阄。对于如此荒唐的做法,胡广上书反对。他说,皇后是天下仰望的国母啊,怎么能求之于筮龟呢? 应该从门第尊贵、德行贤淑、为人谨良的贵人中选任皇后。于是,梁妠获选。顺帝死后,梁太后临朝,娘家父兄梁商、梁冀执政。胡广因为在当初支持了梁妠,所以在梁家掌权的时候,胡广自然得到信任和重用。由此胡广也就与梁冀家族结下了一层特殊的关系。

胡广为官,有三个特点:

第一是识时务,胡广与梁冀的特殊关系,显然与他当初支持梁妠为皇后有关。他不像李固专与梁冀对着干,但是也谈不上为虎作伥。在冲帝、质帝驾崩之后,李固、杜乔力主立清河王刘蒜为帝,胡广开始也与李、杜主张一致,其后,看到梁冀在宦官曹腾等的支持下,坚持要立桓帝刘志,胳膊拧不过大腿,于是胡广知趣地选择了沉默。

第二,胡广数起数落,各种势力对他都能接受。胡广人生起落,与天灾示警、自动辞职有关,也与政治态度失当有

257

关。如延熹二年(159)，梁冀被除，胡广亦因之被黜。但是，不久后，再度被桓帝启用。延熹九年(166)，胡广进位司徒。汉灵帝即位后，胡广依然活跃，与太傅陈蕃、大将军窦武参录尚书事，共同辅政。建宁元年(168)九月，陈蕃与窦武谋诛宦官，失败被杀。胡广因未与其事，进为太傅，位居"上公"，总录尚书事。此时的胡广，已经年近八十，但依然"心力克壮，继母在堂，朝夕瞻省，傍无几杖，言不称老"。

第三，不管朝廷风向如何，谁在掌权，胡广都恪尽职守，做好自己的事。灵帝卖官，公然标价，此情况下胡广颁行《百官箴》四十八篇，依然提出整顿吏治的系统意见。司马光也赞扬他的识人处事才能："所辟多天下名士，与故吏陈蕃、李咸并为三司。练达故事，明解朝章。"当时京师有谚语说："万事不理，问伯始；天下中庸，有胡公。"朝政之事，搞不明白的，就问伯始(胡广字伯始)；天下事务，按中庸之道妥善处置的，只有胡公！

历史上对于胡广的评价是两极的，许多人说他滑头，没有原则。最著名的名士李膺、杜密都是他所举荐提携的，但是，两次党锢之祸，他本人却从来没有受到过牵连。李固因为反对梁冀立帝而丢了性命，他也只是流涕惋惜而已，不能赞一词。司马光在上述赞扬之后，也不忘用"然"字转折说："然温柔谨悫，常逊言恭色以取媚于时，无忠直之风，天下以此薄之。"但也有人赞扬他，说他"性温柔谨素，常逊言恭色"，一生"体真履规，谦虚温雅"，"柔而不犯，文而有礼，忠贞之性，忧公如家"，最终"穷宠极贵，功加八荒"，活到八十二岁高龄。

与胡广形成最明显对比的,是东汉名士的第三种类型:
李膺、张俭,号称"党锢名士"。

三 党锢之祸

党锢名士,因桓帝和灵帝时期的两次党锢之祸而得名。
所谓党锢,就是把结党的名士,禁锢起来,不得做官。史称
党锢之祸,"成于李膺、张俭"。

为什么这样说?因为这两位以极端做法反对宦官,导
致了一场清洗士人的运动。

先说李膺。李膺是东汉的大名士,士人能被李膺接见,
叫作"登龙门",身价立马就高了。延熹八年(165),李膺担
任司隶校尉,陈蕃为太尉。宦官张让之弟张朔,为野王县县
令,贪残无道,杀人为乐,害怕李膺追查,逃还京师,藏匿于
兄长张让家里的合柱中。李膺知讯,闯入张家,从柱子里拉
出张朔,当场逮捕,并立即处死。宦官张让诉冤于桓帝,桓
帝召来李膺,责问为什么不先履行程序便加以诛杀。李膺
答非所问:"昔仲尼为鲁司寇,七日而诛少正卯。今臣到官
已积一旬,私惧以稽留为愆,不意获速疾之罪。"对于李膺的
"政治正确"而程序枉法行为,桓帝并没有追究下去。

延熹九年(166),李膺再一次以非常手段"收捕"并"案
杀"术士张成,却惹出了事端。张成是一个妄人,以懂占卜
术知名,"推占当赦,教子杀人"。推算出皇帝有大赦,教儿

▲ 李膺、张俭以极端做法反对宦官,导致了一场清洗士人的运动。

259

子杀仇人。李膺抓捕其子,继而果然朝廷大赦,张成洋洋得意地说:"你看,诏书下来了吧。不怕司隶校尉不把我儿子放出来。"这话传到李膺耳朵里,他不禁火冒三丈。不久,张成之子果然在大赦之列。李膺愤怒至极,竟不顾朝廷赦令,匆匆结案,把张成之子立即杀了。因为懂占卜术的缘故,张成与宦官的关系很密切,甚至桓帝也为占卜的事咨询过他。于是,宦官们唆使张成的弟子牢脩等上书,控告李膺等藐视王法,"养太学游士,交结诸郡生徒,更相驱驰,共为部党,诽讪朝廷,疑乱风俗"。

于是,桓帝下诏全国抓人,太尉陈蕃反对,说所抓"皆海内人誉,忧国忠公之臣",不肯签字。"帝愈怒,遂下膺等于黄门北寺狱",陈寔、范滂之徒二百余人都遭牵连。"或逃遁不获,皆悬金购募,使者四出,相望于道。"陈寔自往请囚,陈蕃复上书极谏,桓帝托以陈蕃用人不当,免去其职务。这是第一次党锢之祸。

永康元年(167)冬,桓帝驾崩,无嗣,年仅十一岁的灵帝即位,窦太后垂帘听政,太后之父窦武为大将军执政。当初,窦妙被立为皇后,太傅陈蕃曾是最积极的支持者,因而大获窦太后信任,这种情况略同于前文所说的胡广之于梁太后。胡广与梁冀的关系不坏,陈蕃与窦武的关系更铁。窦武素有剪除宦官之意,与不满宦官专权的陈蕃一拍即合。于是,他们在尽除宦官这一共同的政治思想下结成同盟。

第一次党锢之祸,只是禁锢了党人,并没有大规模的杀戮之举。党人因为禁锢而声望更高。如今,在窦武和陈蕃的主持下,在桓帝时期被逮捕审讯的名士李膺、杜

▲ 第一次党锢之祸,并没有大规模的杀戮之举。党人因为禁锢而声望更高。

密、范滂等名士，均被赦免并获得重用，禁锢的党人被释放。他们摩拳擦掌，共商治国大计，意欲整顿朝纲，而整顿的重点，就是打击宦官势力，天下士人闻风，莫不扬眉吐气。

次年五月，日食，窦武以此为由，请求诛除宦官，并先除掉了中常侍管霸、苏康，窦太后觉得事情不可过分，反对尽数诛除宦官，窦武犹豫未决。宦官们获得喘息之机，怂恿灵帝出手，说太后和大将军要废黜皇上。于是宦官们簇拥着皇帝，发动反扑，动用禁军，杀死了窦武和陈蕃，李膺等名士也被抓被杀。

但真正引发第二次党锢之祸的是名士张俭。

张俭据说是楚汉之争时代赵王张耳之后，灵帝时担任山阳郡东部督邮。建宁二年（169），张俭愤于宦官侯览专权贪渎，用激烈手段抓捕侯览家人，甚至掘开侯览母亲的新坟，没收其家的财产。为此，侯览十分怨恨张俭。侯览的乡人朱并是一个奸佞之人，为张俭所轻视，他得到侯览的授意，"上书告俭与同乡二十四人别相署号，共为部党，图危社稷"，而张俭是其中的魁首。朝廷下诏刊发文书追捕张俭等人。于是，引发第二次党锢之祸。"凡党人死者百余人，妻子皆徙边"，"其死徙废禁者又六七百人"。

对于东汉的党锢士人，多数人肯定其大无畏的向邪恶势力斗争的勇气。北宋苏轼幼时家教，读书至东汉的范滂，心生羡慕之情，其母也大加鼓励。但是，今日我们反思一下当日的情景，出于对党人及因为党人而受牵连的生命的珍重，还是可以有深入分析之处的。

▲ 对于东汉的党锢士人，多数人肯定其大无畏的向邪恶势力斗争的勇气。

▲ 东汉党人为维护自己的政治与经济利益,把自己置于一种崇高的理想境界之中,祸及千家万户,其实是很可质疑的。

首先,党人行事,牵连到许多无辜之人受难。特别是张俭,"亡命困迫,望门投止,莫不重其名行,破家相容"。许多人都因为帮助张俭的逃亡而惹祸。十五年之后,灵帝中平元年(184),黄巾造反,"大赦党人",党禁始解。张俭也回到了乡里,年八十四而卒。有人听到张俭亡命之事,感叹地说:"孽自己作,空污良善,一人逃死,祸及万家,何以生为!"东汉党人为维护自己的政治与经济利益,把自己置于一种崇高的理想境界之中,祸及千家万户,其正当性其实是很可质疑的。张俭晚年生活优裕,家境富裕。政治上反对宦官是一回事,经济上攫取财富是另一回事。余英时说,东汉的士大夫也都有土地的诉求,"为家族置产的思想,在当时甚为普遍"。我们无须因为党人维护自身的经济和政治利益而拔高他们。

▲ 士人实现自己政治和经济诉求的途径,是利用舆论工具,第一批评时政,评骘公卿;第二互相抬高,激扬名声。

其次,党人的激进行为,吕思勉先生称之为矫激。桓帝和灵帝时期,宦官掌握着朝廷大权,士人羞与为伍,却又与之争权夺利。他们实现自己政治和经济诉求的途径,是利用舆论工具,第一批评时政,评骘公卿;第二互相抬高,激扬名声。"婞直之风"大行。所谓"婞直",就是过于刚直、倔强激烈的意思。有人把这种作风,叫作"侠儒",我觉得有一定道理,意思是像战国秦汉的侠客那样,以激烈的手段,表达所谓正义的诉求。

▲ 党人的做法对于改进东汉政治,并没有多大价值。

最后,党人的做法,除了沽名钓誉、抬高自己的声誉之外,对于改进东汉政治,并没有多大价值。王夫之的《读通鉴论》是这么说的:李膺、杜密,天子之大臣也,"攻末而忘本","搏杀以快斯须者",诸如野王县令张朔、富贾张汜、小黄门赵津、下邳县令徐宣、妄人张成，"是何足预社稷之安危，而愤盈以与仇杀者邪！侯览也，张让也，蟠踞于桓帝之肘腋，而无能一言相及也。杀人者死，而诛及全家；大辟有时，而随案即杀；赦自上颁，而杀人赦后"，类似这样一些做法，无法无天，不是给人以抓捕的口实吗？"倒授巨奸以反噬之名，而卒莫能以片语只词扬王庭以祛祸本。然则诸君子与奸人争兴废，而非为君与社稷捐躯命以争存亡乎！击奸之力弱，而一鼓之气易衰，其不敌凶慝而身与国俱毙，无他，舍本攻末而细已甚也"。

东汉名士标榜自己的行为是为了伸张社会的正义，实际上潜伏的是自身的政治诉求和经济利益，鼓动全社会为自己疯狂，实际上无助于社会的进步。这是我们在看待东汉矫激士风之时，应有的一个维度。

（参见《资治通鉴》卷四十至卷六十）

▲ 诸君子与奸人争兴废，而非为君与社稷捐躯命以争存亡乎！

263

第十三讲　曹操成败

曹操是个很有争议的人物。《三国演义》中的曹操很奸诈,《三国志》中的曹操很正面。如果历史上的曹操不是正面形象,少年李隆基怎么会以阿瞒自诩呢?

年轻时就以睿智知名的曹操,有非常精准的审时度势的判断力,这使他在数次大事关头都能处理得当,未届不惑而雄霸一方。然而,一世英雄的曹操却也躲不过人性最低级的弱点——骄傲轻敌,他被之前的胜利冲昏了头脑,赤壁之战惨败而回。

曹操是个很有争议的人物。《三国演义》中的曹操很奸诈，《三国志》中的曹操形象就比较正面了。至少在唐玄宗时代，李隆基少年时以阿瞒自诩。曹操如果不是正面形象，谁会以他自诩呢？

一　机警权变

青少年时代的曹操，最大的心结是家庭出身问题。他的父亲曹嵩是大宦官曹腾的养子，而父亲究竟本姓什么？最权威的史料《三国志》只是说"莫能审其生出本末"，吴人作的《曹瞒传》说"嵩，夏侯氏之子"。在重视名士和家世的东汉末年，生长在这样的家庭里，曹操无疑会有些包袱。

在东汉末年的宦官贵戚中，曹腾为人总体上是比较收敛的，曹嵩也很谦卑低调，虽说花钱买了一个太尉，但并不仗势欺人，也不炫富争名，因而在官场的人缘一直不错。曹操青少年的生存环境就是这样：一方面衣食无忧，家境物质条件优渥，另一方面精神上有些自卑。桓灵时代，士人名士与宦官简直势同水火，两次党锢之祸，加剧了二者的矛

▲ 青少年时代的曹操，最大的心结是家庭出身问题。

盾。这对于自尊心极强的曹操，不能不产生影响。作为宦官养子之后，曹操心中不会没有阴影。官渡之战中，陈琳替袁绍写的讨伐檄文，是这么骂他的："司空曹操，祖父腾，故中常侍，与左悺、徐璜并作妖孽，饕餮放横，伤化虐民；父嵩，乞匄携养，因赃假位，舆金辇璧，输货权门，窃盗鼎司，倾覆重器。"翻译成现代汉语就是说，曹操的祖父曹腾，是臭名昭著的中常侍之一，与左悺、徐璜这些妖孽一起，贪得无厌，兴风作浪，伤害百姓。父亲曹嵩，不过是一个要饭的孩子，被曹腾收养，贪渎财货，买得官位。曹操本人盗窃权位，擅作威福。这样的话，从曹操曾经的亲密朋友袁绍嘴里说出来，至少说明了正牌名士心里的看法。只是在翻脸之前，袁绍他们心里鄙薄嘴上不说而已。

曹操是个很要强的人，诗文一流，文韬武略，这源自其天赋，更依靠他的努力，因为他的父祖都不是文化人。从曹操的交游圈看，他始终注意结交名士。最亲密的朋友中，袁绍就是大名士，张邈也是顶级名士圈里的"八厨"之一，何颙与名士郭泰、贾彪交好，为李膺、陈蕃器重。显然，他最在乎的就是要与这些名士套近乎。桥玄是大名士，很欣赏曹操的睿智，对他说："君未有名，可交许子将。"许子将，名许劭，以善于品评人物知名，曹操于是去拜访许劭，"子将纳焉，由是知名"。其实，许劭只是比曹操年长五岁而已。

曹操对名士一直很仰慕。大学者、大名士蔡邕绝对是他的长辈，曹操常向他请教书法和文学。建安十二年（207），曹操将蔡邕之女蔡琰（蔡文姬）从匈奴赎回。这时候，蔡文姬在匈奴已经生活了十二年，还留下了两个儿子。

曹操的这份情怀，显然是来自与名士蔡邕交往的记忆。熹平四年（175），蔡邕为"熹平石经"书丹之时，曹操只是二十出头的青年，对名动京城的蔡邕，一定是十分神往的。

可是，曹操是做不了名士的。晚年的曹操曾谈到自己年轻时的志向："孤始举孝廉，年少自以本非岩穴知名之士，恐为海内人之所见凡愚，欲为一郡守，好作政教，以建立名誉，使世士明知之。"真正的名士行为，是拒绝入仕，千呼万唤始出山的。比如袁绍，为父母守孝六年，"礼毕，隐居洛阳，不妄通宾客，非海内知名，不得相见。又好游侠，与张孟卓（张邈）、何伯求（何颙）、吴子卿、许子远（许攸）、伍德瑜（伍琼）等皆为奔走之友。不应辟命"。中常侍赵忠与诸黄门（宦官）议论说："袁本初坐作声价，不应呼召而养死士，不知此儿欲何所为乎？"叔父袁隗敦促，袁绍才应召入何进大将军府任职。

曹操第一次出来做官，为洛阳北部尉。在任第一个重大举措，就是棒杀违犯宵禁令的宦官蹇硕的叔父。他还曾跑到大宦官张让家里，有过暗杀张让的举动，被对方发觉，幸而脱险。曹操还曾上书朝廷，指斥宦官，为被宦官杀害的陈蕃、窦武鸣冤叫屈，说他们正直而被陷害，"奸邪盈朝，善人壅塞"，言辞剀切。所有这些行为，完全是名士做派，意在表示他与宦官划清界限。

黄巾起义的时候，曹操年届而立，因讨伐有功，任济南相。这是一个相当于二千石的位置。曹操对于治下的十几个县，进行了大刀阔斧的改革，革除弊政，废罢淫祀，绳治贪渎。朝廷征调他出任东郡太守，从级别上说，与济南相是相

▲ 曹操所有这些行为，完全是名士做派，意在表示他与宦官划清界限。

当的职位,但是,曹操感觉到了背后的凶险。其时"权臣专朝,贵戚横恣",他发现,靠模仿名士的做派,靠治理政绩的辉煌,不仅无法实现自己的理想,恐怕连命都会丢掉:"数数干忤,恐为家祸,遂乞留宿卫。拜议郎,常托疾病,辄告归乡里",实质是辞职不干了。"筑室城外,春夏习读书传,秋冬弋猎,以自娱乐"。既然按常理出牌不行,曹操于是辞去地方实职,以虚名的"议郎",托病归乡里,边读书习武(弋猎于古人为习武),边思考未来的人生发展方向。

曹操年轻的时候就以睿智知名,"少机警,有权数",他不仅取得了历史公认的文学成就,更重要的是他钻研武学,身手了得,"才武绝人,莫之能害"。所博览的群书中,特好兵法,"抄集诸家兵法,名曰《接要》,又注孙武十三篇,皆传于世"。什么叫《接要》呢?我想,曹操不仅是摘抄要点,而且有连缀诸家、自出机杼接着讲述的内容吧。这在汉末乱世,就派上了用场。桥玄欣赏曹操的,也就是这一点。

许劭不愧为知人,他说曹操是"乱世之奸雄,治世之能臣",时势造英雄。汉末的乱世,给了曹操不按常理出牌的机会。

二　乱世奸雄

曹操的机敏睿智,首先表现在大事上不糊涂。灵帝末年,冀州刺史王芬与曹操好友许攸、陶丘洪(与孔融、边让齐名的名士)等,谋废皇帝,立合肥侯(具体人物不详),身为议郎的曹操反对。说这种危险的事情,"古人有权成败、计轻重而行之者,伊、霍是也"。可是,你们有伊、霍当年的条件吗?他们当年成功,不仅仅是"怀至忠之诚",而且"据宰辅之势,因秉政之重,同众人之欲,故能计从事立"。你们呢?"今诸君徒见曩者之易,未睹当今之难,而造作非常,欲望必克,不亦危乎!"结果证明曹操是对的。

灵帝死后,袁绍劝大将军何进尽诛宦官,甚至要召外军进京,以胁迫何太后同意。曹操当即指出:"宦者之官,古今宜有,但世主不当假之权宠,使至于此。既治其罪,当诛元恶,一狱吏足矣,何至纷纷召外兵乎!欲尽诛之,事必宣露,吾见其败也。"曹操主张用司法手段惩治宦官,而不必假手外军进京。事实证明,曹操又是对的。曹操能审时度势,于此可见一斑。

关东军讨伐董卓,袁绍为盟主,曹操对战争态势的分析,无疑是很专业的,袁绍不听。董卓劫持献帝西逃,真正拿出自己的血本,真刀真枪与董卓拼命的,只有曹操和孙坚。曹操的勇于勤王,为他赢得了很好的声誉,后来汉献帝身边的董昭等人,首先联络曹操迎护救驾,这应该是一个原因。此前,袁绍想立幽州牧刘虞为帝,刘虞本人不敢,曹操也坚决反对。显然,在这一系列问题上,曹操的判断力都惊人的准确。

曹操命运的第一次大转折,是初平三年(192),出任兖州刺史。兖州刺史刘岱被黄巾余部击杀,州政无主,陈宫、鲍信、张邈都看好其时担任东郡太守的曹操。东郡太守这

▲ 曹操的勇于勤王,为他赢得了很好的声誉。

▲ 曹操命运的第一次大转折,是初平三年(192),出任兖州刺史。

271

个职位虽然是袁绍提名表授,这块地盘却是曹操击败黑山军而占有的。在兖州任上,曹操打败青州黄巾余部,"得戎卒三十余万,男女百余万口,收其精锐者,号青州兵"。这可是三十万军队啊! 此后,让这些军人的家属(他们本来是农民)屯田种地,曹操获得了军事和经济上的双重收益。从此,曹操才有了自己打天下的资本。

这个时候,曹操才三十八岁,未届不惑的曹操一举获得如此巨大的成功,有地盘,有队伍,有人物(荀彧等谋士),大约有些飘飘然。曹操想接父亲曹嵩前来兖州团聚,没想到,路上曹嵩被人杀害。凶手的背后,居然有徐州牧陶谦的影子。

曹操怒火中烧:一是杀父之仇必报,二是吞掉陶谦势力是曹操的下一个目标。于是,为父报仇的正当性和吞并徐州的利益驱动,使曹操大张旗鼓地兴师问罪。手握三十万青州兵的曹操,在利益和仇恨的双重作用下,直扑徐州,不惜烧杀劫掠,鸡犬不留。就是这个时候,后院起火,兖州背叛了曹操。这是在 194 年,挑起这次事变的是陈宫。陈宫、张邈等迎吕布为兖州牧,抄了曹操的后路。

为什么陈宫要背叛曹操? 因为曹操杀了名士、前九江太守边让及其一家。边让奚落和批评了曹操,曹操就杀害了人家。凭什么? 因为曹操骄傲了,因为曹操不能忍受被名士奚落鄙视,青年时代的阴影,挥之不去。

曹操最终还是击败了吕布,重夺兖州。经过这次惨痛的教训,曹操成熟了许多。一年后他迎驾汉献帝,建都于许,其发展渐入佳境。

272

唐人赵蕤总结曹操的北方统一大业时说："昔汉氏不纲，网漏凶狡。袁本初虎视河朔，刘景升鹊起荆州，马超、韩遂雄踞于关西，吕布、陈宫窃命于东夏。辽河海岱，王公十数，皆阻兵百万、铁骑千群，合纵缔交，为一时之杰也。然曹操挟天子，令诸侯，六七年间，夷灭者十八九。"

三 成败关口

真正考验曹操的重要战争有两次：一次是建安五年(200)的官渡之战，一次是八年后的赤壁之战。前一仗，曹操作为弱者，战胜了强者袁绍；后一仗，曹操是强者，却败给了弱小的一方——孙、刘联兵。

建安十三年(208)，曹操带着胜利者的骄傲，首先接受了刘琮的投降，拿下了荆州，接着攻打扬州的孙氏政权。这就是著名的赤壁之战。赤壁之战分荆州作战阶段和赤壁作战阶段。前一阶段，曹操大胜；后一阶段，曹操大败。

在荆州作战阶段，曹操表现了一个伟大军事家的战术能力。首先，他出兵宛、叶做战略佯攻，七月，亲率大军以迅雷不及掩耳之势，直扑荆州，八月，刘表死，办丧过程中，曹军取道新野，向襄阳进发，大军未到，刘琮就不战而降。这时候刘备屯樊城，包括孙吴方面，还根本不知道荆州已经丢失。曹操前锋到了宛城，刘备才知道刘琮已经投降。于是，仓促南逃，"操以江陵有军实，恐刘备据之，乃释辎重，轻军到襄阳"。曹操为了防止刘备利用江陵军用物资构成抵抗阵线,当机立断,放弃辎重,轻兵进击,占据了江陵,并以轻骑一日一夜三百里的速度,追击刘备于长坂坡,一举击溃刘备。曹操百日之内,几乎占有了荆州全境。这似乎是曹操打得最轻松的一仗。

接下来,曹操就有些飘飘然了。

简短地说,曹操在赤壁作战阶段,犯了三大错误。首先,曹操漠视了刘备的存在。曹操写信给孙权,要"会猎于吴"。对于刘备纠集荆州残部的能力重视不够。其次,曹操采取沿江下寨、直进平推的战术,没有别部策应,也没有佯动配合,给了孙刘联合进攻的机会。再次,曹操在荆州的统治尚不巩固,而孙权在江东的政权已历三世,士民归附;刘备在荆州经营多年,深得民心,"刘琮左右及荆州人多归备",曹操客军远斗,不习水战,都是不利因素。

为什么久经沙场的老将,会犯这样一些低级错误呢?这就是人性的弱点,骄傲轻敌,被胜利冲昏了头脑所致。曹操企图用声威来震慑孙吴君臣,没有想到在周瑜、鲁肃等人的辅佐下,孙权集团有着顽强的抵抗意志与实力。至于黄盖诈降,曹操上当,更突显了曹军因虚骄而轻信的一面。"操军吏士皆出营立观,指言盖降。"黄盖扬帆诈降,曹操官兵都走出营外观看,指着前来的船只说,你看这是东吴人来投降啦。史家这淡淡的一笔,把曹军的轻佻,表露无遗。

(参见《资治通鉴》卷五十二至卷六十九)

▲ 曹操百日之内,几乎占有了荆州全境。这似乎是曹操打得最轻松的一仗。

▲ 为什么久经沙场的老将,会犯这样一些低级错误呢?这就是人性的弱点,骄傲轻敌,被胜利冲昏了头脑所致。

第十四讲　刘备百折

刘备在江湖上的美誉度,随着他一次一次兵败而不断提升。仁厚,是他的智慧所在。在困境中求生存,借力发力,则是他仁厚之外坚忍、通权变的特征表现。比起曹操的雄才伟略,刘备确实甘拜下风。然而他广播恩信,"折而不挠",最终成就了一番偏安的霸业。

刘备,字玄德,涿州涿县(今河北涿州)人,出身农家。都说刘备以卖鞋、贩草席为业,实不尽然。他的父祖"世仕州郡",可见也是有身份人家。刘备的祖父刘雄,"举孝廉,官至东郡范令",就是当过东郡范县县令,父亲刘弘大约是一般吏职。

可是,要与曹操、袁绍、刘表、刘璋比,刘备就差远了。袁、曹暂且不论,刘表曾是"八顾"之一的名士,党禁解除后,他入大将军何进幕府,出来就是荆州刺史,刘璋的父亲刘焉在朝为太常,出为益州牧。虽说都姓刘氏,他们之间的差距真是太大了。裴松之曾经感叹,为什么刘备称帝之时,史料中没有留下他所追尊的"元祖"名讳。其实刘备自己死后只有谥号昭烈帝,并没有庙号。我怀疑,刘备当初称帝之时,就没有认真地追尊过"元祖"。他应该是继承汉献帝"皇侄"的位子。

刘备在父亲故去后,与母亲相依为命,少年时代也没有认真向学,只是在乡里纠集一帮无良少年,自己当孩子王,偶尔接受涿州经商的富商的经费资助,然后为商人们提供安全保护,也完全可能。

察举入仕,这是东汉最正牌的出身。曹操、袁术、孙权都曾经举孝廉,刘备的同学公孙瓒家世二千石,也曾举孝廉。刘备却是与黄巾军打仗出身(举孝廉还是祖父刘雄时候的事)。这还比不得董卓,董卓在西北边与羌人作战,刘备是与黄巾军作战,略有微功,获得一官半职。这一下就比人家矮了半截。

一　江湖声誉

刘备以军功出身,担任过几任低级职务,如安喜县(河北定州市区东面)县尉、下邳(江苏徐州附近)丞、高唐县(山东潍坊高唐)县尉和县令。结果不是被人裁员,就是自觉无趣,主动去职,还有被贼人赶走的。走投无路之际,刘备只好去找老同学公孙瓒。

▲ 刘备虽是打仗出身,实则不会打仗。

刘备虽是打仗出身,实则不会打仗。曹操手下的人就曾说刘备是"拙于用兵,每战则败"。公孙瓒派刘备去帮助徐州陶谦。陶谦被曹操所逼,不甘心将徐州留给曹操,临死前,请刘备接守徐州,这其实是天上掉馅饼啊。结果刘备却输给了吕布,丢掉了徐州。此后,他就在吕布手下苟且过活。吕布亦不能容,于是他先后投奔曹操、袁绍、刘表。汉高祖刘邦四十八岁时出来起义。刘备四十八岁时还在刘表手下混饭吃,郁郁不得志。

▲ 刘备在江湖上的美誉度,却因为他一次次的失败而不断抬升。

可是,自出道以来的二十多年,刘备在江湖上的美誉度,却因为他一次次的失败而不断抬升。刘备赢得了人才,赢得了人心,赢得了仁厚的美名。

先说人才。关羽、张飞在刘备出道之前，就是他的铁杆兄弟。公孙瓒帐下的赵云忠勇善战，性情谦和，刘备一见倾心，深相接纳，从此子龙(赵云字子龙)追随刘备一生，甘苦与共。最有名的是诸葛亮，刘备三顾茅庐，成为千古佳话。诸葛亮比刘备年轻二十岁，刘备不仅能用诸葛亮，而且坦诚托孤，使诸葛亮鞠躬尽瘁，死而后已。史学家陈寿赞美刘备在笼络人才方面可以媲美高祖刘邦，说："先主之弘毅宽厚，知人待士，盖有高祖之风，英雄之器焉。"至于"举国托孤于诸葛亮，而心神无贰，诚君臣之至公，古今之盛轨也"。可以说比刘邦还要更高一筹，为古今罕见之美谈。

再说人心。陶谦请刘备出任徐州刺史，而此前刘备最多做过县令，没有履历，没有家族背景。于是他心中胆怯，对于不远处的袁术，心存疑虑。可是袁绍、陈登、孔融这些不同背景的人，都认同刘备领徐州。特别是北海相孔融，看不起曹操，却特别看好刘备。《三国志·蜀书·先主传》载，北海相孔融谓先主曰："袁公路岂忧国忘家者邪？冢中枯骨，何足介意。今日之事，百姓与能，天与不取，悔不可追。"刘备遂领徐州。这就是刘备的过人之处，天与之，百姓与之，地方实力派如陈登、糜芳都与之。

刘备在荆州，受到刘表的猜忌，难有作为。可人心却在刘备这边。刘表死后，荆州士民皆归附于刘备，诸葛亮劝他袭取刘表遗孤——懦弱的刘琮，刘备不听。曹操南下攻荆州，刘琮投降，数以十万计的百姓追随刘备南逃，每天只能走十几里，有人劝刘备放弃百姓，刘备说："夫济大事必以人为本，今人归吾，吾何忍弃去！"走笔至此，晋朝史学家习凿

▲ 史学家陈寿赞美刘备在笼络人才方面可以媲美高祖刘邦，举国托孤于诸葛亮，而心神无贰，可以说比刘邦还要更高一筹。

▲ 这就是刘备的过人之处，天与之，百姓与之，地方实力派与之。

齿也不禁赞叹道："虽颠沛险难而信义愈明，势逼事危而言不失道。"

最后说仁厚。刘备无疑有忠厚的一面。裴松之就说，刘备"追景升之顾，则情感三军；恋赴义之士，则甘与同败"。说他不愿意袭取荆州，愧对刘表于地下；不愿意抛弃百姓，宁愿与之同患难。其实，从另外一面说，刘备的仁厚，也是他的智慧所在，即使他起意袭取荆州，他能够确保一定成功吗？即使袭取成功了，面对曹操南下的大军，他能保住荆州吗？刘备心中应该是很清楚的。

总之，与众豪杰混江湖，刘备可以打的牌不多，可依赖的本钱也很少。全凭他自己这点仁厚的长者形象，往往绝处逢生，逢凶化吉。刘备动不动就以刘皇叔自诩，其实最不靠谱的就是这个"皇叔"头衔。

二　困境机遇

赤壁之战是刘备一生的转折点。赤壁之前，刘备很少有得意的日子。

赤壁之战期间，刘备以及关羽、刘琦（刘表长子，其手下军队万余人归于刘备）有两万人，周瑜所动员的军队也只有三万人，照理说，二人出兵相当，确实是孙刘联盟。可是，无论是曹操，还是孙权，都没有把刘备真正作为一方而平等相待。孙权只是把刘备看作前来投奔自己的，就像当初刘备在袁绍、曹操和刘表手下那样。这是导致孙刘二家为荆州问题大动干戈的原因之一。

先说当初刘备投靠曹操是被吕布所逼,曹操遇之甚厚,上表汉献帝封刘备作豫州刺史、左将军,礼之亦重,出则同舆,坐则同席。刘备后来称刘豫州、左将军,就是本乎此。豫州在河南,是曹操的地盘,刘备任豫州刺史,只是虚名。刘备心知肚明,所以他从来就没有想在曹操手下安安心心地过日子。为什么?曹操不会放过他。青梅煮酒论英雄,曹操说,当今之世,堪称英雄的唯有你刘使君和我曹操,"本初之徒,不足数也"——袁绍之流,是不能算的。这番话把刘备吓得筷子都掉下了地。我们佩服曹操的眼力,更要赞赏刘备的柔术,他毕竟瞒过了曹操的眼睛,逃了出来。

▲ 青梅煮酒论英雄,我们佩服曹操的眼力,更要赞赏刘备的柔术,他毕竟瞒过了曹操的眼睛,逃了出来。

接着刘备去了袁绍麾下。袁绍除了派人前往迎接之外,他自己也到两百里之外亲迎之,可见对于刘备的重视。刘备于袁绍之子袁谭有恩(袁谭举茂才,刘备是恩主),可是,尽管如此,袁、曹还没有分出胜负,刘备就"阴欲离绍,乃说绍南连荆州牧刘表"。为什么刘备暗中谋划离开袁绍呢?因为他自己不能俯首于袁绍,袁绍也不可能放心于刘备。官渡之战结束后,刘备就投奔荆州刘表而去。

可是,刘备在荆州深为刘表所忌惮。从刘表等人身上,我们看出汉末名士的不堪。"景升父子皆豚犬"(叶剑英诗句),此言不虚。曹操出兵东北的乌桓,刘备建议乘许下空虚,袭击曹操的后方。刘表犹豫不决,失去了机会。刘表的这种态度,被郭嘉等人看得一清二楚,故建议曹操放心前行。刘表身居天下要冲,采取中立态度,实际上是坐以待

▲ 刘备在荆州一共有七年时间,这期间他广结恩信,又先后得到了徐庶、诸葛亮这样的人才,就等一个出头露面的机会。

毙。刘备在荆州一共有七年时间,这期间他广结恩信,又先后得到了徐庶、诸葛亮这样的人才,就等一个出头露面的机会。刘表去世后,曹操南下,荆州局势崩盘,孙权暴露在曹操的打击之下,从而给了刘备新的机遇。

曹操屯军于江北的乌林(今湖北洪湖市境内),其著名的《短歌行》:"月明星稀,乌鹊南飞。绕树三匝,何枝可依?山不厌高,水不厌深。周公吐哺,天下归心。"就是赤壁之战前与诸将宴饮时的兴会之作。据说其中的"乌鹊南飞,绕树三匝,何枝可依",是很不吉利的征兆。接着,黄盖诈降,火烧曹营,刘备从陆路,周瑜从水路,并进追击,曹操大败而逃。孙刘联军赢得了赤壁之战的胜利。

▲ 刘备一再投靠他人,困境中求生存,借力发力,表现了他能坚忍、通权变的性格。

刘备一再投靠他人(公孙瓒、陶谦、吕布、曹操、袁绍、刘表、孙权),困境中求生存,借力发力,表现了他于仁厚之外,还有能坚忍、通权变的性格。

三　赫然寂灭

赤壁之战结束后,刘备终于得到了一块属于自己的地盘。这是他失去徐州之后,再一次真正拥有一块根据地。可是,荆州与徐州类似,也是四战之地。凭刘备如此单薄的实力,根本不可能固守。所以,需要孙刘联盟。

机会来自益州。割据汉中的张鲁投降了曹操,汉中成为曹操进攻成都的跳板。益州牧刘璋在僚属张松、法正的鼓动下,决定迎请刘备入川,北击张鲁。刘备于是有了染指益州的机会。诸葛亮"隆中对"提出的"横跨荆益"的诱人前景,正在向他招手。

可是,有人不看好刘备在四川的军事行动。"初,刘备袭蜀,丞相掾赵戬曰:'刘备其不济乎?拙于用兵,每战则败,奔亡不暇,何以图人?蜀虽小区,陷固四塞,独守之国,难卒并也。'"曹操手下的幕僚长赵戬看不上刘备:"拙于用兵,每战则败,奔亡不暇,何以图人?"能够逃命保住自己就不错了,还想算计别人呢?赵戬鼻子里不屑的哼声,仿佛可闻。

可是,著名思想家傅玄的父亲傅幹,却有独到的看法:"刘备宽仁有度,能得人死力。诸葛亮达治知变,正而有谋,而为之相;张飞、关羽勇而有义,皆万人之敌,而为之将。此三人者,皆人杰也。以备之略,三杰佐之,何为不济也?"傅幹认为刘备会成功夺取益州。理由之一,刘备宽仁有度,宽仁而且能把握尺度(不甚迂腐),能够让人死心塌地跟随他。理由二,诸葛亮通达权变,懂政治而有谋略;关、张忠义勇敢,为万人敌。他们都是一流人才。理由三,团队精神好,能互相配合,以刘备的领导韬略,加上能文能武的团队的辅佐,有什么事情做不成呢?

建安十六年(211),应刘璋邀请,刘备帅庞统等人统数万兵马进川,刘璋甚至没有让其进城,就遣他直接去白水关前线,准备攻打张鲁。有人建议刘备在刘璋迎接的仪式上就袭取成都,刘备觉得根基不固,没有轻举妄动。次年,张松勾结刘备取益州的阴谋败露,刘备调诸葛亮等进川辅佐。

▲ 以刘备的领导韬略,加上能文能武的团队的辅佐,有什么事情做不成呢?

▲ 刘备攻取汉中，当初横跨荆益的蓝图已经成为现实。可是，这个现实包含着一个巨大的风险，就是荆州与益州之间的水上通道。

建安十九年（214），刘备攻入成都，刘璋被送往江陵安置。

建安二十四年（219），刘备攻取汉中，并自任汉中王，事业达到峰巅。刘备在成都，魏延在汉中（梁州），关羽在荆州，当初横跨荆益的蓝图已经成为现实。可是，这个现实包含着一个巨大的风险，就是荆州与益州之间的水上通道，要经过三峡，十分险阻，兵马与物资均难以顺畅调动。而益州是"险固四塞"，刘备的兵力被切割为三。益州之外，北边的汉中（梁州）直面曹操西北的军事压力，荆州面临孙权的觊觎和曹操河南地区的军事压力。连接荆益之间陆上通道的关键点——襄阳和樊城，掌控在曹操手上。

于是，关羽急吼吼地在荆州搞出大动作，要攻打襄、樊，但他没有照顾到孙权的情绪，没有在外交上做出恰当的安排，最终急于求成，功亏一篑。关羽失荆州，败走麦城，给了刘备沉重的打击。我们要反思的是，当初诸葛亮设计的"横跨荆益"，成为镜花水月，成为刘备失败的原因。

不久曹操去世，曹丕禅代。刘备也于魏黄初二年，即公元221年即位称汉帝，年号章武。此时的蜀汉，本当巩固政权，徐图良策，可是刘备却以为关羽报仇的名义，发动了征讨东吴的夷陵之战。战前张飞已经被杀，诸葛亮、赵云都无法阻拦刘备的冲动行为。夷陵战败，蜀汉元气大伤，刘备一病不起。

▲ 夷陵战败，蜀汉元气大伤，刘备一病不起。

刘备驾崩于公元223年农历五月，《资治通鉴》没有像曹操去世时那样，留下一段盖棺论定式的评价。《三国志·蜀书·先主传》之末有段评语，除了赞扬刘备的弘毅宽厚、知人善用之外，还特别提出，"机权干略，不逮魏武，是以基宇亦狭"。这是实事求是的评价。比起曹操的雄才武略，刘备确实要甘拜下风。"然折而不挠，终不为下者，抑揆彼之量必不容己，非唯竞利，且以避害云尔。"

"折而不挠"，奋斗不止，陈寿对刘备的这个评价，洵非虚言。说刘备之所以这样做，"非唯竞利，且以避害"，也是洞察人心的确当之论。

在东汉末年的政治江湖上，刘备曾属于弱者。行伍出身，最不会的就是打仗；自称皇叔，最弱的一项就是出身。论心机，刘备不如曹操；论家业，刘备逊于孙权。但是，刘备能识人、团结人，致其死力；刘备能广播恩信，所在之处均能获得民心归附，也能争取到当地豪强的支持；刘备性格坚忍，能屈能伸，百折不挠，最终成就了一番偏安的霸业。

"天下英雄谁敌手？曹刘！""本初之徒，不足数也。"在刘备落魄寄人篱下的时候，曹操有这样的眼力，不得不令人佩服。

（参见《资治通鉴》卷五十七至卷七十）

▲ 刘备能识人、团结人，致其死力；刘备能广播恩信，所在之处均能获得民心归附，也能争取到当地豪强的支持；刘备性格坚忍，能屈能伸，百折不挠，最终成就了一番偏安的霸业。

第十五讲　孙权偏霸

与父兄相比，孙权不善于挺矛操戈、冲锋陷阵，他的特点是能像越王勾践那样屈身忍辱、笼络人才。曹操说："生子当如孙仲谋。"

　　孙权善于识人用人，能够驾驭部下；也能把持自身，改过迁善，约束权力。但在古代权力结构中，长寿的帝王晚年往往恣意妄为，造成悲剧，孙权也没有逃脱这个宿命。

孙权及其父兄孙坚、孙策,在三国英雄谱中构成了一道独特的风景,与他们对应的是刘表父子。曹操曾说:"生子当如孙仲谋!若刘景升儿子若豚犬耳!"刘景升,荆州刺史刘表也。叶剑英《七律·远望》"景升父子皆豚犬",辛弃疾《南乡子·登京口北固亭有怀》"生子当如孙仲谋",出典即在于此。

然而,三国人物中,与曹操、刘备相比,孙氏父子的事迹,是传说最少的一个。

一　父兄好汉

《三国志》说孙坚是孙武之后,生长在富春江边,十七岁时随父亲到钱塘,因勇擒盗贼而知名。此后,因为孙坚在地方治安中表现出色,历任盱眙、下邳县丞。时在汉灵帝熹平初年。

少年孙坚出道,以勇猛知名,其后的事迹,也都与打仗有关。朝廷征召他去征讨黄巾军,平定西凉羌人,在灵帝生前,他已经是长沙太守,因军功封为乌程侯。别说刘备比不上，就是与曹操相比，孙坚的成就也不遑多让。更突出的是孙坚在随关东军讨伐董卓中的卓越表现。董卓西遁途中，曹操被董卓部将徐荣打败，孙坚的军队一直打到了洛阳城。董卓曾说："关东军败数矣，皆畏孤，无能为也。惟孙坚小戆，颇能用人，当语诸将，使知忌之。"董卓曾经动念想与孙坚结成儿女亲家，笼络孙坚，被断然拒绝。

▲ 孙坚的失误，在于追随了袁术。

孙坚的失误，在于追随了袁术。袁术上表让孙坚为豫州刺史，派他去攻打荆州刘表，在与刘表部将黄祖的战争中，不幸身中暗箭而亡，其部众为袁术所控制。

与孙坚酷似，其长子孙策也是一员猛将。孙坚死时，孙策年仅十六岁。父亲早逝，给他留下的基业虽然有限，但在老家扬州地区，孙家已经有一定的社会势力。孙策的舅舅吴景是丹阳太守，从兄孙贲为丹阳都尉。孙策招募了数百人继续跟袁术干，战功卓著。可是，袁术经常忽悠他，许诺他为九江太守，后来却用了别人；又让他去打庐江，说打下让他当庐江太守，还歉意地说上次九江太守的事用错人了，这回一定兑现。待孙策攻下庐江，袁术又安排自己的老部下为太守。忽悠孙策，是因为忌惮孙策。孙策对此十分恼火。总之，在袁术这里干是没有出路了。于是，孙策以协助舅父吴景平定江东的名义，讨回父亲的亲兵旧部，袁术也给了部分资助，孙策回到了家乡。到故乡去创业，这是孙策成功的一个关键。

▲ 到故乡去创业，这是孙策成功的一个关键。

孙策在江东所向披靡，敌人闻孙郎之名而丧胆。这个时候，孙策身边已经有了张昭、秦松、张纮等一班谋士，周瑜等一班朋友，程普等一班军将。袁术称帝，让新掌朝廷大权的曹操很难堪,也给了孙策重要的战略机遇。他一方面声讨袁术的叛逆,借机摆脱袁术,另一方面在江东大力拓展地盘。孙策自领会稽太守,舅父吴景为丹阳太守,从兄孙贲为豫章太守;分豫章为庐陵郡,以孙贲之弟孙辅为庐陵太守,另用心腹朱治为吴郡太守,又荐李术为庐江太守。曹操为拉拢孙策,代表朝廷任命孙策为讨逆将军,封吴侯。袁术死后,曹操的压力主要来自北边的袁绍,不仅认可了孙策的行动,还与之结为婚姻之好。

孙家的基业其实是孙策奠定的。遗憾的是在官渡决战前夕,孙策被吴郡太守许贡的门客暗箭射杀,年仅二十五岁。

▲ 孙家的基业其实是孙策奠定的。

二　任才善谋

孙坚出身江东,却一直在荆州地区做官。孙策在父亲死后,只有九年的光景,回到江东的时间也不长,但毕竟已经控制了江东的几个郡。但是政权并不巩固。司马光是这么分析孙策死后的形势的,"时策虽有会稽、吴郡、丹阳、豫章、庐江、庐陵,然深险之地,犹未尽从,流寓之士,皆以安危去就为意,未有君臣之固"。巩固江东政权的任务是孙权完成的。

孙策在临终之前,给年仅十八岁的孙权打气说:"举江东之众,决机于两陈之间,与天下争衡,卿不如我;举贤任

▲ 举江东之众,决机于两陈之间,与天下争衡,卿不如我;举贤任能,各尽其心以保江东,我不如卿。

能，各尽其心以保江东，我不如卿。"意思是孙权更善于当领导，孙策更善于打仗。这番话有孙策的自谦之词和鼓励之意。

孙策在征服江东的过程中，"一无所犯，民乃大悦，竞以牛酒诣军"，能够做到"军令整肃，百姓怀之"，说明他善于团结当地豪强，也获得了南下士族和当地豪族的拥戴和支持，张昭是流寓之士的代表，周瑜是当地势力的代表。降华歆、赦魏腾，都说明孙策是很有战略头脑的人。史家赞扬道："策为人，美姿颜，好笑语，性阔达听受，善于用人，是以士民见者，莫不尽心，乐为致死。"孙权继承了父兄善于邀人死力、乐为致死的领袖魅力。

与父兄不同的是，孙权的优势不是在战场上勇猛杀敌。《三国志·吴主传》陈寿对孙权的评价是："孙权屈身忍辱，任才尚计，有勾践之奇英，人之杰矣。故能自擅江表，成鼎峙之业。"结合孙策的鼓励之词和陈寿的赞美之词，可以得出一个看法，孙权不像其父兄那样善于挺矛操戈、冲锋陷阵，他是一个有阴柔手段的人。他的优势是，能够像勾践那样屈身忍辱，笼络人才，善用计谋。

举一个例子。孙权执掌江东后的第一要务，是"分部诸将，镇抚山越，讨不从命"。庐陵太守孙辅担心孙权年轻不能保住江东，暗通曹操，孙权剪除其亲信，并将之调到自己的侧近加以控制。庐江太守李术虽然当初蒙孙策举荐，孙策还给拨了他三千兵马，也不服孙权管束，甚至招纳孙权的部众。孙权移书讨要，李术回复说：有德者归附，无德者叛离，哪有归还之理！孙权大怒，但是，他没有莽撞从事，而是

▲ 孙权继承了父兄善于邀人死力、乐为致死的领袖魅力。

▲ 孙权屈身忍辱，任才尚计，有勾践之奇英，人之杰矣。

▲ 孙权是一个有阴柔手段的人。

先上书主持朝政的曹操,说李术这家伙杀了您任用的扬州刺史严象,我现在要剿除他,他肯定会句中央报告求援,希望您不要理睬这家伙。果然,孙权进攻李术,"术求救于操,操不救"。孙权"遂屠其城,枭术首。徙其部曲二万余人"。能够忽悠住曹操,让其听任自己兼并异己势力,可见年未弱冠、初出茅庐的孙权,确实不同凡响。孙策死后,江东大佬张昭、孙策密友周瑜都看好孙权。"张昭、周瑜等谓权可与共成大业,遂委心而服事焉"。不是没有原因的。

三　处世用人

任何一个成功的领袖人物,其领导风格、成功原因各不相同,但是,治国理政,莫先于用人,用人始终是领导艺术的核心内容。孙权的领导风格,有什么过人之处呢?

第一,处事谨慎,对发展战略心中有数。

孙权即位不久,与鲁肃初次见面。鲁肃是周瑜推荐的。二人合榻对饮。孙权说:"今汉室倾危,孤思有桓、文之功,君何以佐之?"意思是要学习齐桓公、晋文公,匡扶汉室。这其实是场面上的话。主政一方,当为汉家社稷效力。

鲁肃非常直截了当地说,您恐怕不够格啊。当年汉高祖刘邦欲尊事义帝而不获者,以项羽为害也。今日之曹操,犹昔日之项羽,将军何由得为桓、文乎!以我浅见,汉室不可复兴,曹操不可卒除,为将军计,惟有保守江东,割据一方,以观天下之衅耳。若因北方地区多务,我们可以伺机剿除黄祖,进伐荆州刘表,完全据有长江天堑,此王霸之业也。

其实,在孙策临终前,就提出了"保有江东、徐观天下"的偏霸之策,鲁肃只是捅破了这层窗户纸,并且更具体地论及发展路线图而已。但孙权新领江东,极力与曹操斡旋,不宜立马表态,暴露自己的政治意图。他现在的身份还是汉臣,所以他假装糊涂说:"今尽力一方,冀以辅汉耳,此言非所及也。"孙权这番表态,与四十八岁的刘备后来对于诸葛亮"隆中对"的立马表态,有显著的不同。应该说,各有千秋。刘备立马表态,是要给自己和团队打气;孙权故作沉吟,则是为了掩盖自己的战略方向。两位都是高人!可是,人家孙郎当时只有十八岁。

《资治通鉴》记载了孙权就任之初在人事上的一些安排:"权料诸小将兵少而用薄者,并合之。别部司马汝南吕蒙,军容鲜整,士卒练习。权大悦,增其兵,宠任之。功曹骆统劝权尊贤接士,勤求损益,飨赐之日,人人别进,问其燥湿,加以密意,诱谕使言,察其志趣。令皆感恩戴义,怀欲报之心,权纳用焉。"这段话说了三件事:一是孙权一上台就进行了一次军队改革,合并裁剪了一些兵少能力弱的干部;二是重用提拔了吕蒙,因为吕蒙带兵出色;三是采纳骆统的建议,尊贤纳士,听取其建言,关心其生活,观察其志向,以便进一步发现人才。

第二,善于识人用人,能够驾驭部下。孙权割据江东,除了地理优势,还有人才优势,始终有一批文武人才忠心辅佐他。这一点,为曹魏出使江东的使者观察到,诸葛亮在蜀汉也多次提到这一点。治国理政，人才终究是第一位的。孙权用人最大的特点是：不求全责备，人尽其用。

▲ 孙权用人最大的特点是：不求全责备，人尽其用。

孙权曾经评论过吴国的三个重要人才——周瑜、鲁肃和吕蒙。对于周瑜，他肯定其胆略过人，赤壁之战，开拓荆州，建立伟业。对于鲁肃，他肯定其见识超群，并举二事为证。一是榻中对，二人初次见面，鲁肃论及发展大略，谋求帝王之业，此是一大快事！二是曹操大兵压境，张昭、秦松等人都主张投降，只有鲁肃力主抗击，劝孙权召周瑜，总领兵事，最终获胜，这是两大快事。

但是，孙权说鲁肃也有错失，认为鲁肃力主借荆州给刘备的事，是其明显失误；当刘备不愿意归还荆州之时，鲁肃向关羽讨要不成，说关羽没有什么了不起，这是鲁肃"内不能办，外为大言耳"！但是，孙权说，瑕不掩瑜，我并不苛责于他。孙权还赞赏鲁肃带兵，军令严肃，路不拾遗，有完美的法令制度。

对于吕蒙，孙权赞赏他不仅果敢有胆，而且是"学问开益，筹略奇至"。关于这一点，还有一个故事呢。

吕蒙带兵后，有一次孙权对吕蒙说，"卿今当涂掌事，不可不学"。你现在掌权用事，不可不学习，建议他花时间读读书。吕蒙推辞说，军中事情繁忙，哪有闲工夫读书啊。孙权说，"不是让你读书去当经学博士啊！但当涉猎阅览，了解历史成败嘛。你说自己事务多，与我比怎么样？我的事情也多，但是，我常读书，自以为大有裨益"。从此，吕蒙注意读书，进步很快。以致鲁肃见到后，大呼：老兄今日之才学，非复当年的吴下阿蒙啊！吕蒙不无得意地说，有道是士别三日，当刮目相待，老兄怎么现在才明白呀！孙权称赞吕蒙通过学习，进步很快，与周公瑾相亚，唯有议论的风采稍逊而已。

再举一个例子。赤壁之战后，曹操与孙权在濡须——合肥一带有过多次拉锯战。孙权常年屯兵在濡须口（今安徽无为县北）。他让大将周泰在濡须前线统兵，发现大将朱然、徐盛等轻视周泰。周泰不仅出身寒微，而且也没有什么背景，他们归周泰统属，心中不服。前线统兵将帅不和，这是兵家大忌。怎么办呢？孙权没有采用生硬的手法批评不服的将领，而是动了些心思，用温和的办法化解了矛盾。

孙权约会诸将宴饮，酒酣耳热之际，命周泰解开衣襟，见其身上伤痕累累，故意问道，周将军啊，你这遍体鳞伤是怎么回事啊？周泰老老实实地一一作答说，这一处伤疤，是何时何地的哪场战斗所致，哪一处伤疤是何时何地的哪场战斗所致。等到周泰说完，穿好衣服，孙权已经泪流满面。他紧紧拉住周泰的手臂说："幼平（周泰字幼平），卿为孤兄弟，战如熊虎，不惜躯命，被创数十，肤如刻画（身体上的刀剑伤痕像刻画的线条一样），孤亦何心不待卿以骨肉之恩，委卿以兵马之重乎？"宴会结束后，孙权请周泰帅兵马导从，鸣鼓角作鼓吹而出。于是，徐盛等乃服。你看，孙权做思想工作，绝不鲁莽，而是讲究方式方法的。

这一特点也体现在处理陆逊与诸葛恪的关系上。所谓"夫不舍小过，纤微相责，久乃至家户为怨，一国无复全行之士也"。

第三，对外战略灵活，善于审时度势。三国的外交纵横中，东吴的身段最柔软，联刘抗曹，或者是降魏攻刘，端的看国家利益，没有个人感情。赤壁之战前的事情不说。赤壁之战后，孙权与曹操有过多次交手，互有胜负。但是，如果国家利益受到威胁或者损害，孙权从来不吝惜与刘备翻脸。孙权有多次投降曹魏的举动，又有多次与蜀汉盟誓的事情。一切以国家利益为重。

当初刘备借荆州，一是因为刘备赤壁之战确实有功，二是鲁肃力主孙刘联盟，对付北边的曹操，把刘备当作看家护院的。其实，刘孙两家对于荆州的归属，有明显的分歧。建安十九年（214），刘备取益州，孙权就嘀咕着荆州的事情。鲁肃死前，由于曹操在汉中的行为威胁到刘备，刘备做出让步，孙刘两家分荆州为二，东边三郡归孙吴，西边三郡归刘备，算是暂时熄灭了争论。

建安二十四年（219），刘备拿下汉中，称汉中王，关羽在荆州地区采取配合行动，猛攻襄、樊，意欲从陆路上打通荆益。孙权不想刘备在中原得计，更想乘刘备无暇东顾，将其势力从荆州彻底清除出去。司马懿看出了孙权心中的小九九。于是，孙曹一拍即合。孙权与曹操暗通款曲，关羽丢了性命。

不久，延康元年（220）十月，曹操去世，曹丕禅代称帝，改元黄初。次年八月，"孙权遣使称臣，卑辞奉章"，对此，曹丕欣然接受，封孙权为大魏天下的藩王——吴王。对于孙权的甘做藩臣，曹魏阵营的人看得很清楚，无非是权宜之计，防止刘备报仇时，"蜀攻其外，我袭其内"。孙权面对曹丕派出的使者浩周，信誓旦旦，说是绝对有诚意，甚至一把鼻涕一把泪地解释，"为之流涕沾襟，指天为誓"。可是"多设虚辞"，绝不派质子。

及至夷陵之战，蜀汉失败，孙权马上不认账。曹丕大怒，派大兵征讨，孙权"乃卑辞上书，求自改厉"。孙权还在上书上说：若陛下认为我罪在难除，不能原谅，臣当奉还土地民人，"寄命交州，以终余年"。把我流放到交州去，终其余生。同时，孙权又与上过当的魏国使臣浩周写信："欲为子(孙)登求昏宗室。"又云："以登年弱，欲遣孙长绪、张子布随登俱来。"说得跟真的一样。这就是孙权的手段。

但是，这次曹丕不上当了，决计亲征东吴。孙权于是一方面发兵临江拒守，另一方面又"使太中大夫郑泉聘于汉，汉太中大夫宗玮报之，吴、汉复通"。蜀汉这时候已经没有力量再战，与曹魏又不存在和解的可能性，只好接受了东吴的和平使者。在刘备死前，蜀吴已经实际和解。刘备驾崩后刘禅继位，诸葛亮实际主持朝政。诸葛亮主动遣使东吴修好。于是东吴与蜀汉维持了四十年的和平，直到三国局面的结束。

孙权晚年犯了许多错误。孙权是一个疑心比较重的人，只是他不一定放在脸上。在赤壁之战前，他为了牵制周瑜，派程普与周瑜为左右督。及至吕蒙带兵图荆州，又想要派孙家人牵制，吕蒙点出此事，说当初周瑜与程普的不协调，几乎闹出事故来，孙权才作罢。当年的孙权，尚能改过迁善，约束权力，把持自己。可是晚年的孙权，听信谗言，昏聩骄狂，手握大权不放，疑心重而听不进劝谏。他任用的宰

▲ 晚年的孙权，听信谗言，昏聩骄狂，手握大权不放，疑心重而听不进劝谏。

相,不是平庸之辈,就是远离京城的前线统帅。前者不敢用权,后者无法执政。孙权也想改革,可是,他用吕壹进行的改革,变成了苛政。特别是在接班人选择上,反复无常,终致留下了一个烂摊子。孙权是三国英雄里面寿命比较长的一位,神凤元年(252)辞世的时候,已经七十岁。在古代王朝权力结构中,长寿的帝王晚年往往不知道约束自己,形成悲剧,孙权也没有逃脱这个命运。

▲ 在古代王朝权力结构中,长寿的帝王晚年往往不知道约束自己,形成悲剧,孙权也没有逃脱这个命运。

(参见《资治通鉴》卷五一七至卷七十五)

299

第十六讲　曹魏国运

与曹操的格局相比，曹丕实在相去甚远。继位之前发生的琐屑小摩擦，曹丕却在继位后用帝王的权力来实施报复，其格局可见一斑。

　　曹魏政权，从曹丕到曹叡，片面接受东汉末年的教训，把权力集中于秘书，依靠秘书治国，导致了大权旁落，江山不保。在集权时代，领袖人物的才能和智慧，对国家安全和治理，起着非常重要的作用。

一　曹丕称帝

延康元年(220)年初,曹操在洛阳逝世,世子曹丕继位,不久汉献帝禅让,曹氏取代东汉,建立六魏政权,史称曹魏,标志着三国历史纪年的真正开始。三年以后,刘备称帝,旋即去世,孙权大约在这些魏蜀元老去世后,又统治了东吴三十年。我们知道,最后三国是统一于西晋的,为什么最强大的曹魏没有统一三国,最终是西晋完戋了这项伟业呢?下面我们来讲讲曹魏的国运。

▲ 为什么最强大的曹魏没有统一三国,最终是西晋完成了这项伟业呢?

魏文帝曹丕是曹操的次子,据说曾与弟弟曹植争夺过太子之位,《资治通鉴》也这么记载。所谓《七步诗》就是讲他们兄弟争权的:"煮豆燃豆萁,豆在釜中泣。本是同根生,相煎何太急。"其实他不光跟兄弟争权位,而且还争老婆。当初曹操打败袁绍之时,对于袁绍之子袁熙的妻子甄洛这个美女,据说三曹(曹操、曹丕、曹植)都感兴趣。最后曹丕先得手。还有传说,甄妃死后,曹丕尝把甄妃的玉镂金带枕送给曹植,他看出曹植的《洛神赋》就是为甄妃写的。

曹丕这个人,很有文学天才,一篇《典论·论文》流传千古,但跟他父亲比,格局却是差了许多。曹丕继位以后,报复心很强,过去得罪过他的人,不管曾经有多大功劳,他一定要想办法置之于死地。

▲ 曹丕继位以后,报复心很强,过去得罪过他的人,他一定要想办法置之于死地。

《资治通鉴》给我们举了两个例子。

先举一个冤杀鲍勋的例子。鲍勋是曹操的莫逆之交鲍信的儿子。这个鲍信可是有名了，在初平元年(190)年初，当关东各军在袁绍的旗下联合起来讨伐董卓的时候，鲍信也参与了，当时他最看好的就是曹操，向着曹操。可是，力主追击董卓的曹操，部下五千人马被董卓部将打散了。加上关东军内部不睦，董卓西逃长安(现西安)，关东军也作鸟兽散，各人各抢地盘去了。转年，曹操在袁绍的支持下出任东郡(今河南濮阳)太守，其实手下没有什么实力。

曹操的转机出现在初平三年(192)，鲍信当时在山东，协调各方关系，征得各方同意，请曹操去出任兖州牧，因为兖州刺史刘岱在与黄巾军的征战中战死，曹操有了自己独立的地盘。他到了山东以后，就有了一个发展基础。荀彧也是头一年离开袁绍跟随曹操走的。

当时兖州最大的威胁是黄巾军遗部，青州的黑山军。在跟黑山军斗争当中，鲍信不幸战死。曹操后来搞定了黑山军，从此他就有了自己发展的军队基础，从中选的精兵也有三十万。所以说，鲍信真正是跟曹操患难与共，既是知己又是功臣。那么作为这样一位功臣之后的鲍勋，是怎么得罪了曹丕，犯了什么重大罪过，而被杀害的呢？

曹丕当太子的时候，他的小舅子，就是他的正妻郭夫人的弟弟犯事了，正好鲍勋是管司法的，受命处理这个案子。曹丕为妻舅求情，鲍勋还是依法办事，没给太子这个面子，曹丕怀恨在心，这是缘由。

曹丕继位后，鲍勋多次直言极谏，史书上讲"帝益忿之"，更加气愤了。本来就结下了梁子，我当太子的时候不给我面子,现在我当皇帝你又说三道四。曹丕心里很不爽。

鲍勋讲真话,提意见,其实如果曹丕是个英明的君王的话,他应该对鲍勋的正直大加褒奖才对;鲍勋是个正直大臣,并不由于你是太子而枉法,也不由于你当皇帝就阿谀奉承。有明君才有诤臣,可是曹丕根本没有这个心胸,只是更加痛恨鲍勋。

那找个什么借口呢?曹丕在征讨东吴的时候,没有任何斩获,回军途中驻扎在陈留(今开封附近)。陈留太守孙邕来见皇帝,见过皇帝后顺道去看看老朋友鲍勋。军队驻扎要立营垒的,这是最基本的治军的路数,不能松松散散就住下来,得有营垒,比如帐篷、壕沟等才多安全,便于埋锅造饭,防止敌人的偷袭。但是当时营垒还没有正式做成,只插了一个界标,诸如这个地方是大道,这个地方是营垒,那个地方挖壕沟,就是地上画了点什么,大概就是这个样子。

这个孙邕抄小道,他斜着走,穿过了地上画的营垒范围。军中有管司法的,就要调查他,报告到鲍勋这里,鲍勋打圆场说,这个沟壑营垒还没挖成,就是做了一个记号,你就不要弹劾了。这个事情让曹丕知道了,勃然大怒,下令交给司法部门处理,廷尉说判刑五年,另外也有审核此案的官员提出异议,说这种情况只能罚款,按法律的规定,要罚金二斤。曹丕大怒,犯这种罪还能活?你们公然放纵他!把这些说情的监察官,交给廷尉处置,说他们徇私枉法,审判后把几个人都一个坑埋了。

这件事做得太过分了!一个当地长官,因不不熟悉情况,走路时无意误入了地面上营垒的印记,鲍勋只是说了一

▲ 如果曹丕是个英明的君王,应该对鲍勋的正直大加褒奖才对。

句不值得法办的话，居然就被判死刑。所以当时的高官，包括钟繇、华歆、陈群、辛毗、高柔，纷纷上疏说请看他父亲面上给鲍勋宽恕，但曹丕不许。廷尉高柔，拒绝服从诏书，曹丕很生气，把高柔调开以后，直接派人到廷尉府，不经完整的司法程序就把鲍勋杀了。

这个小心眼的曹丕，由于他当太子的时候，他的小舅子犯罪，鲍勋执法严格，他怀恨在心，就借这点小事就把人给杀掉了。

下面再谈第二件事，看过《三国演义》的都知道，有个大将叫曹洪，差点被杀死了，最后幸运没死，被双开了。他又是怎么得罪曹丕的呢？

曹洪这个人很有钱，史称家富而性吝啬。曹丕在东宫当太子的时候，有时手头拮据，曾经向曹洪借钱，借大概一百匹绢这么多钱。那时候绢是可以当钱用的，史书讲曹丕"不称意"，也许是利息太高了，也许借的时候态度不好，反正"不称意"，曹丕就恨他。我们知道曹洪除了《三国演义》中讲的那些战功外，曹洪功劳最大的是，救过曹操的命。初平元年（190）年初，关东联军讨董卓，曹操带着五千人去追董卓，在汴水附近，被董卓的军队打败，曹操也负了伤，丢了坐骑。曹洪对曹操讲，曹家可以没有曹洪，不能没有你曹操，于是把他的马让给曹操，催促曹操赶紧骑马逃走。曹操曾说：如果不是曹洪把他的战马让给我，此刻我已经命丧吕布戟下了。

曹操有两次由于别人给他马得以逃命，这是第一次。第二次是后来收编张绣的时候，因为他跟张绣的婶子私通，张绣觉得受侮辱了,非常生气,本来已归附曹操,突然又向曹操发起进攻。当时典韦在门口守卫,就在这次突袭当中死于乱军。由于典韦争取到时间,曹操才有可能穿着衣服逃跑。曹操的大儿子曹昂把马给了他,自己却死在这次变乱当中。

由于太子曹丕向曹洪借钱借的不如意,怀恨在心。等到继位以后,处处找曹洪的麻烦,最后找到曹洪的家人犯法,下狱当死。舍客犯法,曹丕居然让曹洪去死,群臣都为之求情,说曹洪是老勋臣,立了多少功,不能就这点小事就判处死刑,可曹丕不听,坚决要处曹洪死刑。

最后是曹丕的妈妈气不过,她责怒曹丕说,梁、沛之间,非子廉(子廉是曹洪的字)哪有今天? 但是曹丕听老婆郭皇后郭女王的。"女王"是郭皇后的名字。曹丕的妈妈跟郭女王说:曹洪今天死,我明天就让皇帝把你给废了。看来这个事跟郭皇后有关系。婆婆这么说,这郭皇后就哭着跟丈夫求情。于是杀曹洪之事才算了,乃得免官,削爵土。曹洪保住一命,但免官削爵,被双开了。

这两件事都是生活当中的小事,可是曹丕却利用自己帝王的权力来报复,他的格局可见一斑,这点比他父亲差远了。

▲ 生活当中的小事,可是曹丕却利用自己帝王的权力来报复,他的格局可见一斑,这点比他父亲差远了。

二　格局有别

与曹操的大格局相比,曹丕的小心眼注定了他格局不会太大。

其实曹操格局也是有个变化的过程。

曹操当初在兖州的时候想把父亲曹嵩接来,结果其父在来的路上被杀了。到底是盗贼由于贪财把他杀了,还是陶谦为了谋财害命杀的,历史上有两种不同的记载。曹操的父亲曹嵩应该是有很多钱,据说有几十车财物。他本来是个部级干部,跟他那个当宦官的养父曹腾还有关系,花了钱买了一个太尉,最后死于非命。

曹操大怒,他去征讨徐州,打下来以后大肆屠杀,鸡犬不留,他拿下徐州的政治目的可能有的,但是他为父亲报仇不顾一切也是真的,所以他鸡犬不留,不像当个天子、王者之师的样子,所以激起了兖州的叛乱,兖州当时守官陈宫他们就背叛了,给曹操沉重的打击。

其实这就是曹操当时私人感情跟整体利益产生矛盾,他当时还没有更大的格局,冲动之下意气用事,所以差一点把根据地都丢了。后来顶住危局,把吕布打败了。

到建安元年(196),他迎汉献帝。这时候曹操有一个明显的改变,他以治国平天下自居,对未来有更高的期待了。张绣之变时曹操落荒而逃,他儿子把马让给他,结果儿子和大将典韦都死了。但在官渡之战之前,当贾诩劝张绣投奔他的时候,曹操居然放弃前嫌,接受了张绣的投降,还跟他做了儿女亲家。

曹操这时候,已经把私人的恩怨都放在一边了,为大事者不计小怨。志在天下者不会计较个人的恩怨。

兖州之变中背叛过曹操的很多人,曹操都能够根据具体情况加以宽待，就是他要争取最大的可能性，把这些人团结起来。官渡之战之后，他发现在袁绍军营里有很多他手下人给袁绍写的效忠信，他看也不看，当场烧毁，说袁绍强大的时候，我都保不住命在何方，何况也人呢？别人有一点留后路的想法，不要计较。

所以从曹操的这个格局作对比，彰显出他儿子曹丕这方面心眼儿太小。

曹丕的心胸问题，还不是最典型的，在接班人的选择上，他也有问题。曹丕从登基到去世（220—226），一直没有立太子。他不是没有儿子，只是他那个宠爱的郭皇后没儿子，而当初他即位以后被无缘无故处死的甄妃是有儿子的，这个儿子叫曹叡，《资治通鉴》这样讲，曹丕让郭皇后抚养平原王曹叡做养子。古代凡是一个人家，这个正宫或者是正妻没有孩子，就在她丈夫跟别的女人生的孩子里边找一个，做自己的嫡嗣养子。但是因为甄夫人是非正常死亡的，所以他没有立曹叡为嗣，可能还有一些别的原因存在。

▲ 曹丕从登基到去世，一直没有立太子。

但是曹叡这个人侍奉母后非常谨慎，关系处理得不错。据说有一次，曹叡跟曹丕一块去打猎，看见母子两只鹿，曹丕一箭把这个母鹿射死了，向儿子说你快射那个小鹿，没想到曹叡哭了，说陛下已杀其母，臣不忍再杀其子。曹丕当下放下弓矢，恻然。这是不是表示曹丕对甄妃之死有点歉疚呢？

曹丕才四十多岁就病得很重，这时候他才匆忙立曹叡为太子，曹真、陈群、司马懿受遗诏辅政。

《三国志》的作者陈寿是这么评论曹丕的：文帝天资文

▲ 陈寿："文帝天资文藻，下笔成章，博闻强识，才艺兼该；若加之旷大之度，励以公平之诚，迈志存道，克广德心，则古之贤主，何远之有哉！"

藻,下笔成章,博闻强识,才艺兼该,如果再加上大度一点,公平一点,志向高远一点,胸怀广博一点,那么他离古代的贤主就不远了。

三　曹魏之弊

曹丕对自家人防范很深。这种防范,如果与总结历史成败得失结合在一起,就会显得特别的理直气壮。

东汉怎么亡国的呢? 第一,外戚宦官专权,曹丕针对性的措施是从此以后宦官官级不得超过署,署就是相当我们今天司局的干部。群臣不得向太后奏请事情,就说太后不能干政。后族外戚之家不能辅政,而且也不得受分封。

第二,地方割据问题。东汉虽然没有同姓藩王的问题,但是汉末那些地方州牧的权力很大,导致东汉中央朝廷不振,所以曹丕做了一些制度上的规定,这些规定主要是吸取东汉亡国的教训。

曹魏政权如此短促,就被司马政权取代了。那么,曹魏是如何灭亡的呢?

我前面讲了,曹丕为了革除东汉政治弊端,巩固中央皇权,第一限制后党外戚的权力,第二限制内廷宦官的权力,第三限定藩王的权力,曹家子弟得不到分封,限制他的政治和军事权力。但是皇帝不能独自掌大权,必然要辅弼之臣来襄助他,那他的辅弼之臣是谁呢?

《资治通鉴》在这里给我们做了一个交代。当初曹操担任魏国公的时候，他不信任宦官，不信任外戚，也不信任家里的兄弟子侄辈，他信任谁呢？信任秘书，这个秘书就是刘放、孙资，他的职位就是秘书郎。咱们今天讲领导的秘书就从这来的，当然秘书这个词早就有。

为什么用秘书？第一，曹操的第一谋臣荀彧，是反对曹操称魏公的，为此荀彧郁郁而死，他认为我荀彧辅佐曹操是辅佐汉室，认为曹操不该有野心。荀彧在这方面有点不通世故。第二，司马懿不贴心，司马懿当初跟曹操的时候，他就对曹操看不上，装病不出，在曹操执政期间，司马懿出的主意不多。后来曹操死了，司马懿能辅政，就是因为他在曹植跟曹丕争位的时候，是站在曹丕一边的。

这辈老人不贴心，曹家的人又限制使用，那么刘放、孙资，就成了参与曹操决策的腹心幕僚。曹操死了以后，曹丕继位，他就把秘书改为中书，这个中书就是后世隋唐时代中书省的前身。刘放和孙资，一个任中书监，一个任中书令，专掌机密。什么叫机密呢？内廷决定的大事，外面发布给丞相，让他去执行，在执行之前，商量如何操作，这是机密。比如说重大官员的任命，重大军事行动，重大经济财政决策，这都是先与皇帝商量，各种方案商量好了，然后才去告诉宰相，才去实施，所以这个时候，中书是非常重要的。

可是这跟曹操那时候不一样，幕僚是魏国公的秘书，是私人安排，现在的中书是朝廷命官，是体制性安排中书监和中书令，是国家制度里面的一部分。

曹丕在位六年后去世了，长子曹叡继位，就是魏明帝。

▲ 曹丕继位，把秘书改为中书，专掌机密。

311

▲ 帝亲览万机,数
兴军旅,腹心之任,
皆委之于二人。

▲ 外戚没权,宗室
没有权,大臣不掌
机密之权,掌机密
就是皇帝身边的秘
书班子。

刘放、孙资,依然是内廷决策的关键人物。《资治通鉴》这么记载,帝亲览万机,数兴军旅,多次发兵打仗,腹心之任,皆委之于二人,每有大事,朝臣会议,常由他们来定其是非,择而行之。就是说,他们是曹叡的高参,重要的事情,都要听取他们的意见商量,由他们来决定。

我们就发现,皇帝身边有两种辅臣:一种是将相大臣,陈群、司马懿、曹真等这些大臣;一种就是秘书班子,孙资、刘放,当时职务就是中书令、中书监。其实后来,就是秘书们变成了唯一有权的人了。外戚没权,宗室没有权,大臣不掌机密之权,掌机密就是皇帝身边的秘书班子。这种情况,在中国古代政治中是常见的,汉武帝以后尤其常见。

对于这样一个权力结构,当时另外一个大臣蒋济就上书皇上,提出自己的看法。他讲了一番道理:第一,大臣不能侵犯皇权,但是近臣也不能垄断信息来源,否则就障蔽君王的判断力;第二,这些人天天在皇帝身边,他们的聪明、正直、深谋远虑未必超过大臣,但是他们更善于谄媚逢迎,便辟取合,会影响皇帝的决策;第三,现在外面都说中书大权在握,即使他们谦恭谨慎,只要有这个名声在外,他们参与重大决策,那么就有人走他的门路,这样的话,如果稍有不注意的话,臧否毁誉,他们就有机会上下其手,功过赏罚,他们就随便操纵,正直的人不用,阿谀奉承者夤缘而上,因为受到信任而窃威弄权,所以需要皇帝注意。这些话都是直指刘放和孙资的。

我把蒋济这话拿到这来讲有两个用意。第一,这个道理很对,在我们生活当中也有的。一个老总如果不重用左右的副总,却把公司重大事务决策托付给身边的司机、秘书等,或者是家里的七大姑八大姨,甚至保姆都会左右他,那么这个公司就没法运行了。第二,这件事还真对曹魏的政治起了关键作用。

尽管蒋济明确地表示,希望明帝能够采纳自己的意见,改变目前的过度依赖近臣的做法,但是明帝不听。

蒋济说,仁明之君必然要把政事交付给一些大臣,如果这些人不像周公旦那么忠诚、管夷吾那么公正,可能他就会弄机败官;虽然找不到周公、管仲这种至公至忠之人,但品行可治理好一个州,智慧可以当好一个官,忠诚事上的人还是多的是了,君主何必就把国事委托给这么一两个近臣呢。

《资治通鉴》上记载,明帝不听蒋济劝告。而蒋济提出的这两点——第一不要光依靠刘放、孙资之类的亲信,要广泛用各种各样的大臣;第二不要让我朝有这些小吏专权,直指中书——已经告诉我们,刘放、孙资这样的人,其实完全依附于帝王而生存。皇帝的信任在,他们权力在,皇帝的信任一朝不在,甚至皇帝本人去世后,他们可能就有生命的危险。

四　明帝托孤

景初三年(239),魏明帝病危,年仅三十六岁。从公元226年到239年,魏明帝在位共十三年。但是他没有儿子,所以他也没立太子。

明帝病危,刘放、孙资感觉到危险,大臣们看到了权力重组的机会。蒋济都跟皇帝说得这么明白了,这个秘书班子能没有危机吗? 魏明帝跟叔父燕王曹宇的关系不错,于是,任命曹宇为大将军。我们知道,大将军从西汉以来就是内朝的领袖,外面是丞相,内是大将军。夏侯献,也是曹操的族人,任领军将军。还有曹爽,曹爽是曹真的儿子;还有曹肇,曹休的儿子;曹真、曹休,都是曹操那时候的大将。他们这几个人共同辅政。

夏侯献、曹肇,言行有点不稳重。有一次,他们看见一只鸡飞到树上去了,就指桑骂槐地说,看你在树上还能待几天! 鸡就是在地下跑嘛,怎么就飞到树上去了? 他们的意思是说,你刘放、孙资还能风光几天,等皇帝没了,看我们怎么收拾你们。

刘、孙二人听了这些背后议论,感到危险了。他们怕如果这些人出来辅政,自己不得善终。所以他们要趁曹叡病重,促使他换掉原先拟定的辅政大臣,不要用这些人辅政。

夏侯献、曹肇就算辅政了,也未必行。从这件事就可以看得出来,他们胸无城府,言谈随意,都是粗疏之人。事儿还没办,就把话说出来了。在政治权力斗争当中,你还没出手,就先把想搞掉对方的这个意图暴露出来,不是在提醒对方先下手吗?

曹宇这个人,史书是这样讲的,性恭良俭让,陈诚固辞,他不想做第一辅政,他觉得这个他做不了。明帝跟刘放、孙资商量,说为什么燕王这么坚决地推辞辅政之任呢? 这俩人说,燕王有自知之明,知道他不堪大任,所以他不干。那谁行呢?当时正好曹爽在旁边,他们推荐曹爽可以。皇帝说,曹爽你行吗?曹爽吓得流汗不敢说话。刘放踩着他的脚,教他说:"臣以死奉社稷。"这个曹爽,从他当场这个表现看,就不怎么样。于是,刘放和孙资说,可以让司马懿给曹爽做帮手,一起辅政。

《资治通鉴》没讲司马懿是不是从中做了工作,但是大家可以想象,司马懿一定是做了刘放、孙资的工作了。我们知道司马懿是老臣,在曹操时期就有他,然后在曹丕时期、曹叡时期,三朝元老。刘放、孙资也是三朝元老。因此说,刘放、孙资把曹爽和司马懿推出来辅政,不光是要排挤掉那些对他们不利的人,而且也因为司马懿长期对二人做了工作。

皇帝于是采纳了刘放、孙资之言,欲用曹爽、司马懿共同辅政。过了一会儿,魏明帝又改变主意了,他说,曹爽、司马懿辅政的命令先不要下发。似乎显示出皇帝对这个决定不放心。刘放、孙资又进去说服曹叡,皇帝就又依从了他们。刘放说不行,光口头说不行,你得签字,写个手诏,皇帝说,我没有办法写字,刘放就爬到床上去,拿着曹叡的手,写了诏书,签上字。然后走出御所,大声说,有诏请燕王曹宇等回家去,不要留在宫中了。后来这些人就都流着泪,怏怏然出去了。

魏明帝好像没有完全糊涂,虽然依了刘、孙,托孤曹爽,但是觉得曹爽太弱了,就增派了能力比较强的孙礼,当时他的职位是尚书,担任大将军长史,就是曹爽的秘书长。我们

▲ 托孤大事, 刘放、孙资在从中弄权。

看得出来, 托孤大事, 刘放、孙资在从中弄权。

辅政之臣确定了, 赶紧诏回司马懿。此前司马懿平定辽东之后, 燕王曹宇建议皇帝, 让他直接到关中去, 去西边对付蜀汉的姜维, 不必回京。现在的诏书却说, 你赶紧到洛阳来, 到朝廷来, 我屏息待卿至, 来了以后直接进宫见驾, 无须通报。三日之间, 诏书五至, 看来皇帝真的不行了。

司马懿看到前后诏书变化如此之大, 就知道洛阳有变, 快马加鞭进京。这已经是 239 年的正月了。明帝拉着他手说, 我把后事交给你, 请你跟曹爽辅佐少子, 我是屏着这口气等你来呀, 现在你来了, 再没有遗憾了。然后, 明帝指着八岁的齐王曹芳说: 就是这个孩子, 你看清楚了, 别看错了。明帝还让司马懿把曹芳抱起来, 这孩子抱着司马懿的脖子。当下, 即立齐王为皇太子。

▲ 曹魏政权, 从曹丕到曹叡, 在国家政治制度建设方面, 没有什么有力的巩固政权的措施, 依赖两个秘书治国。

曹魏政权, 从曹丕到曹叡, 在国家政治制度建设方面, 没有什么有力的巩固政权的措施, 依赖两个秘书治国。秘书为了巩固自己的权位, 为了一己之私, 等于是胁迫皇帝, 改变了托孤大臣。

史书上是这么评价明帝为人的。明敏, 就是反应很快, 聪明, 看事看得很明白, 任心而行, 有什么想法他就会去做, 他不搞虚的一套, 所以大家都佩服他还是有大略的。而且记性特别好, 左右的小官, 只要一经耳目听过见过, 这么一次两次, 他的履历, 他的事迹, 父兄子弟是谁, 他就记住了, 终不可忘。

晋朝的有个史学家还记载说, 听父老辈说, 魏明帝这个人头发很长, 立发垂地, 有点口吃, 结巴, 平常不怎么说话。

有判断力，他对大臣很优容，即使对他犯颜直谏，他也能够容忍，有度量。但是"不思建德垂风，不固维城之基"。"建德垂风"是什么意思呢，就是在道德风范上，没有做出一个榜样；在制度建设上，没有巩固的基础，所以使得"大权偏据，社稷无卫"，大权旁落，江山不保。

▲ 不思建德垂风，不固维城之基。

这个江山被谁拿下了呢？司马懿家族。

五　司马篡权

司马懿是世族出身，看不上宦官出身的曹操。司马懿名气很大，曹操派人去请他出山，他谎说有风病，不愿意出来辅佐曹操。

有一次，天下雨，外面晒着衣服，司马懿就起身去收衣服，被他家一个丫鬟看见了。司马懿害怕了，不是装作不能起床嘛，怎么能收衣服呢？他怕这个消息走漏出去，就把丫鬟给杀了。你看，司马懿手段很狠，做事很果决。后来曹操说，你不出山我就派人把你抓来，他只好出来了。但在曹操手下，他并不活跃。

我们在《资治通鉴》里的曹操时期，只看到两个司马懿的故事，一个是得陇望蜀，一个是对关羽的评估。这都跟蜀汉有关系。也就是说，曹操的晚年，司马懿才开始露头，来了一点计策，这两招都是高招。

▲ 曹操的晚年，司马懿才开始露头，来了一点计策，这两招都是高招。

第一次是建安二十年（215），曹操拿下了汉中之后，司马懿建议他进一步去攻取成都，曹操急着要回师，没有去。第二次是建安二十四年(219)，刘备自封汉中王，夺取了汉中，关羽在荆州响应，动作很大，水淹七军、斩庞德、降于禁，威震华夏。洛阳附近的一些草莽武装，都响应关羽的行为。搞得曹操都想迁都了。司马懿建议曹操稳住阵脚，他说，于禁投降，庞德被杀，并不是关羽的军威如何，只是由于下大雨，不是我们军事上不行，所以不要急于迁都；再说，关羽搞的响动这么大，孙权一定不愿意，我们不妨跟孙权联合，鼓励他从背面抄关羽的后路，答应将来把江东封给他。后来，曹操就是按这招做的，关羽被杀。

曹植与曹丕争位过程中，司马懿支持曹丕，因而曹丕时期得到重用。到曹叡时期呢，他是主要的统帅，对付蜀汉，平定辽东，带兵打仗。现在，曹芳时期，他受托为顾命大臣，与曹爽一起辅政。

▲ 曹芳时期，他受托为顾命大臣，与曹爽一起辅政。

齐王曹芳即位那年，才八岁。司马懿跟曹爽一起接受遗诏，辅佐少主，曹爽为大将军，司马懿任侍中、持节、都督中外诸军事、录尚书事。

刚开始，两人合作得很好，他们各统精兵三千，轮流值宿，共执朝政。问题出在曹爽身边的人物，何晏、丁谧等出谋划策，说重要的权力，不可以委于别人。于是，以天子的名义下诏书，升司马懿为太傅，罢录尚书事了，名头好听，可是，实权没有了。这样就把司马懿排挤出了权力中枢。排挤司马懿的同时，曹爽用自己的亲信担任朝中要职，曹爽的几个兄弟也都掌控禁军。两人辅政，变成了曹爽大权独揽，司马懿靠边了。

▲ 排挤司马懿的同时，曹爽用自己的亲信，担任朝中要职，两人辅政，变成了曹爽大权独揽。

如果曹爽有独自辅国之才,为什么当初明帝不放心?要能干的司马懿共同辅政呢?现在曹爽大权在握,内心膨胀,觉得可以踢开司马懿了。

曹爽大权独揽,更改朝章,还把郭太后迁到永宁宫,虽说是因为皇帝年长了的缘故,但是太后肯定心中不爽,这个心结使她有可能被司马懿所用。

随着曹爽志得意满,从正始八年(247)开始,司马懿就称病请假在家,不与政事,撂挑子了。曹爽对此也不是没有怀疑,曹爽曾经让心腹李胜去探视司马懿的病情。李胜说,天子命他出任荆州刺史,现在特来给太傅辞行。司马懿知道来意,故意装傻,表现得耳聋体弱,思维混乱。侍女进粥,他装作手抖不能持匙,喝粥也故意洒得满身都是,还说自己死在旦夕,希望大将军多照顾自己的孩子。李胜这一看,老头子都病成这样了,回去跟曹爽他们一说,曹爽就放心了,觉得司马懿老态龙钟,状如朽木,都安排后事了嘛。

曹爽的问题是什么? 第一,他想排挤的对手远比他自己有本事有谋略;第二,他信任的帮手都是轻佻狂妄之人;第三,有本事的人,如号称"智囊"的桓范,曹爽却不相信。除了这些问题以外,还有曹爽本人并不过硬,他骄奢淫逸,贪恋富贵,大权在握,却不懂得用权,自然就会给司马懿留下翻盘的机会。

曹爽兄弟经常一起出洛阳城游玩。桓范提醒他,你们一起离开京城,一旦有人把城门关了,不让你们回洛阳,控制不住局面,怎么办? 曹爽不以为然地说,谁敢呢!

嘉平元年(249)正月,真的就出事了。十年前的正月,

▲ 曹爽骄奢淫逸,贪恋富贵,大权在握,却不懂得用权,自然就会给司马懿留下翻盘的机会。

319

魏明帝托孤，十年后的正月初六，皇帝曹芳带着曹爽兄弟，到城外高平陵去拜谒皇陵。司马懿在洛阳发动政变，史称高平陵政变。

首先，他以皇太后的名义，关闭城门，拿出武器，给城外的皇帝送去表文，指责曹爽背弃顾命、祸乱国典、内则僭拟、外则专权、伺察至尊、离间二宫、伤害骨肉，天下汹汹、人怀危惧，要求皇帝罢免曹爽及其兄弟的兵权。

司马懿还给了对方一个诱饵，说你只要交出兵权就可以了，我们指洛水为誓，保你性命无虞。并且特地派曹爽信任的官员尹大目传达这个信息。曹爽就犹豫了，第一，鱼死网破跟司马懿拼命的话，怕自己干不过；第二，死拼的话，舍不得在洛阳家中的娇妻美妾、金银财宝。曹爽犹豫了一宿，决定投降，以为若乖乖认输，交出兵权，也许司马懿会留他一条命，做个富家翁得了。

老谋深算的桓范特地跑出城外，劝阻曹爽，并且跟他讲，匹夫手上只要有一个人质，就会作为砝码拼死一搏，何况你跟着天子呢？像你现在这样身份，你即便投降，怎么能回去过平静的富家翁生活？你看看，这儿到许昌，不过半宿路程，许昌有钱财、有武库，周边有屯田，我也带着大司农军印，你只要挟持皇帝到许昌去，我们就能发文书征调天下兵马来勤王。桓范要曹爽以天子的名义直接与司马懿对着干！可是，正如蒋济跟司马懿讲的，桓范虽然有智慧，但是曹爽一定不会听从的。所谓"驽马恋栈豆"，是说曹爽目光短浅，不想吃苦拼斗，他那点儿出息，就想守住现有的荣华富贵。

▲ 所谓"驽马恋栈豆"，是说曹爽目光短浅，不想吃苦拼斗，他那点儿出息，就想守住现有的荣华富贵。

蒋济是对的,桓范看错人了。桓范痛心疾首地哭着说,曹子丹(曹真)何等英雄,生你这几个兄弟,真是猪狗不如啊!

最后,曹爽束手就擒,司马懿却没有兑现不杀的承诺。曹爽等人都以谋反罪被杀。曹魏的大权完全掌控在司马懿手里了。

从曹操开基,到曹丕建国,曹魏的国运,命途多舛,至司马懿高平陵之变,掌握政权,离建国不过短短二十多年。这不仅仅是因为司马懿这个人奸诈阴险,还因为曹丕和曹叡,没在国家制度上做出符合时代需求的选择,他们片面接受了东汉末年的教训,以致"大权偏据,社稷无卫"。秘书治国,在一个小圈子里理政,自然会人亡政息。当然,重要的还有,第三位皇帝曹芳年纪太小,又没有经国之才,否则,在高平陵之变的时候,年届十八,如果是英雄的帝王,已经是显山露水了。汉武帝十六岁即位的,北魏的那几个开国的,像拓跋珪、拓跋焘都是十六七岁即位干事儿的。所以在集权时代,领导人个人的才能智慧,在国家的安全与治理方面,起着非常重要的作用。

▲ 曹丕和曹叡,没在国家制度上做出符合时代需求的选择。

▲ 在集权时代,领导人个人的才能智慧,在国家的安全与治理方面,起着非常重要的作用。

(参见《资治通鉴》卷六十九至卷七十五)

第十七讲　西晋乱局

东汉之后,国家分裂了将近百年才重现统一。司马昭之子司马炎作为西晋的开国皇帝,有统一之功。可是为什么统一之后只有三四十年,这个王朝就灭亡了呢?

制度是否符合当前社会发展需要是一个问题,有没有能力强、合适的人来执行制度,是另外一个问题。在帝制时代,一个政权能不能找到优秀的接班人,对于王朝兴衰,非常重要。

一 三分归晋

司马懿掌权以后不久,就去世了。他大儿子司马师进一步巩固了政权后,不久也去世了,二儿子司马昭继位。司马昭之心路人皆知,这个成语是说,司马昭要篡位,已经是众所周知的了,可是司马昭并没有篡位,在他统治下,灭掉了蜀国,灭蜀以后他的权威就得到进一步提升,后来他就把家业留给长子司马炎,司马炎改朝换代,登上了皇帝的宝座。

我们知道,司马炎的江山也是很快就灭亡了,这就跟他的傻儿子司马衷有关系。为什么西晋王朝这么短暂呢?我们下面讨论一下。

后世的唐太宗,对西晋历史很关注,现行的《晋书》就是唐朝编的,唐朝以前也有好多不同版本的《晋书》,房玄龄领衔主编的《晋书》中《武帝纪》的评论,是唐太宗亲自撰写的。唐太宗肯定了司马炎有统一之功。东汉之后,国家分裂将近百年才统一。可是,为什么统一之后三四十年,这个国家却灭亡了呢?

《资治通鉴》和《晋书·刘毅传》都记载了这么一件事,晋武帝有一次到南郊去祭祀,祭祀完以后,他就问大臣刘毅,他可以跟汉代哪个帝王相比?刘毅回答晋武帝说,您可以和桓帝、灵帝比比。武帝大吃一惊,说自己平定江南,统

▲ 东汉之后,国家分裂将近百年才统一。可是,为什么统一之后三四十年,这个国家却灭亡了呢?

一天下,何至于此? 刘毅回答说,桓帝、灵帝的时候,卖官的钱入国库,陛下您卖官的钱,都入了自家私房,由此看来,恐怕还不如桓、灵帝呢。晋武帝不但不生气,还大笑起来,说,在桓帝、灵帝的时候,听不到这样子的直言,现在能听到这样的进谏,说明我还是比桓帝、灵帝要强。

这就是司马炎的性格。为人比较温和,不轻易发火,但是,从另一方面来看,这个人也有些窝囊,古人叫"妇人之仁"。人家跟他说的话不对啊,东汉桓帝、灵帝,公开卖官,钱不就是入了私库嘛。窝囊到不明是非,不辨黑白,西晋的皇族贵族们生活优裕,纵情享乐,豪华奢侈,大家都喜欢比富。羊琇、王恺、石崇都有钱,互相攀比,你用饴糖来涮锅,我就用蜡来当柴火烧,你做四十里的布障,我就做锦的布障五十里,你用香料涂屋,我就用赤石脂来涂屋。司马炎作为皇帝,不但不禁约斗富歪风,反而用国库的珍宝给自己舅舅王恺助阵。开国皇帝都纵容这种腐败风气,西晋王朝如何能够不短命而亡!

二 继位风波

在接班人的选择上,司马炎的态度有如儿戏,犯了大错。

司马炎与皇后杨艳生了三个儿子,一个夭折,剩下大儿子司马衷、二儿子司马柬。可司马衷是个傻子,这一点父母都是知道的。《资治通鉴》记载,司马衷有一次听见蛤蟆叫,他说,哎呀,这个蛤蟆在叫,它是为官家叫呢,还是为私家在叫? 天下灾荒,百姓饿死了,他听后说:"何不食肉糜?"没米吃,吃肉粥啊,肉粥也挺好吃的。

一个这样的人,为什么选他当太子? 说来话长。

首先因为他是长子。可是,长子是傻子难道也选为太子? 杨皇后认为,孩子傻,做母亲的怀有内疚,若因此而不让他当太子,岂不是自己错上加错? 觉得不能亏待孩子。司马炎也有自己的想法。当初他父亲司马昭,差一点儿就立了次子司马攸为嗣,而不是他这个做哥哥的。想起来都不爽,因此,他也不愿意做废兄立弟的事情。这是一层原因。

再一层原因,还与司马衷生了一个聪明的儿子有关。父母考虑到司马衷脑子有点傻,怕他不知道男女之事,就选了一个叫谢玖的宫女,去为司马衷侍寝。后来,司马衷就让谢才人怀孕了,生了个孩子,名字叫司马遹,非常聪明。

有一次,宫中起火,司马炎在那指挥救火,他孙子拉着爷爷的衣服,说爷爷你进来,爷爷问为什么,他说你站在亮的地方,大家都能看见你,夜黑,事起仓促,有危险,你到暗的地方来,你能看见大家,大家看不见你。晋武帝一听,心花怒放啊! 皇帝特别喜欢这个孙子,聪明伶俐,而且还是长房长孙啊。比起他爸爸的这个弱智,那是强多了。

历史上太子有立有废。杨艳皇后在西晋灭吴之前,就去世了,难道司马炎在皇后死后就没有废黜无能太子的想法? 可是晋武帝的续弦皇后杨芷,是前皇后杨艳的堂妹,对这个太子起到保驾护航的作用。

当初，为司马衷选太子妃的时候，本来要选卫家的美女，后来却娶了贾充的女儿贾南风。贾南风的母亲叫郭槐，她做了杨皇后许多工作，还给她送了很多钱，贾充也找很多人帮忙为她姑娘说好话。进呈画像的时候，他们把贾南风画成一个大美女，成功骗过了晋武帝。直到结婚过后拜见舅姑，大家才知道贾南风粗黑短胖，为太子妃实在不堪。可是，司马炎并没有追究一干人等欺君蒙蔽之罪。你说他窝囊不窝囊！

贾南风性格强悍，自己不生儿子，就对怀孕的妃嫔下毒手，谢玖也被赶走。司马炎想废掉她，皇后杨芷以保护堂姐利益为己任，拼命保护这对夫妇，力劝司马炎不要把贾南风废了。皇后一坚持，司马炎也就罢了。

司马炎执政二十五年，病了，要选辅政大臣。他本来是想在宗室和外戚中各选一人。一个是汝南王司马亮，一个就是皇后的父亲杨骏。为什么用杨骏呢？杨骏既无才干，又无名望，因为女儿杨芷做了皇后才发迹的，以前也就是当过县令之类的小官，朝中很多人都看不起他，说他器量狭小，承担不了社稷大任。

可是司马炎有他自己的盘算。历观前朝，弱主当朝，宗室强盛，就是因为这些辅臣太强大了，霍光、王莽这样有本事、有手段的辅臣，所以才会出现弱主临朝，然后强臣当权。正因为杨骏平庸无能，司马炎觉得让他辅佐新君更放心，他既没野心又没能力，就必须搞好与宗室的关系，搞好跟宗室的平衡。其次，他是皇后的父亲，小皇帝的外公，是至亲，一定会悉心辅佐。最重要的是，杨骏没儿子，"孤公无子"，即使有非分之想，也没意义，也传不下去。

可是，就在晋武帝病重期间，杨骏为了独专朝政，排挤了司马亮，而且撤换了武帝身边的侍从人员。武帝一时糊涂、一时清醒，发现司马亮没有来，身边的人员都换掉了，也只是对杨骏说了句："你怎么能这么干？"太熙元年（290）四月，武帝生命垂危，皇后召大臣宣皇帝的口谕，以杨骏为太尉、太子太傅、都督中外诸军事、侍中、录尚书事。"帝视无言"，就是他眼看着事情变成这样，却没法说话了。就这样，晋武帝留下了一个傻子皇位继承人、一个强悍的皇后，还有一个志大才疏的辅佐大臣杨骏。

《资治通鉴》在这里给司马炎做了一个"盖棺论定"，说"帝宇量弘厚，明达好谋，容纳直言，未尝失色于人"。没有给过人难看的眼色。你也可以讲他宽宏大量，我怎么就觉得他是窝囊糊涂呢！

三　八王之乱

武帝死后，变乱首先从宫廷里爆发。太子司马衷即位，就是晋惠帝。这位糊涂愚蠢的皇帝，成了皇后贾南风的傀儡，王朝大权很快落在了贾南风的手里。

最初，杨骏独揽大权，想用些小恩小惠收买人心，并不管用。永平元年（291），贾南风利用被杨骏排斥的官员，利用宗室诸王的不满,矫诏引楚王司马玮领兵入朝,杀了杨骏,夺回权力。而且把杨太后、太后的母亲庞氏处死。

贾南风有一个心病,这就是太子司马遹的存在。自己不生孩子,丈夫有智障,可是,司马遹却聪明过人,性格刚劲。虽然未必贤能,却足以让贾南风担心自己的未来。

于是,贾南风设下陷阱,废掉了太子司马遹,太子的部下谋划政变,贾南风干脆杀害了司马遹。贾南风的恶行,引起了诸王和朝臣们的不满。永康元年(300),本来与贾南风勾结在一起的赵王司马伦,利用这个机会,杀死贾南风等人,拉开了八王之乱的序幕。从永平元年(291)到光熙元年(306)十六年间,先后有八个司马家宗室加入了权力的混战,这就是八王之乱。

八王之乱,彻底消耗了西晋的国家实力。其间,永安元年(304),在蜀中的成氏和在山西的匈奴刘渊,率先起来造反,揭开了"五胡十六国"天下大乱的序幕。

回顾一下,西晋末年八王之乱的原因,除了贾南风的政治操作引发危机之外,西晋立国以来的制度安排,也值得反思。

立国初年,晋武帝接受曹魏没有分封同室宗亲的教训。他既用外戚辅政,又封了二十七个同姓王,都是司马家的,建立诸侯国。这些诸王,可以选拔自己封国中的文武官员,收取封国的租税,还统领着军队。历史好像回到了刘邦初建国的时代。这样的制度留下很大的不稳定因素。

东汉末年,朝中有外戚宦官专权,地方有军阀割据,所以朝纲不正。曹魏接受这个教训,外戚宦官靠边站,宗室靠边站,最后就给了司马家族以篡权的机会。只要中央发动政变,朝中无奥援,地方无屏藩,江山就易色了。现在司马氏分封了二十七个王,贾南风和杨骏这些外戚,他们都参与到前台来,最后司马氏也亡了。

可见,制度本身无好坏,关键看什么?历史条件。什么时候应该有什么样制度,片面的接受教训,好像防范了前朝的问题,却引发了新问题。古人对比有很多的讨论,这是第一层意思。

第二,再好的制度,关键还是靠人,看是在什么样人的掌控之下。这就跟接班人的选拔密切相关了。在帝王时代,一个王朝的接班人,就是皇帝的儿子,他本身或昏或明,或贤或愚,对王朝的兴衰,国家的命运,关系很大。帝制就是这样子。晋武帝选了一个智商极低的儿子当皇帝,再好的制度,他也没有能力掌控嘛!中央君主糊涂,地方诸王坐大,社会矛盾尖锐,加上对内迁少数民族的管理漏洞,那不是坐在火山堆上吗,西晋的灭亡,势所必然。

大家注意到没有,《资治通鉴》的这种叙事,虽然也有"臣光曰"之类的直接评点,但是它最有价值的部分,其实就是从具体事情上记述和探究王朝的兴衰。我们如果非要深入探究人事背后深层次原因,什么土地问题啦,赋役制度啦,不是完全不可以。但是,那样许多问题就扯得很远了,那是推脱了当事人的责任。尤其是西晋,如果不是上层的生活糜烂,奢侈夸浮,那么皇帝弱势一点,大臣有为一点,也许还能够撑起来。

总之,在帝制时代,一个政权能不能找到优秀的接班人,对于王朝兴衰,非常重要。世袭制度下,能否在皇家子胤里找到优秀的接班人,本身就是问题,何况还有立嫡以长的限制,选择范围更小。在中国的皇帝制度下,皇帝不行,就必须有一个贤能的宰相来帮衬,宰相来解决现实执政问题,儒家和道法家都讲"垂拱而治",未尝不包含这层意思在内。如果辅佐大臣,宰相制度也不行的话,有什么机制可以纠正皇家子孙的不肖呢? 昏君奸臣,这两个叠加在一起,就必然会亡国。对曹魏来说,就是司马家族取而代之;对于司马政权来说,君主昏庸,辅臣不行,外戚也不行,就只有分崩离析的命运了。

(参见《资治通鉴》卷七十五至卷八十九)

第十八讲　南北并立

东晋南朝的政权切换,关键人物是寒族将领刘裕,他开启了南朝第一朝,立国前后六十年,史称"刘宋"。其后的萧齐、萧梁、陈朝更为短促。萧衍是南朝君主中最有学问的皇帝,琴棋书画、诗词歌赋、儒法兵道佛,无所不通。在他的统治下,南朝萧梁社会稳定、文化繁荣。说萧衍统治的梁朝是东晋南朝近三百年文化最发达的时代,也不为过。

北魏是鲜卑拓跋氏建立的政权,经过三代君主的努力,完成了统一的历程。493年,孝文帝将首都从大同迁往洛阳,同时改鲜卑姓氏为汉人姓氏,穿汉服、讲汉语,北魏的社会面貌焕然一新。然改革引发了"六镇起兵",来自怀朔镇的高欢在控制的关东地区建立东魏(都邺城),来自武川镇的宇文泰在控制的关中建立了西魏(都长安)。北方又一次陷入东西政府对立的分裂局面。

一　刘宋起家

　　南朝,即建都于建康(今江苏南京)的宋、齐、梁、陈四个短暂的朝廷,前后历时近一百七十年。最长的不过六十年,最短的只有二十多年。其朝代更替有一个共同特点:王朝内乱频仍,特别是宗室之间互相残杀,带兵大将在镇压叛乱的过程中崛起,立足稳定之后,废黜末代君王自立,建立一个新的朝代。例如,刘裕利用东晋的内乱,取得军权,然后废掉晋帝自立。萧道成利用平定刘宋江州刺史刘休范叛乱,攫取了朝政大权,杀苍梧王(后废帝)刘昱,废顺帝刘準自立。萧衍起兵杀东昏侯萧宝卷,废齐和帝萧宝融自立。陈霸先利用侯景之乱崛起,然后废掉梁敬帝萧方智自立。

　　刘裕起家于东晋的北府兵,就是谢玄等创立驻扎京口,在淝水之战中立了大功的那支部队。刘裕称帝后,特别祭祀的东晋名臣中,于王导、谢安、温峤、陶侃之外,还列有谢玄,以示不忘本根之意。

　　史书上说刘裕是汉高祖刘邦之弟楚元王刘交之后。《宋书·太祖纪》详细列举了刘交之后的家世传承。刘裕幼年家贫,樵苏渔猎,贩履为食,小名寄奴,大约就反映了他早年的生活窘境。但是,在南渡北人中,刘裕仍然算中上阶层,其父祖在东晋朝廷出任过郡太守、郡功曹之类中下层职

▲　南朝,王朝内乱频仍,特别是宗室之间互相残杀,带兵大将在镇压叛乱的过程中崛起,废黜末代君王自立。

官。就出身而论,学术界仍倾向于把刘裕划归王、谢、顾、陆之后的次等士族。

刘裕加入北府兵不久,在谢琰、刘牢之麾下,参与了平定东南地区的孙恩起兵。孙恩以道教动员教俗百姓,在浙东地区起兵,反抗东晋的统治。平定孙恩的战争从399年打到402年,孙恩势力雄厚,气焰嚣张,谢琰战死,刘裕却越战越勇,每每以少胜多,转危为安,经过三年多的拉锯战,最后迫使孙恩投海而死。刘裕从刘牢之手下的一名参军(中下级军官)做起,因为军功卓著,被封为建武将军、下邳太守。

孙恩起兵,生灵涂炭,给建康附近的东南地区造成极大的破坏。东晋已故权臣桓温之子桓玄,乘机扩充自己的势力,控制了包括荆州在内的长江上游地区的军政大权,与朝廷权臣司马元显矛盾愈加尖锐。司马元显是晋简文帝司马昱之孙,他执政期间,下令江南诸郡已经免奴为客者,到建康去服兵役,致使民间扰攘,这是激起孙恩起兵的重要原因之一。402年,孙恩之乱甫平,司马元显就下令讨伐桓玄。桓玄反而主动起兵顺江而下,并争取到了北府兵统帅刘牢之的合作。尽管刘裕、何无忌等北府兵军官极力反对,刘牢之还是投靠了桓玄,背叛了朝廷。刘牢之因众叛亲离自杀,刘裕暂时归附了桓玄。桓玄控制朝政后,任人唯亲,诛灭异己,不臣之心,人皆知之。

元兴二年(403)正月,孙恩余党卢循、徐道覆再次起兵,桓玄派刘裕前往镇压。在刘裕的严厉打击下,卢循逃亡海上,刘裕因功升任彭城内史。对于刘裕势力的隆升,桓玄有所忌惮,虽然表面笼络,却处心积虑打击北府兵势力,刘裕也在伺机反抗。这年十二月,桓玄称帝,国号"楚",改元"永始"。桓楚政权彻底颠覆了东晋的政治生态,招致举国反对,败象已露。次年二月,刘裕在京口北府兵旧地,举兵起义。五天后,桓玄就被迫放弃建康西遁。刘裕成为桓玄篡国事件的最大受益者,被加使持节,都督扬州、徐州、兖州、豫州、青州、冀州、幽州、并州八州诸军事,镇军将军,徐州刺史。五月底,桓玄在逃亡江陵的途中被杀。刘裕迎接晋安帝司马德宗(382—419)回朝,成为再造晋王室的第一功臣。晋安帝的皇后是王羲之的孙女,他本人却是一个十足的窝囊废,冬夏冷暖不辨,大约与晋惠帝司马衷类似,自然大权旁落,东晋朝廷的命运掌握在刘裕手中。

当然,刘裕要想进一步巩固自己的权势和威望,还得有更大的功劳。405 年,彻底扫平桓玄在江陵的势力后,刘裕又张起了北伐的大旗。继收复后秦侵占淮北十二郡之后,409 年率兵攻入山东,次年消灭了南燕政权。卢循、徐道覆利用刘裕领兵北伐的机会,大举进攻江州,江州刺史何无忌战死,兵锋直指丹阳。刘裕处变不惊,迅速回师,顽强地击溃了卢循军队。411 年,卢循退守广州,穷途自杀。此后刘裕还消灭了自己的竞争对手荆州刺史刘毅,出兵消灭了西蜀的谯蜀政权和盘踞汉中的仇池国氐人政权。415 年,进一步除掉东晋宗室时任荆州刺史的司马休之。

刘裕之所以能够成就一番偏霸事业,自有过人之处。《资治通鉴》卷一一八晋安帝义熙十三年(417)五月,记载了

▲ 刘裕自有过人之处。

北魏主拓跋嗣与崔浩之间一段评论刘裕才能的对话："嗣曰：'裕才何如慕容垂？'对曰：'胜之。垂借父兄之资，修复旧业，国人归之，若夜虫之就火，少加倚仗，易以立功。刘裕奋起寒微，不阶尺土，讨灭桓玄，兴复晋室，北禽慕容超，南枭卢循，所向无前，非其才之过人，安能如是乎！'"这是当时人的看法。枪杆子里面出政权。作为行伍出身的职业军人，他的成功首先是善于打仗。刘牢之也善于打仗，为什么就不如刘裕？那是因为刘裕至少有两点远远超过刘牢之：一是政治判断力，二是用人识人和笼络人的手腕。

刘裕的政治头脑清楚，突出表现在对于桓玄的认识上。他先是反对自己的上司刘牢之轻率地反桓玄。刘牢之自杀后，面对桓玄的篡位野心，刘裕开始不露声色，甚至带有暗许的暧昧。及至桓玄篡位，招来举国反对，刘裕即时起兵，高举勤王的大旗，从而赢得政治上的关键一搏！

刘裕也善于识人、用人，以武将王镇恶、文臣刘穆之为例。

在刘裕的军事斗争中，王镇恶（373—418）是一个重要人物。王镇恶是前秦名相王猛之孙。前秦灭亡后，他流落到东晋，后来为刘裕所赏识和提拔。在刘裕的内外战争中，都立下了赫赫战功！最有名的有两次。第一次是除掉刘裕的北府兵内反对派刘毅。北府兵有三位大将——刘裕、刘毅、何无忌。何无忌死于卢循之乱后，二刘的冲突就浮现出来了。击败刘毅，逼其自杀，打头阵的就是王镇恶。

第二次是消灭后秦，也是王镇恶打头阵，立了头功。义熙十二年（416）二月，后秦主姚兴病死，继任的姚泓无法控制局面,兄弟争权,给了东晋北伐的机会。晋兵分五路伐后秦,龙骧将军王镇恶、冠军将军檀道济是北伐的前锋。九月,进入后秦境内,十月攻克洛阳。刘裕坐镇彭城指挥,王镇恶的兵锋西向长安。义熙十三年正月,刘裕才从水路北上,然后沿黄河西进,但受到北魏军队的干扰。王镇恶西攻潼关的军队一度因为粮食补给不及,陷入恐慌,但是,他还是顽强地突破了后秦的防御,三月攻克潼关。八月,"王镇恶请帅水军自河入渭以趋长安,裕许之"。王镇恶亲自率领水军从黄河入渭水,进逼长安。后秦主姚泓投降。九月,"太尉裕至长安,镇恶迎于灞上。裕劳之曰:'成吾霸业者,卿也!'"肯定了王镇恶的首功!

刘裕长年在外征战,多数情况下镇守江北,建康朝廷的事情主要是心腹刘穆之(360—417)为他照料。404年,在起兵反对桓玄的斗争中,刘穆之被北府兵同僚何无忌推荐给刘裕,并很快获得刘裕的信任和重用。407年,荆州刺史刘毅反对刘裕控制朝政,也是刘穆之出策,使刘裕获得扬州刺史、录尚书事,控制中枢政局的关键职位。在刘裕伐南燕、平卢循过程中,刘穆之都是刘裕幕府中的智多星。刘裕出征后秦,刘穆之则在首都负责留守事务。

刘穆之的才干,《资治通鉴》卷一一七赞赏有加:"刘穆之内总朝政,外供军旅,决断如流,事无拥滞。宾客辐凑,求诉百端,内外谘禀,盈阶满室;目览辞讼,手答笺书,耳行听受,口并酬应,不相参涉,悉皆赡举。又喜宾客,言谈赏笑,弥日无倦。裁有闲暇,手自写书,寻览校定。"对于刘穆之与刘裕,后人比之为萧何留守关中,张良辅弼刘邦。

▲ 刘穆之可以说是刘裕的"张良"。

总之，正是有刘穆之与王镇恶这种文武人才的辅佐，刘裕才成就了自己的霸业。

刘裕驾崩后，《资治通鉴》有一段总结式评论，说："帝清简寡欲，严整有法度，被服居处，俭于布素，游宴甚稀，嫔御至少。尝得后秦高祖从女，有盛宠，颇以废事；谢晦微谏，即时遣出。财帛皆在外府，内无私藏。岭南尝献入筒细布，一端八丈，帝恶其精丽劳人，即付有司弹太守，以布还之，并制岭南禁作此布。公主出适，遣送不过二十万，无锦绣之物。内外奉禁，莫敢为侈靡。"这段话肯定了刘裕反对奢华、崇尚简朴的生活作风。刘裕自己生活简朴，对于部下却不吝赏赐。北伐后秦，到了洛阳，赞赏毛修之修葺城池之功，赏赐珍玩，价值二千万。王镇恶在攻打南方蛮族及攻克长安时多有贪掠，甚至把姚泓车辇上的金宝装饰抠刮下来，刘裕也能一概容忍，目的无非是笼络人心。

▲ 刘裕气量偏狭。

刘裕用人，也有气量偏狭的一面。王镇恶是被他冤杀的，刘穆之是被他气杀的。

王镇恶之死，是刘裕假手杀人的结果。刘裕北伐后秦，目标不是，至少不完全是为了统一北方，而是为了抬高自己的威望。旁观者、北魏士人崔浩在给拓跋嗣的分析中就讲得一清二楚。

义熙十三年（417）九月，晋军攻克长安之后，《资治通鉴》记载了刘裕下议迁都洛阳的方案。这究竟是刘裕为了应付北伐统一的初衷而为，还是真的有了迁都的冲动？从反对者所说的"非常之事，固非常人所及，必致骇动"的话来看,刘裕即使有想法,也完全不具备实现的可能性。东晋朝廷的阻力姑且不说,北魏的虎视眈眈,刘裕也必须顾忌。在攻克长安的过程中,刘裕曾批评王镇恶冒进,说黄河对岸,北魏的军事干预不可忽视。

刘裕匆忙南还,派十几岁的二儿子刘义真留守雍州。接下来,秦、雍之人流入河南数万户,北魏设置南雍州于洛阳以治之。西秦和夏国也伺机而动。于是,关中成为孤岛。夏兵来攻,王镇恶与沈田子交恶,沈田子诱杀王镇恶,谎称王镇恶要谋反,割据关中,但沈田子也因妄杀无辜而被诛。不过一年时间,关中地区就被匈奴铁弗部赫连勃勃攻占,赫连勃勃创立了十六国最后一个政权赫连夏(407—431)。

关中晋军的内讧,实际上是刘裕留下的后患。《资治通鉴》记载说,刘裕离开长安之前,大将沈田子与王镇恶争功,并在刘裕面前说坏话:"镇恶家在关中,不可保信。"刘裕回答:"今留卿文武将士精兵万人,彼若欲为不善,正足自灭耳。勿复多言。"刘裕对于沈田子的表态,就暗示了沈田子有除去王镇恶的责任。司马光在此评论说,用人不疑,疑人不用。既然让王镇恶负责西北镇守之事,怎么可以又叮嘱其他将领必要时可以联合起来除掉王镇恶?很显然,这场内讧,与其说是王、沈矛盾所致,不如说是刘裕自己的态度埋下的祸根,甚至是刘裕有意为之。"王镇恶功为多,由是南人皆忌之。"我想刘裕可能尤其忌之!檀道济及其儿子因为军功、才能卓著,被不明不白的宋文帝所杀,就是重复了宋武帝刘裕的故事。

再说刘穆之。

▲ 这场内讧是刘裕的态度埋下的祸根。

341

刘穆之对于刘裕的事业，极其重要："内总朝政，外供军旅，决断如流，事无拥滞。"但是，刘裕在北伐前秦的途中，派左长史王弘回建康，"讽朝廷求九锡"。当时，是刘穆之执掌留任事务，"而旨从北来，穆之由是愧惧发病"。这件事很值得玩味。刘裕既然把与朝廷打交道的事情都交给了刘穆之，请朝廷加九锡的事自然应该由刘穆之来出面。现在撇开刘穆之，直接从前线派王弘来求九锡，刘穆之就既惭愧又惧怕了。曹操时代，荀彧反对曹操称魏公，曹操不爽，荀彧忧郁得病致死。但是，我们看不出刘穆之会反对刘裕求九锡。事实上，刘裕派王弘来求九锡，只是虚晃一枪。"十二月，壬申，诏以裕为相国、总百揆、扬州牧，封十郡为宋公，备九锡之礼，位在诸侯王上，领征西将军，司豫、北徐、雍四州刺史如故"，刘裕坚辞不受。

刘穆之出身贫寒，富贵之后，"性奢豪，食必方丈，且辄为十人馔，未尝独餐"。他曾经对刘裕坦诚地说："穆之家本贫贱，赡生多阙。自叨忝以来，虽每存约损，而朝夕所须，微为过丰。自此外，一毫不以负公。"也许豪侈的生活，导致了他的健康有先衰之兆。中军谘议参军张邵忧虑地对刘裕说："人生危脆，必当远虑。穆之若邂逅不幸，谁可代之？尊业如此。苟有不讳，处分云何？"同僚对于刘穆之之死有先见之明，说明他有这个征兆。加上刘裕绕开刘穆之派他人提出九锡之事，加重了刘穆之的心理负担，因而猝死。这件事表明，刘裕虽然依赖刘穆之，但并不尊重，完全漠视其内心感受。

▲ 刘裕虽依赖刘穆之，但内心并不尊重他。

刘穆之之死，对于刘裕的事业是沉重打击，虽然他派出心腹徐羡之继任刘穆之之职,可是重要的大事,过去刘穆之可以决断的,现在都必须向北边远在彭城的刘裕咨询。可见刘裕对于徐羡之的信任不及刘穆之。

420年,刘裕如愿以偿,登基称帝,晋恭帝逊位,被刘裕派人杀害。从曹魏禅让以来,包括晋国,都遵行三代之先例,没有屠杀前朝王室。从南朝刘裕开始,开启了这个恶例,禅让必杀前朝逊位之帝。

二 梁武治国

梁武帝萧衍是一个才华横溢的文人和学者。就学术和文才而言,萧衍在中国历代帝王中堪称首屈一指! 就其生平和著述而言,萧衍可谓是最有学问的皇帝。

南朝的文化事业首推齐梁。齐武帝的次子竟陵王萧子良(460—494),是一个著名的附庸风雅的王子,"竟陵八友"(范云、萧琛、任昉、王融、萧衍、谢朓、沈约、陆倕)囊括了当时最著名的文人,其中就有萧衍。他们于诗文唱和之外,还讨论经史、佛道。萧子良主持编纂长达千卷的《四部要略》,分类编排儒家经传、百家著作。萧子良还身体力行地推崇佛学,自称"净住子",严守佛家戒律,不仅主持佛教文化的学术论坛,而且进入寺院做义工,现代佛教史家汤用彤《汉魏两晋南北朝佛教史》说:"竟陵王者,乃一诚恳之宗教徒也。"

▲ 梁武帝萧衍是史上最有学问的皇帝。

"竟陵八友"，多是当时文化界的领袖人物。沈约是《宋书》的作者。谢朓是诗坛领袖，史家把同为陈郡谢氏的山水诗人谢灵运称"大谢"，谢朓称"小谢"，小谢的祖母是著名史学家《后汉书》作者范晔的姊妹。范云也是当时的著名诗人，文坛领袖之一，是著名无神论者范缜（尽管观点未必一致）的从弟。

从这些同侪中，可以看出，萧衍的文学才能不同凡响。但是与他们不同的是，萧衍很有政治韬略。比如，当初齐武帝弥留之际，竟陵王萧子良在王融（东晋开国名臣王导的六世孙）等的帮助下竞争皇帝宝座的时候，大家议论成败，萧衍就不看好他。他没有站在萧子良一边（尽管他是"竟陵八友"之一），却站在了篡位者萧鸾一边。在萧衍禅让的时候，当年的"八友"中，除王融已死之外，其余六人多受到萧衍的重用。尤其是沈约和范云，是推动和帝禅让的功臣。萧衍对两人说："我起兵于今三年矣，功臣诸将实有其劳，然成帝业者，卿二人也！"这说明，萧衍有很高的政治技巧，善于团结和笼络人才。

作为学者皇帝，梁武帝的治国成就，除了建国初期的整顿吏治，选拔人才，减轻赋税徭役之类的措施外，最突出的特点表现在发展文化学术事业方面。

天监四年（505）正月初一，梁武帝下诏说：两汉用人，首重儒家经术，服膺儒学，砥砺品行。魏晋浮荡，儒教衰颓，风节罔树，抑此之由。"可置《五经》博士各一人，广开馆宇，招内后进。"于是，以当世大儒贺玚、明山宾、沈峻、严植之补博士（相当于主任教授），各主一馆，每馆有数百生员，官方提供学生生活费用,考试通过后即任为宣吏,据说,"期年之间,怀经负笈者云会"。

天监八年(509)五月,梁武帝特别提出,要鼓励寒门子弟,努力向学,对他们敞开读书做官的大门:"学以从政,殷勤往哲,禄在其中,抑亦前事。"他提出,"其有能通一经,始末无倦者",通过考试后,即可以量力叙录。"虽复牛监羊肆(指出身下层家庭),寒品后门,并殖才试吏,勿有遗隔。"(《梁书·武帝纪中》)

梁武帝重视礼仪制度的恢复与重建。天监十一年(512),颁行新编订的五礼,共八千一十九条。南朝齐就组织了五礼修订班子,只因时间短促,未能完成,梁朝建立后,有人建议废黜礼局,梁武帝坚持重新组织人员编撰,五礼至此完成。东魏丞相高欢就曾说:"江东复有吴翁萧衍,专事衣冠礼乐,中原士大夫望之以为正朔所在。"

梁武帝发展学术文化教育的意义,犹如北朝孝文帝在土地和赋役制度方面的改革,对于后来隋唐王朝的发展,都产生了十分重要而深远的影响。萧梁时期发展经学教育,考试取士,不仅是对汉代经学的恢复,也为隋唐科举取士制度的产生,提供了一定的制度基础。梁武帝对礼制的重视,吉、凶、军、嘉、宾五礼制度的完善,对于唐代的礼制建设,提供了直接的参考意义。当然,这个时期出现的《昭明文选》《玉台新咏》《诗品》《文心雕龙》等重要文学著作,对于隋唐文化的发展的影响,如何估计也不会不高。

▲ 梁武帝时期的教育和礼制,为唐代奠定了很好的基础。

梁武帝广为人知的,是他在佛教上的痴迷。梁武帝是历代帝王中佛缘最深的皇帝。汤用彤先生说："南朝佛教至梁武帝而全盛。"梁武帝对佛教的贡献主要有四：一是精研佛教理论，二是编订佛教戒律，三是发展佛教事业，四是推动儒佛融合。

佛理方面。梁武帝在竟陵王"西邸"就对于佛教理论有过深入的接触。即位不久，507年颁布的《敕答臣下神灭论》(即《答与王公朝贵书》)，是对范缜早年发表《神灭论》的驳难；518年，召集王公大臣和高僧等讨论"二谛"义理，都深化了汉地教俗信众对于佛学理论的理解和思辨。中年以后对于佛教典籍有过深入研究，撰写有相关著作："笃信正法，尤长释典，制《涅槃》《大品》《净名》《三慧》诸经义记，复数百卷。"(《梁书·武帝纪下》)在他的推动下，涅槃学、成实学、三论学在萧梁时代都得到了弘传和发展。梁武帝还积极支持和推动佛教翻译工作，来自扶南的僧伽婆罗(460—524)、来自印度的真谛(499—569)都曾经在萧梁时期从事重要的译经事业。僧祐编纂的《弘明集》《出三藏记集》都是在梁武帝时期完成的集大成的佛教著作。

戒律方面。梁武帝曾任命释法超(456—526)为都邑僧正(南朝主管佛教僧侣事务的僧官)，编订《出要律仪》十四卷，这是一部简明实用的通用戒律汇编。梁武帝还亲自撰写了著名的《断酒肉文》(《广弘明集》卷二六)，从佛教本义出发，结合中国文化特点，提出僧尼素食的要求，不仅以身作则，还用政治手段强力推行。现节选其中一段：

弟子萧衍，从今已去，至于道场，若饮酒放逸，起诸淫欲，欺诳、妄语，啖食众生，乃至饮于乳蜜，及以酥酪，愿一切有大力鬼神，先当苦治肃衍身，然后将付地狱阎罗王，与种种苦，乃至众生皆成佛尽，弟子萧衍，犹在阿鼻地狱中。僧尼若有饮酒啖鱼肉者，而不悔过，一切大力鬼神亦应如此治问。增广善众，清净佛道。若未为幽司之所治问，犹在世者，弟子萧衍，当如法治问，驱令还俗，与居家衣，随时役使。

梁武帝的虔诚溢于言表。

天监十六年(517)四月，梁武帝下诏："以宗庙用牲，有累冥道，宜皆以面为之。"即用面捏的牛羊代替宗庙祭祀的牺牲。此令一出，朝野哗然，认为宗庙去牲(牛羊之类)，乃是不复血食。接着又下令改以大饼代大脯(肉干)，其余供品尽量用蔬果替代。梁武帝的举措，可以说是冒着一定的政治风险的，但是他仍毅然加以推行。宗庙祭祀时用面捏的牛羊代替牺牲的做法，虽然没有被后世帝王所遵用，但是汉地僧众普遍素食，却成为中国佛教的一大特色，保留至今。单就僧侣素食这一点入戒律而言(此前吃三净肉)，梁武帝在中国佛教发展史上的地位就足以大书特书。

菩萨戒是在家居士接受的戒律，晋宋之际，十分流行。宋文帝、齐竟陵王都曾经受菩萨戒。梁武帝亲自撰写了《在家人出家人菩萨戒法》(敦煌文献伯希和 2196 号)，整合当时流行的各种不同的菩萨戒法。其中征引了十四种佛经，完整地叙述了菩萨戒的内容和受菩萨戒时的戒场布置、仪式过程等，对当时存在的各种戒律加以融通取舍，特别是综合了

▲ 僧人素食入戒律，是梁武帝对中国佛教发展的贡献。

《菩萨地持经》《梵网经》等菩萨戒经典,概括了大乘佛教的一切修行实践,重点是重新定位声闻戒和菩萨戒的关系。具体说来,就是运用具有创新性质的菩萨戒,来整合当时南朝佛教所有的理论和实践,通过抬高菩萨戒的地位,进而抬高在家信众在佛教界的地位,为印度佛教的中国化做出了切实的贡献。天监十八年(519)四月八日,梁武帝自己接受了菩萨戒。在皇帝的示范作用下,"皇储已下,爰至王姬。道俗士庶,咸希度脱。弟子著籍者凡四万八千人"(《续高僧传·慧约传》)。

推广佛教方面。梁武帝广建佛寺,扩大僧众员额,弘扬法事,亲自参加并且主持四部无遮大会(按,四部指出家僧尼和在家居士优婆夷、优婆塞等四众,无遮大会就是僧俗信众参加的布施大斋会)。且依《资治通鉴》卷一五一至一五九的记载,就 527 年之后他的大型佛事活动,略举数例。

大通元年(527)三月,梁武帝初次舍身同泰寺。初八,"上幸寺舍身";初十一,"还宫,大赦,改元"。

中大通元年(529)九月初十五,"上幸同泰寺,设四部无遮大会。上释御服,持法衣,行清净大舍,以便省为房,素床瓦器,乘小车,私人执役。甲子(十六日),升讲堂法座,为四部大众开《涅槃经》题。癸卯(二十五日),群臣以钱一亿万祈白三宝,奉赎皇帝菩萨,僧众默许。乙巳(二十七日),百辟诣寺东门,奉表请还临宸极,三请,乃许。上三答书,前后并称'顿首'"。这是梁武帝三次舍身同泰寺中最闹腾的一次。

同年十月初一,"上又设四部无遮大会,道、俗五万余

▲ 梁武帝三次舍身同泰寺。

348

人。会毕，上御金辂还宫，御太极殿，大赦，改元"。

中大通五年（533）二月，"癸未（初二十五），上幸同泰寺，讲《般若经》，七日而罢，会者数万人"。

中大同元年（546）三月初八，"上幸同泰寺，遂停寺省，讲《三慧经》。夏，四月，丙戌，解讲，大赦，改元"。这天夜里，同泰寺浮图起火灾，梁武帝认为这是妖魔所致，"宜广为法事。群臣皆称善"。于是下诏：为了抵御妖魔，"当穷兹土木，倍增往日"。下令建造十二层佛塔，将要建成，正遇上侯景之乱，乃止。次年三月初三，即侯景来降前夕，"上幸同泰寺，舍身如大通故事"。初十日，群臣出钱把皇帝赎回，大赦，改元。这是他第三次也是最后一次舍身同泰寺。

在佛教仪轨上，流传至今的《慈悲道场忏法》，就是梁武帝礼请宝志禅师与高僧等十人所集，故俗称《梁皇宝忏》，或称《梁皇忏法》。该忏法是萧衍为超度称帝前去世的夫人郗氏所作。

萧衍是鼓吹三教合流的早期提倡者之一。儒、道、释在他这里并行不悖，各得其用。因此，萧衍在佛教上的贡献，不仅仅在于从形式上把南朝的佛教推向了高潮，而且在实质上推动了儒、释、道合流的实践，他的《中庸讲疏》《私记制旨中庸义》，早在宋儒之前五六百年，很有可能就开启了用中庸来解读佛家的"中道"思想的先河。

著名道士陶弘景，博学多能，好养生之术，是萧衍早年的朋友。萧衍即位之后，对其恩礼甚笃，二人关系依然密切。虽然陶弘景隐居茅山，不应召出仕，但"国家每有吉凶征讨大事，无不先谘之，月中尝（《南史》作'常'）有数信"，时

▲ 梁武帝是三教合流的最早提倡者之一。

人谓之"山中宰相"。陶弘景于大同二年(536)三月去世,临终之前为诗曰:"夷甫任散诞,平叔坐论空。岂悟昭阳殿,遂作单于宫!"夷甫指西晋末年的王衍,字夷甫;平叔指曹魏末年的何晏,字平叔。他们都是清谈误国的代表人物。《资治通鉴》卷一五七记载说:"时士大夫竞谈玄理,不习武事,故弘景诗及之。"

陶弘景作为隐居世外之人,讽刺当轴者"竞谈玄理,不习武事",是颇值得玩味的。出世与入世不一样,身在庙堂,就应该讲文治武功;遁迹山林,可以空谈玄理。如果身为皇帝,又想做菩萨,两种角色互相冲突,其结果一定是悲剧。

三 北魏迁都

从北魏统一到冯太后执政的时代,经历了将近半个世纪,若从拓跋珪建国算起,则是将近百年。然则,从打天下过渡到治天下,需要进一步完善各项基本制度,改革势在必行。这个责任就落在了冯太后身上。

冯太后的改革从最基本的体制机制建设入手,包括俸禄制度、均田制度、三长制度,这些制度都是为了解决国家机器运作的机制问题。

太和八年(484),"始班俸禄",即建立正式的俸禄制度。做官应该有俸禄,就是我们说的薪水。此前北魏官员的收入主要不是俸禄,鲜卑贵族马上打天下,依靠征战发财,他们的财富主要是抢夺而来。可是要统治中原内地，必须有文官治理，如果没有合理合法的收入，必然有黑色或者灰色收入，这对于长治久安不利。所以，冯太后把俸禄制度的建立，即官员薪酬制度的规范，放在了启动改革的首位。这年九月，朝廷"仍分命使者，纠按守宰之贪者"，重点打击官吏的贪污枉法行为。

太和九年(485)，颁行均田制度，以使耕者有其田。从西汉中后期以来，土地兼并始终是中原王朝最严重的社会问题。王莽曾经用极端的平均主义手段实行"王田制"，试图解决这个问题，结果不具有可行性，情况更糟。现在鲜卑入主中原，北方人口大量流失，冯太后从古人的人丁百亩的理念出发，施行均田制。这年十月，她接受了李安世的建议，"遣使者循行州郡，与牧守均给天下之田"。制度规定："诸男夫十五以上受露田四十亩，妇人二十亩，奴婢依良丁；牛一头，受田三十亩，限止四牛。"对于"初受田者，男夫给二十亩，课种桑五十株；桑田皆为世业，身终不还"。这个制度照顾了富裕地主的利益，也为普通农民提供了不再依附豪强的可能条件。

太和十年(486)推行"三长制"，即重建基层政权。自五胡乱华以来，魏晋时期传统的统治秩序，在北方遭到了极大的破坏，豪强隐蔽民户，十分严重。十六国到北魏初期，中原地区"或百室合户，或千丁共籍"，宗主与依附人口居住在坞堡之中，得到隐蔽和保护，这种体制，叫做宗主督护制。[按，《魏书》卷五三《李冲传》："旧无三长，惟立宗主督护，所以民多隐冒，五十、三十家方为一户。"《资治通鉴》卷一三六

▲ 要统治中原内地，必须有文官治理，如果没有合理合法的收入，必然有黑色或者灰色收入，这对于长治久安不利。

齐武帝永明四年(486)二月:"魏无乡党之法,唯立宗主督护;民多隐冒,三五十家始为一户。"]内秘书令李冲建议建立"三长"之制:"五家立邻长,五邻立里长,五里立党长,取乡人强谨者为之。"同时,改革赋役制度,减轻农民负担。这项建议下朝廷议论,反对者众,地方豪强尤其反对激烈。最后冯太后拍板决定。"文明太后曰:立三长则课调有常准,苞荫之户可出,侥幸之人可止,何为不可!"

▲ 北魏第一名臣崔浩用汉文化来促进鲜卑政权的进步,结果丢了性命,因为他触及的是敏感的文化与种族优劣问题。

北魏第一名臣崔浩,也试图"整齐人伦",用汉文化来促进鲜卑政权的进步,结果丢了性命。这是因为他触及的是敏感的文化与种族优劣问题。现在冯太后的改革,提供的是增量改革,不仅官员的薪酬制度解决了其后顾之忧,而且均田制改革促进了经济发展与社会进步。"三长制"和户籍制改革之初,"民始皆愁苦,豪强者尤不愿。既而课调省费十余倍,上下安之"。

总之,冯太后改革的成功,不仅因为她身居太后之尊,有崔浩完全没有的优势,而且因为她的改革触及的是政治与经济体制转换问题,更加触及了改革的本质。

冯太后去世后,孝文帝继续了祖母的改革事业。孝文帝改革最重大的事件,是太和十七年(493)迁都洛阳。迁都中原不仅仅是"入主中原"的象征,也为进一步推进全面的汉化政策,创造了前提。《资治通鉴》卷一三八详细记载了这次迁都的原委:"魏主以平城地寒,六月雨雪,风沙常起,将迁都洛阳;恐群臣不从,乃议大举伐齐,欲以胁众。"这一年九月,大军行至洛阳时,霖雨不止,"时旧人虽不愿内徙,而惮于南伐,无敢言者,遂定迁都之计"。

▲ 迁都中原不仅仅是"入主中原"的象征,也为进一步推进全面的汉化政策,创造了前提。

迁都之后,孝文帝进行了大规模的汉化改革。首先是鼓励胡汉通婚,他自己带头娶崔、卢、至、郑、王汉族高门的女儿充后宫,同时为皇室成员娶汉族高门为王妃。其次是禁止说胡语,朝廷官员三十岁以下必须讲汉语。要求鲜卑官员穿汉服,禁止穿鲜卑服饰。496 年,又改鲜卑姓氏,拓跋氏带头改姓元,其他一百多个鲜卑姓氏都改成汉姓,鲜卑人的籍贯都改为河南洛阳。

南朝北齐官员王肃(464—501)北逃,孝文帝如获至宝。王肃是东晋名臣王导之孙,孝文帝重用王肃,用中原政治制度改造鲜卑制度,包括官制仪轨、祭祀典礼、舆服制度等,君臣际遇,"自谓君臣之际犹玄德之遇孔明也"(《魏书·王肃传》)。

孝文帝改革曾遇到鲜卑贵族的反对,496 年,孝文帝南征,太子恂留守洛阳,不耐洛阳暑热,穿胡服,并且逃回平城,成为反对孝文帝改革的鲜卑贵族的领头羊。孝文帝回京后,将其从平城抓回,废黜其太子之位,不久又赐死。

冯太后与孝文帝的改革极大地促进了鲜卑社会的发展,但是,也留下了许多问题。太子虽然被处死,可是平城及北方六镇地区鲜卑势力仍然强大。胡汉融合问题,仍然是因扰北魏社会发展的核心问题。在后来一百多年的岁月中,还经历了很大的波折,经历西魏、北周的磨合,民族融合问题在隋朝才得以解决,从而带来了南北统一。但是,不管如何,巾帼英雄冯太后在这一进程中发挥了难以替代的关键性作用。

四　尔朱功过

太和二十三年(499)四月,魏孝文帝崩于南征途中。太子元恪(483—515)即位,是为宣武帝。宣武帝时期,北魏已经在走下坡路,拓跋贵族竞相奢侈,迅速腐败。迁都洛阳之后,鲜卑贵族沉湎于醉生梦死的温柔乡,早就忘记了边塞地区的苦寒。边镇与洛阳的鲜卑贵族对于国家的前途有了两种不同的期待。孝文帝南征之际,太子元恂从洛阳逃归平城,反映的实际是鲜卑内部对于国家发展的两种不同路线之争。如果接下来的宣武帝元恪、孝明帝元诩(胡太后掌权)时期,对于各方利益有所平衡,事情也许尤有可为,可是,胡太后与孝明帝争权,进一步恶化了朝廷与六镇的关系。

胡太后是宣武帝的宠妃,为他生了长子元诩。大约由于佛教的影响,大约由于汉化的缘故,大约出于对胡贵嫔的宠爱,宣武帝废除了"子贵母死"的旧规矩。胡贵嫔没有因为生了宁馨儿而被杀,相反宠爱有加。延昌四年(515)正月,元恪死后,其所亲信的大臣高肇、王显等被杀,不久,原配高太后被大臣废黜为尼,胡贵嫔从太妃升格为太后,垂帘听政。

在执政初期,胡太后处事尚有章法,小叔子兼情夫元怿主持朝政,与权宦刘腾、妹婿元叉等人产生了权力冲突。

520 年,刘腾等利用她与小叔子元怿的暧昧关系,鼓动少年皇帝将太后软禁起来,长达五年之久。

525 年,胡太后利用母子之情,以及刘腾的去世,采取反制行动,除掉了元叉,重新掌握朝政。从此她就变得肆无忌惮、为所欲为:

> 自是朝政疏缓,威恩不立,天下牧守,所在贪婪。郑俨污乱宫掖,势倾海内;李神轨、徐纥并见亲侍。一二年中,位总禁要,手握王爵,轻重在心,宣淫于朝,为四方之所厌秽。文武解体,所在乱逆,土崩鱼烂,由于此矣。(《魏书·皇后传·宣武灵皇后胡氏》)

就在这个当口,尔朱荣却迅速崛起。

尔朱荣出身契胡酋长家庭。契胡一般认为就是羯族的一支,世居秀容川(今山西朔州)。传到尔朱荣这一代,为北魏边防镇将。尔朱荣生得皮肤白皙,长相俊美,是一员猛将,《资治通鉴》说他"神机明决,御众严整"。虽在抵抗柔然的战争中,未见他有何奇功,但是,每次镇压内部胡族的反抗,尔朱荣都频频立功,所得封赏也逐渐提升。在胡太后执政时代,他已经屡次因为军功获得擢升,为使持节、安北将军、都督恒朔讨虏诸军、假抚军将军,进封博陵郡公,食邑一千五百户。孝昌元年(525)八月,尔朱荣举兵袭取肆州(今山西忻县),自署其叔父为刺史,从此之后,尔朱荣的兵威渐盛,朝廷对他也无可奈何,进而任命为镇北将军。

虽然胡太后大权独揽，但忌惮孝明帝，母子之间的关系越来越紧张。528年，胡太后与情夫郑俨、徐纥等人在清除了孝明帝身边的亲信后，毒死了孝明帝元诩，谎称潘妃所生女儿为太子，立其为帝。几天后又称潘妃所生实为女孩，另立孝文帝之孙元钊为帝，年仅三岁。这给了一直觊觎朝廷的尔朱荣以兴兵问罪的借口。

本来，尔朱荣的部将高欢就曾建议说："今天子暗弱，太后淫乱，嬖孽擅命，朝政不行。以明公雄武，乘时奋发，讨郑俨、徐纥之罪以清帝侧，霸业可举鞭而成。"孝明帝则把尔朱荣当作对抗母后及其情夫郑俨、徐纥的外援。"密诏荣举兵内向，欲以胁太后。"尔朱荣以高欢为前锋，行至上党，孝明帝复以私诏止之。此时，传来孝明帝驾崩的消息，自然给了尔朱荣以兴兵靖难的口实。

尔朱荣的抗表写得义正词严：

第一，"大行皇帝背弃万方，海内咸称鸩毒致祸。岂有天子不豫，初不召医，贵戚大臣皆不侍侧，安得不使远近怪愕！"此点是指责皇帝死得蹊跷！

第二，"又以皇女为储两，虚行赦宥。上欺天地，下惑朝野。已乃选君于孩提之中，实使奸竖专朝，隳乱纲纪，此何异掩目捕雀，塞耳盗钟！"此点是质疑所立君主的合法性！

第三，"今群盗沸腾，邻敌窥觎，而欲以未言之儿镇安天下，不亦难乎！愿听臣赴阙，参预大议，问侍臣帝崩之由，访禁卫不知之状，以徐、郑之徒付之司败，雪同天之耻，谢远近之怨，然后更择宗亲以承宝祚"。

显然，这第一问、第二问，是胡太后及其情夫掩盖不了的。这第三问，就是要兴师问罪，改换国君。对于皇室而言，这是比东汉末年董卓进京更强有力的挑战。

尔朱荣率兵向洛阳进发，朝廷乱作一团。胡太后派出的军队不堪一击，情夫们都各自逃命，胡太后自己削发躲入佛寺，并下令妃嫔们都出家为尼。是年四月，尔朱荣在进军途中，立长乐王元子攸为帝。子攸为献文帝之孙，孝文帝之侄，是为敬宗孝庄帝。尔朱荣自任侍中、都督中外诸军事、大将军、尚书令、领军将军、领左右（即领左右千牛备身，带此头衔掌控皇帝身边禁卫），封太原王。六月，尔朱荣入洛阳，把胡太后及小皇帝都押到河阴，沉入黄河，又大开杀戒，屠杀了二千多位胡汉高官，朝廷一空。

这个时节，北魏六镇起兵与镇民造反，混在一起，如火如荼。起兵的领袖们大多出自六镇：破六韩拔陵（？—525），匈奴人，沃野镇民；鲜于修礼（？—526），敕勒人，怀朔镇民，当过镇兵；杜洛周（？—528），高车族人，柔玄镇民，当过镇兵；葛荣（？—528），鲜卑人，曾任怀朔镇将。

六镇及流民起兵可以分如下三个阶段。

第一个阶段，六镇点火。

早在523年，怀荒镇、沃野镇民与镇将冲突，聚众造反，领头羊是沃野镇民破六韩拔陵，建元真王。迫使朝廷改镇为州，进行安抚。武川豪强贺拔度拔（贺拔岳之父）、宇文肱（宇文泰之父）被提拔入镇军军官，加以对抗，最后却也汇入到了造反者的队伍中。524年秋，六镇已经全部为镇民所占领。尔朱荣在这场平乱中，虽然没有与破六韩拔陵正面交锋,却在平叛中壮大了自己的实力。

第二阶段,河北冒烟。

525年,破六韩拔陵主力失败,降户二十多万,被安置在河北冀(今河北衡水市冀州区)、定(今河北定州市)、瀛(今河北河间)三州就食。此时的河北正遭遇水旱之灾,无处觅食。柔玄镇兵杜洛周在上谷(今河北宣化)再次发动流民起事,接过了真王年号。西围燕州(今河北涿鹿),南攻幽州。

526年,就在杜洛周据有燕、幽的同时,怀朔镇民鲜于修礼也率流寓当地的六镇兵民于定州造反,建元鲁兴,形成南北呼应之势。后鲜于修礼在内乱中被杀,部下葛荣统领其众,更加勇猛,连连击败强大的魏军。527年初,葛荣攻克殷州,进而攻克冀州,年底逼近邺城。

这个时候的尔朱荣,全力在河南经营,扩大自己的队伍,原武川镇基层军官贺拔岳、贺拔胜(贺拔度拔之子)及其部下都归附于其麾下。

第三个阶段,火并与灭亡。

528年初,杜洛周南下攻克定、瀛二州,与葛荣所部发生冲突。二月,葛荣杀死杜洛周,并统领其军,队伍号称百万众。

此一阶段,尔朱荣于河阴之变后,控制了北魏朝廷,乃调动大军进逼葛荣所部。八月,尔朱荣以侯景为前锋,向河北进发,所率精骑七万在邺城附近与葛荣遭遇。尔朱荣利用葛荣排兵布阵兵力分散的弱点,击散流民部队,生擒葛荣并押至洛阳斩首。为什么尔朱荣带七万众(一说七千)能够打败葛荣百万众?因为葛荣所统率的是乌合之众,而尔朱荣所部乃身经百战的精锐,葛荣造反求生存,没有雄踞天下的志向,不是尔朱荣的对手。

六镇起兵及其引发的流民暴动,就这样被镇压了。但是,这个时候,北魏孝庄帝却被堂兄元颢(495—529)赶出了京城。

元颢后来被称为魏建武帝。建武帝说孝庄帝是傀儡,这没有错。但是,让孝庄帝为保全魏祚而放弃帝位,也是不可能的。于是,身为天柱将军的尔朱荣,率领百万大军绕开陈庆之军,奇袭洛阳。六月,攻入洛阳城,元颢出逃,死于途中。尔朱荣迎孝庄帝回洛阳后,毫无疑问,真正是再造王室,但也必然是权倾朝野。

尔朱荣不是没有称帝的企图,只是由于时机不成熟,加之他四次铸造金人皆不成功(意味着上天不赞成改朝换代),他放弃了称帝的企图。但是,他对于孝庄帝的蔑视,以及各种胡作非为,则到了令人发指、难以忍受的地步。回到洛阳一年多,即永安三年(530)九月,孝庄帝以尔朱皇后(尔朱荣之女)生子为由,诱得尔朱荣入皇宫庆贺,亲手将其刺杀于御座之前。"于是内外喜噪,声满洛阳城,百僚入贺。"尔朱荣没有死在疆场上,死在自己所拥立的女婿的刀下;死因也不是图谋篡位,而是因为权力太大,跋扈不羁!死的实在是有些窝囊!

尔朱荣死后的权力真空就由怀朔镇的高欢和武川镇的宇文氏这两股势力来填补。高欢诛灭尔朱兆等尔朱氏家族势力后,取得了北魏最高权力。而尔朱荣生前数月派遣贺拔岳、宇文泰等前往关中地区平乱,则孕育出另外一股势力。北魏被这两股势力分裂,高欢是东魏、北齐的开山,宇文泰则是西魏、北周之始祖。

五　高欢崛起

高欢本来是汉人，自称出身渤海士族高氏，可是，他的生活习俗，几乎与鲜卑族无异。

史家给他家编的谱系是：

> 六世祖隐，晋玄菟太守。隐生庆，庆生泰，泰生湖，三世仕慕容氏。及慕容宝败，国乱，湖率众归魏，为右将军。湖生四子，第三子谧，仕魏，位至侍御史，坐法徙居怀朔镇。（《北齐书·神武纪上》）

高欢六世祖高隐，是西晋玄菟郡太守，五胡乱华时代，其家族三世为鲜卑慕容政权的燕国服务，后燕皇帝慕容宝失败，归于北魏。高欢的祖父高谧，官至侍御史，遭贬安置在边地，从此家居怀朔镇。到了高欢这一代的出路就是去当兵。《北齐书·神武纪上》称其"累世北边，故习其俗，遂同鲜卑"。高欢的鲜卑名叫"贺六浑"。

无数历史事实证明，对于高欢这样的社会底层人士来说，天下大乱就是机会。同样是乱世，有的人一开始造反，就有一支自己的队伍，这就是资本。可是，高欢没有。六镇起兵的时候，高欢与他的兄弟们只是跟着大家一起往前走。

走到哪里算哪里,他们没有自己的目标。但是,跟着谁走,高欢却不断地在窥伺着。

高欢新婚的日子,正是北魏胡太后临朝称制时期。521年第一个儿子高澄出生。两年后即523年,六镇起兵之时,高欢等一班兄弟都裹挟其中,最初追随的领导人是杜洛周。高车人杜洛周,善于动员,不善于领导,最多是秦末陈胜的水平。高欢的几个哥们儿都不满意杜洛周的领导,想实施暗杀,但没有成功,后被杜洛周派人追杀。高欢带着老婆、孩子(长子高澄和长女都年幼),坐着牛车逃命,投奔了另外一个首领葛荣。鲜卑人出身的葛荣,有一定的领导能力,吞并了杜洛周,声势浩大,但是缺乏谋略。高欢觉得葛荣也不是值得追随的人,就与几个兄弟投奔了尔朱荣——当时手握重兵正在窥伺发展方向的地方军阀。

尔朱荣开始并没有看上高欢。高欢的发小、老友刘贵是秀容川人,与尔朱荣是同乡,早先就归于尔朱荣。他极力推荐,说高欢是不可多得的人才。尔朱荣见到高欢一脸憔悴、衣衫不整的样子,并不看好,但是有两件事改变了尔朱荣对高欢的看法。一是高欢的驯马功夫,一是高欢对时局的分析。《资治通鉴》卷一五二记载:

> 是时,车骑将军,仪同三司,并、肆、汾、广、恒、云六州讨虏大都督尔朱荣兵势强盛,魏朝惮之。高欢、段荣、尉景、蔡俊先在杜洛周党中,欲图洛周,不果,逃奔葛荣,又亡归尔朱荣。刘贵先在尔朱荣所,屡荐欢于荣,荣见其憔悴,未之奇也。欢从荣之马厩,厩有悍马,

荣命欢羁之，欢不加羁绊而羁之，竟不蹄啮；起，谓荣曰："御恶人亦犹是矣。"荣奇其言，坐欢于床下，屏左右，访以时事。欢曰："闻公有马十二谷，色别为群，畜此竟何用也？"荣曰："但言尔意！"欢曰："今天子暗弱，太后淫乱，嬖孽擅命，朝政不行。以明公雄武，乘时奋发，讨郑俨、徐纥之罪以清帝侧，霸业可举鞭而成，此贺六浑之意也。"荣大悦。语自日中至夜半乃出，自是每参军谋。

　　尔朱荣是边塞军人出身，骑术是其所长。高欢在马厩里，对于一匹没有加以羁绊的悍马，进行调驯之时，从容娴熟，悍马不踢不叫，这让尔朱荣震惊。更令尔朱荣震惊的是，高欢说对付恶人，也要用这个办法。比高欢仅年长三岁却手握大军的尔朱荣，发现自己遇到了高人，于是延入室内，访以时事。高欢问，你豢养这么多马匹究竟想干什么呢？尔朱荣说，你只管说出你自己的意思。高欢说，如今天子暗弱，胡太后淫乱，男宠窃威弄权，朝政不行。这正是您的时机啊！您只要高举清君侧的大旗，以讨伐嬖臣郑俨、徐纥名义举兵，霸业唾手可得！这就是我贺六浑的意思。尔朱荣大悦，两人从中午谈到半夜。这段对时局分析的具体时间不详，大约在高欢528年初投奔尔朱荣不久，从此尔朱荣对高欢刮目相看，视之为心腹。

　　魏武泰元年(528)三月，孝明帝元诩被胡太后毒死，尔朱荣举兵向阙，高欢就是前锋。河阴之变后，高欢又辅佐尔朱荣打败了葛荣百万大军，成为尔朱荣麾下最得力的猛将。

尔朱荣曾经问左右，我死之后，谁可以代替我主军？大家都推尔朱荣的族侄尔朱兆。尔朱荣摇头说，尔朱兆虽然勇猛，但是，最多只能带三千骑兵，再多就乱了。能代替我主军的，唯有贺六浑（高欢）而已。这个时候，高欢已经晋升为晋州刺史了。

高欢虽然能够打仗，但是，没有自己的军队，他只是一个为别人打工的职业经理人。没有军队就没有独立行动的能力。中古时代军阀的私兵，一般来自两个途径：一是军阀自己豢养的部曲；一是胡人的部落兵。可是高欢既没有钱收养私兵部曲，自己又不是鲜卑部落的酋长。高欢就将目标瞄准了当时流亡的游民，也就是葛荣死后留下的军队。这支军队虽然降归了尔朱荣，但经常受尔朱家族的嫡系契胡兵欺侮，故而依然屡屡反叛。尔朱荣死后，尔朱兆掌控着尔朱家族的军队。

高欢建议，不可尽杀六镇造反的降兵，应该安排专人统领，如果有反叛，可以问责。这样，所罪者寡矣。尔朱兆问，谁可以统领？在座的高欢密友贺拔允说，高欢就可以。这正中高欢下怀。可是高欢故作愤怒地说，当初天柱（指尔朱荣）在世时，你们像鹰犬一样听从指令，今日之事由大王（指尔朱兆）说了算，你小子怎敢妄自说话？请大王杀了这家伙！高欢一拳打过去，打落了贺拔允一颗门牙。尔朱兆觉得高欢对自己忠心耿耿，于是，就把这支军队交由高欢统领。高欢怕尔朱兆醒酒之后反悔，立马出了营帐，号令部众，拉出了自己的队伍。后来尔朱兆有所醒悟，但悔之晚矣。高欢以率部到山东就食的名义，终于离开了尔朱氏的

▲ 没有军队就没有独立行动的能力。

掌控,开始了自己的独立行动。

三年后,高欢消灭了尔朱兆及其家族的势力。正如尔朱荣所预料的那样,尔朱兆不是高欢的对手。532年,高欢拥立孝武帝元脩为帝,自己成为大丞相,控制着朝政。孝武帝不愿意做高欢的傀儡,想利用关中的宇文泰,削弱甚至消灭高欢,被高欢识破。孝武帝被迫逃亡到关中,投奔宇文泰。于是,高欢另立孝文帝之孙元善见(524—552)为帝,是为孝静帝,并将首都迁徙到邺(今河北邯郸市临漳县),他自己的霸府却仍在晋阳(山西太原市),遥控着东魏朝廷。

▲ 在高欢统治期间,就内政而言,他要处理好以下几个关系。一是霸府与朝廷的关系。二是胡族与汉族的关系。三是反贪与稳定的关系。

高欢实际执政了十五年,建立了偏霸事业。在高欢统治期间,就内政而言,他要处理好以下几个关系。一是霸府与朝廷的关系。孝武帝的出逃,对于他是一个很直接的打击。二是胡族与汉族的关系。如何调和胡、汉矛盾,对于高氏政权来说是最大的考验。三是反贪与稳定的关系。后面这两个问题,实际上涉及胡族政治文化与华夏政治文化的对接和转型问题。

在东西魏分裂之初,东魏军队以鲜卑骑兵为主力,至少有二十万,远远强过西魏。东魏政权继承了前朝两点遗产:一是继承了原北魏政权的主体;二是继承了六镇起兵的成果,即对于孝文帝以来的汉化政策的反动。从历史发展的趋势来说,胡汉融合,是不可阻挡的潮流,也是魏政权长治久安的根本,但是,高欢的政策整体上是反潮流而动的。他自己经常用鲜卑语说话,说汉人是鲜卑人的奴仆。有时候虽然也从语言上安慰汉族百姓,试图缓和汉、鲜矛盾,但是在政策上没有扎实推进。在反腐败问题上,他采取了睁一只眼闭一只眼的办法,既怕得罪了文官,他们会跑到萧梁去,又怕得罪了武将,他们会跑到西魏云。相比较西魏宇文泰重用苏绰整顿吏治,吸收汉族豪强,充实军旅,建立府兵制的大规模改革来说,高欢治国理政以维持现状为主的特点,就更加明显了。

难道高欢就没有自己的政治理想吗?

547年农历正月初八,东魏勃海献武王欢卒。高欢打了一辈子仗,一个多月前,他还拖着病体坚持在对阵西魏的战场上。当时,他命敕勒人大将斛律金领唱《敕勒歌》:"敕勒川,阴山下。天似穹庐,笼盖四野。天苍苍,野茫茫。风吹草低见牛羊。"高欢一边唱和,一边老泪纵横,他知道自己来日无多。一代枭雄在即将离开这个世界之前,心中不知道有多少感慨!他虽然不见得有统一华夏的豪情,可是统一黄河流域的政治抱负还是有的,可惜的是,他不能认清十六国以来的时代潮流,不能认清孝文帝改革以来的时代趋势。这让我想起了项羽和刘邦。项羽不正是认不清秦始皇以来大统一的趋势,走分封的回头路,从而在整个政治格局上输掉了楚汉之争的吗?

《资治通鉴》卷一六○在高欢去世后写了一段评论:

> 欢性深密,终日俨然,人不能测,机权之际,变化若神。制驭军旅,法令严肃。听断明察,不可欺犯。擢人受任,在于得才,苟其所堪,无问厮养;有虚声无实者,

皆不任用。雅尚俭素，刀剑鞍勒无金玉之饰。少能剧饮，自当大任，不过三爵。知人好士，全护勋旧；每获敌国尽节之臣，多不之罪。由是文武乐为之用。

这段评价中，突出了高欢以下三个方面的才能。一是领导才能，主要表现是用人务实，不尚浮华，重实干，不重出身，赏罚分明；重视忠诚气节，勋旧都能得到爱护。二是军事才能，军令严肃，掌控能力强。三是在性格上，深沉缜密，机权变化，人莫能测。同时，生活节俭，自我约束能力很强。然而，与领导者对于国家发展方向的把握相比，高欢的这些领导技能，最多只能算南面之术，在中古历史发展的转折关头，就显得很不够了。这是颇为令人遗憾的。

最终，高欢的政权还是输给了西边的宇文氏政权。虽然这是他死后三十年的事情，但根子却不能不从高欢身上寻找。

六　宇文家族

宇文泰出身于鲜卑宇文部落。早在北魏道武帝拓跋珪天兴初年，家族就迁徙到了武川(今内蒙古武川县)。到宇文泰的父亲宇文肱，已历四世，并未有官爵。宇文肱娶乐浪(今属朝鲜)女子王氏为妻，生有四个儿子，宇文泰排行第四。在他追随父亲一起参与六镇起兵时，年仅十八岁。十年后,他接棒贺拔岳,统领关中的鲜卑军团。这成为他辉煌事业的重要转折点。宇文泰统领贺拔岳军后,第一个动作就是击败并杀死侯莫陈悦,为贺拔岳报仇,如此方能巩固他在关中的地位。其次,成功地拉拢孝武帝入关,从而取得了割据关中的政治合法性。接下来就是要在军事上顶住高欢的征讨。

537 年年初的潼关之战,东魏勇敢的前锋主帅窦泰被宇文泰击败自杀。同年十月,高欢亲率二十万大军,渡过黄河、洛水,直逼长安,要报潼关失败之仇。宇文泰乘高欢大军尚未完全集结之际,渡过渭水,在沙苑以东渭曲地区,背水而阵,同时派赵贵、李弼埋伏在两侧。待东魏军队进入伏击圈,宇文泰发起猛烈进攻,赵贵、李弼的伏军乘势而起。由于渭曲地区芦苇丛生,土地泥泞,不利于东魏骑兵大规模展开行动,结果东魏军被切成两段,伤亡惨重。高欢军队损失八万,而且还失去了三荆、洛阳、河东等地。以后双方还有多次互有胜负的战争,但这次的沙苑之战,保住了新成立的西魏政权,宇文泰总算在关中站稳了脚跟。

能够在战场上遏制住实力数倍于己的东魏的进攻,重要原因之一是宇文泰进行了成功的军事变革——建立府兵制。同时,宇文泰还进行了一场政治变革,即起用苏绰进行变法。无论是军事改革还是政治改革,要聚焦的问题都是解决胡汉矛盾问题、中央集权体制问题,以及惩治贪腐问题。

先说军事改革。宇文泰的军队,大约有三种成分:武川镇走出来的镇民或镇兵、其他各胡人部族的部落兵、关陇

▲ 无论是军事改革还是政治改革,要聚焦的问题都是解决胡汉矛盾问题、中央集权体制问题,以及惩治贪腐问题。

地区的汉族豪强的乡兵部曲。如何将他们统合为一支听命于中央的特别能战斗的军队，胡汉融合与组织体制建设都不容回避。

宇文泰的府兵制，模仿鲜卑八部，设立八柱国，柱国大将军是宇文泰、元欣、独孤信、赵贵、李虎、李弼、侯莫陈崇、于谨八人，军士隶属于八柱国下。宇文泰及宗室元欣是不亲自带兵的，实际统领军队的是六大柱国，这六柱国，又相当于《周礼》中天子六军之数。每个柱国统领二大将军，共十二大将军。554年，宇文泰进一步改革，即恢复鲜卑姓氏，皇室元氏复姓拓跋氏。其他孝文帝时期九十九姓改为单姓的，皆复其旧。"魏初统国三十六，大姓九十九，后多灭绝。泰乃以诸将功高者为三十六姓，次者为九十九姓，所将士卒亦改从其姓。"比如，赵贵家族改乙弗氏，李虎家族改大野氏，李弼家族改徒河氏，杨忠家族改普六茹氏（杨忠的儿子杨坚就被称作普六茹坚）。显然这种做法，表面上是纾解了鲜卑部族对于孝文帝改革的反感情绪，这种情绪也是六镇反叛的原因。但是，在实际操作层面，人为制造的部落组织不可能形成真正的独立性，反而因为这种整齐划一的安排，强化了其作为中央禁军的特点，即所谓"泰任总百揆，督中外诸军"。十二军都是听命于相府的，这绝对不是鲜卑原来的部落兵。

当年贺拔岳带到关中的鲜卑部众并不多，北魏时期，在关中地区的胡人以氐羌为主，汉人的乡兵更是在数量上有巨大优势。因此，宇文泰的府兵制改革，名义上是恢复鲜卑八部大人制度，实际上是挂羊头卖狗肉，意欲建立一支属于中央的天子六军,目的是改变军队系统的散乱状况。后来广泛招募汉人乡兵入军,实际上改变了鲜卑部落军制的传统。

军事改革的成功不可能离开政治改革。早在西魏立国之初,宇文泰就起用汉族士人苏绰设计改革方案,最早施行的"二十四条新制",包括文书程式、记账户籍之法。其后,宇文泰提出进一步改革要求,除了大力减省官员,开展屯田外,苏绰还根据宇文泰强国富民的总体目标,梳理出六条改革总纲要,即所谓"六条诏书":"一曰清心,二曰敦教化,三曰尽地利,四曰擢贤良,五曰恤狱讼,六曰均赋役。"这六条包括整顿吏治、发展生产、擢用贤良(破除门阀制度)、刑法公正、赋役均平等内容,受到宇文泰的高度重视,不仅自己置诸座右,还要求各级政府和部门贯彻落实,凡牧守令长有不通"六条"及新财政制度的,不得居官任职。与高欢在治理官吏贪污时总是和稀泥不同,宇文泰对于苏绰的肃贪工作批示说:"杀一利百,以清王化,重刑可也。"(《周书·苏绰传》)

宇文泰在西魏的这些改革,在宇文护主政时期得到了进一步贯彻和推进。

宇文家族统治的西魏、北周的历史,共有四十六年。宇文泰、宇文护、宇文邕是三个最关键的人物。宇文泰与宇文邕的功业没有争议,有争议的是宇文护。

恭帝三年(556)十月初四,宇文泰病死在泾州云阳,临死前招来宇文护托付后事。北齐文宣帝高洋(529—559)是一个强劲的对手,请宇文护出山,原因是"外寇方强"。宇文泰看中的是宇文护的政治和军事经验。宇文护早年的经历有几点值得注意。第一，他十九岁就帮助宇文泰料理家政，"内外不严而肃"，宇文泰认为这个青年才俊的志向、气度像自己。第二，宇文泰出任夏州刺史时，宇文护被留在贺拔岳身边。这不仅体现了宇文泰对他的信任，而且最后宇文泰能够被总部的主将推荐出来主持军务，宇文护的表现至少是加分的。第三，宇文护是靠自己的战功升迁上来的。他曾经因为战争失利被免除过职务，也曾经因为在与于谨合作灭掉江陵的梁政权过程中的优异军功而受到封赏。但是，宇文护一直是低调的。

"中山公护，名位素卑，虽为泰所属，而群公各图执政，莫肯服从。"这句话告诉我们，宇文护平素十分低调，宇文泰虽然很属意于他，并没有为他继任作足够的铺垫。而同朝与宇文泰等夷的老将们，蠢蠢欲动，"群公各图执政"。难道又一次出现换将的局面不成？就像当初贺拔岳去世，换上宇文泰那样。这种局面，难道宇文泰会完全没有知觉？应该说，宇文泰是觉得自己的儿子不足以当大任，才请宇文护来维持局面的。

《资治通鉴》卷一六六再现了当时的场面：

（宇文）护问计于大司寇于谨，谨曰："谨早蒙先公非常之知，恩深骨肉，今日之事，必以死争之。若对众定策，公必不得让。"明日，群公会议，谨曰："昔帝室倾危，非安定公无复今日。今公一旦违世，嗣子虽幼，中山公亲其兄子，兼受顾托，军国之事，理须归之。"辞色抗厉，

众皆悚动。护曰:"此乃家事,虽居庸昧,何敢有辞!"谨
素与泰等夷,护常拜之,至是,谨起而言曰:"公若统理军
国,谨等皆有所依。"遂再拜。群公迫于谨,亦再拜,于是
众议始定。护纲纪内外,抚循文武,人心遂安。

宇文护先用问计请教的方式,说服了曾与自己一同打过仗
的老臣于谨出面。于谨的话最值得回味。于谨首先表彰宇
文泰的功德:"昔帝室倾危,非安定公无复今日。"(按,宇文
泰曾被封为安定公。)强调这一点是为了排除"群公各图执
政"的选项。然后再说,宇文护接受宇文泰的顾托,具有继
任掌握军国大政的合法性。宇文护也很会说话,说由他出
来主政,这是家事,不敢推脱。等于是把继续由宇文泰家族
来掌控军国大政作为理所当然的前提确定下来,同样是对
"群公各图执政"的公开否定。接着,于谨带头做出表态:
"公若统理军国,谨等皆有所依。"其他人也被迫做出"再拜"
的拥护姿态。结果怎么样呢? 宇文护"纲纪内外,抚循文
武,人心遂安",顺利度过了权力交接的危机。

次年,宇文护废掉了魏恭帝,立宇文泰世子宇文觉
(542—557)。大臣赵贵有除掉宇文护的意图,独孤信则表
现得骑墙,宇文觉本人及其身边的亲信李植(其父李远当初
力主立宇文觉而不是宇文毓为世子)等,都想杀害宇文护。
因此,宇文护在杀害赵贵等人后,接连废黜和杀害宇文觉、
宇文毓(534—560)两个皇帝(加上魏恭帝拓跋廓就是三个
了),乃是事出有因。

宇文泰的一些改革事业是去世前不久提出的。比如,

556年初，宇文泰按照《周礼》六官设立中央官制：

> 魏初建六官，以宇文泰为太师、大冢宰，柱国李弼为太傅、大司徒，赵贵为太保、大宗伯，独孤信为大司马，于谨为大司寇，侯莫陈崇为大司空。自余百官，皆仿《周礼》。

这个名单中，与八柱国相比，只有元欣（？—554）、李虎（？—551）不在，当因二人已去世。几个月后，宇文泰也去世了。这项制度的落地和推行，都是在宇文护时期完成的。

那么，在宇文护擅权下的北周整体政局发展如何呢？事实证明，与宇文泰临终前担忧"外寇方强"不同，经过宇文护长达十六年的经营，北周与北齐的势力已经发生了很大的反转。过去在高洋时期，是北周冬季凿冰以防止北齐趁冰封时节进攻，如今反过来是北齐凿冰以防止北周偷袭。因此，宇文护死后四年多时间，周武帝就完成灭齐大业，不可忽略其中有宇文护时期打下的基础。

560年，周武帝宇文邕继位时十八岁，史称其"沉毅有谋"。宇文护依然掌握着军政大权。如果说当初宇文泰去世时，需要宇文护出来稳定局面，现在他逐渐成了绊脚石，掌权时间长了，难免还会野心膨胀，甚至萌生不轨之心。周武帝接受前面两位哥哥的教训，对于宇文护的专权，装聋作哑，"深自晦匿，无所关预，人不测其浅深"。经过周密策划，572年春天，宇文邕在密室里用玉珽击倒宇文护，杀之，但没有引起骚动,那是因为朝野上下都认为,周武帝时年三十岁,已经登基十二年,年届七十的宇文护确实该交班了。

周武帝亲政后,主要进行了两个方面的改革:首先是大力扩充汉族加入府兵,灭齐前夕,府兵人数已经达到二十万人,不仅加强了军事力量,也有利于缓解胡汉矛盾。其次是通过限制和整顿佛教、道教,铲除社会经济生活中的一大毒瘤,从而增强了国家的财政力量。此外,周武帝继承乃父的政策,提倡儒教,重视《周礼》。甚至北齐亡国之时,博通《五经》的北齐学者熊安生,就预见到周武帝会来邺城家中拜访,因为他知道周武帝重道尊儒。

从 575 年开始,周武帝就连年攻伐北齐。当时北齐国君高纬(556—578),称帝时年仅十岁,到太上皇高湛(537—569)死时也只有十四岁。高湛父子都是高欢取得东魏执政权之后出生的,无法与高欢的另外两个患难中出生的儿子高澄、高洋相比,在母后胡太后执政和后来高纬亲政期间,任人唯亲,朝野解体。经过两年多的战争,承光元年(577)正月,周武帝统帅的大军攻入北齐首都邺城,北齐灭亡。黄河流域终于在分裂将近半个世纪之后,再次统一。此时南方的陈朝,基宇狭小,完全不具备与北方争雄的能力。距离全国的统一,只有一步之遥。

阅读北朝历史,给人非常强烈的一个印象是,无论是北魏拓跋氏政权,还是东魏北齐高氏政权、西魏北周宇文氏政权,帝王(包括开国者)中,只有高欢(五十二岁)、宇文泰(五十岁)活到了半百的年纪(均为虚岁),其余大多在二三十岁死亡。拓跋珪(三十九岁)、拓跋焘(四十五岁)被杀身亡,已经是比较长寿的了。为什么北朝的帝王们都短寿夭亡?除了政变原因之外,多数史家认为是酒色过度,奢靡而亡。我认为是有道理的。北朝政权虽然在不断的汉化过程中,但是太子的培养、保傅的约束、大臣的规谏,基本上不能改变这些从草原走向中原的帝王的行为方式。游牧民族的野性没有了,中原文化的菁华还没有学会,无上的权力和无边的享乐,腐蚀了他们的灵魂和身体。相反,奠基开国的英雄们,多数寿命比较长。他们生命力的强大是与其建功立业的成就相一致的。遗憾的是,也有一些伟大的帝王,比如魏孝文帝(三十三岁)、北周武帝(三十六岁),也在大好年华,即中途崩殂,令人惋惜。周武帝节俭自律,身衣布袍,寝布被,无金宝之饰,禁雕文刻镂、锦绣纂组,"后宫嫔御,不过十余人"(《周书·武帝纪下》)。

578年,农历六月初一,年仅三十六岁的北周武帝宇文邕,突然重病,从前线回到长安,当天就在病榻上撒手人寰了。七天前,他还雄心勃勃地统帅大军讨伐突厥,接下来的目标就是平定江南。两个月前他宣布改元宣政,就是期待在北方统一之后,有一番更大的作为。现在他出师未捷身先死,距离北齐后主高纬被押解到长安仅仅一年零三个月。

西魏、北周在宇文家族两代三人的经营下,已经为全国的统一大业奠定了良好的基础,但是统一大业的最终完成,还需要等待合适的时机、合适的人。

（参见《资治通鉴》卷一一一至卷一七四）

第十九讲　隋唐霸业

从东汉末年董卓进京到杨坚统一南北,结束了中国历史上长达四百年的分裂。从入宫辅政到当上皇帝,杨坚只用了几个月的时间,难怪清代史学家赵翼说:"古来得天下之易,未有如隋文帝者。"但古来失天下之快,也未有如杨隋者。短短三十几年时间,杨隋就被李唐取代。罢黜高颎、废黜太子杨勇改立杨广,是隋文帝政治由明到昏的转折点。

隋末起兵的各个势力中,李密和李渊是最有实力的两队人马。开始是李密占优势,而最后却是李渊得天下。为什么呢?

一　北朝政局

从公元 189 年董卓进京,曹操、袁绍离开洛阳,三国分裂开始,到 589 年隋朝统一,四百年间,除了西晋短暂的统一,五胡乱华,国家分崩离析,北方出现了十六国,晋室南渡、东晋灭亡后,宋、齐、梁、陈为南朝。十六国最后统一于北魏。北魏立国一百多年,又分裂为东魏、西魏,进而演变为北齐、北周,最后北周里面出来一个隋,统一了南北。四百年的分裂,别人没有搞定,杨坚搞定了。

▲ 四百年的分裂,别人没有搞定,杨坚搞定了。

可是杨坚的朝代比西晋还短暂。西晋于 265 年建国,到 317 年亡国,延续四十多年,其实在公元 304 年时就已经乱了。杨隋从 581 年建国到 618 年隋炀帝被杀,还不到四十年呢,杨坚的隋朝比西晋还短。杨坚为什么能够统一,又为什么会亡国,《资治通鉴》在这方面给了我们什么启示呢?

▲ 可是杨坚的朝代比西晋还短暂。

清朝著名的史学家赵翼在《廿二史札记》中曾这样讲:"古来得天下之易,未有如隋文帝者。"就是说历史上再没有像隋文帝一样得天下那么容易的了。隋文帝得天下的确太容易,他入宫辅政几个月后就当上皇帝。为什么隋文帝有如此幸运? 让我们从一个宏大的历史背景来分析原因。

▲ 古来得天下之易,未有如隋文帝者。

魏晋南北朝已分裂数百年,走向统一是大趋势。走向统一,有一些关键的阶段性节点。这段历史中一个重要的事件,就是北魏孝文帝改革。北魏太和九年(485),魏孝文帝开始在他的祖母冯太后的指导下进行改革,冯太后去世以后他继续推进改革,甚至把首都从平城迁到了洛阳。孝文帝改革的内容主要包括:俸禄制、三长制、均田制,等等。

俸禄制,就是官员吃俸禄拿工资。你可能会问,这算什么改革?你要知道,北魏是鲜卑族建立的政权,鲜卑是草原出来的游牧民族,他们原来哪会有工资制度呢?吃俸禄拿工资,是汉族政权的基本制度。孝文帝采用俸禄制其实是一个转变,是它的基本国家制度——官僚制度的重大转变。尤其是北魏建国初的拓跋珪、拓跋焘父子,在统一北方过程当中,重用了很多汉族知识分子。北方士族知识分子,像崔浩、高允,还有李冲,跟北魏政权合作,他们出主意,帮助稳定统治,高允跟崔浩一样,当过中书令,但是家里依然很穷。武人可以靠打仗、抢劫,获取战利品,还可以因战功赫赫,得到大量的赏赐,文人要是没有工资,又没有其他经济来源,就会很穷,穷到家里饭都没得吃。所以这个俸禄制度改革,是国家管理迈向正规化的象征。

三长制是地方基层组织的建设,这与前面讲过的商鞅建立保甲制类似。这是对此前的宗主督护制的取代。在宗主督护制下,或百室合户,或千丁共籍,豪强隐蔽户口,政府无法监管,也无从征税。三长制规定,五家立一邻长,五邻立一里长,五里立一党长。"三长"就是基层干部,其任务职责就是检查户口,防止隐漏,监督耕作,征收租调,保证徭役和兵役的征发。

均田制是土地制度，也可以说是基本的经济制度。均田制就是通过分配的方式让老百姓有田种，北魏太和九年（485）颁布的均田令，规定凡年龄十五岁以上，男子每人授"露田"四十亩，女子二十亩。露田用来种粮食，土地需要休耕轮作，也称"倍田"（四十亩休耕轮作，就是八十亩）。家有奴婢和丁牛者，也另有授田规定。另外有桑田二十亩，无桑之地，授麻田十亩，种植桑麻等经济作物。露田在本人年老身死后，要还给官府。桑麻之地则可以传给子孙。此外还规定拥有若干宅基地。

均田制的推行，说明从草原游牧走向中原农耕过程中，北魏政权认识到，发展农业的重要性，改变过去他们靠游牧业，靠抢劫的生存方式。这些制度也成为其后隋唐帝国的立国基础，隋唐一直推行均田制，唐代由于政局持续稳定，推行的最为彻底和全面，唐前期国家的发展就是以均田制为基础。均田制是对汉武帝后期，至于新莽时代，"穷者无立锥之地，富者田连阡陌"，严重土地兼并的一种拨乱反正，也是对"授田制"下西汉前期经济社会发展的一种制度回归。自王莽以来，兵荒马乱，百姓流离失所，户口耗散，出现了大量荒地，但是，没有政府认真解决过这些问题。

孝文帝改革的，不仅是经济与社会管理制度，还有一个重要内容，就是推进胡汉融合。我们知道，魏晋南北朝分裂，一个重要的原因是民族矛盾。从匈奴人刘渊发难建立的刘汉，到羯人石勒的后赵统一北方，之后又有鲜卑人苻坚的前秦，和拓跋氏的北魏，都先后统一过北方。每次统一都是民族不断融合的一个过程。所谓五胡，即匈

▲ 均田制的推行，说明北魏政权认识到，发展农业的重要性。

379

奴、鲜卑、羯、氐、羌，五个少数民族，你方唱罢我登场。到北魏孝文帝，就进行了系统、彻底的促进胡汉融合的改革。

主要的改革措施，包括：胡汉通婚，孝文帝亲自带头儿娶汉族姑娘；改讲汉语，不得讲鲜卑语，根据年龄，三十岁以下的年轻人必须要讲汉语，三十岁以上稍年长的，允许多给一点儿学习时间；改姓氏，不要鲜卑姓氏了，都改汉姓，他带头改姓元，元是老大，大哉乾元嘛；改籍贯，都改成河南人；改用汉王朝的祭祀礼仪，尊孔，太和十七年（493）迁都洛阳。孝文帝的这些改革，尽管北齐、北周出现过反复，但是整体来说，加速了北方的民族融合，为汉人出身又具有胡汉双方人脉基础的关陇贵族杨坚，建立以汉族为主体的隋王朝，奠定了基础。

胡汉融合的改革，也引起了很大的问题。什么问题呢？这就是入迁中原的鲜卑贵族，与留在边塞镇守的将士之间，因为政治待遇和文化生活的差异，而产生的矛盾。矛盾的集中爆发，就是北方六镇起义。

迁都洛阳之前，北魏的首都是平城（现山西大同）。平城是靠近长城边塞的一个城市，那里以游牧民族为主，在那个地方长年驻扎有许多军镇，以怀朔、武川、沃野、怀荒、抚冥、柔玄最著名，号为六镇。这些军镇的设立是为了守卫边疆，防止以柔然为主的草原游牧民族南下。

六镇靠近长城边塞，位置很重要，不是谁都可以当六镇军人的。迁都洛阳前只有身份高的鲜卑贵族，才能做到六镇军官。可是现在情况大不一样了，有身份的鲜卑人都迁到洛阳去了,内地定居的生活,舒适安逸,当然不是苦寒边塞的生活条件能比的。人们的价值观发生变化了,现在六镇军官们,已经不是时代的宠儿,有些在中原犯罪的人,就被发配来守边。这样的身份,跟原来的那些驻扎边疆的贵族子弟,完全不同了。在六镇内部,区军官们对镇民的残酷压迫,也有尖锐矛盾。这种情况下,怀荒镇由于镇将发放粮食的问题,一个非常偶然的事件,就触发了镇民暴动,从而引爆了六镇起义的大火。

这时候,北魏是胡太后掌权,她儿子孝明帝元诩,年已弱冠,却不能亲政,朝政大权掌握在胡太后的情夫手里。孝明帝不满,想请北边军阀尔朱荣,入朝为援。结果消息走漏,孝明帝被胡太后及其情夫毒死,另立了一个小孩子为皇帝,后来胡太后又说这新立的皇帝其实是女孩,以此为由又换立另一个孩子为皇帝,这样将皇帝废立视同儿戏的做法,引起统治阶级内部的矛盾。驻扎山西太原的尔朱荣,以查清孝明帝死因为由,起兵攻打洛阳,北魏的朝政就发生了混乱。经过各种复杂的激烈斗争,最后北魏分裂成东西两部,高欢及其家族统治了东魏,宇文泰及其家族统治了西魏。之后,高氏北齐取代了东魏,宇文氏北周取代了西魏。

虽然这个六镇暴动,表面上是一种对融合的反抗,实际上不过以非常手段,加速了融合而已。这次六镇起义之后,尤其是到了北周宇文泰时期,他用府兵制和《周礼》六官的方式,把胡汉因素完全融合起来,隋文帝最终顺理成章地继承了这个融合的成果。

▲ 六镇暴动表面上是对融合的反抗,实际上不过以非常手段,加速了融合。

二　杨隋代周

　　杨坚之所以能统一南北,这里边还有几个自身的有利条件。

　　首先,杨坚是关陇集团的核心成员。六镇起义后,宇文泰等主要是来自武川镇的六镇军将,建立了西魏、北周政权,他们甚至也构成了隋及唐初统治集团的核心。这样一个相对固定的统治集团,陈寅恪先生把它称作关陇集团。

　　这关陇集团里有什么人呢? 核心人物是八柱国、十二大将军,八柱国有宇文泰、元欣(西魏的宗室)、李虎(李渊的祖父、李世民的曾祖父)、李弼(瓦岗军起义领袖李密的曾祖父)、独孤信(杨坚和李昞的岳父)、赵贵、于谨、侯莫陈崇。杨坚也属于关陇集团,他的父亲杨忠,就是十二大将军里面的一个。杨坚通过两次联姻,在关陇集团内部获得了特别突出的位置。第一次联姻是杨坚本人娶了独孤信的一个女儿,独孤信是八柱国之一,而独孤信的另外两个女儿分别嫁给了宇文泰的长子宇文毓和李虎长子李昞(李渊的父亲)。另一次联姻,是杨坚的女儿杨丽华,嫁给了周武帝的太子宇文赟,后来就成了周宣帝的皇后。通过两次联姻,杨坚实际上成为关陇集团内部一个举足轻重的关键人物。北周皇上周武帝是他的亲家,太子储君未来的周宣帝是他的女婿。至少在外人看来,杨坚是关陇集团的核心成员。

其次，杨坚其人非常有谋略。西魏、北周时期，上层权力关系错综复杂。他能处理好各方的关系。宇文泰临终时，因为他儿子还小，就让侄子——他大哥的儿子宇文护出头，为改朝换代保驾护航。

宇文护没有辜负所托，辅佐宇文泰的嗣子宇文觉，逼迫西魏禅让，杀掉了西魏的皇帝。但宇文护专权，引起资深元老赵贵、独孤信等人的不满。宇文护除掉了这些大臣，又杀掉了宇文觉这位皇帝堂弟。继位的宇文毓，不久也因为不满宇文护专权而遭毒手。宇文护连续杀了两个堂弟皇帝，权势自然炙手可热。当宇文泰的另一个儿子宇文邕，即周武帝即位之后，就格外小心翼翼，隐忍潜伏了十几年，才把宇文护除掉。

在宇文护专权的时候，曾经想笼络杨坚，纳其入丞相府。但杨坚谨遵他父亲的指示，始终与宇文护保持距离，避免靠得太近。所以当周武帝除掉宇文护以后，觉得杨坚不是宇文护阵营的人，在除掉宇文护的第二年，也就是北周建德二年(573)，让儿子娶了杨坚的女儿做太子妃。

第三点，杨坚除了家世、谋略之外，还有一些重要的社会关系。杨坚很善于处理各方面关系，包括当时宣帝身边那些大臣，郑译、刘昉对他都不错，郑译过去还跟他是同学。同学不一定关系都处理得好，有的同学还会反目成仇，杨坚多年以前的同学还记着他，说明他把关系处理得很好。杨坚家里的两个女人，即杨坚的妻子和女儿，也给杨坚一些特殊支持。杨坚的妻子独孤氏有某略，有广泛的社会关系网，女儿杨丽华又在宫中。

第四点，杨坚的运气颇好。杨坚的地位曾引起皇帝的忌惮，他为避祸想到扬州去做边防总管。那时候扬州的首府在寿春(现安徽寿县)，是防备南朝的前线。恰好这时他的脚坏了，不能去，等脚好了时，宣帝病倒了，病重到不能说话，很快就去世了。如果不是脚坏了，杨坚也许就到外地去了；他要是到了外地，由于宇文家族的人很多，辅政的美差可能就轮不到他了。杨坚最后被请到中央去辅政，为什么请他去辅政呢？因为周宣帝死时才二十二岁，新继位的小皇帝才七八岁，他身边的那两个大臣刘昉和郑译没有足够的威望，而周宣帝之前把几个兄弟都打发到地方上去了，这也给杨坚提供了最佳机会。杨坚能辅政，确实有他时运特别好的因素。

第五点，杨坚在关键时刻有人帮扶。在辅政期间，杨坚也不是没有挑战，很多朝廷官员态度犹豫：是跟杨坚还是不跟他？他要是篡位可怎么办？小皇帝身边还有一个陪臣，他是宇文氏的宗室——周宣帝的弟弟，小皇帝的叔父。地方上还有总管尉迟迥等人，对杨坚篡位时刻保持警惕。因此，必须在关键时刻，有人挺身相助。比方说，禅位当天，近卫将军卢贲，就在大家都交头接耳、犹豫不决，不知道怎么办才好时，他带着军队来了，到了小皇帝所在的东宫，守门的不让进去，这个卢贲大吼一声，瞋目叱之，守门的人都往后退了，杨坚就进去了。从当时的情境看，杨坚辅政这一步，实际上很多人是有抵触情绪的。

第六点，杨坚辅政实施的举措得当。周宣帝是杨坚的女婿，他当了几年皇帝，已经把他有影响力的兄弟们，都打发到地方上去了，所以给了杨坚权倾中央的机会。那么杨坚首先要除掉谁呢？显然是那些北周宗室。他辅政的时候，大象二年(580)，恰逢千金公主要与突厥和亲，他就以办婚礼的名义，把诸王都召到中央来，然后把他们一网打尽。地方上的三总管起兵反叛，也很快被杨坚派兵镇压了。当时也是人心思定，杨坚辅政符合大家的期待。杨坚一开始就废除了周武帝废佛的政策，佛道二教在当时已经深入人心了，周武帝废佛、废道政策，引起了百姓的不满，怨声载道，杨坚恢复佛教、道教，还取消了一些繁苛的法律，这些都起到了争取人心的作用。

▲ 当时人心思定，杨坚辅政符合大家的期待。

最后一点，杨坚能够取得成功，还得益于他的用人得当。他用了两个值得拿出来讨论的人。第一个是高颎，第二个是苏威。

高颎是杨坚的亲信，当时杨坚请大家出山辅政的时候，别的人还有些犹豫，高颎就很坚决地表态拥护支持，他跟杨坚说："即使你将来事情不成，我也赴汤蹈火在所不辞。"高颎为什么能说出这样的话来呢？原来高颎的父亲高宾，是独孤信家族的门客，曾改姓独孤，后来虽又恢复姓高了，但杨坚有时候还叫他独孤，而不直呼其名。高颎跟杨坚是有私人关系的——高颎是杨坚妻子的娘家人，所以杨坚用高颎就等于是用自家人。

苏威是高颎全力推荐的。苏威被请出来后，杨坚很是重用，可是刚过了一个多月，听说杨坚要禅位，取代北周，苏威就辞职不干了，他不愿意卷入这些事儿。苏威其人，一贯在政治上不愿冒险。当初他很有名，宇文护就硬把女儿嫁给他，但宇文护专权，他怕卷入进去，就弃官而逃，躲到山中念书，隐居起来了。之后宇文护被杀，苏威也没受影响。现在杨坚要受禅取代北周，他又逃避了。高颎想把他拉回来，杨坚说："他明摆着是不想掺和咱们的事，你权且放过他，等咱们事成了，再请他出来。"后来杨坚称皇帝了，大隋的江山稳定了，又把苏威请出来，让他担任各种职位，太子少保（太子的国师）、纳言（宰相）、度支尚书（财政部长），后来还担任大理卿（最高法院院长）、京兆尹（首都一把手）、御史大夫（最高监察官），五六个重要职务兼于一身。杨坚重视苏威的才干，给他权力很大，很集中。

▲ 苏威的出山，代表着西魏、北周的旧官僚体系，对杨坚政权的支持。

苏威的再度出山，意味着什么呢？苏威的出山，代表着西魏、北周的旧官僚体系，对杨坚政权的支持啊。所以用高颎呢，是用自己人，是启用无资历的新人，为了给人示范，虽然高颎没有资历，但只要忠于杨坚，就能够当上宰相；用苏威呢，则是要告诉那些忠于西魏、北周的旧臣，即使像苏威那样的人，也能重用，既往不咎。所以，让新人攀附他，旧臣也效忠他，这就是杨坚用人的一套手法。

▲ 让新人攀附他，旧臣也效忠他，这就是杨坚用人的一套手法。

三　罢黜高颎

开皇九年（589），杨坚统一了南朝，此前又平定了突厥，江山也坐稳了，挑战者也都收拾了。本该励精图治。就在此时，却出了问题：先是苏威下台了，之后不久高颎也下

386

台了。

苏威下台，是因为朋党。大约苏威的作用已经发挥足了。但为什么高颎会下台呢？事情就复杂了。

首先跟杨坚的妻子独孤皇后有密切关系。对于杨坚来说，高颎在外，独孤后在内，相得益彰地辅佐他。可是独孤后嫉妒心太强，她十四岁时嫁给了仪表非凡的杨坚，她相夫教子，为了杨坚的政治仕途，广结人缘。她也喜欢读书，跟杨坚讨论时政，大多能符合杨坚的心思；而且很节俭，倡导宫中生活简朴之风，不收藏奢侈物品。独孤后还很有见识，有时帮助杨坚出出主意，颇得肯定，威信很高，因此，隋的开国皇帝和皇后，合称"二圣"。

独孤后也以善妒著称，每次杨坚上朝，她都一路陪送着去，下朝回来，她就在门口等候，所谓"同反燕寝"。虽然讲起来是夫妻情深，另外也是把丈夫看得很紧。独孤氏当初嫁给杨坚的时候，杨坚才二十多岁，她跟杨坚讲，你不能跟别的女人生孩子。最后杨坚的五个儿子，都是跟这个独孤氏生的。杨坚那时候也不知道自己将来能当皇帝呀。杨坚没跟皇后以外的女人生过孩子，这在历代皇帝里面，也属于比较少见的。

独孤氏概括起来有三大特点：第一睿智，第二嫉妒，第三节俭。睿智辅佐夫君，节俭也跟皇帝能合得来，杨坚也是一个非常节俭的人。但是嫉妒心强，有时就难免出事。曾经有一次杨坚亲近一个妃嫔，独孤皇后知道后就趁杨坚上朝的时候，把她给杀死了，杨坚知道后大怒，觉得当皇帝没意思，都不想活了。他骑着马到郊外的山谷间乱跑，最后高

▲ 独孤氏概括起来有三大特点：第一睿智，第二嫉妒，第三节俭。

颍他们把他找回来，"扣马苦谏"。杨坚叹息道："吾贵为天子，而不得自由！"我当皇帝都没有自由，没有喜欢别的女人的自由。高颍劝他说："陛下贵为天子，岂以一妇人而轻天下呢？"怎么能因为一个女人就把天下都不要了呢。杨坚慢慢明白过来了，待到半夜才回宫，夫妻俩又和好如初。当然，此后独孤皇后可能也收敛点了。后来高颍说的话被传到独孤皇后耳中。高颍居然敢说皇后不过是一个妇人，让皇帝不要跟妇人一般见识。独孤皇后觉得高颍太不把自己放在眼里了！从此，独孤皇后就怀恨在心，一心想除掉高颍。

▲ 隋文帝当了二十三年皇帝，废太子、罢高颍是他晚年昏政的标志性事件。

罢免高颍，更直接的原因，还涉及太子废立一事。隋文帝当了二十三年皇帝，废太子、罢高颍是他的一个转折点，是他晚年昏政的标志性事件，而这两件事情是有密切关系的。

高颍和太子杨勇是儿女亲家，高颍的儿子娶了太子的女儿，高颍自然就被视为太子一党。其实，这段婚姻，当初还是隋文帝为了表达对高颍的重视而结成的，是一种政治联姻。可是现在呢，高颍成了杨勇的亲家，隋文帝把对高颍和太子的不满，两者叠加到一起了。

有几件事，促成了太子杨勇被废。第一，杨坚不愿意过早地把皇位传给太子。

▲ 在历史上，太子的位置都是非常尴尬的。

在历史上，太子的位置都是非常尴尬的。作为皇帝会怎么看太子呢？他发现太子的任务就是等自己死，他好来接班。所以身为太子的人，要特别小心，皇帝要是看着这个人不合适，就会起疑忌之心，以为他盼着自己早死，好早点接班。早在开皇初年，就有人上书，建议隋文帝让位做太上皇，把皇位传给太子。隋文帝对此非常不高兴，说："朕承天命，抚育苍生，日旰孜孜，犹恐不逮。"我还年轻，奉天承命抚育苍生，努力工作还恐怕来不及呢，怎么能效法近代的皇帝，把皇位交给儿子，自己去享福呢？因为他的女婿周宣帝，是二十多岁就让位了，去当太上皇，把皇位交给他才六七岁的儿子，所以杨坚很忌惮这事，不会去效仿。这个事情后不久，杨坚就让太子杨勇出镇洛阳了。

杨坚从此对于太子的许多事情特别敏感。比如东宫的宿卫卫队，杨坚下令把壮勇的士兵都挑走，只留下些老弱病残的。宰相高颎提出异议，说："健壮的卫士都挑走了，东宫宿卫力量太弱了。"杨坚不高兴地回应道："我进进出出的，需要壮勇的卫士护卫，太子是储君，他要这么多身强力壮的卫士干什么？前朝的各种陈规陋习，我见得多了，你不需要跟我说这个。"高颎没有注意到自己已经被打上太子党记号了，他越是坚持为太子说话，就越引起杨坚的猜疑。

▲ 高颎没有注意到自己已经被打上太子党记号了，他越是坚持为太子说话，就越引起杨坚的猜疑。

第二，太子杨勇没有多少心机，不懂得去琢磨父母的心思，尽量让父母高兴，以保证他能顺利接班。据史书上记载，太子杨勇生了许多孩子，有一次隋文帝封了七八个王，都是他的孩子，但太子孩子虽然多，却没有一个是和太子妃生的。我们前面提到，独孤皇后把丈夫管得严严的，没有跟别的女人生孩子，她也最讨厌大臣跟自己的小妾生孩子，但现在她的儿子与"小妾"生了那么多孩子，却没有跟正妻（太子妃）生一个，而这个儿媳呢，是母后独孤皇后亲自给太子选定的。太子的作为，严重违背了独孤后的立场！使他妈妈独孤后非常不高兴。

389

要命的是,高颎也有一件类似的事儿,触犯了独孤后的忌讳,也因此和杨坚产生了芥蒂。高颎妻子去世后,隋文帝和独孤皇后打算给他续个弦,杨坚就告诉高颎说:"皇后让我给你再娶个老婆。"高颎流着泪辞谢,说:"我年纪大了,现在就吃斋念佛,不愿再续弦了。"人家不愿娶了,文帝只好作罢。不久,高颎的侍妾生了个孩子。开始,杨坚还挺高兴的,向皇后商量送礼物祝贺,独孤皇后却沉下了脸,不高兴地对杨坚说:"陛下,你还能相信高颎吗?你想为他娶媳妇,他说天天信佛念经、吃斋吃素,不愿续弦了。实际上他是已经有个爱妾在了,高颎是心存爱妾、面欺陛下啊,他这个人爱说谎,这事儿已经很清楚了。"隋文帝听后觉得有道理,从此就更疏远高颎了。

隋文帝之所以罢免高颎,史书上还记载了其他几件事。比方说隋文帝打高丽,虽说是让小儿子杨谅当元帅,但那是挂名的,尽管高颎名义上是幕僚长(长史),但实际上是他主持讨伐工作。高颎一开始就反对打高丽,认为当前不是打高丽的时候,但隋文帝坚持不听。结果那次远征高丽无功而返,独孤皇后就更添油加醋了,说:"我就知道这次出征不会成功,高颎本来就不想去,是你强迫他去的,他怎么能成功呢?"偏偏杨谅回去还跟他父母哭诉,说自己差点被高颎所杀,因为在前线高颎擅作主张,不听他的。杨坚听了以后更不高兴了。再如,高颎带兵去打突厥,乘胜追击时,曾经要求文帝增兵。文帝心里很怀疑:"高颎是要造反吗,为什么要增兵?"就在朝廷还没回应增兵不增兵呢,高颎已经打败突厥,班师回朝了。隋文帝对这件事就更加疑虑了。再加上凉州有个地方军官犯罪,审问共出了很多事,说是从高颎那里听来的,隋文帝更是大吃一惊,一个朝中宰相,怎么跟边防的军官有这么密切的往来呢,怎么能泄漏朝廷的机密呢? 所以这样查来查去,最终把高颎免职,让他回家了。

高颎除名为民,他倒丝毫也不介意,他母亲曾经告诫过他:富贵到极点了,就离遭遇祸患不远了,一定要谨慎。高颎为此小心谨慎,总怕出事,现在呢,除名为民了,是个平常老百姓了,"欢然无恨色",一点都不遗憾。可是高颎被罢免,换杨素执掌朝政,太子杨勇就危险了。

▲ 富贵到极点了,就离遭遇祸患不远了,一定要谨慎。

四　废勇立广

太子杨勇被废,除了受到高颎的影响外,还有几件事儿让隋文帝不喜欢。

杨勇肆意淫乐,他身为储君不知奉行节俭,不仅朝廷阅兵,破坏宫规,而且冬至节令,东宫百官朝贺,场面张扬,大有天子朝贺之势。相比太子,杨广那边却大不一样。杨广善于伪装,跟别的女人生的孩子都不抚养,始终只跟萧妃在一起;只要是独孤皇后或隋文帝派去的人,不管身份高低,他都远接高迎还送礼讨好,所以皇帝皇后身边的人,都说杨广好。时间长了,情况就逐渐地发生了变化,隋文帝越来越喜欢杨广而厌恶杨勇。

废太子事件里,还有一些家长里短的生活琐事。比如杨勇的宠妃云儿生了个儿子，这个孩子按年龄排序是杨坚家的长孙，爷爷奶奶喜欢得不得了，就抱去逗着玩儿。可是没过多长时间，太子夫妇就派人把儿子抱回来了，这下惹杨坚夫妇不高兴了：祖父母想看看孙子，在这儿没待多长时间就抱走，什么意思嘛！就是这些生活琐事，以及隋文帝对杨勇想早日登基的疑惧，使他产生了废太子的想法。

心里有事，就会疑神疑鬼。对太子杨勇心存疑惧，杨坚总觉得有人想害他，连拉肚子上厕所都害怕。他甚至说，从郊外回到宫中，就像进入敌国一样。文帝的疑惧再加上杨广的离间计，使得杨坚更加坚定废杨勇而立杨广为太子的决心。

杨广用的什么离间计呢？他要去扬州做总管的时候，向独孤皇后辞行，哭着说："母后呀，不知道我哥哥为什么总想加害我，我很害怕，怕哪一天被他毒死。"独孤皇后听了很生气，她本来早就对太子不满意了，现在觉得不能再拖下去了，所以她就下决心加快步伐，废勇立广。废立太子一事最后在杨素等人的推波助澜下，杨广又收买了东宫的官员，让这些官员诬告太子，最终杨勇被废了，立杨广为太子。

毛泽东曾经点评这段历史，认为是"蕴藏大乱"。唐太宗也讲"隋之兴亡，系（高）颍之存没"，认为罢免高颍，是隋文帝政治由明到昏的转折点。

杨广执政后，做了很多惊天动地的事，修运河，建东都，西巡张掖，东征高丽，北修长城等。杨广做得太多、太急、太狠了，激起老百姓的不满。当时大隋统一天下时间不长，国家还不太巩固。我们发现隋末起义造反的,都有规律可循:南边的是原来南朝,东边的是原来北齐、东魏,北边的是与突厥有关的,另外个别反叛的就是西边的那些豪强。其他地方,如关中、巴蜀都比较稳定。凡是起义造反的地方,都是有一定历史原因的。另外,除了农民起义之外,还有统治集团内部的反叛,像杨玄感那样的一些基层军官,府兵的军官,当然还有像李渊这样的关陇集团贵族。

五　二李得失

在官僚集团内部反叛的人中,有两个李家人——李密和李渊。下面我们讲一讲他们两个人的成败得失。

李密和李渊,都是关陇集团的成员。李密的曾祖父李弼,是辅佐宇文泰的猛将,八柱国之一;李渊的祖父李虎也是辅佐宇文泰的猛将,也是八柱国之一。在隋朝的时候,李密的职位不如李渊,一是李密比较年轻,另外李渊跟隋皇室有亲戚关系,李渊的母亲跟独孤皇后是姐妹。虽然李密的地位略低,但是在隋末的起义军中,李密的条件不比李渊差,他跟杨玄感关系很密切,而杨玄感是当时宰相杨素的儿子。隋炀帝第二次远征高丽的时候,杨玄感作为礼部尚书督运粮草,就在黎阳那里起兵了,李密参与了杨玄感起兵。杨玄感起兵失败后,李密就逃到了瓦岗寨,在瓦岗寨得到了翟让的军队,最后在中原地区有了一块自己的地盘,兵至数十万,号称百万。这是李密的情况。

李密起兵时李渊在干什么呢?李渊这时候在太原。李渊用谋略的方法,翦除了隋炀帝派去监视他的两个副手后,也起兵了。

李渊起兵三万人,李密率兵至少三十万,号称百万;李渊在山西,李密在河南洛阳附近。从实力一看就知道李密占优势,但最后却是李渊得天下,李密连命都不保。为什么呢?我们只要从整体战略和细节策略来分析一下,就能明白其中的原因。

李密接管翟让的军队以后,虽然策略上有失误,比如说他杀掉翟让,影响了内部的一些团结稳定,但是这不是大事,他手下也有一批猛将,如徐世勣、程咬金、单雄信、秦叔宝等。后来这些人中的大多数都被李世民收到麾下,这是后话了。李密开始在中原的形势很好,但他有几处败笔,直接导致了日后的下场。

首先李密的战略目标不清晰,而且有前后矛盾之处。"罄南山之竹,书罪无穷;决东海之波,流恶难尽。"他发表檄文声讨隋炀帝,那就是以推翻隋王朝为目的,但要建立什么呢?他没说,他也不知道。那时候"木子李有天下"、"杨氏当亡,李氏当兴"的谶言大兴,李密也是"李氏"中的一个,所以好多人看好他。虽然他打出了声讨隋炀帝的旗号,但他没有像东汉光武帝刘秀那样,竖起自己的旗帜称帝。当时东都洛阳被隋朝皇泰带据守,洛阳城高池深,里面的积蓄多、人多、兵也多,唯一就缺粮草。

大业十四年(618)三月,大概是一个桃树开花的季节,

▲ 李密实力上占优势,但最后却是李渊得天下,李密连命都不保。为什么呢?

▲ 李密的战略目标不清晰,而且有前后矛盾之处。

江都(扬州)的禁卫兵发动兵变,隋炀帝被宇文化及杀害,东都洛阳留守朝廷,拥立炀帝之孙越王侗为帝,史称皇泰帝。宇文化及带着军队北上时,遭遇到了李密的军队。之前李密的目标一直是跟隋作战,这个时候他应该怎么办呢?照理说他应该跟宇文化及合作,或者阶段性合作,因为目前的目标是反隋嘛。可他不是,他居然接受了东都的招降,声讨宇文化及:"你世受国恩,怎么能把皇帝杀了呢?你是弑君之贼!"这就看出,李密的战略目标不清晰,策略上前后矛盾。他拿了皇泰帝的一纸空文,就开始真枪实刀地跟宇文化及去死拼了。他打宇文化及的战略目标是什么,是为了赢得全国,还是为了隋炀帝申冤报仇呢?他自己都不是很明确。这个李密很糊涂啊,刚刚不久前还在骂隋炀帝"罄竹难书",但现在有人把那个"罄竹难书"的人杀了,他就骂这个人弑君,还接受隋的招降,由此看出李密的战略目标非常不明确,甚至可以说很混乱。就在他跟宇文化及打得两败俱伤的时候,东都洛阳的大将王世充发动政变,夺得政权,处死了那些想结交李密的人,并进攻李密,把李密打得一败涂地。

▲ 李密的战略目标非常不明确,甚至可以说很混乱。

反观这个时候的李渊是怎么做的呢?隋末炀帝在扬州的时候,李渊在太原,他只带了二儿子李世民在身边,而把大儿子李建成和小儿子李元吉留在老家河东(现山西运城)。他到了太原,太原的军队守军少,当时突厥来犯,他们的处境很危险。这时候李世民就想鼓动父亲起兵,李渊已五十来岁了,是个老官僚,做事持重,他目睹几年前杨玄感失败的事,就不敢轻举妄动。李渊不是不想动,他很沉稳,

▲ 李渊已五十来岁了,是个老官僚,做事持重,史书记载说是李渊是被动起兵的,其实不是,李渊老谋深算。

史书记载说是李渊是被动起兵的，其实不是，李渊老谋深算，这从他后面那几手就看出来了。

既然要造反，那首先得把军队调动起来。怎么调动军队呢？他把大家召来开会，说："你们看现在突厥大兵压境，我们要调兵必须要上报皇上批准，但皇上远在扬州，有几千里之遥，而且现在各地盗贼蜂起，路况也不畅，你们看怎么办好呢？"被派来监督李渊的王威、高君雅答道："你是宗亲，跟皇家是亲戚，又是贤能的国士，你自己做主吧。"李渊说："好吧，那我们就调兵。"调兵最终招募了上万人，王威、高君雅看到军队大量集中，开始有点儿怀疑李渊的动机了，就对武则天的父亲武士彟讲："现在唐公招的这些人，什么长孙顺德、刘弘基都是亡命之徒，让他们带兵怎么行呢？"武士彟是向着李渊的，他说："这两人都是唐公的宾客，你要是把他们逮起来，会引起轩然大波的。"王威、高君雅只好作罢。也有人劝王威他们调查一下募兵的情况，以摸清李渊调兵的真实意图。武士彟跟这人讲："唐公是管这个事的，这些军队都归唐公管，王威他们能管什么用呢？"所以武士彟还真是帮了一些忙，消弭各方的怀疑。李渊知道王威对他的募兵有所怀疑，他故意开会处理政务。当时太原的一个县令刘文静也参加起兵了，他带着人来说有秘事要报告，李渊就示意王威、高君雅说："你们把报告拿上来。"没有想到，来人说，这个是给唐公的密报，只有唐公一个人才能看。结果一看，密报内容是说王威、高君雅暗地勾结突厥来偷袭。高君雅撸起袖子，大声嚷起来，这不过是想谋反的人诬告我而已。李渊下令把他们拿下了。果然，过了几天，真有突厥来进攻了，所以大家就毫不怀疑地认为，真是王威、高君雅引来的突厥军队，最后就把他们两个人给砍了。

解除了掣肘，李渊就放手做起兵的准备。

六　天下归唐

那么，起兵之后，下一步做什么呢？当然得到长安去。那怎么占领长安呢，又打出什么旗号呢？当时，在太原的李渊，面对三股势力：北边是突厥，东面有李密，西面长安还有朝廷，李渊采取了北盟突厥、东和李密、西扶朝廷的策略。这一系列策略的联动效应，是李渊超越李密，摘取大乱成果的重要原因之一。

▲ 李渊采取了北盟突厥、东和李密、西扶朝廷的策略。

首先是北盟突厥。突厥在隋炀帝时代又强大起来，李渊来太原的任务之一本是守塞防边的。现在，李渊派人去跟突厥说："我要举义兵到长安迎主上，我们两家和好，恢复跟你的和亲。"隋炀帝曾经得罪突厥，改变了他父亲文帝跟突厥和亲的政策，所以突厥对隋炀帝很愤恨。突厥回信说："如果你取代隋，我就支持你。"这个信带回来以后，部将们都很高兴，认为有突厥支持，李渊起兵反隋，增加了胜算，是一件好事。但是李渊不肯反隋，就是不肯打出取代隋的旗号。李渊这一点很令人佩服，李渊知道现在打出反隋的旗号，不是最好的时机。当时有部下崔李渊答应突厥的要求，还说："我们缺的是马匹，如果拖延不回，恐怕生变故。"可李渊就是不肯点头。最后还是裴寂出了个主意，说："咱尊隋炀帝为太上皇，立在长安的代王为皇帝，我们还是为了安定隋王室才起兵的，为了表示跟过去不一样，我们发文到各个地方，旗帜的颜色一半是白色的，表示臣服突厥，一半是绛色的，表示仍忠于隋王室。"这不是掩耳盗铃嘛，但是李渊还是这么做了。李渊采取这个政策是为什么呢？因为他以扶隋为口号，会最大化的消弭一些反对力量，拥护隋王室的人一看唐公不反隋，就愿意参加李渊的队伍；反隋的人也看得清楚，李渊不就是挂羊头卖狗肉吗，他至少跟隋是不一样的，所以也愿意参加李渊的队伍。所以，李渊离开太原的这三万人，打到长安一路顺利。

▲ 扶隋为口号，会最大化的消弭一些反对力量。反隋的人也看得清楚，李渊跟隋是不一样的，所以也愿意参加李渊的队伍。

第二是东和李密。背后的突厥搞定了，西向长安，东都附近的李密是一个压力。李密这时做了各路义军盟主，他就让人给李渊写信争取支援，信中说："我虽然没什么本事，但是四海英雄都推举我，我们虽然不是一个李，但是从根本上还是同族，派流虽异，根系本同，希望你能够支持我，咱们戮力同心，'执子婴于咸阳，殪商辛于牧野'。"就是让李渊支持他改朝换代，信末约李渊到河内来面见并签盟约。

▲ 李渊采取骄兵之计稳住李密。

李渊看到这信以后，就笑李密有点狂妄，说："我们不如采取骄兵之计，让他帮我把东边的敌人拖住，使我在西边专心来经营，以便我坐观鹬蚌之争。"你看，李渊多有谋略呀！为了稳住李密，李渊给他写了一封回信，回信是这么讲的："吾虽庸劣，幸承余绪，出为八使，入典六屯，颠而不扶，通贤所责。"什么意思呢？就是说我虽然没什么本事，但是毕竟也是一个将门之子，是隋王朝的辅弼之臣，出为八使，入典六屯,担任军事将领,王朝现在这样危险,我如果不出面出来扶持,那不是被人责怪吗,我起兵就为这个,我必须要尽我的一份责任来扶持隋王室。但是"天生烝民,必有司牧"(司、牧,就是管理、治理的意思),总该有人来管治吧,当下的情况,要出来担当起这份管治责任的,除了你还能是谁呢?老夫年逾五十知命之年,从来没有这个想法。如果能拥戴大弟,那我就是攀龙附凤,我就高攀了,希望你早膺图箓("木子李有天下"),以安天下百姓之心呀,将来如果李氏宗族里面有我一个位置,我就非常感到满足和荣幸了。李密看到李渊这封信,跟他讲了这么多吹奉的话,说自己绝对没有改朝换代的意思("执子婴于咸阳,所不忍言;殪商辛于牧野,未敢闻命",造反犯上的事,想都不敢想!),将来就是拥戴他李密了,表示如果你李密成功了,给他一口饭吃,就满足了。李密高兴得不得了,以为唐公推戴,天下不足定也!你看,李渊就是这样迷惑李密的。

第三是西扶朝廷。李渊很快就从太原打到了长安。到了长安以后,李渊的队伍已经从三万壮大到二十多万了,可见他的策略还是非常有效的。他立了一个代王侑(隋炀帝的孙子)为皇帝,挟天子以自重,实际上是自己掌权。五月,隋炀帝的死讯传到了长安,李渊就出来当皇帝了。

李渊虽当了皇帝,但天下这么大,有许多割据称帝的人,如窦建德、王世充、辅公祏、杜伏威等都是各地称帝的,西边还有李轨、薛举,南方还有萧铣等几十个割据势力存在着,怎么才能把天下统一呢?这就需要在李渊的整体领导下,李世民等人军事上不断消灭各股割据势力,完成统一工作了。

李密这时已彻底没有机会了。李密被王世充打败以后，他投降了唐朝，李渊表面上客客气气，实际上给了他闲散的职务——光禄卿。光禄卿是宴会当中，主持宴会安排工作的。李密深以为耻，假称要去东边召旧部，而密谋再次起兵反叛，被李渊部将杀死，然后传首长安。可怜雄心勃勃的李密，就此结束了他的一生。

李渊统一称帝，而李密身首异处。这两个人的命运如此不同。李密尽管开始形势很好，李渊远不如他，可是李密随后的发展路线、谋略策略都太愚蠢，发展路径不清楚，以致于他成了一个帮助李渊在中原消耗敌对势力的替罪羊，为李渊所利用。相比李渊就大不一样了，他的战略很清晰，策略很成功。隋恭帝义宁二年（618）四月，即李渊、建成父子都打到东都附近了，东都的人甚至想响应他们，但是李世民说不行，认为即使得到东都也守不住，于是就故意退出来，把这个东都的难题留给李密。所以在策略上，李渊确实是坐山观虎斗，鹬蚌相争，渔人得利。其实隋朝末年具备统一实力的，最有希望的就是李渊和李密，但是李渊最后能一统江湖，李世民军事上的胜利厥功至伟，几场关键性的战争都是李世民打的。李渊西面消灭薛举、薛仁杲，降服李轨时丢了太原，李世民去把太原收回来。包围河南王世充时，河北窦建德赶来救援，李世民击溃窦建德，降服王世充，后来李世民又去平定河北的叛乱。

李世民不仅战功卓著，而且他后来用人纳谏，成就了贞观之治。所以李世民是真正跟他父亲李渊一起，缔造了大唐王朝的关键人物。大唐是中国历史上最长的一个王朝，将近三百年。西汉二百十五年，东汉一百九十六年，宋朝的北宋、南宋本身就是分裂的，各有一百多年，明朝、清朝都是二百六七十年。所以大唐盛世是中国历史最长的王朝，这是从魏晋南北朝的长期分裂，隋出现短暂统一，到李渊、李世民父子建立唐王朝，中国又出现了一个盛世。前面是汉，现在是唐，所以我们这个民族叫汉族，我们华人在外面定居了叫唐人街。汉唐是中华民族的代表性符号。

（参见《资治通鉴》卷三十六至卷一百八十五）

第二十讲　治世明君

从马背到龙椅,唐太宗李世民认识到文治教化才能真正帮助他征服天下。他能知人识人,用人如器,各取所长而不求全责备,起用了大批人才辅佐他治国,这是他得以开创盛世的一个重要因素。

在皇帝制度下,对皇权没有制度化的约束机制,因此,皇帝对臣下意见的准确判断和自我约束力,就显得尤为重要。《贞观政要》所讨论的重点并不是如何驾驭臣下,而是如何约束皇帝及其权力,这正是李世民超迈古今帝王的所在。

唐太宗李世民,是一个名垂青史、家喻户晓的皇帝,是一个与秦皇汉武齐名、有文韬武略的皇帝,是一个曾经被封为法家代表人物的皇帝,是一个因执行所谓"让步政策"而开创了贞观之治的皇帝。

　　但是,若问是什么成就了唐太宗? 似乎迄今并没有现成的答案。

▲ 是什么成就了唐太宗?

　　历代文人学者和政治家中推崇唐太宗者大有其人。明宪宗朱见深成化元年(1465)八月初一日为新版《贞观政要》作序就说:

　　　朕惟三代而后,治功莫盛于唐。而唐三百年间,尤莫若贞观之盛。诚以太宗克己、励精图治于其上,而群臣如魏徵辈感其知遇之隆,相与献可替否,以辅治于下。君明臣良,其独盛也宜矣。

　　朱见深认为三代以下以唐代为最盛,而唐代三百年以唐太宗及其贞观之治为最盛。在明朝这位皇帝看来,唐太宗李世民不啻是千古一帝!

　　李世民是唐高祖李渊的第二个儿子,在玄武门之变中取得帝位,难免屠兄夺位之讥,其情形大体与隋炀帝杨广得位相类。唐太宗当皇帝不过二十三年(与明宪宗在位时间相当),比他享祚久长的皇帝大有人在;贞观时期的全国人口不过三百万户,远远不及隋炀帝和唐玄宗时期的九百万户左右的规模,这反映出当时的经济发展水平依然处在恢复期。那么,唐太宗凭什么被推为千古一帝呢?

一　文武治道

识时务者为俊杰。唐太宗就是一个识时务的俊杰!晋阳起兵前,老谋深算的李渊曾对提出起兵反隋建议的年轻小伙子李世民说:今化家为国,或破家灭族,都由汝而起。现在的史家大都认为起兵是唐高祖李渊蓄谋已久的心思,并非李世民的首谋,李渊的话只是对自己的掩饰和对后生的勉励之辞。做这个翻案文章的关键证据出自温大雅的《大唐创业起居注》,该书封笔于李渊在位之时。论者咸谓此乃第一手资料,未经太宗时的史官篡改。但是,谁又能保证当时人记当时事,不是取悦高祖的附会之词呢?不管如何,十八岁的李世民已经察觉到天下可为,坚定了父亲起兵决心,嗣后东征西讨,功勋冠于诸王子及诸武将,是无可置疑的。

无论是进军长安途中,清除河西肘腋之患,还是在平定山东、河北的劲敌的战争中,李世民不仅身先士卒,作风勇猛顽强,而且运筹帷幄,指挥若定,以善用骑兵、善于集中优势兵力等战术,经常出其不意地打败强敌,表现了杰出的军事才能。后来的敉平突厥与征服高昌,也都表现出雄才大略和远见卓识。

但是,有一件事令这位枭雄心情难平,那就是他平定山东不久,河北地区在窦建德旧部刘黑闼的领导下再次举兵,山东旧地,大体皆叛。倒是李建成采纳魏徵的以招抚为主的怀柔政策,稳定了山东地区。这件事几乎是当年隋朝平定江南的重演。隋朝灭陈之后不久,出现反复,"陈之故境,大体皆反"。后来杨广恩威并用,才稳定了对南方的控制。

本朝的经验和前朝的教训,对于年轻气盛的李世民转变观念影响很大,那就是不能完全靠武力征服天下!唐太宗即位后就宣布说:"朕虽以武功定天下,终当以文德绥海内。文武之道,各随其时。"这就是很识时务的看法。

▲ 朕虽以武功定天下,终当以文德绥海内。文武之道,各随其时。

经历从马背到龙椅的转变,唐太宗开始改变统治策略。他广纳贤才,表现得比任何一个前代帝王都重视文士。他在藩邸就召集了大批文人学士,设立文学馆,馆中著名的十八学士如房玄龄、杜如晦、于志宁、褚亮、姚思廉、陆德明、孔颖达、虞世南等都是一代英才。或以政治韬略见长,或以才学盖世见用。同时,他还有天策上将府,安置随己征战的武将们。文臣武将,各得其所,对于贞观年间的政治和文教事业的发展,起到了重要作用。

▲ 经历从马背到龙椅的转变,李世民广纳贤才,表现得比任何一个前代帝王都重视文士。

太宗即位之初有一次关于治国方略的大讨论。大乱之后,究竟是用重典惩治刁民,还是"抚民以静",与民休息?在关键时刻,这个纵横疆场十余年的统帅做出了英明的决策,他说:"凡事皆须务本。国以人为本,人以衣食为本,凡

▲ 国以人为本,人以衣食为本,凡营衣食,以不失时为本。

营衣食,以不失时为本。"因此,他推行以民为本的政策,轻徭薄赋,使民以时;关心民瘼,澄清吏治,为恢复疮痍满目的唐初社会与经济奠定了正确的政治路线。

二　治国用人

▲ 唐太宗治国,尤以善于用人为世人称道。

唐太宗治国,有许多过人之处。其中尤以善于用人为世人称道。他曾经与大臣讨论隋文帝施政得失。有大臣认为隋文帝是一个兢兢业业的君主,太宗却对于隋文帝以察察为明很不以为然。他认为隋文帝之失在于不懂得放权,不信任臣下,有大事小事一把抓的毛病。他说:"以天下之广,四海之众,千端万绪,须合变通。皆委百司商量,宰相筹画,于事稳便,方可奏行。岂得以一日万机,独断一人之虑也?且日断十事,五条不中,中者信善,其如不中者何?以日继月,乃至累年,乖谬既多,不亡何待?"唐太宗认为,"广任贤良,高居深视,法令严肃,谁敢为非?因令诸司,若诏敕颁下有未稳便者,必须执奏,不得顺旨便即施行,务尽臣下之意。"

▲ 天下之广,四海之众,千端万绪,须合变通。皆委百司商量,岂得以一日万机,独断一人之虑也?

▲ 敢于用曾经反对过自己的人,反映了唐太宗的胆识。

敢于用曾经反对过自己的人,反映了唐太宗的胆识。其典型事例是重用魏徵。魏徵在隋末诡为道士,初投瓦岗军,曾效力于李密帐下,后归依窦建德。所投皆为李世民平定山东时的敌对势力。及窦为唐军所破,乃在太子李建成东宫效力,官至太子洗马(掌东宫的经籍之事),他虽职位不高,却自称曾经劝谏李建成在与李世民的争斗中先下手为强。这样一个几乎处处与太宗为敌的人,李世民却能因爱惜魏徵的旷世奇才而摒弃前嫌,委以重任。又如,范阳卢承庆虽然是参加晋阳起兵的元从功臣,但父、祖皆隋官。贞观中,太宗任其为民部侍郎和兵部侍郎并兼选举,卢承庆自辞"越局"。太宗不允:"朕今信卿,卿何不自信也。"太宗能够团结曾经是自己敌对阵营的人才,这对于稳定唐朝初年的政治局面,笼络人心,减少反对派,具有重要作用。

太宗说:"朕以天下为家,不能私于一物,惟有才行是任,岂以新旧惟差?""今所以择贤才者,盖为求安百姓也。用人但问堪否,岂以新故异情?凡一面尚且相亲,况旧人而顿忘也!才若不堪,亦岂以旧人而先用?今不论其能不能,而直言其嗟怨,岂是至公之道耶?"这样的话在今日也具有现实意义。

用人如器,各取所长,不求全责备,反映了唐太宗的明智。他说:"人才有长短,不必兼通。是以公绰优于大国之老,子产善为小邦之相。绛侯木讷,李安刘氏之宗;啬夫利口,不任上林之令。舍短取长,然后为美。"他对于自己的大臣的所长所短,了如指掌。如评长孙无忌,"善避嫌疑,应对敏速……而总兵攻战,非所长也"。评高士廉,"涉猎古今,心术聪悟,临难既不改节,为官亦无朋党;所少者,骨鲠规谏耳"。评房玄龄、杜如晦,不善于理狱,不擅长处理杂务琐事,长处是多谋善断。说戴胄的短处是"无学术",但敢于犯颜执法。说博陵崔敦礼,"深悉蕃情,凡所奏请,事多允会"。总之,唐太宗懂得"人之行能,不能兼备。朕常弃其所短,取其所长"。

▲ 唐太宗对于大臣的所长所短,了如指掌。

▲ 人之行能,不能兼备。朕常弃其所短,取其所长。

三　克己纳谏

如果只是以上这些,唐太宗还只是众多帝王当中的杰出者之一,还谈不上超迈古今!

宋朝史家范祖禹评价唐太宗说:"迹其性本强悍,勇不顾亲,而能畏义而好贤,屈己以从谏,刻厉矫揉,力于为善,此所以致贞观之治也。"意思是说唐太宗本来是一个彪悍勇武之人,可是他能够畏义好贤、屈己从谏,"刻厉矫揉,力于为善"。这几个用词值得深加玩味,用现代的话说就是要对道义保持敬畏,对贤者保持尊敬,不要固执己见,要听从臣下的谏诤,努力改过迁善。其总的意思其实就是朱见深总结的"克己"二字,即对自己的欲望、偏见保持克制的态度。

"克己"才是评点太宗的点睛之笔!

最能体现唐太宗治国思想的文献,首推吴兢所撰《贞观政要》一书。这是一部帝王的教科书! 该书的重心,无论是处理君臣关系,还是阐明帝王之道,其要害都是"克己":

——"舟所以比人君,水所以比黎庶,水能载舟,亦能覆舟。"对人民的力量表示敬畏,所以要约束自己的行为。"天子者,有道则人推而为主,无道则人弃而不用。诚可畏也!"敬畏方能克己。

——"每商量处置,或时有乖疏,得人谏诤,方始觉悟。若无忠谏者为说,何由行得好事!"忠言逆耳,有自知之明,

410

方能接受谏诤，约束自己。

"克己"当然包括克制自己的物质享受欲望。唐太宗自己就说："朕每思伤其身者，不在外物，皆由嗜欲以成其祸。若耽嗜滋味，玩悦声色，所欲既多，所损亦大，既妨政事，又扰生人……朕每思此，不敢纵逸。"从社稷苍生的角度考虑，不敢放纵自己的口腹之欲、声色之欲，这就是克己！其实值得每一个位高权重者引为鉴戒。

一个皇帝要做到"克己"，前提是有自知之明。贞观初，太宗曾经用自己亲身经历的列子说："朕少好弓矢，自谓能尽其妙。近得良弓十数，以示弓工，乃曰：皆非良材也。朕问其故。工曰：木心不正则脉理皆邪，弓虽刚劲而遣箭不直，非良弓也。朕始悟焉。朕以弧矢定四方，用弓多矣，而犹不得其理，况朕有天下之日浅，得为理之意，固未及于弓。弓犹失之，而况于理乎？"自是诏京官五品以上更宿中书内省，每召见皆赐坐与语，询访外事，务知百姓利害、政教得失焉。唐太宗从自己对于弓箭的认识误区体悟到自己对于治理天下缺乏经验与才识，因而需要访问群臣对于治理天下百姓的意见，丰富自己的见识。为此，太宗对臣下说："人欲自照，必须明镜；主欲知过，必藉忠臣……公等每看事有不利于人，必须极言规谏。"前说魏徵有奇才，魏徵之奇主要表现在他敢于向皇帝说真话——谏诤。

进谏是中国古代政治生活中很特别的一项制度。国家设置了一批谏臣，其职责是给皇帝提意见，号称"言官"。朝廷作出决策，必须先听他们的意见，其他官员如果先谏官而言事，被视为举事不当。魏徵向太宗进谏，前后二百多条。

▲ 一个皇帝要做到"克己"，前提是有自知之明。

411

魏徵不仅在唐朝以休养生息、注重教化的基本国策的辩论上，在废除分封制度、完善郡县制度的政治方针的施行上，提出正确的见解，而且在许多生活细节上，也给太宗以很好的规谏。特别要提到的是魏徵《谏太宗十思疏》：

> 君人者，诚能见可欲则思知足以自戒，将有所作则思知止以安人，念高危则思谦冲而自牧，惧满溢则思江海下百川，乐盘游则思三驱以为度，忧懈怠则思慎始而敬终，虑壅蔽则思虚心以纳下，想谗邪则思正身以黜恶，恩所加则思无因喜以谬赏，罚所及则思无因怒而滥刑。

这十条几乎条条都是针对人性的弱点，告诫太宗在方方面面要约束自己。魏徵总是言人之所难言，即使太宗不能一下子全部接受，事后总能做出反思，克制自己的脾气与欲望，从而成就了求谏纳谏的佳话。太宗说：魏徵的"随事谏正，多中朕失，如明镜鉴形，美恶必见"。太宗还总结了"以铜为镜，可以正衣冠；以古为镜，可以知兴替；以人为镜，可以明得失"的千古名言。

四　律身"帝范"

中国从秦始皇建立皇帝制度以来，就实行中央集权的专制制度。在近代以前，广袤的区域之间，各地经济联系有限,而施行统治的通讯手段和技术工具都相当落后,"溥天之下莫非王土,率土之滨莫非王臣",中央集权的皇帝专制制度,对于维护中华民族的统一和发展有其历史作用。但是,皇帝制度有与生俱来的内在缺陷,那就是缺乏制度化的权力约束机制。到唐朝逐渐完善的谏官制度,对此可以说是一个补救措施。但是,谏官拿什么来说服皇帝呢?由商周时代的"天命"思想演变而来的"天意"有一定作用;孟子以来特别强调的"民贵君轻"的民本思想(民意)也有一定作用;东汉以来大行其道的谶纬及其流行祥瑞与灾异,也成为警示帝王行为的一种约束力量;宋代以后,祖宗之法又成为限制守成君王的一种规范工具。

但是,所有这些都不是制度化的约束手段。在皇帝制度下,本来就没有一个制度化的对最高权力的约束手段。于是,皇帝的行为只能靠皇帝自己来约束,这就是皇帝制度中强调"克己"的重要性。范祖禹提出:"人主之所行,其善恶是非在后世,当时不可得而辨也。'皇帝是至高无上的权威,皇帝行事的是非对错,当时怎么能够辨别呢?由谁来判断呢?集权制度下,倾听谏官的意见能解决问题吗?谏官的言论,皇帝不听怎么办?因此,皇帝的准确判断和自我约束就显得尤其重要。唐太宗在《贞观政要》中所表现得最充分的一点就是强调皇帝要有自知之明,要克制自己、约束自己!

在中国漫长的历史时期,国祚绵延三百年左右的统一皇朝并不多见,汉、唐、明、清而已矣(两宋逾三百年,但未统一全国),而尤以汉唐为盛世。"秦皇汉武,略输文采;唐宗

413

宋祖,稍逊风骚。"假如说秦始皇建立了第一个统一的郡县制中央集权的国家,汉武帝独尊儒术,确立了皇权时代的正统意识形态。那么,唐太宗的贡献在哪里呢?这就是对于皇帝本人品德、作风的探讨。他亲自撰写有《帝范》一书,凡《君体》《建亲》《求贤》《审官》《纳谏》《去谗》《戒盈》《崇俭》《赏罚》《务农》《阅武》《崇文》共十二篇,篇篇都是讨论皇帝的行为规范——"此十二条者,帝王之纲,安危兴废,咸在兹焉。"而其中的核心不是如何约束臣下,而是如何克制自己、警示自己:"战战兢兢,若临渊而驭朽;日慎一日,思善始而令终。"

遗憾的是,唐宋以后的皇帝制度尽管仍然在继续发展,但是,它的发展和完善都是注重于如何控制臣下的方面,不是如何约束皇帝的一面!从宋太祖到明太祖,乃至清朝的康、雍、乾诸帝,无不在驾驭之术上处心积虑,而不愿在皇帝自我约束上动心思。相反,一部《贞观政要》的君臣论治,重心不是如何驾驭臣下,而是如何约束皇帝,如何进谏纳谏!

这正是唐太宗高明之处,是唐太宗超迈古今帝王成为千古一帝的原因所在,也正是唐太宗留给后人的一份政治遗产。

(参见《资治通鉴》卷一百九十至卷一百九十九)

▲ 唐太宗的贡献是对于皇帝本人品德、作风的探讨。

▲ 从宋太祖到明太祖,乃至清朝的康、雍、乾诸帝,无不在驾驭之术上处心积虑,而不愿在皇帝自我约束上动心思。

第二十一讲　开天治乱

开元盛世到底有多盛？在一幅欣欣向荣的盛世图景后,有没有藏着乱世的危机呢?

　　唐太宗曾担心的守天下问题,在其曾孙李隆基身上得到了应验。晚年的唐玄宗,不仅做不到居安思危,在任贤纳谏上也犯了严重的错误,再加上对自我约束的懈怠,促使了"安史之乱"的爆发。大唐的辉煌一去不返。

今天给大家讲一位家喻户晓的皇帝唐玄宗，即唐明皇。玄宗是李隆基的庙号，明皇是他去世的时候，臣下给他的谥号，全称是"至道大圣大明孝皇帝"，简称就是"唐明皇"。

明皇二十八岁即位当皇帝，七十一岁因为安史之乱而退位，做太上皇，七十八岁去世。唐明皇统治的前半期，即开元年间(713—741)，是中国历史上艳称的黄金时代，史称"开元之治"，但是，天宝(742—755)末年，却出现了一场几乎倾覆了唐朝江山的安史之乱。为什么治世之后，乱世相随？原因何在？唐朝君臣当时就探讨过："玄宗之政先理而后乱，何也？"那么，我们生在一千三百年之后，从今天的眼光看，其中有什么值得警示的呢？

一　玄宗其人

唐玄宗李隆基只是一个普通皇室子弟，按照正常情况，本来没有当皇帝的份儿。为什么这么说呢？因为从辈分上讲，唐玄宗的父亲李旦是高宗的第八子，也是武则天最小的儿子，李隆基在李旦的六个儿子中排行第三，按照嫡长子继承王位的一般规矩,这父子二人都没有当皇帝的机会。但是,事情就是这么蹊跷,大唐自开国至今,还没有人以皇长子登上帝位的,太宗是老二,高宗是老六,中宗、睿宗是老七、老八,刚才说了,玄宗排行是第三。

那么,李隆基是如何当上皇帝的呢?这就要从玄宗的祖母女皇武则天谈起。武则天的丈夫高宗,饱受高血压和偏头痛的疾病之苦,朝政掌控在武则天手中,高宗五十多岁就去世了,太子李显(中宗)当皇帝两个月,就被武则天废去。性格懦弱的李旦继位(睿宗),这是公元 684 年。当然,权力完全掌握在母后武则天之手,皇帝李旦仍然只能居于便殿。就在李旦当挂名皇帝的第二年,即垂拱元年(685)八月五日——一个多事之秋,李隆基出生于东宫窦妃的卧室。

隆基三岁被封为楚王,八岁那年——这时武则天改唐为周已届两年了,李隆基在车马的簇拥下,来朝拜女皇,负责禁卫的金吾将军武懿宗对其乘骑大声呵斥,意欲"折之"。李隆基毫不示弱,说:"吾家朝堂,干汝何事!"据说武则天对孙儿的霸气很是赞赏!但是,隆基的生母窦氏却因得罪了武则天而被暗杀。失去了母亲,李隆基幼小的心灵里,第一次感受到生活的残酷和生命的无常。

神龙元年(705),张柬之等发动政变,恢复了唐朝,迎中宗复位。中宗是一个昏庸的皇帝,既怕老婆,又不能约束女儿,纵容皇后和公主胡作非为。他当了大约五年皇帝,皇后韦氏与奸夫武三思坐在龙床上赌博,他在一旁数筹码。韦氏想步婆婆武则天的后尘当女皇,害死了自己的丈夫。这给早就在一旁侧目、伺机而起的李隆基及其姑母以可乘之机。李隆基的姑母就是武则天的掌上明珠太平公主。又是一场残酷的宫廷喋血！李旦在妹妹和儿子的保驾下，再次登上皇帝的宝座，李隆基以功被立为太子。两年后，李旦倦于政事，让出皇位，隆基即位。由于此前李旦曾分别让皇帝位于母后及兄长，这次又让位于儿子。所以史书说他，三登大宝，三以皇帝让，就是这个意思。

自神龙元年(705)武则天失权起，至先天二年(713)玄宗即位，几年之间，六次政变，五易皇位，帝后妃嫔、公主王孙、将相大臣，多有惨死。唐玄宗即位之初，面临的时局之艰难，从这段错综复杂的宫闱纷争中可见一斑。于是，协调上层统治者内部的关系，稳定政局，是当时最紧迫的政治问题。

▲ 几年之间，六次政变，五易皇位，唐玄宗即位之初，面临的时局艰难可见一斑。

这个时候的唐玄宗头脑很清醒，这从他任命姚崇为宰相之前，姚崇约定十件事，桩桩应允，就可以看得出来。姚崇是一位极富政治经验的正直大臣，之所以没有立即接受玄宗的委命，就是希望测试一下新皇帝，是否有勇气改弦更张。姚崇提出的十件事，实际是开元初年的施政纲领，以下是他们的对话：

▲ 姚崇提出的十件事，实际是开元初年的施政纲领。

　　姚崇：垂拱以来(武则天掌权时年号)，深刑苛法，请行仁义之政，可乎？

　　皇帝：朕深心有望于公也(这就厚望于你了)。

　　姚崇：先朝屡兴边功，请休养生息，勿滥用武力，可乎？

　　皇帝：当然，当然。

姚崇：太后临朝以来，以阉人为喉舌，请宦官不预公务，可乎？

皇帝：朕早就想这么做了！

姚崇：武、韦等皇室人员，窃据清要之地，请从此皇亲不任政务高官，废除斜封、员外等官（批条子任命官员），可乎？

皇帝：此正合朕意！

姚崇：先朝近臣犯罪，皆以宠幸而逍遥法外，请一概绳之以法，可乎？

皇帝：对此朕切齿已久了！

姚崇：比来豪家戚里，封疆大吏，都争相贡献（即给皇帝送钱送物）求媚，除正常租税之外，请悉杜塞进献之风，可乎？

皇帝：朕愿行之。

姚崇：太后以来，大造寺观宫殿，劳民伤财，请今后止绝建造，可乎？

皇帝：朕每睹之，心甚不安，岂敢再为！

姚崇：先朝亵狎大臣，请接之以礼，可乎？

皇帝：本该待大臣以礼，有何不可！

姚崇：先朝谏臣得罪，请凡在臣子，皆得触龙鳞，犯忌讳，可乎？

皇帝：朕非但能容之，且能行之。

姚崇：外戚干政，史有前鉴，请永为殷鉴，为万代法，可乎？

皇帝潸然良久：此真可为刻骨刻肌者也！

以上十件事,桩桩都针对先朝的弊政而发,涉及内政、军事、选官、用人、法制、纳谏以及限制外戚等诸多方面,无不切中时政要害。从玄宗应允的急切语气看,求治之心,溢于言表,铲除积弊之决心,也不可谓不大。

二　开元之治

除了太平公主干政的短暂波折外,玄宗初年的政治,一切基本按照既定方针进行。从开元元年到开元八年,姚崇、宋璟相继为宰相,他们大力改革弊政,短短几年,就做到了"赋役宽平,刑罚轻省,百姓富庶"。开元时期著名的宰相还有卢怀慎、韩休、裴耀卿、张说、张九龄等,或以清慎,或以才干,或以耿直,或以文学而知名。

玄宗本人也很注意克削自己的欲望,大力倡导节约。他首先从自己做起,毁弃宫中的豪华设备,废除织锦坊(皇家精品服装工厂)的编制;其次,约束宗室诸王,简省公主的封户。玄宗说:"百姓租赋非我有,士出万死,赏不过束帛,女何功而享多户耶!"百姓租赋,非帝王之所有,这是很具有民生意识的观念! 根据这种认识,玄宗即位初年,反对铺张浪费,除去豪华奢侈。有一次发现一个卫士把吃剩的饭倒掉,差点儿被玄宗处以极刑!

这个时候的玄宗也能听进不同的意见。韩休每事谏诤,有人说,这样陛下很辛苦。玄宗说:"吾貌虽瘦,国家必肥。吾用韩休，是为社稷着想。"相反如果像萧嵩那样专门顺着我的话，他当班，我就反而寝食不安了。

总之，生于忧患之中的唐玄宗，当了四十三年天子，创造了举世闻名的开元盛世。在这里，我给大家举几个数字来说明，开元盛世，究竟有多盛！

第一个数字，7 000 万。

这是唐玄宗统治的天宝(742—755)年间的全国人口数。官方留下的天宝十三载(754)全国人户约 962 万户、人口约 5 288 万口，学者们综合各方面史料推测，公元 8 世纪中叶，唐朝全国实际人户约 1 300 万—1 400 万户，实际人口超过 7 000 万口。

那么，当时世界上其他国家的人口是多少呢？8 世纪的时候，大约东法兰克福王国从塞纳河到莱茵河之间的人口是 200 万—300 万。而直到 16 世纪，地中海地区的人口才 5 000 万、6 000 万(西班牙 800 万，法国 1 600 万，意大利 1 300 万，总共 3 800 万。其中土耳其的欧洲部分 800 万，亚洲部分 800 万)。北非的人口 300 万。而同时期的印度处于分裂状态，阿拉伯世界正处在扩张时期。日本与韩国也都是人口寡少的小国。在农业经济为主的时代，人口就是生产力。唐玄宗时期人口繁盛，反映了当时中国总的经济实力是独步于世界民族之林的。

第二个数字，6.6 亿亩。

这是唐玄宗时期全国耕地面积。唐朝的版图，比之于汉代，又新有拓展；特别是西域地区与中原的关系，较之于汉代，更加密切；南方地区也获得了更好的开发，大运河把

▲ 开元盛世,究竟有多盛?

▲ 唐玄宗时期人口繁盛,反映了当时中国总的经济实力是独步于世界民族之林的。

黄河流域与长江流域更密切地联系在一起,促进了全国经济的增长。农民的劳动热情空前高涨,史称:"开元、天宝之际,耕者益力,高山绝壑,耒耜亦满。"根据现有史料推算,当时实际全国耕地面积约八百五十万顷,折合今亩达 6.6 亿亩(当下的中国为 18 亿亩),人均占有达九亩多。

第三个数字,七十余国。

这是《唐六典》列举的开元时期前来朝贡的蕃国数。这些蕃国,从东亚的日本、朝鲜,到东南亚地区的诸国,从今日中国边疆少数民族政权到中亚、西亚乃至地中海地区的一些国家,都对唐朝中央政府建立了一种朝贡的政治关系。开元时代,长安、扬州、广州等城市,云聚着从海、陆丝绸之路来华的胡商蕃客,成为沟通中外经济、文化与政治联系的重要渠道。亚洲各国留学生来华留学,络绎于途。2004 年在西安发现了井真成的墓志,这位日本国的留学生就是开元年间来华学习的,还有与李白结下深厚友谊的晁衡,也是一位日本留唐学生,不少外国人在唐玄宗的朝廷任职。

中国化的佛教——禅宗的真正创建人慧能和尚,在玄宗即位那年圆寂,此后在玄宗统治的四十多年时间里,禅宗迅速兴起,儒佛道合流成为历史的潮流,玄宗就曾亲自为《孝经》《老子》《金刚经》作注。所谓三夷教,即祆教、景教、摩尼教,也在华得到传播。正是这样一个开放的社会,使唐朝在社会风气上显得雍容大度,李白充满自信的诗句"天生我材必有用,千金散尽还复来",就是那个时代精神的写照。

第四个数字,53 915 卷。

这是开元年间整理国家图书馆的藏书卷数。玄宗时

▲ 开元时代,长安、扬州、广州等城市,云聚着从海、陆丝绸之路来华的胡商蕃客,成为沟通中外经济、文化与政治联系的重要渠道。

代,唐朝的文教事业也有很大发展。今天我们所常说的四部(四库)图书分类法,正式被国家官方图书馆采纳,就是在唐代:"藏书之盛,莫盛于开元,其著录者,五万三千九百一十五卷,而唐之学者自为之书者,又二万八千四百六十九卷。呜呼,可谓盛矣!"诗圣杜甫、诗仙李白都主要生活在这个时代。举几件文化建设上的典型事例。第一件事,唐玄宗曾组织鸿儒硕学,在集贤书院校雠四部图书;第二件事,开元二十年编订《大唐开元礼》,是最完备的礼制建设,稍后不久又完成《大唐六典》的编纂,是最完备的行政法典性质的文件。第三件事,大力提倡教育,广泛设立公私学校。开元二十一年(733)五月敕:"许百姓任立私学,其欲寄州县受业者亦听。"开元二十六年下令天下州县,每乡都要设置学校一所,以教授学生。这样推行政教的结果是:"于时垂髫之儿,皆知礼让。"可以说教化大兴!

最能形象说明开元时期繁荣局面的是杜甫的那首《忆昔(其二)》诗:

> 忆昔开元全盛日,小邑犹藏万家室。
> 稻米流脂粟米白,公私仓廪俱丰实。
> 九州道路无豺虎,远行不劳吉日出。
> 齐纨鲁缟车班班,男耕女桑不相失。
> ……

这虽然是文学的描述,但仍属纪实,是符合历史记载的。根据杜甫的族人曾任宰相的杜佑记载,开元十三年东封泰山之时,"米斗至十三文,青、齐谷斗至五文。自后天下无贵物,两京米斗不至二十文,面三十二文,绢一匹二百一十二文"。杜佑甚至还进一步描述说:"东至宋、汴,西至岐州,夹路列店肆待客,酒馔丰溢。每店皆有驴赁客乘,倏忽数十里,谓之驿驴。南诣荆、襄,北至太原、范阳,西至蜀川、凉府,皆有店肆,以供商旅。远适数千里,不持寸刃。"这里说的是私人客栈,而供官方使用的驿站(公费招待所),每三十里一驿,全国共有 1 643 所。交通更捷,道路安全,国家的粮仓、老百姓的粮仓都装得满满的。真是一派歌舞升平的盛世景象。

三　盛世危机

在如此一幅欣欣向荣的盛世景象背后,究竟潜藏着何种危机呢?为什么会有这种危机呢?有道是,幸福的家庭都是一样的,不幸的家庭各有各的不幸。盛世的道理都是一样,盛衰转化的隐忧各有各的不同。就唐玄宗时代的情况来看,主要是制度创新不足引起的失序问题,具体地讲,就是土地兼并之后引发的逃户问题、兵役问题,没有很好地解决,由此引发的内外军事失衡问题,更直接酿成了大祸。

所谓"逃户"问题,是指唐代自武则天时代以来出现的,大量农民离开原住地,到新的地区去谋生。他们脱离了原来的户籍所在地,又不在新居住地落籍,从而造成人口迁徙

▲ 在如此一幅欣欣向荣的盛世景象背后,究竟潜藏着何种危机呢?

▲ 盛世的道理都是一样,盛衰转化的隐忧各有各的不同。

的失控状态。

唐朝国家实行严格的户口政策,规定户口不能随便异地移动。实行这个政策的目的主要从便于管理和征发赋役考虑。但是,唐朝社会经济的发展,却在挑战这个刻板的户口制度。为什么这么说呢? 唐朝建国初期,贞观年间的全国户口只有三百多万户,到了玄宗开元年间,账面数字就是七百多万户,天宝末更达到了将近九百多万户,也就是说翻了两倍,若按照实际人口一千三四百万户计算,则增长幅度更大,怎么可能按照老的办法去管理呢? 另外一方面,许多农民离开狭窄的故乡,到了新的地区开垦了新的土地,定居下来,建立了新的家园,你不承认这些新移民,政府就无法从他们身上获得税收;若用强制的办法,把他们赶回到老家去,不仅无法完全做到,而且会引起社会动荡。于是,唐玄宗采取宇文融的建议——"括户",开始整顿流动人口。

开元九年(721)正月二十八日,监察御史宇文融奉命到地方上去清查户口,前后共物色了二十九个判官(相当于各稽查分队负责人),检查"籍外剩田"以及色役伪滥的情况。以后又多次出使,仅开元十二年六月这一次就捡括到客户八十万户(一谓百万),相当于当时全国官方统计户口七百零七万户的11%—14%,简括出的隐漏不报的土地亦大体与此相当。所有被检括出的逃户享受免征六年租税的优惠待遇,仅每年纳钱一千五百文。这个税额相对比较轻,受到老百姓欢迎,玄宗自己说"老幼欣跃,惟令是从,多流泪以感朕心,咸吐诚以荷王命"。王夫之对此也给予高度评价,认为是利国利民之举。

但是，这个做法其实也有问题，那就是新捡括出的土地人口，政府还是按照均田制的办法来加以管理。二十五年，唐玄宗甚至颁布了迄今最详尽的均田法令，严格限制地产的转移，但是，"虽有此制，豪强兼并，无复畔限，有逾于汉成、哀之间"。满足于形式上的完备，罔顾现实中的社会变迁，不能在制度的创新中向前迈进一步，这是唐玄宗的悲剧，虽然开元之治表面很亮丽，而危机却潜伏了下来。

再说，人口管理政策的变动，势必对兵役制度也要产生重要影响，要求做出相应的调整。唐朝自太宗以来，实行府兵制度。这是一种建立在耕战相兼，兵农合一的基础上的兵役制度。当农民稳定地占有一块耕地，当大规模统一战争结束后不需要长年征战，实行府兵制度有很大的优越性，不仅国家节省了大量养兵费用，农民免除长年征战之苦，也解决了军阀拥兵自重的问题。可是，当商品经济的发展、人口的增殖和迁徙以及地产的频繁转移，使老百姓无法固守丘园的时候，当边疆战争频仍需要长期镇守的武装力量之时，这个制度就不合时宜了。

改变首先从中央卫戍部队开始。开元十二年(724)，张说建议招募长从宿卫的兵士，叫做彍骑，大约募集了十几万人。开元二十五年(737)，边军体制也进行了改革，配置了长征健儿名额，号召凡兵士家属随军者，可就近分配其土地屋宅，以使其安心在边疆服役。这一规定最适合那些不习惯于农业生产的游牧民族，包括大量来自中亚地区的粟特等胡人。于是，天宝年间，在沿边设置的八大军区(节度使)中，驻屯了四十九万军队，其中多数统帅由胡族首领担任。

▲ 满足于形式上的完备，罔顾现实中的社会变迁，不能在制度的创新中向前迈进一步，这是唐玄宗的悲剧。

427

尤其是安禄山身兼范阳、河东、卢龙(在今河北、山西、北京、天津及河南、山东部分地区)三镇的节度使,拥兵二十万,成为唐朝立国以来最有势力的军将。大家想想看,常年卫戍京师的军队只有八万人,而边疆统帅手中的军队却有四十九万,是朝廷直接掌控军队的六倍。在帝国体制之下,均势的失衡,外重内轻局面的出现,是影响国家安全的致命隐患。

四　浪漫天子

苏东坡《晁错论》说:"天下之患,最不可为者,名为治平无事,而其实有不测之忧。坐观其变而不为之所,则恐至于不可救。"面对以上所说的危机,本当通过制度上的创新加以解决,不幸的是,唐玄宗陶醉于盛世之中,毫无忧患意识。有关这个问题,我还想从唐玄宗个人在五十岁前后所经历的一场心理危机谈谈自己的看法。

开元十三年(725)十月,四十一岁的玄宗,东封泰山,古代帝王封禅之礼,表示大功告成之意。此时的玄宗,渐渐迷信道家的长生不老之术,生活日益奢侈。"开元天子万事足,唯惜当时光景促。"开元二十二年(734)正月,玄宗五弟薛王李业去世,此前,玄宗已经有二哥、四弟相继去世,这些朝夕相处的同气兄弟的去世,不仅使玄宗失去了饮酒、击球、唱歌的伙伴,也更让他心头挥不去人生无常的阴影。薛王的丧礼刚过,五十岁的玄宗就派人到恒山,礼请著名道士张果到洛阳宫中,访以长生不死之术,并封之为"通玄先生"。同样受到优待的道士还有罗功远等人。

开元二十五年(737)十二月,玄宗爱妃武惠妃突然去世,进一步给玄宗以沉重打击。武惠妃十五岁入宫,服侍天子二十五年,宠冠后宫,去世时年已四十岁,皇上依然眷顾不衰。是什么原因使五十三岁的皇帝,迷恋一位中年妇女,以致在她死后食不甘味,寝不安席,后宫数千美女,无一当意者?难道是她们都不如早已徐娘半老的武惠妃美丽?显然不是。我推测,与在此之前不久他的三个儿子无谓的死亡有关。

开元二十五年(737)四月,在李林甫外推、武惠妃内助的情况下,玄宗毅然废太子瑛为庶人,并与受牵连的鄂王、光王一同赐死。按照道理,接下来就要立武惠妃的儿子寿王李瑁为太子。武惠妃的病死,使这个计划成为不可能。这等于是杀了儿子又折了妃子,玄宗所受到的打击可以想见。史称玄宗"自念春秋浸高,三子同日诛死,继嗣未定,常忽忽不乐,寝膳为之减",可为明证。可见,玄宗感到后宫无当意者,并不是没有美女,而是因为指置失宜,"赔了夫人又折兵",玄宗心理失衡,乃至出现精神恍惚的心理疾患。

▲ 自念春秋浸高,三子同日诛死,继嗣未定,常忽忽不乐,寝膳为之减。

正是在心灵空虚的情况下,杨玉环来到了玄宗身边。杨玉环本来是玄宗与武惠妃所生儿子寿王李瑁的媳妇。玄宗是如何看上杨玉环的?史书上的记载闪烁其词,或谓高力士所推荐。我认为可能性很小,高力士即使与玄宗的关系再亲密,也没有胆量公然向皇帝指荐其儿媳妇入宫。只有玄宗自己看上了儿媳妇，才敢暗使诸如高力士之流出面作出安排。史书记载正式颁诏度玉环为道士，是开元二十八年(740)正月，那么两人的接触当在开元二十六七年的时候，距武惠妃死不过半年到一年光景。

终于，情欲战胜了理智，唐玄宗把儿媳妇接进了宫中，不久封为贵妃，在宫中位比皇后。朝廷专门为贵妃服务的织绣之工达七百人，贵妃欲得生荔枝，命岭南用快马传送，比至长安，色味不变。华清池专门为贵妃建造了新的温汤，玄宗年年携妃子到这里来度过浪漫的日日夜夜，甚至干脆在温泉附近办公，在华清池周围建造了许多政府的办公楼。贵妃受宠，鸡犬升天，杨家兄弟姐妹，皆门列棨戟，朱紫盈庭，以至于民间出现了"遂令天下父母心，不重生男重生女"的慨叹。

玄宗宠信杨贵妃，除了贵妃的天生丽质、善解人心之外，还与他们有着共同的音乐爱好，密切相关。早在开元元年(713)唐玄宗刚即位不久，就特地设置了专门教习俗乐的左右教坊，相当于皇家戏剧学院，当即有臣工劝谏他放弃对于音乐的热诚，"上虽不能用，咸嘉赏之"。说明玄宗此时尚清楚玩物丧志的道理，尚能克制对乐舞的痴迷。能歌善舞的杨贵妃入宫之后，极大地触发了玄宗的音乐热情。唐玄宗与杨玉环在音乐歌舞上的合作，最为人艳称的是《霓裳羽衣曲》的编排。该曲本来是印度传来的婆罗门曲，玄宗把它改编为大型歌舞剧，经过杨贵妃导演排练，又被搬上了舞台，可以说是珠联璧合。柏拉图说："理想的统治者应该是高度理智的哲人，而不是浪漫的诗人。因为后者的作用会激励、培育和加强心灵的低贱部分，就像在城邦中把政治权力交给坏人，让他去危害好人一样。"玄宗虽然不是浪漫的诗人，确是一个特别钟情于戏剧和音乐的风流皇帝。玄宗完全放纵了自己的欲望，把个人兴趣置于政事之上，沉湎于音乐歌舞的世界："骊宫高处入青云，仙乐风飘处处闻。缓歌曼舞凝丝竹，尽日君王看不足。"

假如对比一下本文前面，玄宗在接受姚崇入朝为相约定的十件事，我们就可以发现，唐玄宗完全忘记了他当初的承诺，昔日所革除的弊政，如今借尸还魂，而且变本加厉。

玄宗的曾祖父唐太宗，在与大臣魏徵讨论创业与守成问题时，有如下一段对话：

> 贞观十五年，太宗谓侍臣曰："守天下难易？"侍中魏徵对曰："甚难。"太宗曰："任贤能、受谏诤即可。何谓为难？"徵曰："观自古帝王在于忧危之间，则任贤受谏。及至安乐，必怀宽怠。情安乐而欲宽怠，言事者惟令兢惧，日陵月替，以至危亡。圣人所以居安思危，正为此也。安而能惧，岂不为难？"

这里值得注意的有两点：第一，太宗认识到"任贤能纳谏诤"是治理好天下的前提；第二，魏徵特别强调，帝王们在忧危之时，固然可以"任贤受谏"，但是，很少能居安思危。"安而能惧，岂不为难？"这是贞观十五年（641）的对话，不幸的是，唐太宗担心的问题，一百年之后在自己的曾孙李隆基身上得到了验证。唐玄宗不仅不能居安思危，而且在用人

▲ 唐太宗担心的问题，一百年之后在自己的曾孙李隆基身上得到了验证。

和纳谏上，也犯了严重错误。

先说用人，主要是选拔什么样的大臣主持中外事务。五十岁以后，玄宗越来越不耐烦那些给自己找麻烦的骨鲠之臣。开元二十四年(736)之后，他最信任的宰相就是李林甫。李林甫是如何被提拔的？史书记载说："林甫面柔而有狡计，能伺候人主意，故骤历清列，为时委任。而中官妃家，皆厚结托，伺上动静，皆预知之，故出言进奏，动必称旨。"从史家"伺候人主意"、"伺上动静"、"动必称旨"的措辞来看，李林甫蹿红的秘诀，就是运用一切手段，挖空心思地讨玄宗皇帝的欢心。而"玄宗杜绝逆耳之言，恣意行乐"，正需要这样的宰相。

李林甫其实是不学无术之人。《诗经·唐风》有"杕杜"篇。《诗经》作为五经之一，本是官员的必读之书，可是，作为宰相的李林甫却不认识"杕"字，指着选人文章问道："此云杖杜，何也？"又祝贺人家生子为"弄麞之喜"(实为"弄璋之喜")。他提拔的大臣竟然把伏腊读作"伏猎"。这样一个不学无术之人，却因为极力讨好玄宗而获得重用。

李林甫之后，执掌政柄的是杨国忠，杨国忠是杨贵妃的堂兄，依靠裙带关系而被重用。如果说李林甫以奸宄乱国，那么杨国忠则是以昏庸乱政，史书上说他"强辩而轻躁"，他自己则说："吾本寒家，一旦缘椒房至此，未知税驾之所，然念终不能致令名，不若且极乐耳！"这个时候，唐朝在西南地区频频有战事，身兼剑南节度使的杨国忠有不可推卸的责任，可是杨国忠一手遮天，前方战败，反以打胜仗的消息上闻。

再说纳谏问题。"择臣取谏工而讲以多物"，鼓励进谏，其实就是鼓励不同意见的表达与上达，防止决策失误。而李林甫的当朝，却是"谏诤路绝"。李林甫对朝官们说，你看这些仪仗队里的马匹，只要不说话，就能享受三品的食料，受到很好的对待；只要它嘶鸣一声，马上就被拉下去，再想吃三品食料就不可能了。言下之意，是威胁大臣们闭嘴。

杨国忠秉政后，唐玄宗干脆听不到外面的真实消息，云南前线打了败仗，却被说成是胜仗。唐玄宗闭目塞听，却"以为天下无复可忧"：

> 上尝谓高力士曰："朕今老矣，朝事付之宰相，边事付之诸将，夫复何忧！"力士对曰："臣闻云南数丧师，又边将拥兵太盛，陛下将何以制之！臣恐一旦祸发，不可复救，何得谓无忧也！"上曰："卿勿言，朕徐思之。"

胡三省于此评论说："高力士之言，明皇岂无所动于其心哉！祸机将发，直付之无可奈何，侥幸其身之不及见而已。"这真是诛心之论！法王路易十五，面对风雨飘摇的形势，也曾一意孤行地说过类似的话："老子这辈子已经够了，我死后哪怕它洪水滔天！"专制帝王们这种自私的侥幸心理真是国家民族的灾难。

五　安史之乱

安史之乱的始作俑者安禄山、史思明都是胡人出身。

天宝年间的边镇军队中存在大量中亚粟特胡人,他们在战争及边贸活动中扮演着重要角色。为统驭边军,朝廷提拔了许多胡族将领,安禄山正是在这种背景下登上历史舞台的。

　　安禄山的父亲是粟特人,母亲是突厥人,他本人早年为营州互市牙郎,以通晓汉语及"六蕃语"(西北胡族语言)的优势担任边贸活动中介。因其作战勇敢,为人慧黠,又有边贸经商之才,故深受幽州节度使张守珪信任,被收为养子。安禄山以憨直忠诚、战功卓著而博得唐玄宗信任,并通过认母成功结纳杨贵妃。从开元末年到天宝十载(751),十年之间,安禄山由平卢节度副使迁至范阳、平卢及河东三镇节度使,统领精兵逾十八万。

　　天宝十一载(752),李林甫去世,杨国忠独掌朝政,对安禄山转持敌视态度,而太子李亨也对安禄山独拥重兵的局面不满。在这种情况下,安禄山一方面因唐玄宗的宠信而有恃无恐,另一方面则担心太子继位后会对自己不利,遂暗做准备欲图谋反。天宝十四载,安禄山以蕃将三十二人取代汉将,引起朝廷警惕,杨国忠等屡言安禄山必反,建议召其入朝为相,另派节度副使贾循等分领范阳、平卢、河东三镇。制书草成后,唐玄宗先派宦官辅璆琳往范阳察看动静。辅璆琳收受安禄山巨额贿赂,回朝盛言其忠心不二,打消了唐玄宗的顾虑。

　　为搜集证据以明反状,杨国忠派遣京兆尹搜查了安禄山在长安的住宅,禄山之子、太仆卿、驸马安庆宗将消息密报范阳方面。当年六、七两月,唐玄宗接连手诏安禄山赴京,安禄山均不予理会,而是加紧秣马厉兵。十一月,安禄山领兵十五万,号称二十万,伪称奉密诏诛杨国忠,举兵于范阳。

安禄山率军南下直指洛阳,一路势如破竹。朝廷匆忙派封常清、高仙芝前往防御。封常清临时招募的乌合之众一触即溃,退守洛阳,进而洛阳失守,退保潼关。另一支高仙芝的军队见叛军来势凶猛,也从陕州退守潼关。安禄山占领洛阳后急于称帝,从而暂缓西进,唐军得以喘息。但是朝廷并未立即组织反击,而是以弃守不战动摇军心的名义,听信宦官边令诚谗言,临阵斩杀封、高二将,反而起用罹患风病废居长安的哥舒翰出守潼关御敌。

哥舒翰本与安禄山不和,长期在河西陇右节度使任职,此时以病废之身强率二十万大军驻守潼关。当时在敌后地区,平原(治今山东德州市陵县)太守颜真卿、常山(今河北石家庄市正定)太守颜杲卿等组织起有效的抵抗。同时,朔方节度使郭子仪出东陉(今山西代县东),受命东征,切断叛军退路。安禄山于天宝十五载(756)正月在洛阳仓促称帝,建元圣武,国号大燕。

不久,叛军将领史思明攻下常山,颜杲卿被俘。二月,新任河东节度使李光弼出井陉(今河北井陉东),重新夺回常山。史思明卷土重来,双方争夺四十多天,不分胜负。后来因为郭子仪的支援,李光弼大败史思明,叛军几乎全线溃退。河北十余郡县皆杀叛军守将响应唐军。叛军通向范阳的道路被隔绝,安禄山后悔对形势估计不足,严厉责问军师高尚、严庄怂恿他贸然行事,甚至打算放弃洛阳,撤回范阳。

只要潼关不失,叛军将陷入困境。

但是,唐玄宗急于打败叛军,不顾哥舒翰对战争形势的正确分析,一再发遣宦官催促哥舒翰出潼关迎敌,杨国忠则从旁推波助澜。于是,六月初四,哥舒翰被迫率二十万大军出关东进,在灵宝西原与叛军展开决战,唐军大败,几乎全军覆没,逃回的仅八千余人。哥舒翰被俘,潼关失守,叛军很快占领了长安。

长安沦陷前夕,唐玄宗在杨国忠的建议下入蜀避难,这是因为杨国忠身兼剑南节度使,那里是他的根基之地。车驾西出长安,沿途的地方官吏早就闻风而逃,食宿无人安排,一行人狼狈不堪,随行士兵怨声载道。行至马嵬驿(今陕西兴平西北),龙武大将军陈玄礼等发动兵变,杀死杨国忠,同时要求处死杨贵妃。唐玄宗无奈,被迫将杨贵妃缢死在佛堂,史称"马嵬驿之变"。

唐玄宗率皇室逃到成都,太子李亨中途分兵两千,前往灵武组织抗战。当年七月,李亨即位,改元至德,是为唐肃宗,遥尊成都七十二岁的唐玄宗为太上皇。

随着时间的推移,局面开始出现转机。

唐肃宗灵武即位后,聚集起一支以朔方军为主力的军队,与坚守太原的河东节度使李光弼遥相呼应。中原一带,许远、张巡、鲁炅等人坚守睢阳(今河南省商丘市)、南阳,虽相继失手而退保襄阳汉水流域,但却成功遏制了安史叛军南下江淮的意图。第五琦任江淮租庸使后,把江淮租庸收入变造为轻货,溯江汉而上,确保了唐军前线的安定。加上回纥汗国的支持,唐朝的反攻出现转机。

而叛军攻陷长安后以为大功告成，"日夜纵酒，专以声色宝贿为事，无复西出之意"，使唐玄宗得以从容入蜀，太子李亨顺利北上灵武，给唐军的反攻赢得了宝贵时机。

至德二年(757)正月，叛军内讧，安禄山被儿子安庆绪所杀。安庆绪命史思明回守范阳。二月，肃宗进驻凤翔。九月，郭子仪统帅大军十五万进攻长安，与十万叛军进行激战，将叛军逐出长安城。安庆绪弃守洛阳，撤军退守邺城(今河北临漳)，其余部也大都溃逃至范阳。镇守范阳的史思明一度与安庆绪发生矛盾，上表降唐，继而复叛，与邺城的安庆绪联手拒唐。

乾元元年(758)九月，肃宗调动郭子仪等九节度使数十万兵力进攻安庆绪，但因为肃宗疑忌郭子仪、李光弼等功劳卓著的将帅，只是派宦官鱼朝恩担任观军容宣慰处置使，总揽全局，不设统领全军的主帅，致使战事久拖不下。

次年三月，史思明率大军前来增援，加之天气异常，双方混战后唐军撤退。

不久，史思明杀安庆绪，自称大燕皇帝。九月，史思明再度南下，攻取洛阳，势力复炽。

上元二年(761)三月，叛军再起内讧，史朝义杀死父亲史思明，自称皇帝，并派人杀死在范阳的异母弟史朝清和其他反对派，叛军内部离心，唐军逐渐在战场取得优势。

宝应元年(762)十月，新即位的唐代宗李豫命雍王李适为天下兵马大元帅，仆固怀恩为副帅，大举挺进，利用回纥兵再次收复洛阳。在唐军追击下，叛军纷纷投降。

广德元年(763)正月，史朝义穷途末路，逃至林中自缢而亡。唐朝为招抚安史降将,任命田承嗣为魏博(今河北南部、河南北部)节度使,李怀仙为卢龙(今河北北部)节度使,李宝臣为成德(今河北中部)节度使,薛嵩为相卫节度使(河北临漳、河南淇县间),持续七年多的安史之乱宣告结束。

伏尔泰说:"国家的繁荣昌盛仅仅系于一个人的性格,这就是君主国的命运。"唐玄宗以及大唐帝国由盛而衰的道路,不正是这句话的最好注脚吗?

(参见《资治通鉴》卷二百一十至卷二百一十七)

第二十二讲　大唐日落

唐朝的衰落与安史之乱密切相关，但究其根本，是土地兼并引发的一系列问题。到了唐中后期，藩镇割据和宦官擅权成了两个政治顽疾。虽然中后唐的历代皇帝为了解决危机做了不少努力，但要么铩羽而归，要么功败垂成。

　　唐代中晚期的朝廷士大夫，虽优秀如李德裕，却也外无法对付骄藩，内不能抗拒宦官，又在权力和政策问题上陷入个人恩怨，制造了历史所称的"牛李党争"。即使皇帝颇有明君品质，朝中又有干练忠臣，却不能合作开创唐后期的新局面，这不能不说明唐朝气数已尽，无可奈何。

一　中唐整顿

安史之乱以后，出现了藩镇问题。

从唐代宗初年到唐德宗末年，是藩镇割据形成、发展的时期。当初为了平定安史之乱，唐朝组织全国军力进行讨伐，并且赋予军队很大的自主权力，以致逐渐成为新的藩镇。

在拥立肃宗及平定叛乱中，朔方军无疑功居第一。为有效控制这支劲旅，唐廷早在平叛之时即频易其帅，郭子仪、李光弼、仆固怀恩相继出任朔方军节度使、天下兵马副元帅。同时刻意培植宦官势力，使其以监军身份亲临前线牵制领兵将帅，并在双方冲突中屡袒宦官。郭子仪被罢兵权、仆固怀恩被逼谋反，都不乏宦官居中挑拨。

宦官与藩镇矛盾的激化，一定程度上促使唐廷加快了招降叛军的步伐，维持河北旧有局面以求姑息绥靖，从而为藩镇割据局面的形成埋下祸根。

中唐时期，唐代多位君相都试图解决面临的危机，包括藩镇割据、宦官专权、朋党之争，最后不是铩羽而归，就是功败垂成。

德宗继位后，对于其父代宗怀柔藩镇的姑息政策不满，一心要改变藩镇节度使父死子继、朝廷被迫承认的政策。

德宗首先要解决朔方军过大的问题。

平定安史之乱,朔方军的功劳最大。朔方军的首脑是郭子仪,他当时任中书令兼副元帅,还管着盐池、水运等财经使职,权任既重,功名也大,但他性宽大,政令不肃。让郭子仪兼任宰相,是为了酬功而尊宠其位;兼任财经使职,则与当时的军费开支制度有关。中央无法统一调拨各个藩镇的军费,于是就给他们一些征税的权限。

肃宗、代宗时期,还没有理清战时体制下的财政安排。德宗继位,以全面整顿税负的两税法为龙头,对全国的军事体制和财政体系进行整顿,郭子仪的军队自然也在整顿之列。于是,德宗尊郭子仪为尚父(尚父是很尊崇的称号),加太尉兼中书令,增实封两千户,还赏赐了大量的财物,但是把副元帅等职务去掉了,并且把郭子仪管的军区一分为三,由他部下的将领分领其任。

德宗还换了宰相。

代宗留下的宰相常衮,性刚急,为政苛细,不合众心。当时有一个叫崔祐甫的中书舍人(正五品上),对常衮有一些不满,后被常衮贬到地方,担任河南少尹。郭子仪等人入朝时说"言其非罪",认为对崔祐甫的贬谪太重了。德宗就觉得很奇怪,因为郭子仪等人也是宰相,不过他是使相,就是在地方上任职的宰相,在中央挂了个宰相的名,就像现在地方上的省市一把手也有挂政治局委员的。在贬谪崔祐甫的报告上,作为宰相,郭子仪等人也是签名同意的,怎么现在又提出反对意见了呢?原来,按照过去的规矩,凡是宰相集体提出的建议,首席宰相签名,并代其他宰相署名,就是说不需要通报其他宰相，首席宰相代替签个字就行了。那时交通和信息交流都很落后，不会再去通报一下地方上的使相，代他们签字就行了。

德宗刚继位，得知这一情况，大为惊骇，觉得常衮没有跟别的宰相商量，就以他人名义贬谪朝廷大臣，犯了欺罔之罪。于是，当天下旨，把常衮贬为潮州刺史，而把被常衮贬谪的崔祐甫提拔为中书侍郎、同平章事，也就是宰相。如果说分郭子仪的权力表明了德宗的魄力，那么换宰相这件事，表现了德宗敏感和神经质的特点。

德宗继位后，还着手治理宦官问题，纠正他的祖父、父亲时期优宠宦官的弊病。

肃宗、代宗时，宦官出使在外，可以向地方索要礼物。有一次，代宗派宦官去赏赐妃嫔的家族，宦官回来后，代宗得知送给宦官的礼物很少，就很不高兴，以为看不起使者。这个妃嫔害怕了，赶紧给宦官送礼物去弥补。从此以后，宦官出使就公然索要礼物。即使到宰相那里，宰相也要给宦官礼品，宰相在办公地必须经常备点钱，以用来打发上传下达的宦官。这种做法等于是公开鼓励贪腐。这说明代宗很脆弱，他把官员们对家奴宦官的礼敬，当作是对皇室的忠诚。

德宗素知其弊，决心予以纠正。后来有个宦官索要礼品，被德宗处死。于是，其他出使在外的宦官收到礼物都不敢要了，有的半路上把礼物给扔掉。

德宗还进一步剥夺宦官掌空的神策军兵权。神策军是当时一支重要的禁军，它本来是一支规模不大的边军，参加平定安史叛乱期间,由宦官鱼朝恩统领,并被改编扩建成为一支数万人的禁卫部队,此时由宦官王驾鹤掌握。德宗下令朝官白琇珪担任神策军的大将军,代替王驾鹤。

另外,德宗还大力整顿财政。德宗来领导各地的转运使,也就是中央派到地方去的财经官员。具体由财政官员刘晏执行,刘晏主要整顿盐铁专卖和漕运事务,改革征收体制,这两项的税收,占到全国总收入的一半。

德宗对国库制度也进行了改革。过去国库和宫中的用度是分开的,国库是国家的钱,宫中用度是皇帝私用的钱。安史之乱期间,财政官员为了调拨军费方便,就把赋税送到皇家内库里去,由宦官来管,皇帝也觉得自家花销用取方便,这样国家的钱和皇帝私用的钱混在一起,以天下公赋为人君私藏。到后来,财政部门根本不知道天下收了多少钱,支出多少钱。这种状况持续了近二十年。

德宗时候,宦官管军、管财,这都是肃宗、代宗遗留下来的弊端。《资治通鉴》卷二二六载:"宦官领其事者三百余员,皆蚕食其中,蟠结根据,牢不可动。"三百多个宦官把持着大权,不可动摇。新提拔的财政官员杨炎,跟德宗讲了一段关系国家命运的话:

> 财赋者,国之大本,生民之命,重轻安危,靡不由之,是以前世皆使重臣掌其事,犹或耗乱不集。今独使中人出入盈虚,大臣皆不得知,政之蠹敝,莫甚于此。请出之以归有司。度宫中岁用几何,量数奉入,不敢有乏。如此,然后可以为政。

意思是这样不行,财富是国家的根本,是百姓的生命所系,国家的安危所系,不能用宦官来管。大臣完全不知道国家的财政状况,这很危险。应该把国库的财政,交给国家的财政部门管理,宫中每年需要多少,事先预留下来,绝对不敢有缺,这样才可以为天下之政。德宗当天就下诏,所有的财富归国库左藏库,完全按照安史之乱前的旧规矩,从中挑三五千匹绢钱财,进入国库大盈库。

还有一项财政改革,主要是针对代宗时期鼓励地方过年过节给皇上和中央送礼。送得多,皇上就高兴,所以地方上经常借这个名目,如皇上的生日、重大节庆等,在税外加税。德宗把这一条给废除了。所以德宗初年,真正是在各方面进行了改革,带来了一个新气象。

建中初年德宗还做了一件事,就是推行两税法,两税法其实是酝酿在代宗时期,成就在德宗时期。大臣杨炎推行两税法,建中二年(781)实行,推行到各地。两税法就是把过去均田制下按人头征税变成更多地按财产征税,每年两次征收地税和户税。这反映了一种新的财产关系的变化,是一个进步。两税法后来一直实行,影响了明朝的一条鞭法,乃至清朝的摊丁入亩。人头税逐渐减少,财产税逐渐增加,这是比较合理的税制改革。

▲ 两税法后来一直实行,影响了明朝的一条鞭法,乃至清朝的摊丁入亩。

对于官员的腐败,德宗皇帝自然是不能容忍的,但在反腐败这方面却也暴露出了他在政治上的幼稚。《资治通鉴》卷二二七记载:"大历以前,赋敛出纳奉给皆无法,长吏得专之。"朝廷不反腐败已经有二十年了。现在,德宗对那些腐败的官员,无论是中央的还是地方的,都加以惩处。

在反腐的过程中,德宗发现了一个问题,就是他刚继位的时候,疏斥宦官,亲近朝士,比如"张涉以儒学入侍,薛邕以文雅登朝",但后来他发现这些朝士先后因腐败而被弹劾。于是,宦官和武将们就有借口了,他们说:"你看这些文臣动不动就贪污这么多钱,还说是我们把天下搞乱了,这不是欺骗蒙蔽皇上吗?"史书中用了"欺罔"一词,对这个词,我们应该不陌生,德宗对常衮的批评就是说他"欺罔",于是"上心始疑,不知所倚仗矣"。皇帝此时心里有些犹豫了,我到底应该信任宦官呢,还是武将呢,还是文臣呢?

德宗刚继位的时候,一心想疏远宦官、武将,现在发现自己亲近的文臣也这么贪腐,于是开始举棋不定。这说明了什么? 说明德宗虽已是不惑之年,但在政治上还是比较幼稚。

文官有贪腐的,也有不贪腐的,惩治贪腐不能靠文官、武官或者宦官来决定,而是要靠反腐的一套措施和制度。

德宗初年的改革,还有一个重要主题,就是重新整顿各地藩镇。

那么,德宗手上有什么实力,能够保证他对内搞定这些藩镇势力呢?

中央政府的实力分为硬实力和软实力两个方面。硬实力就是军事实力和财政实力,软实力来自中央政府的合法性并且得到认可。而任命和罢免节度使、汲取地方赋税以供中央政府调用,是中央政府软硬实力得以实施的表现。所以,德宗的强硬首先得在这些方面表现出来。

大历十四年(779)五月,德宗即位的当月,就从肢解朔方军入手,整顿京西京北的军队。具体做法是,将朔方军一分为三,改设邠宁节度使,下辖河中及邠(今陕西彬州)、宁(今甘肃宁县)、庆(今甘肃庆阳)、晋、绛、慈、隰等府州;灵盐节度使,下辖灵州都督府(今宁夏吴忠)、西受降城、定远、天德、盐(今陕西定边)、夏(今陕西靖边)、丰等军州;振武节度使,下辖单于大都护府、东中二受降城、振武(今内蒙古和林格尔)、镇北、绥(今陕西绥德)、银(今陕西米脂)、麟、胜等军州。年过八旬的郭子仪爽快地接受了安排,但是朔方军发生了内讧。

宰相杨炎决定加强西北边陲的防御工事,筑城原州(在今宁夏固原),引起了朔方军内讧。邠宁节度使李怀光取代郭子仪任朔方邠宁节度使(朔方军番号加在邠宁节度使头上),朔方军内部有五位将领名望素高,表示不服,李怀光在监军翟文秀(代表朝廷监察军政)的支持下,悉数诛杀之。这件事朝廷并没有追究,却引起其他军队的不满和恐惧。建中元年(780),当朝廷派李怀光兼任泾原节度使之时,受到士兵抵制,留后刘文喜利用士兵的情绪对抗中央的调动命令,拒不受代。

邠宁节度使、灵盐节度使、鄜坊(鄜州、坊州今分别属陕西延安富县、黄陵县)节度使、振武节度使,都属于朔方军系统,泾原(治今甘肃泾川县)节度使却是安西、北庭行营军改组而成,此外,凤翔(今陕西宝鸡凤翔)节度使来源于原河西、陇右行营军以及朱泚从幽州带来的防秋军。现在朔方军系统的李怀光兼统泾原军,四镇、北庭留后刘文喜拒绝接受命令,可想而知。德宗做出妥协,任命朱泚兼四镇、北庭行军、泾原节度使,取代李怀光。刘文喜不受诏,要求朝廷任命自己为节帅。德宗派李怀光、朱泚讨伐之,六月,刘文喜被内部将士所杀。这件事对于其他藩镇来说是一个很大的震动。

真正考验德宗削藩政策的是河北藩镇。

建中元年(780)初,朝廷派遣黜陟使到各地落实两税法。两税法不单单是一个中央财政征收体系的变化,将以人丁为本的租庸调制改为以资产为宗的户税地税制,而且是中央对地方财政收支制度的规范行为,即按照地方实际开支确定财政留成比例。地方开支最大的一笔就是军费,于是,确定地方兵额就成为实行两税法的第一道难题。魏博节度使田悦(751—784)采取阳奉阴违的态度,表面上裁撤军队,按照新定兵额计算赋税分成,但是,实际上被裁撤兵员都被他私下养护起来了。史书上没有记载其他藩镇在推行两税法之时碰到的情况,估计阳奉阴违的情况居多。《资治通鉴》卷二二六记载,建中二年岁末有一个统计:

> 天下税户三百八万五千七十六,籍兵七十六万八千余人,税钱一千八十九万八千余缗,谷二百一十五万七千余斛。

统计的数字包括纳税户数、在籍兵员数、钱粮总额,从中可以看出这几个数据的相关性。

二　泾原兵变

据《资治通鉴》卷二二六记载，建中二年（781）正月，成德节度使李宝臣卒，其子李惟岳要求弋父继位，德宗坚决拒绝，说：

> 贼本无资以为乱，皆借我土地，假我位号，以聚其众耳。向日因其所欲而命之多矣，而乱日益滋。是爵命不足以已乱而适足以长乱也。然则惟岳必为乱，命与不命等耳。

当初魏博节度使田承嗣死的时候，传位给他的侄子田悦，那时代宗在位，是同意了的。现在德宗要纠正节度使父死子继的状况。德宗说，这些贼人本来没有资本来割据，就靠我的土地、假我的位号聚众作乱：我给他们爵命会作乱，不给他们也会作乱。所以德宗不同意节度使父死子继。

魏博节度使田悦也为之请求，当初田悦继承叔父田承嗣之位时，李宝臣是帮过忙的。德宗依然不许。德宗抑制藩镇势力的举措，让魏博田悦、成德李惟岳以及淄青节度使李正己、山南东道节度使梁崇义感受到了威胁，都在积极做战争准备。七月，淄青节度使李正己死，子李纳亦请袭父位，德宗依然不许，同时，朝廷调兵布将，加强东方前线防守。在这种情况下,李纳就决定与魏博田悦、成德李惟岳联合反叛。

第一个阶段,为了集中力量解决河北问题,德宗先是企图笼络山南东道节度使梁崇义,梁反而更加恐惧不安,于是德宗听从淮西(今河南汝南)节度使李希烈之请,调其攻打梁崇义。宣武、淮南等藩镇也投入了征讨叛乱的战争中。于是,战火也在中原地区展开。在河北方面,朝廷调动河东节度使马燧、昭义节度使李抱真、神策军将李晟等军队征讨魏博田悦,调动范阳节度使朱滔讨伐成德李惟岳。

接下来第二阶段,是河北藩镇内部发生变乱。在成德镇内部,王武俊杀李惟岳,向朝廷归顺。而在平定叛乱方面,幽州节度使朱滔、淮西节度使李希烈的反叛,使得叛乱更加蔓延。其中的关键是德宗在处理藩镇利益的时候,没有满足他们的愿望。

建中三年(782)元月,成德大将王武俊杀李惟岳,传首京师,朝廷封之为恒冀节度使。同时,朝廷对河北藩镇区域的划分又做了一些新的安排,致使王武俊强烈不满。于是,他与平叛功臣——同样不满意朝廷安排的幽州节度使朱滔联合起来叛乱,反而把矛头对准官军,救援魏博节度使田悦。德宗于是调动朔方邠宁节度使李怀光率军征讨朱滔和王武俊。这样河北的战火日益扩大。

由于为朝廷出征的军队只要一出境,就享受朝廷提供的优厚待遇,造成朝廷财政紧张,但是对藩镇来说,养寇自重,战争旷日持久,却并不见得是坏事。同年十一月,王武俊自立为赵王,朱滔为冀王,田悦为魏王,李纳为齐王,这就是著名的"四王"事件。他们还遣使奉上表笺,愿意尊奉李希烈为帝。唐朝讨伐藩镇的战争,一发不可收拾。

战争的第三个阶段,是淮西李希烈的叛乱导致整个局面失控,引发泾原兵变,甚至李希烈、朱泚分别称楚帝、秦帝。

淮西节度使李希烈打败梁崇义之后,本想占据山南东道之地,德宗却另派人来到襄州(今湖北襄阳)出任节度使,引起李希烈不满。建中四年(783)正月,李希烈反叛,自称建兴王。整个关东地区一片混乱。

德宗先是派哥舒曜去讨伐,又任命亲王出任荆襄、江西、沔鄂等行营兵马都统,协调诸道兵马援救襄城,其中包括泾原兵五千人。朱泚以宰相之职遥领泾原节度使,节度留后姚令言主管实际工作。现在朱泚因其弟朱滔谋反而被软禁于京城,姚令言率领泾原兵路过长安。这一年的十月特别寒冷,将士们又累又饿,朝廷赏赐稀薄,士兵认为饭菜粗劣,于是扬言,我们肚子吃不饱,怎么能去前线打仗呢?听说国库里有的是钱,他们便发动了叛乱。乱兵向民众宣传说:

> 汝曹勿恐,不夺汝商货僦质矣!不税汝间架陌钱矣!

"商货僦质""间架陌钱"是指朝廷为了筹措军费而征收的各种税费,包括交易税、房产税、商品专卖税等。德宗率领妃嫔和皇子皇孙逃往奉天,重演了当年安史之乱唐玄宗出逃一剧。朱泚被叛军推举为首领,自称秦帝。他在给弟弟朱滔的信中说:"三秦之地,指日克平;大河之北,委卿除殄,当与卿会于洛阳。"

朱泚率叛军攻打奉天一个月未下。朝廷急招在河北平叛的朔方节度使李怀光、神策行营节度使李晟来救,朱泚退守长安。不久李怀光又与朝廷发生矛盾,反而与朱泚勾结,不去收复长安。德宗被迫又逃往梁州(今陕西汉中)。

这期间,唐德宗下了一个罪己诏,说小子长于深宫之中,暗于经国之务,骂自己不懂得政治,不懂得稼穑艰难,不懂得真正的劳苦,最后才导致变乱。除了朱泚暴犯陵寝、自立为帝,罪恶太大,不能赦免,其他参与叛乱的李希烈、田悦、王武俊、李纳这些人,都可以赦免,随从叛乱的将士百姓只要趋于效顺,都既往不咎。为了筹备军费,德宗曾经在长安收房产税、交易税,还收商品的专卖税,这时候为了收买人心,下令都停了。

兴元元年(784)五月,唐神策军将李晟等攻克长安,德宗于七月返回。朱泚被部下所杀,李怀光后来兵败自缢。在河北方面,朱滔病死。

朝廷赦免了叛乱藩镇,一切不问,归于息事宁人。

德宗虽然平定了叛乱,回到了朝廷长安,但是天子威严完全扫地了,中央的权威进一步削弱。

德宗后来还在位二十年,与前期相比,最显著的变化是更加重用宦官,更加猜忌大臣,拒谏饰非,刚愎自用,频繁更换宰相,刚开始继位时的那种鼓舞人心的新气象也都没有了。新建左右神策军,由宦官担任神策军长官——神策中尉,还向地方上各个藩镇派宦官为监军。

德宗刚继位时力主削藩的勇气也烟消云散,现在是一味姑息藩镇。藩镇节度使死了,朝廷就派人去了解一下,有想继位的就同意,父死子继成为常态。

过去德宗很节俭自律,禁止地方进献,现在是一心聚敛财富,号召地方进奉财物,还派中使直接向各个衙门索取财物。德宗还告诉官员们,不要太清廉了,拒绝人家送礼,多么不通人情。原来反腐反得很厉害,宦官收礼要处以极刑,搞得宦官都不敢把礼物带回去,现在反而劝宦官收礼。

不过,经过这二十年的休养生息,德宗的姑息之政,也带来了一些积极的变化,主要表现在两个方面:第一个方面是由于新税制两税法的实施,中央财政稳定了;第二个方面是禁军神策军的扩充和强化,使中央军事势力强大起来了。

在唐德宗晚年,神策禁军达十几万人,也就是说财政上有钱了,扩充禁军在不断进行,再加上德宗积攒的地方上进奉的财物,为他的儿孙进行平定藩镇提供了基础。

德宗施政风格的巨大改变与反差,一方面反映了这位自幼生于安逸,后又饱经离乱的壮年天子的脆弱;另一方面也反映出大唐这个时期所处的政治环境的艰难。如何走出困境,已经超出了唐德宗的政治能力。

三　永贞革新

藩镇割据基本定型以后,唐朝后期问题丛生,改革陷入困境。所谓问题丛生,是指宦官专权,朋党恶斗,赋役繁重,百姓逃亡,中央财政收入不断萎缩。所谓改革陷入困境,是说改革总是失败,走进了死胡同。

中晚唐时代,归纳起来,大概有五次大的改革。

德宗去世以后,针对德宗晚年的弊政和宦官的专权,顺宗有过短暂的"永贞革新"。宪宗元和时期的改革,主要是针对藩镇割据,也有所成就。文宗时期的改革,主要是要剥夺宦官的兵权。武宗时期的改革,主要是在李德裕的主持下,对河北之外的藩镇割据,比如泽潞等藩镇进行打击。宣宗新政,结束了朋党之争。

▲ 这些改革都没有取得完全意义上的成功。

改革的困境,表现在这些改革都没有取得完全意义上的成功。主要是改革的班子不强,改革一把手的地位不够稳固,改革策略失当、用人不当,改革的指导思想混乱等几个方面的原因。

"永贞革新"的时间虽然不长,但是留下了很多新举措,比如说大赦天下,蠲免租税,比如说除了正常的贡赋之外,完全停止了德宗晚年时兴的向朝廷进奉、送礼之类的陋习,撤掉宫市、五坊小儿(唐代宫中设雕坊、鹘坊、鹰坊、鹞坊、狗坊,合称"五坊",豢养这些猛禽、猎犬以备皇帝打猎之用,各坊供职者即称"五坊小儿")。五坊小儿仗着皇家的特权,做出很多残酷无理的坏事以诈取百姓的财物。诸如,有的把罗网张在门前不许其家人进出,有的将网张在井上不让百姓汲水,谁要是接近,他们就以惊吓了供奉的鸟雀为由痛打之,然后索要钱财以免其罪。有的聚集在酒馆饭店里大吃大喝,酒足饭饱拔腿就走,有店家不知道他们的身份,前去要酒饭钱,多半被打骂。更有甚者,他们有时候留一袋蛇作为抵押,说:"这些蛇是用来捕捉鸟雀的,现在留下来给你,希望你好好饲养,不要让它们饿着了。"店家害怕求饶,他们才肯带着蛇离开。现在把宫市、五坊小儿这些扰民的事都禁止了,社会上就能够少一些怨声。

德宗晚年还有一件弊政,就是盐铁转运使每个月要给宫中送钱,这其实是把国家的财政收入变成皇帝私人的了。顺宗"永贞革新"中也把它去掉了。

另外,在人事上也采取了一些新政,比如提拔王伾担任翰林学士等。德宗晚年十年无赦,官员有罪过得不到赦免,而且犯一点小错误,在被放逐到地方以后,很少能被重新起用。"永贞革新",始得量移,过去犯了轻微过失的人,可以根据他的功绩再往上升迁。德宗朝的几位名臣,如翰林学士陆贽和郑余庆、韩皋、阳城等,都因事被贬到地方任职,顺宗都下诏书,让他们返回中央,可惜陆贽和阳城还没有接到诏书就去世了。

人事制度安排上,权力向王叔文等人集中,主要是抓财权和兵权。财权主要归盐铁转运使。中国第一部制度史通史《通典》的作者杜佑被任命为度支使和诸道盐铁转运使,这是一个很重要的职务,因杜佑的年事已高,遂由王叔文担任其副手,任度支盐铁转运副使,实际掌握权力,这样就把财权掌握在改革派的手上了。有了钱就可以拿来用人,同时也能够通过赏赐赢得军心。

当然还要掌握兵权。五月,以右金吾大将军范希朝为左右神策京西诸城镇行营节度使。神策军分左、右神策军,是中央最重要的一支军队,大概有十五万人,这十五万人都是由宦官左、右中尉来领导的。因为不可能把十五万人都集中到京城里去,所以神策军的军士主要驻扎在首都西北的城镇,也就是说在京西、京北地区驻扎有很多神策军的部队——神策军行营。这些行营部队驻扎在十三个城镇(城和镇都是驻扎的单位),其统领叫行营节度使。现在任命老将范希朝担任左、右神策军行营节度使,度支郎中韩泰为行军司马。行军司马大概是副司令兼参谋长这样的角色,主要负责军队的调动和军令的发布,实际掌管兵权。王叔文担心手上没有兵权,政权会不稳,所以他要夺宦官的兵权以自固。跟杜佑的角色类似,老将范希朝只是挂个名,王叔文的同党韩泰实掌其权。

为什么王叔文等人急于掌控兵权呢?

原因在于顺宗的身体越来越不好,大家很难见到他。王叔文等担心立了太子后,大权旁落。以宦官俱文珍、刘光琦、薛盈珍等为代表的一些改革反对派想要早立太子,因为他们发现王叔文、李忠言一上来就大权在握,自己这些先朝老人基本靠边站了,所以就召集翰林学士里面的那些老学士入金銮殿草立太子诏,企图把权力夺过来。当时朝廷有

456

六个翰林学士,除了王伾、王叔文外,还有郑䌭、卫次公、李程、王涯,资格比较老,看到王伾、王叔文手握重权,他们也不满意,所以与俱文珍等人站在了同一条战线上。当时顺宗不能说话,俱文珍等人与四学士草拟了立太子诏,立嫡以长,顺宗点头同意,长子李淳被立为太子,更名为李纯。

对于顺宗来说,改革固然重要,但他是皇帝,不会顾及王叔文等人考虑的争权的问题。他现在身体不好,从家国传承来讲,当然要立太子,何况太子已二十多岁,已经成人了。可是一立太子,就对王叔文等人构成了威胁。不光是翰林学士、宦官这方面,朝中的宰相也大都对王叔文他们不满,除了韦执谊是王叔文引荐做宰相的,朝中还有其他的宰相如贾耽、杜佑、高郢、郑珣瑜,贾耽、郑珣瑜等皆不愿意与王叔文等人合作。所以,反对王叔文等人的势力越来越大了。

册封了太子以后,朝野上下都觉得有了希望,顺宗万一有个三长两短,社稷就有人继承了。史书上说,"中外大喜",一类人觉得,皇位传承不会出问题了;还有一类人就是王叔文的反对派,他们觉得王叔文的势力不长久了。王叔文当然知道这种情况,所以面有忧色,口不敢言,只是吟杜甫题诸葛亮祠堂里面的诗"出师未捷身先死,长使英雄泪满襟"来表达自己的忧思。正是有这种顾虑,王叔文他们想把兵权牢牢掌控住,作为自己安全的保障。

同时,王叔文他们也去极争取太子的工作,比如让同党陆淳从给事中转任太子侍读,希望在给太子侍读的时候,能够做做太子的思想工作。陆淳甚至为了避太子讳改名陆质。陆淳试图为王叔文等人说项,太子就生气了:陛下令先生给我讲经义,你为什么谈其他的事呢?看到太子不买账,陆淳不敢再为王叔文等人说话了。从这里,已经能看出来问题的严重性了。

从正月德宗去世,到五月王叔文他们想掌兵权,宦官、翰林学士中的那些老学士以及老宰相都站在了王叔文他们的对立面。王叔文他们用新人掌财权、掌兵权的动作有点操之过急,而急的原因就是太子的册立,他们想在此之前能够完全掌握政权、财权、兵权。可是宦官们并不这么容易就范,这么容易让王叔文等人把权力都夺取了。

王叔文担任户部侍郎,还任度支盐铁转运副使,这都是握有实权的实职,而翰林学士相对是个虚职,但翰林学士参谋划意,是在禁中参与中枢决策的职务,亦非常重要。通常在这种情况下,翰林学士职务是应该卸掉的。于是,俱文珍等老宦官就把王叔文的翰林学士职务给免去了。也就是说,王叔文并没有完全控制皇帝制书的传递系统,因为除了王叔文、王伾、牛昭容、李忠言这条线外,还有一条线被宦官俱文珍和其他的翰林学士所控制。所以制书一下来,王叔文傻眼了,因为他不担任翰林学士,就不能进入决策层,没有权力进行决策了,单纯管财务也就没有了意义。因此,王伾一再请求恢复王叔文的翰林学士职务,但一直未得到顺宗的答复,那么王伾、王叔文等的这条线运转就不畅达了。在这种情况下,顺宗还能不能够正常行使决策权,都已经值得怀疑了。

大概由于王伾的反复要求,王叔文被准许每隔三五天到翰林院参谋划意,但不能兼任翰林学士。王叔文明白自己处理朝政的权力来源出了问题了。宦官是不会把兵权交给王叔文等人的,所以当范希朝、韩泰去接管神策军行营的时候,那些神策军的军将秉承宦官的意思,根本不听他俩的,他俩也无可奈何。

就在这时候,王叔文跟韦执谊也发生矛盾了。为什么发生矛盾呢?因为他们两人在处理政事上产生了分歧,王叔文有点睚眦必报,而韦执谊则比较和缓。

举个例子,宣歙节度使的属官羊士谔到长安办事,公开批评王叔文。王叔文听后大怒,就要下令斩之,韦执谊说不行;王叔文提出杖杀之,这是比斩首低一等的刑罚,韦执谊又说不可以,建议把他贬到地方上去当县尉。就这件事情本身来说,王叔文肯定是不对的,批评政事就要杀头,有点过分,贬到地方去也就可以了。羊士谔的官不是太大,一个节度巡官,也不至于批评政事就被杀头。韦执谊希望处理得和缓一点,也是无可厚非。王叔文对此非常生气,讨厌韦执谊,两个人就此产生矛盾。

史书上记载,王叔文还得罪了地方节度使。剑南节度使韦皋派部将到朝廷求王叔文,请求将剑南三川都归他统领,其实就是增加他的地盘,并说:如果这件事做成了,那当有以相助;如果不成功的话,那我们也会"回报"的。这其实就是赤裸裸的威胁。王叔文没有答应,甚至要把韦皋派来的部将给斩了。韦执谊出面阻止,没有斩成。应该说王叔文坚持原则,做得对,但要斩韦皋的部将处理得就不妥当了。这件事，王叔文不但得罪了地方节度使韦皋，而且跟韦执谊之间的矛盾也越来越深了。

韦执谊虽然是被王叔文推荐到宰相位子上的，但他慑于舆论，也不想完全与王叔文亦步亦趋。当时的舆论都说王叔文是小人得志，韦执谊故意要跟王叔文保持距离。韦执谊派人跟王叔文解释说：不是我辜负你，故意跟你过不去，而是想用更好的办法来成就你的事情。王叔文不相信他的话，两人竟然变成了仇人。这也是导致改革难以推进的重要原因之一。

反对派的实力那么强大，包括先朝留下的宰相、翰林学士、权宦以及整个官僚系统，改革派的根基很浅，加之内部不和，这肯定是会出问题的。在这种情况下，韦皋就上表说：陛下身体不好，应该把权力交给东宫。其他一些人，如荆南节度使、河东节度使也都附和韦皋的建议。王叔文他们一时计无所出，情况不容乐观：一方面，地方节度使要求皇上让太子监国；另一方面，他接管兵权的安排根本得不到落实，宦官明确告诉那些京西、京北神策行营的军将，不要把兵权交出去。这样看来，王叔文他们只能坐以待毙了。

屋漏偏逢连阴雨。王叔文的母亲病重，按照古代的伦理，他要请假回去侍奉。请假之前，王叔文设了一桌酒宴，把各位学士、宦官，包括李忠言、俱文珍、刘光琦等人都请到翰林院来吃顿饭。王叔文说：叔文母病，我身任国事不能亲奉医药，现在想请假回去侍奉母亲。我最近竭尽心力不避危难，都是因为朝廷对我有恩，但我一旦离开以后，各种

▲ 改革派的根基很浅，加之内部不和，这肯定是会出问题的。

诽谤肯定会纷至沓来,希望大家能够为我说几句话。他的话立即遭到俱文珍等人的当面驳斥,宴会不欢而散。第二天,王叔文的母亲就去世了。王叔文此时已经不是重要官员了,翰林学士被免,户部侍郎转入度支盐铁转运副使,虽然掌握着财权,但是要把这个财权运作到足以凝聚人心、收买人心的地步,也不是一天两天能做到的事儿。现在既然遭遇母丧,只能在家守制。王叔文既是没有官职的白衣,韦执谊就更不听他的了。王叔文很着急,希望能够再起复为官,要先斩执谊,再杀那些不服气的人。历史就是这么记载的。王叔文究竟是不是动辄就要杀骂、批评与他意见不合的人,不得而知。

改革派很是不顺:王叔文因母丧被解职,日夜盼着起复;王伾每天到宦官那儿去,找宰相杜佑,谋求王叔文夺情起复,然后当宰相,总领北军。但这根本不可能,北军就是禁军,宦官是不可能把兵权拱手相让的。北军拿不到,那就谋求担任威远军使、同平章事,威远军是一支小的军队,即使如此亦未能如愿。改革派不知道怎么办才好,作为翰林学士,王伾在翰林院里上了三次疏文,都没得到回应。他知道事情至此已经完了,就声称自己中风了,半夜回到家里不再出来了。这时候改革派才真正是大势已去了。

此后,朝廷下旨,说皇上厌倦了攻事,身体不好,命太子李纯监国。王伾、王叔文那个系统彻底瘫痪了,而俱文珍这边的系统运作得很顺畅。太子监国后,调整人事,罢免无能的宰相。八月,顺宗禅位为太上皇,太子即位,就是唐宪宗,改元永贞,"永贞革新"的"永贞"即由此而来。实际上王叔文他们实施改革那一年是805年,还是贞元二十一年,还是德宗的年号,因为德宗是在正月去世,到八月才把年号从贞元改为永贞。

宦官得势以后,王叔文、王伾遭贬逐,还有八个同党如韦执谊、韩泰、陈谏、柳宗元、刘禹锡、韩晔、凌准、程异皆被贬到地方上当司马,"永贞革新"也叫"二王八司马改革"。司马有点像地方上的巡视员,是没实权的空职,被贬到地方往往就是担任这个职务。王伾被贬后不久即病死,王叔文遭贬第二年被赐死。王叔文集团掌权大概也就不到半年时间,尽管八月新皇帝才即位,实际上五月的时候他们内部就出了问题了。

"永贞革新"有一些积极的意义,比如他们想抑制宦官集团,改革德宗末年的弊政,重振朝纲,但他们的失败是必然的。王叔文这些人升迁得太快,跟前朝的整个官僚系统严重脱节,他们想另起炉灶,把内朝的宦官、翰林学士,外朝的宰相朝官系统,从内到外的系统完全换上自己的人,显然是很难运作起来的。再加上顺宗病体缠身,改革派的权力基础很薄弱。有些措施过于急躁,急于掌握兵权、财权,不能循序渐进,内部又腐败,还有韦执谊跟王叔文的内讧,缺少化解内部分歧、分化敌对声音的谋略。前朝有弊政,新即位的皇帝和他的领导班子想改革,这是很正常的事儿,但从"二王八司马"的能力和策略来看,即使他们没有被剥夺权力,即使太子没有监国、登基,他们能否成功也是值得怀疑的。

▲ 改革派的权力基础很薄弱,措施过于急躁,不能循序渐进,内部又腐败,缺少化解内部分歧、分化敌对声音的谋略。

"永贞革新",一方面肯定改革派做了一些有意义的事情,另一方面也要认识到,他们的改革即使真正推行了也不一定能成功。因为这时候的唐朝政权即使不是病入膏肓,也是沉疴难除了。

值得一提的是,王叔文集团里面有些重要成员的节操值得肯定,王伾、王叔文不久就去世了,很难细致地去观察,而柳宗元、刘禹锡这些人后来都是在中国历史上值得称赞的廉能之士。还有大家不太熟悉的程异,他也是二王八司马里面的核心人物。他当时被贬到郴州当司马。元和初年,他得到当时的财政最高长官盐铁使李巽的重视和提拔。程异善于理财,他在元和年间担任过地方上的财政官僚盐铁留后,成效非常突出。在宪宗平定淮西吴元济叛乱期间,他为朝廷调配粮饷,做得非常出色,保证了前线的军事行动钱粮充足,支持了中央平叛的行动。宪宗不计前嫌,任命他为盐铁转运使兼御史大夫,后来还担任了宰相的职务。后来裴度、崔群等揭他的旧伤疤,说他参加过王叔文集团,是"佞巧小人",反对他出任宰相。其实他只是挂名同平章事(宰相),实际上还是担任盐铁转运使,这是818年的事儿,次年他就去世了。程异这十几年间为国家管着钱财,死后,家无余财,可以说是相当清廉了。

像程异这样的人,是"二王八司马"队伍里的骨干,由此很难说"永贞革新"是一群小人当政,争权夺利、以权谋私,"二王八司马改革"的失败,其实也预示了唐朝改革的艰难。

四　甘露之变

穆宗以来,唐后期宦官掌握了拥立皇帝的大权,宪宗和敬宗还是被宦官所杀。能够废立、弑杀皇帝,说明宦官真正掌控了朝廷的最高权力。

皇帝需要宦官,但无论如何也不愿意看到宦官威胁自己的安全。敬宗无嗣,弟弟文宗即位。他对爷爷宪宗和长兄敬宗之死刻骨铭心。在他统治的十四年期间,有两次针对宦官的清除行动。

第一次行动是由大臣宋申锡(760—834)策划执行的。

当时神策军中尉王守澄特别专横跋扈,也难免招权纳贿,文宗想除掉他。按照唐代的制度,皇帝身边除了宦官、妃嫔,还有翰林学士跟皇帝接触比较多。翰林学士就是皇帝的秘书班子,在宫中参与决策,起草诏旨。宋申锡是翰林学士,也愿意接受皇帝下达的清除宦官的使命。

文宗认为宋申锡这个人沉稳忠诚,提拔他为同平章事,也就是宰相。可是宋申锡孤掌难鸣,故引荐吏部侍郎王璠为自己的帮手,任命王璠担任京兆尹,即首都地区最高长官。

王璠跟宋申锡的关系可能并不亲密,王璠这个人到底怎么样?对皇帝忠诚不忠诚?宋申锡其实并没完全搞清楚。

宋申锡把皇上要诛宦官的密谋告诉王璠，说咱俩一起合作。王璠居然把这个密谋泄露给当时勾结宦官的另一个官员郑注，郑注又泄露给大阉王守澄，要他们暗中做准备。

王璠为什么这么干？可能王璠觉得现在王守澄炙手可热，郑注又是宦官的红人，于是想利用宋申锡泄露的这个密旨作为自己的投名状、见面礼，希图受到郑注、王守澄的重视和重用。

郑注和王守澄得到消息后，就策划了一个阴谋。当时，文宗有个弟弟漳王李凑，很贤能，也有人望，郑注就让部下神策军将诬告宋申锡谋反，想拥立漳王李凑篡位。王守澄立马把这个事情煞有介事地报告给文宗，文宗居然相信宋申锡要拥立漳王推翻自己，大为震怒，遂派宦官召集宰相到中书省处理这个事情。

宋申锡完全蒙在鼓里，也应召而来，门官挡住他说，召集的宰相里面没有宋公。宋申锡知道自己出事了，他失去了文宗的信任，也许文宗就完全没有信任过他。

调查结果，虽然没有找到宋申锡私通漳王谋反的确凿证据，因为这事本来就是莫须有，但最后宋申锡还是被撤掉职务，贬到地方任闲职去了。这件事发生在大和五年（831）。

从这些事可以看出，文宗做事不稳健，宋申锡也没有获得文宗的绝对信任，如果要是信任宋申锡，怎么相信别人诬告他谋反、拥立漳王李凑呢？而宋申锡本人在策划重大问题上也过于草率，随便找了一个并不可靠的合作者王璠，最后王璠居然把文宗的密旨泄露给对手。这不仅仅是文宗所托非人，宋申锡也不是可以承担重任的那种人才，他在王璠问题上犯的错误，表明他根本不够格儿处理这么重大的机密事情，整个事情就是一场闹剧和儿戏。

事后，大臣牛僧孺为宋申锡辩护说：人臣的最高位子不过是宰相，宋申锡已经当了宰相了，即使拥立漳王李凑，他又能得到什么呢？他的位子能比宰相更进一步吗？所以宋申锡不至于做出这样的事。文宗大概也明白了这一点，可能就是怪罪宋申锡处事不密，所以宋申锡最终没有被处死，而是被流放到开州当司马，几年以后无声无息地死在那儿。

这件事以后，文宗心中大概也很憋屈，他想清除宦官，结果反而是自己的亲信大臣被宦官除掉，所以当时他还是不甘心，又物色了两个人，想再次清除宦官。这次行动跟"甘露"有关系，所以历史上把这次事变叫"甘露之变"。

所谓甘露，就是天上降的甘霖。道家养生重视甘露，儒家更是视之为上天褒奖的表示，故名之为祥瑞——吉祥的兆头。

"甘露之变"发生在大和九年(835)的秋天。早在大和八年，文宗就发现有两个人也许可以一起密谋对付宦官，一个就是上次与宦官王守澄合作陷害宋申锡的郑注，一个叫李训(原名叫李仲言)，这两个人都是宦官王守澄推荐的。郑注善医术，李训能讲《周易》，故得以到文宗身边侍奉。文宗与他们接触以后，发现两个人机敏过人，而且也都表现出忠诚无二的样子。文宗认为，此二人既然是宦官推荐过来的，利用他们打击宦官，应该不会引起宦官的怀疑。于是，文宗就注意笼络和提拔李、郑二人,让李训担任翰林学士,郑注也当了部级干部太仆卿。

一年以后,大和九年秋,文宗提拔李训为宰相,让郑注到长安附近的凤翔去当节度使,以便做中央的外援,开始采取打击宦官的行动。

在李训和郑注的操作下,他们先后把杀害宪宗的几个宦官,包括王守澄,都给处死了。从这些事我们也看出,唐文宗信赖的李训,其实跟当年的宋申锡有点类似,也是从翰林学士提拔到宰相的。奇怪的是文宗居然信任郑注,当年正是郑注在背后指使人诬告宋申锡谋反,意味着唐文宗只想达到自己的目标,不考虑所任用的这些人是不是真的有办事才能。所以文宗真是病急乱投医,缺乏通盘考虑,他再次失败,再次受辱是笃定的了。

文宗试图让李训、郑注利用宦官之间的矛盾来达到自己的目的。当时有个很重要的宦官叫仇士良,仇士良在文宗继位当中是有功的,他是认同、拥立文宗的。王守澄是个老资格的宦官,对后辈的仇士良有所压制。李训、郑注看出了王、仇二人的矛盾,建议文宗提拔仇士良为左神策军中尉,分去王守澄的权力。另外,任命王守澄为左右神策军观军容使,名义上这是神策军中的最高职位,但没有实权,而且让王守澄担任十二禁军的统帅,这样看起来,王守澄表面上是被提拔了,地位很高,实际上实权被夺走了。

当时李训、郑注给文宗描画了一幅美妙的太平图象,说先除掉宦官,然后收复吐蕃,占领河湟地区,扫平河北藩镇,一副雄才大略、胜券在握的样子,文宗也被他们描绘的图景

467

所吸引,觉得真的是太平盛世指日可待。

中唐后期的这些皇帝真的想有所作为,可是他们没有这种才能,体现在他们拔擢的这些亲信大臣的能力和水平上,如顺宗身边的王叔文等人,文宗提拔的宋申锡、李训、郑注等人。表面上看,这些人是有一些抱负和主张,但是能不能当操盘手,真的革除当时的弊病,使国家走向大治,其实都是要打个问号的。当年的王叔文没有成功,也许与皇帝病重,没有强力的支援有关系;现在宋申锡、李训没有成功,跟皇帝和操盘者本身的能力都有关系。

文宗任用的宋申锡、李训、郑注这些人,都是当年朝廷中边缘化的人物,跟当时牛李党争中的那些人物,如李德裕、李宗闵、牛僧孺没有直接的关系。文宗厌恶朝廷中的朋党,牛李两党的人物都被他贬到地方上去了,起用李训和郑注这些稍微边缘化的士人掌权。最后,放逐了牛李两党的人物,也把当初杀害宪宗、敬宗的那些宦官除掉了,现在应该集中精力去清除主要的宦官。

但李训、郑注两人此时发生了矛盾,矛盾的根源在于两人争功。王守澄被明升暗降以后,文宗赐其毒酒,把他秘密地鸩杀了,然后还将王守澄追赠为扬州大都督,好像他是寿终正寝的一样。但是世上没有不透风的墙,外面的人都觉得郑注、李训当年都是通过王守澄的门路上去的,最后还把他杀了,当然王守澄是罪有应得,可是李训、郑注太阴险狡猾了。

郑注跟李训商量,借着给王守澄办葬礼的机会,他以凤翔节度使的身份,选几百个壮士拿着白棍,怀揣着利斧,作为他的亲兵参加葬礼。当时主要的宦官都会参加王守澄的葬礼,在葬礼上郑注就趁机让亲兵拿出利斧,把这些宦官都给杀了。如果宦官没有提防的话,也许郑注的计策还真能成功。

可是李训跟他的私党谋划,这个事如果做成的话,那不就是郑注的功劳吗?于是,他们另有安排,要把这个功劳抢到自己这边来。李训与他的私党让自己任命的节度使郭行余、王璠在赴镇之前,以各自藩镇的名义先召募若干兵卒,用这些人先杀宦官,后除郑注。

这天,文宗在紫宸殿上朝,有人就报告,说在左金吾卫的办公厅后面的石榴树上,发现夜里降了甘露。宰相说甘露降临,是天降祥瑞,李训等人建议圣上去看看。文宗同意了,出了紫宸殿,来到更大更正式的含元殿坐朝,命宰相和两省的官员先去左金吾看看是否是真的甘露,这些官员看了以后,回来汇报说好像不是真的甘露。

在古代,天降甘露是一件大事,如果真的是甘露,就要诏告天下,臣民也要上表祝贺,如果匆忙宣布,最后发现是假的,就会闹出笑话,惹来非议。

为慎重起见,文宗就对左右神策军中尉仇士良、鱼志弘说:"你们带宦官去看看吧。"因为宦官是在皇帝身边侍奉的人,相对那些朝廷百官来说,是皇帝更亲近的人。文宗让这些宦官去看看,回来再报告,宦官就去了。

李训赶紧召集郭行余和王璠,说你们来接敕旨,准备杀掉宦官。王璠、郭行余等人虽然做了准备,其实都很害怕,有点战战兢兢的。

在左金吾卫的办公厅后面，也就是传说甘露降临的地方，其实有刀斧手埋伏在那儿。仇士良这些宦官到了那里以后，率领那些伏兵的将领韩约神色很紧张，而且直冒汗。仇士良看到后觉得很奇怪："韩将军，你怎么这么紧张呢？"这时候，凑巧一阵风吹来，把院中的帐幕吹得卷起来，仇士良发现很多士兵藏在那里，又听到兵器碰撞的声音。仇士良等人大惊，赶紧往外跑，守门的人想关门，被仇士良大声呵斥，门没有关上。

仇士良等人趁机跑回了含元殿，让文宗坐在软轿里准备抬回宫。李训还想阻止，拉着文宗的轿子说："皇上不能回宫，我还有事没讲完。"一名宦官把李训打倒在地，抬着文宗的轿子就进了宫中。宦官挟持着文宗，等于有了合法性的权力，可以以皇帝的名义讨伐乱党，所以文宗被宦官抬进宫后，宦官都高呼万岁。

李训见文宗进宫，知道大势已去，换上一个随从六七品官吏的绿色官服，一路奔逃，还大声说："我有什么罪呀，就把我贬到地方上去？"人们也不怀疑，认为他真是被贬了，结果李训顺利地逃出了长安。

其他一些宰相如王涯、舒元舆在中书，不明所以，还说皇上应该开延英殿商量朝政，不知道已经发生了重大事变。

文宗被宦官抬进宫后，仇士良等宦官也知道文宗参与了李训等人杀宦官的密谋，所以特别怨恨，对文宗出言不逊，文宗也是一脸羞惭，无言以对。仇士良等人声称，朝廷中宰相谋反，派神策军出宫讨伐贼党，见人就杀，把宰相王涯等人也都给抓了。最后，仇士良说王涯等人谋反，还是跟当年宋申锡一样的理由，要求文宗处罚，经文宗批准，把宰相王涯、舒元舆都杀了。事件的主谋李训、郑注当然也没逃掉，都被杀了。

从这件事情可以看出来，在清除宦官方面，李训、郑注比宋申锡有一点成绩，除掉了大宦官王守澄等人，可是要对付新进的大宦官仇士良的时候，这些人依然是谋划不周、能力不足。

李训的谋划漏洞百出，他任用的将军韩约，也是临战怯阵，不能承担重任。李训谋划杀宦官是一种阴谋手段，在宫廷斗争中，这种阴谋手段并不少见，但文宗要除掉宦官，竟然要臣下采用阴谋手段进行，而不用正大光明的手段，通过制度的办法来实现，这就有点让人匪夷所思了。

后来唐文宗召见学士周墀，问自己是什么样的皇帝，周墀当然要说好话了，盛赞文宗是尧舜一样的君主。文宗苦笑道："与周赧王、汉献帝相比如何？"周墀很惊骇，说何至于此。文宗落泪说："周赧王、汉献帝受制于强藩，我却受制于自己的家奴，还不如他们两位。"文宗后来实际上是被宦官软禁了，此后皇帝要除掉宦官，基本上没有可能了。

仇士良退休时，宦官们给他送行，仇士良就传授经验，告诉宦官们如何对付皇帝：不能让天子闲着，应该经常以奢靡的事来遮蔽他的眼睛和耳朵，让他看不见、听不见外面的事情。皇帝天天沉溺于宴乐、奢靡之中，没有工夫管别的事，我们才能得志。尤其不要让皇帝读书，不要让他接近读书人，否则他就会知道前朝兴亡，内心有忧惧，便要疏斥我辈了。

仇士良的这段经验之谈，足以解释为什么唐朝后期那么多皇帝，比如穆宗、文宗、武宗年纪不大就死了，一方面他们沉耽声色，另一个方面他们身体也不好，还想长寿，又吃仙丹，所以最后皆短命而亡，究其原因就是皇帝深受宦官的这种影响。

文宗钦定的接班人被宦官调包，武宗李炎即位，他统治的会昌年间，由于重用宰相李德裕，取得过一些亮眼的成绩。

五　会昌之政

会昌是唐武宗的年号(841—846)。会昌年间的首席执政大臣是李德裕。

李德裕，字文饶，赵郡赞皇(今河北石家庄市赞皇县)人，"幼有壮志，苦心力学，尤精《西汉书》《左氏春秋》"(《旧唐书·李德裕传》)。他的究心经史之学，不是吟诗作赋，而是喜欢读史。李德裕早年以门荫入仕，在幕府中崭露头角。经过幕府实际政务历练之后入朝为官，是唐代中后期许多政治家的通常路径。德宗末年，他方入朝为监察御史。

李德裕的主要活动是在"元和中兴"之后。从穆宗长庆(821—824)初年召为翰林学士，跻身长安政坛的中心舞台，历敬宗、文宗朝，出将入相，在浙西和西川节度使任上有政绩；至武宗会昌时独秉国钧，应对回鹘的乱亡，摧抑泽潞藩镇割据,充分施展了他的政治才华。李德裕在中唐政治舞台上活跃了二十余年。但是,宣宗即位之后七天就撤除了其宰相职位,将其一再贬黜,李德裕最后死在崖州(今海南)司户任上。

李德裕在中晚唐政坛上的大起大落,折射的是那个时代政治气候的波诡云谲;探讨李德裕的政治作为和身世沉浮,也是分析中晚唐历史走向的一条线索。

在中晚唐政治中,牛李党争被视作与藩镇割据、宦官擅权同样重大的历史事件。在牛李党争中,李德裕则是所谓李党的头号人物,讨论李德裕,离不开这个话题。

《资治通鉴》等传世文献在介绍牛李党争起因时,都提到以下两件事情:第一件事是唐宪宗元和初年的对策案;第二件事是唐穆宗长庆元年(821)的科举案。

元和三年(808)四月,策试贤良方正直言极谏举人。"策试"是唐朝选拔人才的一个科目,采取自我申报和选拔推荐相结合的方式。被推举的考生,有现任低级官员,也有科举及第还没有做官的所谓"前进士",特殊情况下,甚至还有白丁布衣。对策内容是就对当前的施政得失,提出建设性批评意见。如果被判入高等,就可以获得破格提拔。

这一年的考生中有伊阙尉牛僧孺、陆浑尉皇甫湜、前进士李宗闵,他们在指陈时政之失时,无所避忌。主考官户部侍郎杨於陵、吏部员外郎韦贯之,署之为上等。据说宪宗皇帝也很欣赏,下诏中书优予选拔。当朝宰相李吉甫却来找皇帝诉苦,流着眼泪诉说自己的委屈,而且举报说翰林学士裴垍、王涯"覆策"(覆核考卷)有舞弊行为,考生皇甫湜是王涯的外甥，王涯不事先提出回避；裴垍也无所异同。这就涉及有意作弊了。

于是，这引起了一系列人事变动，罢黜裴垍、王涯翰林学士之职，改裴垍为户部侍郎，王涯接连被贬黜，后为虢州司户，考官韦贯之再贬为巴州刺史，杨於陵也因为对舞弊负连带责任，外放为岭南节度使。考生牛僧孺等人被黜，只能到藩镇幕府去谋职。对于这件事，几个月前刚被提拔为翰林学士的白居易，曾提出反对意见，但没有被宪宗采纳。

此事过后十三年，即穆宗长庆元年（821）四月，又有一次科场舞弊案。这一年主持贡举的首席主考官是礼部侍郎钱徽，同为考官的还有右补阙杨汝士。放榜录取的进士及第名单中，除了郑覃的弟弟郑朗、裴度的儿子裴譔外，中书舍人李宗闵的女婿苏巢、主考官之一杨汝士的弟弟杨殷士，也赫然在目。西川节度使段文昌、翰林学士李绅给考官递送了纸条子，但没有被关照。于是，段文昌向穆宗控告说：今年礼部考试进士非常不公平，所录取的进士皆权势者的子弟，没有真本事，是靠走后门得到的。

穆宗震怒，问诸位翰林学士，是否有此事。李吉甫之子李德裕是翰林学士，他的同僚还有元稹和李绅。李德裕（恨李宗闵曾经攻击其父亲李吉甫）、元稹（与李宗闵在官场竞争产生了矛盾）、李绅（自己关照的人选没有录取）都回答说："诚如文昌言。"穆宗乃命中书舍人王起等覆试。结果下诏撤销了郑朗及苏巢等十名考生的录取资格，严格处分涉弊当事人钱徽、李宗闵、杨汝士，将他们贬黜到地方担任刺史、县令。《资治通鉴》卷二四一记载："自是德裕、宗闵各分朋党,更相倾轧,垂四十年。"

从唐穆宗长庆元年(821)后推四十年,是唐懿宗咸通元年(860)。其实,唐宣宗即位后,李德裕就已经失势。若从宣宗大中元年(847)往上推四十年,就是元和三年(808),而当时牛李都未能成党争之势。这样看来,说牛李党争四十年,未免夸大了。

牛李两党恩怨,《旧唐书》《新唐书》本传都提到穆宗时李逢吉排挤李德裕,引牛僧孺入相之事。这可以算是互相倾轧的党争的开始,党争的胶着状在文宗时期,多数情况下以牛党占优,武宗时期则李党垄断,宣宗初年则以李党彻底崩溃而结束。

史家之所以夸大牛李党争,原因有二:一是唐朝末年,僖宗、昭宗时期,朝廷党争以及南衙北司的冲突(如崔胤与宦官之间)确实严重;二是唐朝的党争几乎招致亡国的风险。文宗朝牛李之间是有矛盾,但是远远没有严峻到"去河北贼易,去朋党难"的程度。

党争的胜负,以谁在中央任相为标准。文宗时,李德裕从大和七年(833)二月到八年八月执掌朝政。其余时间主要是在浙西和西川任节度使。在这两个岗位上,李德裕恰恰显示了其政治才华。

《新唐书·李德裕传》对李德裕的评论,首先是赞扬他的读书精神:"德裕性孤峭,明辩有风采,善为文章。虽至大位,犹不去书。其谋议援古为质,衮衮可喜。"其次是赞扬他的志趣:"常以经纶天下自为。"最后是赞扬他的功业:"武宗知而能任之,言从计行,是时王室几中兴。"

"王室几中兴"，这在当时是非同寻常的评价！如果只是在一些具体事情上修修补补、有所作为，是不能提高到"王室几中兴"的高度来认识的。

"安史之乱"对唐朝政治稳定和社会繁荣的打击十分沉重。肃宗致力于稳住阵脚，平定叛乱；代宗收拾残局，逐渐恢复元气；德宗企图一飞冲天，结果沉重地摔落在地；宪宗平藩，号称"元和中兴"，却被穆宗糟蹋掉，几乎前功尽弃！而李德裕就是在这个时候走上了政治舞台。

中晚唐皇帝荒政是常见之事，李德裕几乎对于每一个皇帝都提出过犀利的进谏，无论是在朝还是在藩，总是对看不惯的国事，直陈利弊得失。

穆宗时期，对驸马之类皇亲国戚管束不严。他们通过宦官与权臣宰辅拜谒往来，违背朝廷政治规矩，要么是泄露禁中机密，要么是请托走后门。李德裕上奏指出：皇亲国戚交通中外，甚是大弊。伏乞宣示宰臣，其驸马诸亲，今后有公事，请到中书办公厅见宰相，不得私下往来。意见被皇帝采纳。

敬宗初即位，诏浙西造金银器妆具凡二十件进宫内廷。李德裕写了一篇很长的奏章，细细算了本财政收支账。不久，又诏进特种优质缭绫（就是整幅带各种图案的盘条纹上等丝绸）一千匹，李德裕又上章论列。这封奏章送上之后，"优诏报之。其缭绫罢进"。

敬宗游幸无度，饮酒纵猎，身边都是一些不三不四的小人。十天半个月才上朝一次，大臣们根本没有机会见到皇帝进言议政，朝野上下对此毫无办法。李德裕身居藩镇，也心急如焚,特地遣使献《丹扆箴》六首,好言讽谏。敬宗置若罔闻,最终死于非命。

文宗时李德裕也刚正敢言,即使在武宗朝获得重用,也绝不媚上固宠。对于武宗要处死杨於陵(牛党骨干)等前朝宰相,李德裕冒死阻止。对于唐武宗数出畋游,暮夜乃还,李德裕上言劝谏:"人君动法于日,故出而视朝,入而燕息。"(《新唐书·李德裕传》)希望武宗节制田猎,尊承天意。武宗信道,宠任方士赵归真。李德裕谏言:此人曾在敬宗时以诡妄出入禁中,大臣皆不愿陛下与之来往。武帝辩称,我与赵归真是老相识了,知道他没有大过失,"与语养生术尔"。武宗不听,最后吞食道士炼成的仙丹而亡。

这种君无道则谏之的风骨,在中晚唐时代是极其可贵的,符合孟子、荀子等倡导的儒家政治操守,在这一点上,他超过了唐代历史上许多政治家。关键是,李德裕更能在行事上,苟利国家生死以,不因祸福避趋之。无论是在浙的"恶俗大变",还是"蜀风大变",都说明李德裕在地方治理上有淳风化俗之功。他的政治措施,有两点特别值得提出,一是务实但不苟且,二是深远但不空疏。

▲ 李德裕的政治措施,务实但不苟且,深远但不空疏。

先说务实。对于吐蕃悉怛谋以维州归降,他十分务实,维州控扼山西八国(岷山山脉八个羌族部落),形势险要,关系剑南西川边防安全。但是,对于通过黠戛斯规划夺取安西、北庭的计划,他却保持了清醒的头脑。

再说深远。李德裕在会昌平叛战争中采取了许多重要的改革措施,包括改革出界粮制度和监军监使在前线干扰战场指挥问题等,他都做了重大改变。

首先是"出界粮"问题。按照规矩,征调藩镇出兵讨叛,只要出了自己的辖境,朝廷即要供给钱粮。于是诸道出兵后,只要攻下叛镇一县一屯,就不卖力出战,坐享朝廷供给开支,战争拖的时间越长越有利。李德裕奏请皇帝下敕,各藩镇直接攻取州城,不要攻打县城。

此外,过去将帅出征屡败,其弊一是军令不统一;二是监军拥兵自重,妨碍战时指挥,特别是战争小有失利,监军领亲兵率先逃遁,严重扰乱军心。李德裕乃约定,敕令监军不得干预军政,每兵千人任前线监使选十人自卫,有功随例沾赏。这个约定得到宦官枢密使的认可和皇帝的同意。因此,从抵御回鹘至平定泽潞,都遵守了此一规定,改变了在战场上政出多门的情况。"号令既简,将帅得以施其谋略,故所向有功。"这些制度成果被坚持了下来。

李德裕是中晚唐衰颓风气中的一股清流!他解决中央和地方问题中的一些深远措施和成绩,可惜没有在宣宗继任之后继承下来。史家"王室几中兴"的评论,既是对于李德裕的肯定,也是对于号称"小太宗"的宣宗的批评!

六 末日挽歌

唐代中后期改革,做出了各种努力,却都没有真正成功过。

德宗的改革,建立起禁军神策军,为宪宗"元和中兴"和削藩取得成功，提供了物质和军事的基础，但是元和削藩却是昙花一现，皇帝倒被宦官所杀。顺宗永贞革新半途而废。穆宗长庆销兵改革，当局者处事乖方，改革失败。敬宗以后，从文宗到武宗，从李德裕执政的会昌政绩（会昌是武宗的年号）到号为"小太宗"的宣宗"大中之治"（大中是宣宗的年号），不是没有作为，也不是不想作为，更不是不想改革弊政，可是我们发现所有改革弊政的努力，都因种种原因而陷于失败，或者是没有根本性的成功。

唐王朝并不是不想改革，可是一次一次地失败，其原因是多方面的，改革班子不坚强，改革一把手地位不巩固，改革的策略失当，改革的用人失当，改革不能持续进行，等等。

▲ 唐王朝并不是不想改革，可是一次一次地失败。

宣宗好像在具体事上很精明，可是在政策措施上，比如社会贫富悬殊、土地兼并严重等问题，基本没有什么举措，之后陆续出现了几个败家子皇帝，几乎没有什么政治贡献可言，直到唐朝灭亡。

懿宗即位以后，唐朝还有四十多年，这四十多年的时间里，除了最后三年朱温手握大权以外，前面几十年，唐朝是一天不如一天。

2007 年，《自然》杂志发表过一篇德国研究小组的论文，其中谈到唐朝灭亡的原因，说与当时冬季季风增强，夏季季风减弱，造成长期持续的干旱少雨，导致饥荒和社会动荡有关。有中国学者在同年的《自然》杂志上发表文章，认为根据中国的气象记录，唐朝灭亡的时候是多雨期，而不是干旱期。所以我认为把唐朝灭亡归于气候原因是不对的。

唐朝灭亡的根本原因，有制度因素和人事因素。

▲ 唐朝灭亡的根本原因，有制度因素和人事因素。

唐朝最后四十五年,在败家子、小顽童、窝囊废的领导下,国家怎么能好?晚唐政府缺乏强制能力,无法做到对内保卫政权、对外守卫领土,只能靠藩镇来维护边疆的安定。最高领导人不能完全掌握内政之权,反而被宦官把控;缺乏监管能力,致使各种情况对社会造成危害;缺乏统合能力,无法对机构和官员行为进行约束,官员贪腐成风,皇帝奢侈成性,上自皇家下到官员都已经烂透了;缺乏汲取能力,最后唐朝的财政全靠东南各州,不能够获取藩镇财政;缺乏吸纳能力,无法吸取社会不同的意见和利益诉求。

当时贫富分化很严重,老百姓的生活很困苦,唐朝政府没有能力对社会不同意见进行吸取。

当时翰林学士刘允章说国有"九破":

> 终年聚兵,一破也;蛮夷炽兴,二破也;权豪奢僭,三破也;大将不朝,四破也;广造佛寺,五破也;赂贿公行,六破也;长吏残暴,七破也;赋役不等,八破也;食禄人多,输税人少,九破也。

"九破"的文字不难理解,说明当时社会问题很严重,而国家基本没有能力处理这些问题。

同时,刘允章还提出民有"八苦":

> 官吏苛刻,一苦也;私债征夺(借债给别人,使他们没法生活),二苦也;赋税繁多,三苦也;所由乞敛,四苦也;替逃人差科(替逃亡的人出差科),五苦也;冤不得

理、屈不得伸,六苦也;冻无衣,饥无食,七苦也;病不得医,死不得葬,八苦也。

因为这"八苦",百姓都逃亡了,政府掌握的百姓越来越少了,也就是所谓"五去":

> 势力侵夺,一去也;奸吏隐欺,二去也;破丁作兵,三去也;降人为客,四去也;避役出家,五去也。

豪强抢夺人口,奸吏隐瞒人口,再加上百姓或当兵、或做佃客、或出家,国家控制的人口越来越少了。

刘允章对此感叹:人有五去而无一归,有八苦而无一乐,国有九破而无一成,加上官吏贪赃枉法,天下百姓都是哀号道路,逃窜于山泽,夫妻不相活,父子不相救,百姓有冤无处申,有苦无处说,他们出路何在呀!

在这种情况下,懿宗、僖宗的三十年统治,皇帝昏庸不务正业,宰相腐败无能,宦官专政,地方贪腐残酷,民不聊生。

懿宗这个"败家子"终日宴饮,酒不离口,郊游动辄扈从人员十几万,出手大方,赏赐无节,奢靡无极。爱妃所生同昌公主出嫁,他倾宫中所有做嫁妆;第二年公主死了,他迁怒医官医治不力,杀死很多人,罢免了宰相,并为公主举行豪华葬礼。

懿宗迎佛骨,信佛信奉到了疯狂的程度。咸通十四年(873),法门寺迎佛骨。其后不久懿宗就驾崩了,十二岁的儿子僖宗即位。

僖宗生性愚顽，喜欢斗鸡走狗，斗鹅走马，一鹅赌五千缗钱，以致社会矛盾更加激化了。朝廷发文都是徒为空文，没有任何实际用处。他最宠的宦官是田令孜，称其为"阿父"。田令孜有谋略，招权纳贿，独揽朝政，来见僖宗时就带两盘果子，边喝边跟皇上聊。

正是僖宗在位时，发生了王仙芝、黄巢起义。起义军从北打到南，又从广州北上打到长安，僖宗皇帝被赶到四川去了，所以唐末诗人罗隐在《帝幸蜀》中讲：

> 马嵬烟柳正依依，又见銮舆幸蜀归。
> 泉下阿蛮应有语，这回休更怨杨妃。

唐末另一位进士韦庄也有《立春日作》云：

> 九重天子去蒙尘，御柳无情依旧春。
> 今日不关妃妾事，始知辜负马嵬人。

为杨贵妃以死背负安史之乱的黑锅抱不平。天子蒙尘跟女人有什么关系？僖宗幸蜀就与女人无关。黄巢在长安建国号大齐，年号金统，僖宗在四川躲了整整四年。

黄巢入长安时大肆宣扬说起兵是为了百姓，表示自己和李唐王朝不同，让百姓不要害怕。所谓"天街踏尽公卿骨"，黄巢起义导致唐朝秩序大乱。随后，唐朝周边藩镇组织剿灭部队，黄巢部下朱温又投降了唐朝。883 年，黄巢撤出长安,最后在东逃过程中,被李克用和朱温联合击溃,在山东莱芜境内自刎而死。

从此唐朝就瘫痪了,江淮的转运路也绝了,国命所制,只有数十个州,郡将自擅,常赋殆绝,牧侯废置不自朝廷,王业于是荡然,唐朝已名存实亡。

(参见《资治通鉴》卷二一七至卷二六五)

第二十三讲　五代流光

907 年，黄巢麾下大将朱温借势唐末起义实现改朝换代，建立后梁，历史进入五代时期。统治格局小，没有合格接班人，是整个五代王朝更替的共同问题。后周世宗柴荣，颇具雄才大略，可惜寿命不永，子嗣幼弱，殿前都点检赵匡胤成为最高军事长官。

赵匡胤整顿军队，削弱地方节度使势力，为化解五代藩镇坐大、问鼎中原提供了基本条件。这样一个有文韬武略的青年军官出来收拾五代的残局，也真算是天降大任于斯人的历史选择。

一　朱温后梁

　　五代后梁的开国皇帝朱温,亲手埋葬了有二百九十年历史的唐王朝。作为一个造反派,他与刘邦、朱元璋出身一样,但是刘家汉朝、朱姓明朝,都是可以与大唐相颉颃的几百年的江山,而他缔造的梁朝太短命了,只有短短十六年。尽管如此,后梁仍旧是五代朝廷中享祚最长的一个。

　　朱温是宋州砀山(今属安徽)人,幼年随寡母王氏在萧县(今属安徽)一个刘姓大户人家佣工,长大后也不好好做营生,时常做一些偷鸡摸狗、打家劫舍的勾当。

　　朱温被史家重点记载的故事有两条:一条是朱温随母亲在人家里做佣工,颇有异象,这是最老套的帝王故事;另外一条讲的是朱温的人生梦想,当他读到《后汉纪》中记载刘秀年轻时的梦想"仕宦当做执金吾,娶妻当娶阴丽华"时,掩卷叹息:"吾志亦当如此。"

　　朱温心中就有一个"阴丽华",这就是前宋州刺史的千金张氏。黄巢起义,天下扰乱,张氏母女逃离家乡,朱温参加了黄巢的部队,担任同州防御使,张氏被部下掠来,朱温见到了昔日的梦中女神,慌忙下堂迎接,正式娶为夫人。

　　朱温打仗勇猛,战绩卓著,在黄巢队伍中,从士兵、队长做到将军、同州防御使(相当于唐朝的节度使)。朱温又善于权变,当发现黄巢逐渐显出颓势之时,及时接受了唐朝的招降。从乾符四年(877)参加黄巢造反,到中和二年(882)九月投降唐朝,次年任宣武节度使,年仅三十一岁,唐僖宗赐名"全忠"。在后来的六年中,朱温在平定黄巢大齐政权,削平陈州割据军阀战争中屡立战功,在888年唐昭宗即位之时,年仅三十六岁的他已经是中原地区最有势力的新军阀了。

二十五岁出来混江湖,跟黄巢造反五年,降唐后平叛六年,朱温完成了人生巨大的转变,真可谓乱世的"英雄"。

888年,唐僖宗驾崩,宦官杨复恭做主,拥立僖宗之弟即位,是为昭宗。昭宗即位之初,颇思振作,但是很快被现实碰得头破血流,变得十分暴躁,动辄杀害身边的侍从,引起宦官不满。这时候的朱温,丝毫无暇顾及朝廷政事,只是忙着在山东抢夺地盘。

光化三年(900)十一月,中尉刘季述、王仲先等废除昭宗,立太子李裕为帝。事变发生后,宦官主动与朱温联络,向他传达了两重信息:第一,只要朱温支持他们,将来会帮助朱温获得唐家社稷;第二,太上皇(昭宗)出于自愿退位,有太上皇诰可以证明,可以洗刷自己的罪恶。朱温不为宦官的空头承诺所诱惑,处事十分谨慎,毕竟在政治的江湖上混了二十多年,大约也接受了当年处理李克用关系的教训。他从前线返回,专门召集僚佐开会,商讨对策。有人说,朝廷的事情,我们地方藩镇够不着,建议不要管。

唯独天平节度副使李振慷慨陈词,力主讨伐刘季述等宦官。他说,今天国家有难,这是称王称霸的凭借与资本,主公对于现在的唐王朝而言,那就像齐桓公、晋文公对周王室那样重要,国家安危系于王公一身。他刘季述算什么东西,竟然敢废黜囚禁天子,你今天要是不讨伐叛逆,拿什么去命令诸藩镇呢!而且新皇帝年幼,如果宦官掌握大权,那就是将国家大权拱手与人了。

朱温大悟,豁然明白。当即扣押刘季述派来的使者,同时派遣李振去京师打探情况。李振归来后,又派遣帐下亲信蒋玄晖去京师找宰相崔胤谋划。此外,还召回宣武镇驻京办主任(进奏官)程岩到大梁,程岩某种程度上介入了刘季述废除皇帝的行动。

刘季述与王仲先两中尉发动的这次拥立政变,并没有得到地方军阀的支持与认可。史料记载说,太子即位好多天了,地方藩镇也没有表章来庆贺。原因在于,宦官的势力已经不如当年那样强大,神策军的力量也走向衰落了。更为重要的一个方面是皇帝的权力也渐渐衰落,导致依附在皇权之下的藩镇权力急剧衰落,现在宦官竟然想削弱本来就已经很孱弱的皇权来实现自己权力的欲望,这自然是南辕北辙了。

天复元年(901)正月初一,宰相崔胤策动神策军中下层军官诛杀刘季述、王仲先等,与朱温里应外合,拥立昭宗复辟。

事实证明李振的分析是正确的,宦官废立皇帝既不能成正果,也不符合朱温的政治利益。而朱温在整个事变中,反复权衡各方势力的举措,也说明他绝非鲁莽之辈。朱温的政治精明在利用崔胤的问题中,表现得更加淋漓尽致。

崔胤出身于清河崔氏，父、祖均担任过朝廷要职，昭宗景福二年(893)，崔胤拜相。昭宗初即位，颇思重振朝纲，先是罢免权宦杨复恭的职权，进而委托宰相杜让能筹划铲除凤翔节度使李茂贞(856—924)。这种鲁莽的做法，很快招致李茂贞的反制。崔胤就是在朝廷与京西节度使交恶的背景下，出任宰职的。其时宰相内斗，分为两派，杜让能、韦绍度是一派，崔昭纬、崔胤是另一派。崔胤就是崔昭纬一手提携上来的。

崔胤及其同僚们面对的，不仅是京畿附近的跋扈藩镇，还有与外藩勾结的宦官势力。唐朝中晚期的宰相与宦官势力之间的矛盾斗争，被称为南衙北司之争，这更加剧了唐末政治的混乱。如今站在宦官背后的不是别人，正是京西北地区的节度使。崔胤认为，能够与宦官及其背后势力凤翔节度使李茂贞抗衡的藩镇势力，只有宣武节度使朱全忠，即朱温。

在李茂贞军事进攻下，昭宗很快认怂，不仅贬黜杜让能、韦绍度，另一位宰相崔昭纬也被罢免。

乾宁三年(896)六月，又因为河中节度使继任人选的纷争，昭宗与华州刺史韩建(855—912)等发生冲突，被韩建劫持到华州，崔胤也因此而被罢免相职。崔胤暗中派人向朱温求助。朱温恰好也要在朝廷寻找自己的代理人，立马利用这个机会，给朝廷上书，要求留用崔胤为相。昭宗被迫召回已经外放广州、行至湖南地界的崔胤回京，再度担任相职。

现在崔胤终于抱上了朱温的大腿，而朱温则利用崔胤干预朝政,只是他目前主要精力仍然是山东地区的军事斗争,朝廷的旗号暂时就让崔胤替自己扛着。

昭宗在华州被劫持前后长达两年之久,光化元年(898)八月方才回京。崔胤则拉大旗作虎皮,在朝廷里排除异己,宰相徐彦若、王抟均遭贬黜。弹劾王抟的时候,还是利用了朱温的威权,让朱温出面上奏章,说王抟与宦官勾结,将危害社稷,力劝昭宗诛杀宦官宋道弼、景务修等。

901年,昭宗复辟之后,崔胤的地位更加显赫。"进位司空,复知政事,兼领度支、盐铁、三司等使。"(《旧唐书·崔胤传》)既有盛名(司空),又有实权(三司使)。崔胤与昭宗密谋,尽除宦官,引起宦官们的恐惧。但是,昭宗内心并不认可崔胤的忠诚,仍然有所戒惧。这时候朱温已经从东方腾出手来,兵马向西,攻陷河中、晋绛,进兵至同华。神策中尉韩全诲等正是利用了昭宗的忌惮心理,说崔胤与朱温关系密切,担心勾引汴军进逼京师,免除了崔胤相职,罢去所兼三司使,并挟持昭宗出奔凤翔李茂贞。

朝廷对于汴师西进的应对十分令人费解。难道解除了崔胤的职位,就可以阻止汴师不成?

崔胤的不满直接表现为联络朱温到岐山迎驾(夺回天子),他本人不仅没有陪驾西行,反而将朱温的军队引入长安,怂恿朱温上书皇帝,即将奔赴行在,迎驾回宫。昭宗对崔胤的行为非常愤怒,下诏严厉斥责他没有报效国家的忠心,却有危害国家的计谋,数次拜相,一无是处,导致皇帝出奔,这都是崔胤的罪责。还批评崔胤引汴师入京的动机不良,意欲图谋不轨,而且他自己居住在华州,是为朱温谋划称霸策略。

902年,朱温自岐下还军河中,崔胤迎谒于渭桥,哭诉自己的委屈,捧卮敬酒,持板为朱温唱歌,还自撰歌辞,赞美朱温功高盖世。

从当年四月到次年正月,这样僵持了九个月时间,李茂贞毕竟势力稍弱,杀了韩全诲等宦官,与朱温讲和,决定对昭宗放手。昭宗急诏征崔胤赴行在议论后策,凡四次降诏,三次赐朱书御札,崔胤都称病不赴。

昭宗离开凤翔,是在天复三年(903)正月二十二日。昭宗来到朱温的军营,朱温素服(脱去公服)待罪。皇上命客省使宣旨免罪,撤去正衙三卫的兵仗,仅留下传报平安的人,让他们穿着公服入见。朱温拜见皇上,顿首流涕。昭宗命韩偓扶起,也流下了眼泪。皇帝对朱温说:国家宗庙社稷,全靠你才重得安宁;我与诸大臣,全靠你才得以活命。亲解玉带以赐之。稍事休息,即启程还京。朱温单骑前导十许里,昭宗辞之,朱温乃令侄子大将朱友伦将兵扈从,自留部分后队,焚撤诸寨。胡三省批注说,朱温这是"缪为恭敬",意思是所有的恭顺都是在作秀!这天晚上,车驾宿岐山。三天后到了兴平(今属陕西咸阳市),崔胤始帅百官迎谒,复以胤为司空、门下侍郎、同平章事,领三司如故。二十七日,入长安。崔胤利用朱温获得权势,朱温利用崔胤成功地控制了朝廷。

这一次崔胤一不做二不休,干脆与朱温联合奏请罢去左右神策、内诸司等使及诸道监军、副监、小使。宦官三百余人,同日斩之于内侍省。此外,所在诸道监军,也随处斩首以闻。

现在朱温成了最有权势的人，各方势力都要求助于他。崔胤要搞掉同事韩偓，请朱温出面，昭宗不得已贬黜了韩偓。昭宗请朱温给李茂贞写信，想要平原公主(何皇后之女)回来，几天前她被李茂贞胁迫嫁给他的儿子李继侃。李茂贞不敢违背朱温的意愿，遂将公主归还。现在朱温的党羽布满京城，侄子朱友伦率领步骑万人留守京师，充任最有权势的左军宿卫都指挥使。离别之日，君臣之间又上演了一出流泪惜别的戏剧。

崔胤自以为通过纵横捭阖，成了最有权势的首相。担心朱温的篡位会殃及自己，于是又阴谋建立一支独立的中央禁军。这种算计哪里逃得过朱温的眼睛。朱温将计就计，让自家军队应募入伍，又立即向皇帝奏请诛杀崔胤，罪名是崔胤身兼数职，专权乱国，离间君臣关系。昭宗哪敢说半个不字！崔胤就这样聪明反被聪明误，反算了卿卿性命。

《资治通鉴》说，朱温最"怕"两个人，一个人是发妻张氏，一个是幕僚长敬翔。可惜张氏在他篡位之前就已经去世，敬翔则成为他奠定江山的张良和萧何。

敬翔是陕西大荔人，是参与神龙政变、逼迫武则天退位的"五王"之一敬晖的后代。敬翔的父、祖、曾祖三代，都曾担任州刺史之类的职务。敬翔喜欢读书，尤其擅长于书写，才思敏捷。僖宗乾符年间，考进士不第，卷入到战乱之中，后来在朱温麾下就职。《资治通鉴》卷一六六记述唐昭宣帝禅让事，有一段关于敬翔的评论：

翔为人沉深，有智略，在幕府三十余年，军谋、民
　政，帝一以委之。翔尽心勤劳，昼夜不寐，自言惟马上
　乃得休息。帝性暴戾难近，人莫能测，惟翔能识其意
　趣。或有所不可，翔未尝显言，但微示持疑；帝意已悟，
　多为之改易。禅代之际，翔谋居多。

　　这段话有两层意思，第一是敬翔勤勉，第二是敬翔懂
朱温。

　　举一个例子，朱珍与李唐宾都是朱温手下的大将，勇冠
三军，朱温十分欣赏他们。但是，朱温对于手下大将，通常
质押其家属。朱珍却把家属接到军中，引起朱温的怀疑，担
忧朱珍有二心，就派李唐宾去牵制朱珍。

　　有一次因为部下之事发生争执，朱珍大怒，拔剑站起
来，李唐宾也站起来甩开衣服上前让他砍，朱珍一气之下当
真杀了李唐宾，并派人告诉朱温说李唐宾谋叛。使者凌晨
来到汴梁，敬翔担心朱温得知后做出不理性的决断，便把使
者藏起来，夜间从容地去见朱温，报告事情。因为朱温听到
消息虽然会发怒，却必须等到次日早晨处置，但经过一夜的
思量，朱温一定会理性起来。这种情况下，敬翔的意见也才
能被朱温接受。于是，敬翔策划，假装把李唐宾的家属都抓
捕起来，等于听信了朱珍说李唐宾谋叛的上奏。等到朱温
前往朱珍军前，朱珍距三十里迎接，朱温命武士把他拿下，
处以死刑。

　　这件事表明，敬翔非常了解朱温，他知道朱温乍看是一
个粗人，但是事后稍稍思量，其实很理性。

明白了这件事情,我们才会明白后面的那句话"帝性暴戾难近,人莫能测,惟翔能识其意趣。或有所不可,翔未尝显言,但微示持疑;帝意已悟,多为之改易"。

因此,敬翔从朱温身边的文书侍从职员逐步成为首席顾问,不仅是敬翔的造化,更是朱温用人识人才能的展现。

朱温称帝之后,敬翔主管崇政院的工作,工作内容是"以备顾问,参谋议,于禁中承上旨,宣于宰相而行之。宰相非进对时有所奏请及已受旨应复请者,皆具记事因崇政院以闻,得旨则复宣于宰相"。

朱温登基之后,国家治理也开始进入有序阶段。左金吾大将军寇彦卿(862—918)是朱温的老部下,父辈就在宣武军任牙将,本人也立有大功。有一次入朝,行至天津桥,有民不避道,被随从举起来投诸栅栏之外而死。寇彦卿向朱温自首。朱温以寇彦卿有才干、有功劳,久在左右听命,遂命以私财赔偿给死者家属以赎罪。御史司宪崔沂不同意,弹劾说:"彦卿杀人阙下,请依法处置。"

朱温命寇彦卿自己说该当何罪,寇彦卿回答说:是令随从者举置栏外,意外死亡。朱温拟以过失罪论处,崔沂上奏说:

在法,以势力使令为首,下手为从,不得归罪从者;不斗而故殴伤人,加伤罪一等,不得为过失。

意思是,权势者使手下人施暴,权势者是首犯,手下人属于从犯;并非斗殴中失手伤害他人,不属于过失罪。崔沂的分析获得朱温的认可,责授寇彦卿游击将军、左卫中郎将。寇彦卿扬言:"有得崔沂首者,赏钱万缗。"崔沂诉于朱温,朱温使人对寇彦卿说:"崔沂有毫发伤,我当族汝!"史称,其时功臣骄横,此事的严肃处理让社会法治环境有了改善。

张全义早年参加黄巢起义,后来归降,在朱温的后梁担任河南尹,他治下的洛阳农业逐步得到恢复和发展,五代社会与经济的重建从后梁朱温时代开始。

朱温最后不是死在疆场上,而是被自己的亲生儿子杀害的,类似的问题,在其他草莽英雄的家庭里多有,令人深思。

912 年,在当了五年皇帝之后,朱温(称帝后又改名朱晃)临终之前,对近臣说:"我经营天下三十年(从 882 年投降唐朝算起),没想到太原余孽(指李克用之子李存勖)竟然如此猖獗! 我看他的志向并不小,现在我即将死去,我死之后,你们几个儿子都不是他的敌手,我恐怕死后也没地儿埋葬了。"说着说着就情难自抑,哽咽不已。朱温不看好自己的儿子们,这话说得已经十分清楚了。

朱温有三个亲生儿子,还有养子。长子朱友裕(? —904)在他称帝之前就亡故;次子朱友珪(884—913),母为亳州营娼;三子朱友贞(888—923),是嫡妻张氏所生。另有一个养子朱友文(? —912),原名康勤。

朱温的不满,首先是对这两个亲生儿子的不满。从后来的事变看,朱友珪凶狠残暴,朱友贞缺乏政治头脑,两个人都不是王朝接班人的理想人选。

朱友文自幼聪颖,能诗善文。于是,朱温看上了养子朱友文,外出时,常令朱友文留守,并兼任建昌宫使。建昌宫是朱温特设的一个政府机构,掌管后梁核心四镇(宣武、宣义、天平、护国四镇)的征赋,实际上等于是让朱友文掌管国家财政。朱温征战之时,朱友文负责前线的粮草物资供给。次子郢王朱友珪为左右控鹤都指挥使,三子均王朱友贞为东都马步都指挥使,都是军事职务,只有朱友文是治理财赋的文职。"虽未以友文为太子,帝意常属之。"这种可能性是很大的。

五代十国养子之风盛行,以养子为皇嗣的不乏其人。旧史说朱温是因为与友文的媳妇王氏有染,且十分宠爱而要传位给养子友文,是完全不可信的。

乾化二年(912)六月初一,朱温命敬翔发出圣旨,命友珪为莱州刺史,即刻赴任。"已宣旨 未行敕"(内廷已经出旨,但是宰相府还没有下敕),友珪害怕中途被赐死,联手自己的老部下禁军统军韩勍,以牙兵五百人跟随自己伏于禁中,夜半斩关而入,砍断万春门的门闩,奔向朱温的寝殿。朱温从床上坐起,惊问是谁? 发现非是他人,而是次子朱友珪,大怒道:"我早怀疑此贼,愤恨没有杀之。你如此悖逆,杀父篡位,老天爷会放过你吗?"朱友珪的马夫冯廷谔提刀砍过去,朱温奋起下床,绕着大殿内的柱子躲避,冯廷谔挥刀三次,都劈到了大柱子上,朱温终因力乏,倒于床榻,被冯廷谔在腹部猛刺一刀,刀刃穿透后背而毙命。

朱温的被杀,给了梁政权以致命的打击,诛杀朱友珪的

▲ 五代十国养子之风盛行,以养子为皇嗣的不乏其人。

497

▲ 梁太祖确是能定乱和恤民的。可是梁太祖建立的后梁为什么不能长治久安呢?

梁末帝朱友贞虽然定乱而自律,但并不是沙陀政权李存勖的对手,十年后亡。著名史学家吕思勉说:"在唐五代之际,梁太祖确是能定乱和恤民的……惜乎天不假年,梁太祖篡位后仅六年而遇弑。"(《吕著中国通史》)他肯定了唐朝末年的唐政权是没有希望的政权,后梁的建立是一个进步。

可是梁太祖建立的后梁为什么不能长治久安呢? 这与家天下的痼疾有关。子嗣不行,接班人不能接班,就无法巩固政权,更谈不上从打天下到治天下的战略转型了。

二 克用遗志

后唐庄宗李存勖(885—926),是一个戏剧性的人物。他出身高贵,是沙陀贵族的后代,晋王李克用的嫡长子。就其才华而言,他可以提前终结那个时代的混乱,却因为成功后志得意满,措置失宜,葬送了自己的性命。

沙陀贵族李克用(856—908)本姓朱邪,唐末代北节度使李国昌之子,因为镇压黄巢时与梁太祖朱温结下了深仇大恨,两人斗了一辈子。908 年,在朱温登基的次年,李克用去世,临终前给李存勖三支箭,要儿子为他报仇。

第一支箭指向幽州(今北京市)刘仁恭。

刘仁恭本来是幽州军将,与节度使李匡筹发生冲突,逃亡河东,河东节度使李克用待之甚厚。刘仁恭成功地说服李克用攻打下幽州,并且于 895 年向朝廷上表,推荐自己为卢龙节度使(治幽州)。李克用以为刘仁恭从此被纳入自己的势力范围。不料接下来的日子里,李克用在对外用兵中多次征调卢龙节度使的兵力,刘仁恭都推三阻四,甚至引诱河东的将士逃亡幽州。李克用特别恼火,亲自率领大军讨伐刘仁恭,却反被刘仁恭击败,士卒死伤过半。刘仁恭还在朱李争斗中选边站,把捉获的河东将士交给朱温,从此摆脱了河东的控制。因此,不消灭幽州刘仁恭,李克用死不瞑目。

第二支箭指向契丹。

契丹部落首领阿保机曾经打败幽州刘仁恭,并活捉其养子、大将赵霸。河东李克用很想与契丹结盟。905年,乃邀请阿保机前来云州(今山西省大同市)会盟,结为兄弟,约定共同对付汴州朱温和幽州刘仁恭。双方各有馈赠,尽欢而散。但是,阿保机攻略幽州只是为了掳掠其财富和人民,并不是为河东解恨。相反,阿保机倒是与中原称霸的朱温打得火热。906年底,朱温派人渡海与阿保机修好,送去衣带珍宝。这也并不能完全看成是阿保机爽约,而是契丹人在两面下注,也许称得上远交近攻。还有材料说阿保机事后听说李克用部下要谋害他,因为他们认为契丹人将是难搞定的对手。如果这后一条意见成立,那么,契丹人也可能认为沙陀李克用是对手。总之,李克用对阿保机的背叛恨得咬牙。

第三支箭当然是指向宿敌梁王、宣武节度使朱温了。

李克用与朱温结梁子要追溯到他们并肩作战追剿黄巢的时候。中和四年(884)四月,李克用追击黄巢,从河南周口打到山东菏泽,有时一天一夜奔袭三百里。回军途中,路过朱温的地盘汴州,朱温在上源驿设宴招待友军。李克用大约是喝多了,借着酒劲,奚落朱温。朱温当年可是黄巢属下的爱将啊,只因背叛黄巢早几年,就因祸得福,成为封疆大吏,占领了中原这么大的地盘。李克用的话一定很难听,让朱温当场下不来台。散席之后,朱温让人放了一把火,李克用差点死于非命。这下子李克用与朱温结下了深仇大恨,临终之前,把报仇雪恨的火种传给了李存勖。

李克用的这三支箭,不仅仅是私家仇恨,它实际上为李存勖继承父亲遗志,划定了三个作战方向。

李克用与朱温结怨的时候,李存勖还在娘肚子里。母亲曹夫人贤淑,颇得正室刘夫人和李克用本人宠爱,为李克用生了四个儿子、一个女儿。存勖年最长,小名亚子(据说李存勖十一岁时,与父亲李克用拜见唐昭宗,昭宗称赞李存勖有奇表之相,"可亚其父",故名)。作战勇敢,富于谋略。李克用去世之时,李存勖已经二十四岁。事实证明,他有能力完成父亲的嘱托。

李克用生前将李存勖托付给弟弟李克宁和监军张承业。李克宁带兵,担任蕃汉内外都知兵马使,张承业是唐朝派来的监军,相当于今日之"政委",同时被委任掌管河东的"国库"。可是,这两个人是有矛盾的。李克宁受到蛊惑,有兄终弟及的野心,被李存勖所杀。欧阳修《新五代史·唐太祖家人传·克宁》评价李克宁一方面是"为人仁孝,居诸兄中最贤,事太祖(李克用)小心不懈",另一方面又说他"仁而无断,惑于群言,遂至于祸"。

李存勖巩固了自己的权力之后，开始按照三支箭的目标行动了。

幽州刘仁恭父子是因为父子反目而被李存勖灭亡的。刘仁恭之子刘守光与其爱妾罗氏通奸，被刘仁恭揍了一顿，断绝父子关系，赶出城外。刘仁恭自己跑到大安山享受生活，不料宣武镇派军来攻打幽州，被刘守光率军击退。刘守光自任为卢龙节度使，把父亲刘仁恭囚禁了起来，甚至自我膨胀，称起了燕国皇帝。这还是李克用在时的事情。这样过了六年，到了913年，李存勖攻破幽州城，刘守光与其被囚禁的父亲刘仁恭一起被捉拿，刘仁恭更是被李存勖刺破心脏，以祭奠李克用的亡灵。

攻取幽州之后，李存勖重点攻打魏博和冀南之地。后梁在梁太祖驾崩后日益走向衰败。后梁末帝完全没有治国才能，国政把持在外戚手上，老臣敬翔、李振都被排斥，这样就给了李存勖以机会。915年，李存勖利用后梁处置魏博事务失宜，接受了魏州将领来降，自任节度使。916年击败梁将刘鄩，乘机攻占冀南，并把控制势力推进到黄河北岸，与后梁军队形成夹河对峙的局面，随后就围绕着黄河沿岸重要渡口，如杨刘镇（魏州通向郓州的重要渡口）、胡柳陂（今山东鄄城西北，直对濮州麻家渡渡口）、德胜城（魏州通向汴州的重要渡口，在今河南清丰西南），展开了激烈的战争，有时候两军在一日之间甚至有大小百余战。其中关键的一役是镇州（今河北正定）争夺战，后晋获胜，李存勖先后兼任魏博、成德节度使。923年在魏州被推举为帝，是为唐庄宗。同年十月，李存勖从杨刘渡口过河，李嗣源（李克用养子)作为先头部队攻入汴州,后梁末帝朱友贞自杀。后梁灭亡,李克用的第二支箭完成了目标。

第三支箭对付契丹,比较复杂一些。李存勖与后梁争夺河北三镇,在两河之地拉锯期间,正是契丹阿保机统一契丹八部、称帝建国(916年建契丹国,918年建都城临潢府),并且巩固新生政权之际,一时无暇南顾。但是,即便如此,契丹也不时南下掳掠。917年,契丹在叛将引诱下,进逼幽州,形势危急,李存勖当时身边只有一万马匹,仍然派大将李存审、李嗣源率军迎战。大败契丹军队,俘斩数以万计,解了幽州之危。

921年晋军围攻承德叛将之际,又有义武叛将勾结耶律阿保机,引契丹军南下,围困定州城,耶律阿保机率领契丹倾国入侵。922年,李存勖在夹河对抗后梁军队的同时,率领五千骑兵先进,打退契丹军的进攻,擒获契丹王子一人。李存勖乘胜追击,契丹军退至望都(河北定州附近),再次被晋军打得大败而逃。时值龙德二年(922)正月,天寒地冻,大雪纷飞,人马无食,入侵契丹军队死伤大半,李存勖成功遏制住了契丹南向的势头。

三　伶人天子

唐庄宗灭亡后梁之后,把首都迁到了洛阳。他只当了三年皇帝,同光四年(926)四月就在自己一手酿成的内乱中凄然死去,年仅四十二岁。在内乱□改朝换代是五代王朝递嬗的共同特点,像后梁这样父子兄弟相残固然不多见,可是不能安抚好功臣、权臣或有实力的藩镇,以致激起其内乱,则是共同特征。就后唐庄宗的下场,沉迷于演剧,管不住老婆,忌刻功臣宿将,则是混乱局面生成的直接原因。

旧时称演员为伶人或者优人。史称"帝幼善音律,故伶人多有宠,常侍左右"。有时候他自己粉墨登场,与优人共演戏于庭中,以取悦受宠的刘夫人,伶名"李天下"! 据说,有一次排演中,他连声自称李天下,被另外一个伶人打了一巴掌。唐庄宗没有反应过来,其他演员也懵了,这位叫敬新磨的伶人喝道:只有一个天子,你怎么自称李天下。你呼叫谁呀? 庄宗转而开怀大笑,厚加赏赐。

有伶人周匝在战争中为后梁俘虏,唐庄宗思念不已。庄宗攻入汴州之日,周匝谒见于马前,庄宗大喜。寒暄过后,伶人一把鼻涕一把泪地说:"臣之所以得生全者,皆梁教坊使陈俊(皇家剧院院长)、内园栽接使储德源(皇家园林园长)之力也!"他请求皇帝为这两位恩人分别安排州刺史的职务以报恩,庄宗居然答应了。后因为大臣郭崇韬苦苦进谏说:"陛下能够夺取天下,都是忠勇豪杰苦战得来的,今天刚攻下汴州,还没有封赏一位大臣,反而先以伶人担任刺史的职务,恐怕会让天下人心寒。"这才没有施行。

过了一年,伶人周匝一再求请,庄宗还是任命了二人出任刺史。他对郭崇韬说:"我已经答应周匝了,不可食言,让我惭见此三人。我知道你的意见没有错,还是看在我的面子上屈意行之吧。"任命消息一出,一片哗然,当时有亲军将士跟随庄宗身经百战都没有获得刺史的职位，所以大家都很愤怒叹息。

伶人之外，宫中数以千计的宦官也窃威弄权，充任前线的监军。唐末被清除的宦官，在唐庄宗时竟然死灰复燃。伶人、宦官有一次为庄宗征掠青年女子三千多人。庄宗宠信的刘夫人当上皇后之后，更是聚敛钱财，不遗余力，在后宫中为所欲为。滑州留后李绍钦走伶人景进的门路，送钱到宫廷，后得到节度使的职位。

庄宗有一宠姬，颜色美丽，为庄宗生下一子，刘皇后很嫉妒。归德节度使、同平章事李绍荣，因救驾有功，受到庄宗的宠遇。庄宗有时会与太后、皇后同至其家串门。恰逢李绍荣丧妻，有次在禁中闲聊，庄宗关切地问绍荣："汝复娶乎？为汝求婚。"刘皇后因指着在场的宠姬说："大家（指皇帝）同情绍荣，何不以此美姬赐之！"庄宗当时难言不可，似许未许之际，刘后在旁急催绍荣拜谢皇恩。李将军拜下起身一看，该宠姬已经被肩舆抬出皇宫了。庄宗吃了个闷亏，"为之托疾不食者累日"，托言身体不舒服，连着好几天都没有吃饭。

由于伶人整天在庄宗身边，出入宫掖，趾高气扬，群臣愤嫉，莫可奈何。于是，大家竞相走伶人的门路以希恩泽、求富贵，四方藩镇也争以货赂巴结他们。

庄宗还利用伶人刺探外间信息，掌握舆情。伶人景进就喜欢向庄宗报告各种闾阎细故，"上亦欲知外间事，遂委进以耳目"。这样一来，伶人就有了政治权力，特别是景进，可以单独向庄宗报告情况，议论群臣是非，干预朝廷政事。

将相大臣,无不忌惮之。巴结得上,逢迎讨好;巴结不上或者不屑于巴结的,皆不自安。比如蕃汉内外马步副总管李嗣源,是李克用的养子,功劳卓著,就请求解甲归田,庄宗虽然疑忌功臣李嗣源,但未敢贸然批准。

事情的导火索是郭崇韬(约865—926)之死。

郭崇韬在李克用时期就是大将,李存勖称帝,郭崇韬任宰相、枢密使,位高权重。925年,郭崇韬奉命与魏王李继岌讨伐前蜀政权,李继岌是庄宗与刘后所生长子。战争进行得非常顺利,仅用了七十天,就迫使前蜀主王衍投降。可是立了大功的郭崇韬,却因为得罪了刘皇后,遭到宦官李从袭等人的构陷。在镇守成都期间,刘皇后密令前往成都,伙同李继岌残忍地杀害了六十二岁的郭崇韬,一同罹难的还有他的五个儿子。莫须有的罪名是截留蜀地财货、蓄意谋反。

唐庄宗不仅不追究,还扩大审查,河中节度使朱友谦等人被处死。这一下激起了广大将士与朝臣的危机感。李嗣源在平定邺都皇甫晖兵乱之时,在女婿石敬瑭等策动下,被将士拥戴,黄袍加身,杀向首都洛阳;而在皇宫中,郭崇韬的本家、伶人出身的禁军将领郭从谦发动兵变,史称"兴教门(皇宫之门名)之变",庄宗在混乱中被乱箭射中,又误食宦官所进乳酪,当场毙命。

唐明宗李嗣源(867—933)在混乱中即位,后唐历史进入了比较开明的一段时期。

李存勖的一生波澜壮阔,自动随父亲李克用征战天下,在完成父亲遗愿过程中,勇猛顽强,智勇双全,可是灭掉后

▲ 志得意满,人生目标迷失了,是李存勖失败的主要根源。

505

梁之后,他志得意满,人生目标迷失了。这是他失败的主要根源,也是许多英雄豪杰能打天下而不能治天下的宿命。

四　燕云割让

石敬瑭(892—942)建立的后晋王朝不过十一年。他本人在位也不过六年,却因为割让燕云十六州一事,挨了一世的骂名。

究竟如何评价石敬瑭,其实牵涉到历史学的一些基本问题,即如何理解五代历史的脉络? 如何理解政治人物的行为动机? 值得加以探讨。

史书上都说石敬瑭是沙陀人。但是,他究竟是出身汉族,还是胡族(沙陀),薛居正的《旧五代史》与欧阳修的《新五代史》就有不同的看法。

石敬瑭的父亲名字叫臬捩(niè liè)鸡,欧阳修不无揶揄地说,他的那个石姓,"不知得其姓之始也"(《新五代史·晋本纪·高祖》)。薛居正直接说石敬瑭乃太原人士,还把老祖宗追溯到春秋时卫国著名大夫石碏、汉景帝时著名丞相石奋。汉末乱离,子孙后代流落于西北边地,最后在甘州(今甘肃张掖)定居下来。

有两点可以帮助我们判断石敬瑭其人。

其一,他生于太原,从小使枪弄棒,好读兵书,最崇拜的是中国历史名将李牧和周亚夫,李牧是战国时期赵国名将,周亚夫是汉景帝时期平定"七国之乱"的统帅,是石敬瑭的山西老乡。

其二,他的顶头上司胡人李嗣源(原名邈佶烈,失其姓氏)时任代州(山西大同)刺史,很欣赏他,而且把自己的女儿嫁给了他。李嗣源的上司晋王李存勖又把石敬瑭提拔到自己身边,最后李嗣源(李克用的养子,辈分上是李存勖之兄)又恳请调石敬瑭回自己军中,获得同意,于是石敬瑭成为李嗣源的心腹大将,统领禁军精锐骑兵。李存勖是后唐的庄宗,李嗣源是后唐的明宗,都是沙陀人,都做了后唐的皇帝。

从这两点看,石敬瑭是一个生长于胡地戎墟的猛将,血统已经不重要,他羡慕的是华夏英雄,欣赏他的是胡族领袖。

观察石敬瑭还有一个角度,那就是后汉高祖刘知远(895—948)。

刘知远为人从小就沉毅寡言,这一点与石敬瑭很类似。刘知远比石敬瑭小三岁,也在李嗣源麾下效力。与石敬瑭一样,刘知远出生的时候,太原的天名义上是大唐的天,实际上是河东节度使被封为晋王的沙陀李克用的天。等到他们当兵上战场的时候,中原已经易主,朱温建立了后梁,李克用的继承人李存勖已然尊奉大唐正朔,割据河东,僭称后唐。梁晋之间天天打仗,"大小百余战,互有胜负"。919年,"左射军使(左射军是精锐的禁军)石敬瑭与梁人战于河壖(即河边之地),梁人击敬瑭,断其马甲,横冲兵马使刘知远以所乘马授之,自乘断甲者徐行为殿;梁人疑有伏,不敢迫,俱得免,敬瑭以是亲爱之"。

这是两人的事迹第一次出现在《资治通鉴》里。类似这种关键时候,刘知远不止一次冒死在战场上救了石敬瑭的命,从此两人的关系铁了起来。

由此可见,石敬瑭是一个善于结纳,能让上级欣赏,下级追随的将军。

在治民理政上,石敬瑭也有可圈可点之处。

史称,石敬瑭生活简朴,在地方执政时,与幕府宾客论民间利害及刑政得失,头脑十分清醒,处事力求公允。石敬瑭在河东任职,有店妇与军士争讼,说她晒在门前的粟被军士的马吃了,军士坚决否认,却无法自证清白。石敬瑭对审判的官吏说:

> 两讼未分,何以为断?可杀马刳肠而视其粟,有则军士诛,无则妇人死。(《旧五代史·晋书·高祖纪》)

意思是把马杀了一看便知,于是就杀了马,可是马肠子里面并没有粟,妇人也因为诬告陷害而被处死。从此辖区内肃然,再也没有发生诬告欺骗的行为。

不久,石敬瑭从河东移镇常山,所在之处,都以提倡孝治为先,对于民间父母、兄弟分家索财者,必处以极刑。"勤于吏事,廷无滞讼。"常山郡九门县有一对兄弟,因为卖地发生纠纷。哥哥想要地却要压低地价,有外人愿意出价购买,弟弟就想卖给这个人。买卖契约上要兄长签字,兄长故意不签,弟弟于是向九门县令投诉。县令认为兄弟二人均为不义,送往府衙。石敬瑭说:我新来此地,以不能用礼义教化百姓而愧疚。但就事理来说,"兄卖良田,弟求善价,顺之则是,沮之则非,其兄不义之甚也",判决重答其兄,"市田以高价者取之"。(《旧五代史·晋书·高祖纪》)大家都很赞赏石敬瑭处理诉讼公平合理。

这些事迹或有溢美之词,但是不会无中生有,至少说明石敬瑭处事颇有章法。

李嗣源黄袍加身,登上后唐的皇帝宝座,是在926年春夏之交。作为女婿的石敬瑭,不仅劝进最力,而且当时是打头阵,率先带兵进入洛阳的。事后,授石敬瑭为陕州(今河南三门峡市)保义军节度使,赐号"竭忠建策兴复功臣"。嗣后派石敬瑭出镇河东,任节度使。前者是论功行赏,后者是安排亲信。

石敬瑭的对手是后来成为后唐末帝的李从珂(885—936)。

李从珂本姓王,小字二十三,镇州平山(今河北平山)人,后唐明宗李嗣源为李克用打仗,行军至平山,掳获了年方十余岁的王从珂,养以为子,遂改其姓为李。李从珂自幼随义父李嗣源征战,在后唐灭后梁之战中屡立战功。926年,在魏州军乱事件中,他率部下声援向洛阳进军的李嗣源,虽然不像石敬瑭那样打先锋、立头功,却也使李嗣源军声大震,震慑了都城地区的力量。931年,李嗣源任命李从珂为左卫大将军出任西京留守,次年升任凤翔节度使。也就在同一年,石敬瑭被任命为河东节度使。显然,对于李、石二人的安排，有两重考虑，一是重用，二是平衡。

《资治通鉴》记载了李从珂与石敬瑭之间的矛盾："帝与石敬瑭皆以勇力善斗，事明宗为左右；然心竞，素不相悦。"李嗣源身边有两员猛将，左边是他女婿石敬瑭，右边是他养子李从珂。李从珂要年长石敬瑭七岁，但是，二人心中暗暗地较劲、互比短长（所谓"心竞"是也），关系处理得并不好。

《旧五代史》卷七五《晋书·高祖纪一》在夸奖石敬瑭的时候，说"灭梁室，成庄宗一统，集明宗大勋，帝与唐末帝功居最"。为什么关系处理不好？《旧五代史》卷四六《唐书·末帝纪上》说，李从珂"尝与石敬瑭因击球同入于赵襄子之庙，见其塑像，屹然起立，帝秘之，私心自负"。又说，后唐庄宗李存勖不止一次夸赞李从珂，"阿三不惟与我同齿，敢战亦相类"。这里透漏的信息是，李、石二人在政治上都有一定的抱负，李从珂更多地得到庄宗的赞赏（石敬瑭在庄宗时仕途不畅，明宗时才赶上李从珂）。

李嗣源去世前一年，即 932 年，又对李从珂和石敬瑭做了进一步安排：任命李从珂为凤翔节度使（治今陕西宝鸡），石敬瑭为河东节度使（治今山西太原）。次年十一月底李嗣源病逝，继位的后唐闵帝李从厚（914—934）及其执政团队，却对手握重兵的这两位前辈不放心。

根据《资治通鉴》的记载，朝廷首先是对李丛珂、石敬瑭不放心。

辅政的大臣朱弘昭、冯赟自觉威望不足，忌惮李从珂、石敬瑭自少年时就追随明宗征伐，"有功名，得众心（众望所归）"。闵帝甫即位就撤了李从珂长子李重吉控鹤都指挥使的职务，又把其在洛阳有影响的女儿惠明女尼诏入禁中控制起来。这样一下子就把气氛搞得很紧张，可见朱、冯二人缺乏谋略。

对于石敬瑭同样如此，"朱弘昭、冯赟不欲石敬瑭久在太原"，二月初九，召回知天雄军使的孟汉琼，以成德节度使范延光接替天雄军使（治魏州，今河北大名）；改凤翔节度使李从珂为河东节度使，兼北都留守；却让河东节度使石敬瑭出任成德节度使（治镇州，今河北正定），接替范延光空出来的职位。这些调动都不是朝廷下发的正规的诏制，"但各遣使臣持宣监送赴镇"。所谓"宣"，乃是中书省发出的文书。为什么用这种不太正规的形式发出调令？也许与闵帝本人还想留有余地有关。其实，这种事一旦做出决定，是没有余地的。

石敬瑭与李从珂都是被疑忌的对象。疑忌李从珂，于是解除了其长子的禁军职位；疑忌石敬瑭，则是不愿意其久居河东，改由李从珂接任河东节度使。照理而论，河东节度使的地位较之于凤翔更重要，因为太原是后唐龙兴之地，兵马也更强大。问题是从凤翔到河东上任必须经过洛阳，或有不测，这才是李从珂担心的。

现在李从珂与石敬瑭站在了同一个战壕里。石敬瑭没有公开行动，反而是顺从地去成德就任了，李从珂却高调发布文告拒绝调离凤翔，还打出了清君侧的口号，这等于是惹火烧身。朝廷立即派兵去围剿，李从珂长子李重吉也在亳

511

州被杀死,可是,前线将士反而拥立李从珂回师向阙。闵帝带领数十骑出奔,正好遇见了石敬瑭,此刻石敬瑭的头衔是"镇州节度使石敬瑭"。石敬瑭问闵帝左右,天子出奔,国宝、法器何在,并与闵帝的随从发生了冲突,石敬瑭尽杀闵帝护卫,将从洛阳逃出的闵帝扣留在卫州(今河南卫辉市),自己赶紧奔赴洛阳。李从珂即位后,派人鸩杀了在卫州官舍的李从厚。

由此可见,石敬瑭是李从珂取代闵帝的帮凶,因为在反抗闵帝移藩这件事上,他们是一个战壕里的战友。问题是,这件事很快就过去了,李从珂与石敬瑭"心竞"的矛盾并未解决。接下来,身为皇帝的李从珂在处理与石敬瑭的关系时,犯了两个错误:第一个叫麻痹,第二个叫猜忌。

处理完李嗣源的丧事,石敬瑭何去何从?石敬瑭本人也没有底,不敢遽然回镇。这个时候,李从珂只要丢掉幻想,果断做出处理,剥夺石敬瑭的兵权,或者继续让石敬瑭移镇成德节度使,石敬瑭就没有还手之力。就在凤翔的部下多数劝李从珂留住石敬瑭的时候,他却大咧咧地说:"石郎不惟密亲,兼自少与吾同艰难;今我为天子,非石郎尚谁托哉!"李从珂改变了后唐闵帝让石敬瑭调离河东出任成德节度使的决定,让他继续回太原担任河东节度使。石敬瑭大喜过望,立马离开洛阳赴任。这叫麻痹。

可是,在实际上,李从珂并不放心石敬瑭,石敬瑭也知道李从珂不会善罢甘休。

石敬瑭的儿子和身为太后的岳母都在宫中,公主老婆(太后的女儿)也往来两地,不断地为他传送信息。可以

▲ 李从珂在处理与石敬瑭的关系时,犯了两个错误:第一个叫麻痹,第二个叫猜忌。

说,李从珂在明处,石敬瑭在暗处。当李从珂猜忌之心越来越强,要收拾石敬瑭的时候,石敬瑭早就在做兵马粮草上的准备了。清泰三年(936)五月初三,朝廷下旨调石敬瑭为天平军节度使(治郓州,今山东东平),石敬瑭拒绝移镇,朝廷发动五十万大军围剿河东,把太原城围得水泄不通。

石敬瑭最后能战胜李从珂,是因为有契丹的支援。契丹之所以支援石敬瑭,是因为石敬瑭答应割让"燕云十六州"。石敬瑭被后世唾骂的,也是割让燕云及甘当"儿皇帝"一事。

当时的契丹主为阿保机之子耶律德光。唐末帝李从珂、卢龙节度使赵德钧、河东节度使石敬瑭都在联络契丹,期望契丹在后唐内部的权力斗争中,能够站在自己一方。假如卢龙、河东和后唐朝廷能团结起来,一致对外,契丹在与中原的军事斗争中未必有得手的机会。既然后唐的政治和军事力量发生了分裂,而且都要引契丹为援,契丹方面就要看哪一方出的价码高,才决定支持谁。

研究一下后唐末期的政区分布格局,就可以发现石敬瑭玩了一手借花献佛的把戏。

所谓"燕云十六州",包括云州(治今山西大同)、应州(治今山西应县)、寰州(治今山西朔州东)、朔州(治今山西朔州)、蔚州(治今河北蔚县)、幽州(治今北京大兴)、涿州(治今河北涿州)、蓟州(治今天津蓟州区)、檀州(治今北京密云)、顺州(治今北京顺义)、瀛州(治今河北河间)、莫州

（治今河北任丘）、新州（治今河北涿鹿）、妫州（治今河北怀来）、儒州（治今北京延庆）、武州（治今河北宣化）。

然而，就实际控制权而论，石敬瑭实际掌控的不过蔚州而已。幽州卢龙节度使属下的幽、涿、蓟、檀、顺、瀛、莫七州，归卢龙节度使赵德钧掌控。赵德钧也有自己的政治谋划，"欲倚契丹取中国"，想借助契丹的实力来称霸中原。《资治通鉴》还记载赵德钧，"厚以金帛赂契丹主，云：'若立己为帝，请即以见兵南平洛阳，与契丹为兄弟之国；仍许石氏常镇河东。'"不仅用钱财贿赂契丹主，还希望与契丹约为兄弟，以换取更多的政治利益。

新州威塞军节度使所领新、妫、儒、武四州，自从单独设镇之后，就由后唐中央掌控，石敬瑭割让之时，在935年，唐末帝还新调任晋州节度使翟璋为新州节度使。

至于雁门关以北的云、应、朔、寰、蔚五州，其中云州隶属于云州节度使（治今山西大同），应、寰二州隶属于彰国军节度使（治今山西应县），朔州隶属于振武军节度使（治今山西朔州），只有蔚州（今河北蔚县）是直属于河东节度使。

石敬瑭的头衔是"河东节度使，兼大同、振武、彰国、威塞等军蕃汉马步总管"，实际有权力控制的只是河东节度使及其管控的下属州郡，至于大同节度使、彰国节度使、振武节度使等所属蕃汉兵马，只是在战争状态下，受到石敬瑭的节制而已。它们与河东节度使之间，并不存在直接隶属关系。

由此可见，石敬瑭其实是给了契丹一个承诺，如果你扶植我统治中原,我将兑现割让以上地区(多数不在石敬瑭掌控之下)。

五代时期的中国,处在分崩离析的状态,从今天中国版图而论,北方地区,除了中原政权后唐(皇室是沙陀人)之外,还有它不能完全控制的军阀,其中最大的是幽州的赵德钧(汉人)、河东的石敬瑭(沙陀人)。此外,就是辽河地区对中原虎视眈眈的契丹政权。现在的问题是,末帝李从珂派遣大军压境,卢龙节度使赵德钧的使节已经到了契丹的大帐,许诺将兵向洛阳。在这种情况下,石敬瑭做出了对于自己最有利的选择。

割让"燕云十六州",是石敬瑭为一己之私而不顾国家(即后唐)和百姓利益的举措,因而受到了后人的批评甚至抨击,这是毋庸置疑的。刘知远当时就反对说:

▲ 石敬瑭为一己之私而不顾国家和百姓利益。

> 称臣可矣,以父事之太过。厚以金帛赂之,自足致其兵,不必许以土田,恐异日大为中国之患,悔之无及。

说称臣就够了,以父子礼仪相待就太过分了,多给些钱财他们也就不兴兵了,没必要割让大片土地,有朝一日,他们祸乱中原,到时候后悔就来不及了。但石敬瑭没有采纳。

后人之所以对石敬瑭的行为做出激烈的批评,大概有两方面的原因。

首先,全盘接受了宋人的批评立场。

宋朝人对"华夷"问题特别敏感,"爱国(爱宋朝)意识"

异常鲜明,收复燕云是一代又一代宋人的梦想。这种梦想其实与魏晋南北朝时期的南朝人想收复江北、淮北一样。我们今日之评价则应该跳出这个窠臼。五代时期的南方小政权,比如吴越、南唐等无不采取"远交"契丹的策略,以为自己的外援,缓解中原王朝对于自己的压力。

其次,惯从尊严与屈辱来判断政治人物的行为。

石敬瑭向年轻的契丹主耶律德光称儿皇帝,有失尊严;宋朝也有屈辱的对辽金条约,近代以来,晚清对西方列强的不平等条约更是时常刺痛着我们。这些都刺激了我们的神经来评价石敬瑭的行为。

▲ 政治家面对严酷现实,低头或者扬头,都是随时应变的把戏。

其实,政治家面对严酷现实,低头或者扬头,都是随时应变的把戏。勾践卧薪尝胆,在夫差面前卑躬屈膝,我们从来不会为勾践的行为叫屈,因为他赢了。石敬瑭化解了赵德钧和李从珂对他的夹击,其实也在一定程度上赢了。

至于对付契丹,石敬瑭也有自己的盘算,南唐时不时地派人向契丹"言晋密事"。"小不如意,辄来责让,帝常卑辞谢之。"石敬瑭总是用低调谦卑(奴颜婢膝)来应对,大事化小。石敬瑭完美地处理好了与契丹的关系,史称"终帝之世,与契丹无隙。然所输金帛不过数县租赋,往往托以民困,不能满数。其后契丹主屡止帝上表称臣,但令为书称儿皇帝,如家人礼"。实际上石敬瑭真正给契丹的政治经济资源也是相当有限的,"儿皇帝"的称谓是辈分问题,与年龄无关。耶律阿保机与李克用视同兄弟,石敬瑭的岳父是李克用的养子,与耶律德光同辈,作为子婿的石敬瑭以家人事之,此乃儿皇帝之意也。

我们无法证实，契丹放弃让石敬瑭称臣，究竟有多大可信度。但是，有一点可以证明，他的继承人就是因为称孙而不称臣激怒了契丹。这也至少说明，在内战背景下，石敬瑭在处理同契丹的关系时是比他的后辈更成功的。

五　黄袍加身

五代的历史扑朔迷离，政权走马灯般变换，但其中也有一个线索可寻：后梁太祖朱温是黄巢造反的变节者，其后的后唐、后晋、后汉与后周则一脉相寻，都是从李克用的河东政权发迹而来。其中，后唐、后晋、后汉不仅都是从河东入统大位，而且其国君均为沙陀族出身，只有郭威创建的后周和宋太祖赵匡胤，是用戏剧化的黄袍加身的方式，实现了改朝换代。

郭威于农历七月二十八日生于河北省邢台市隆尧县（时属邢州），其时唐朝政权行将就木。他的父亲郭简担任顺州（今北京市顺义区）刺史，名义上是唐朝的官员，实际上隶属于河东节度使李克用麾下。其时李氏政权割据河东，称晋王，与宣武节度使梁王朱温为敌。

在郭威三岁那年，举家迁往太原。不久，朱温称帝，唐亡，大约就是在这个时节前夕，父亲郭简为朱温支持的幽州节度使刘仁恭所杀，郭威成了孤儿，后来母亲也病逝，他依养于韩氏家族姨妈家中，这个时候他还不到七岁。寄人篱下的少年生活,使得郭威比一般的孩子更善于察言观色,机智过人。

十八岁的郭威,已经长成身材魁伟的青年,最初在潞州节度使李继韬手下当兵,以"负气用刚,好斗多力"为李继韬所欣赏。他曾经在上党闹市区碰到一个屠夫,是当地一霸。郭威要求按照自己的方式切肉,与屠夫发生争执,屠夫当即躺倒在地,说,你敢刺我肚子吗?郭威可不像韩信那样装怂,他一剑刺去,屠夫当场毙命。郭威被治安人员捆绑送官,李继韬爱惜其才,开释了他。

924年,郭威二十一岁,后唐庄宗灭后梁,他成了庄宗李存勖亲军"从马直"中的一员。

郭威勇猛异常,但并不是个粗人,他表字文仲,父为刺史,应该是有一定的文化背景的。《旧五代史·周书·太祖纪一》这样记载说:"帝性聪敏,喜笔札,及从军旅,多阅簿书,军志戎政,深穷繁肯,人皆服其敏。"郭威的好友李琼,自幼好学,涉猎史传。有一次在李琼那里看到一本书《阃外春秋》,当即向这位拜把子兄弟求教。李琼说:"此《阃外春秋》,所谓以正守国,以奇用兵,较存亡治乱,记贤愚成败,皆在此也。"这部兵法学兼领导学著作,令郭威着迷,他不仅在李琼的辅导下,深领其意,而且随身携带,闲暇把玩。像李琼这样,与郭威同年入唐庄宗麾下的勇士有十人,互相约为兄弟,李琼尤其看好郭威的发展潜力。

郭威二十三岁那年,即926年,后唐庄宗在内乱中驾崩,六十岁的明宗李嗣源即位。庄宗的嫔御被遣送还家。其中有一位柴姓美女,在被父母接回家的路上,遇到连续大雨大风天气，在黄河边一家旅店躲避风雨，恰好郭威路过这家客店，这时他的职位只是马步军使，大约是百夫长级别（连级干部）的基层军官，甚至衣不蔽体，人称郭雀儿。不料柴氏一见钟情，当即要求嫁给郭威。柴氏与郭威是老乡，为邢州龙岗人（今河北邢台市的邢台县），"世家豪右"，为当地有势力人家。她把随身带的财物一半分给父母，一半作为嫁妆，这样就使郭威的经济状况有了很大好转。

在后唐的军队中，明宗的女婿石敬瑭很欣赏郭威。石敬瑭担任禁军副统帅时，特地把郭威调到自己麾下，原因是郭威"长于书计"，令其掌管军籍，即参谋部的工作："前后将臣，无不倚爱。"

郭威的老婆柴氏倒贴夫君，"资周太祖以金帛，使事汉高祖"。大约郭威的顶头上司是一直追随石敬瑭的后汉高祖刘知远。后唐重臣杨光远，与刘知远同样是沙陀出身，且为石敬瑭所倚重，有一次，郭威当隶属其下出征，郭威不干，却主动要求留在刘知远身边，人问其故，郭威说："杨公有奸诈之才，无英雄之气，得我何用？能用我者其刘公乎！"郭威就是认准了刘知远，"汉祖累镇藩阃，皆从之。及镇并门，尤深待遇，出入帷幄，受腹心之寄，帝（郭威）亦悉心竭力，知无不为"。

郭威一路追随着刘知远。后晋出帝石重贵时期，时任河东节度使的刘知远被疏远，颇为忧虑，郭威鼓劲说：

> 河东山川险固，风俗尚武，士多战马，静则勤稼穑，动则习军旅，此霸王之资也，何忧乎！

几年后,契丹灭后晋,刘知远建立后汉政权,郭威成为开国功臣。刘知远一年之后驾崩,郭威升任枢密使,与史弘肇等同为顾命托孤大臣。

此后直到 950 年底的两年多时间里,郭威多次独统大军进出开封,用一种特殊的方式,掌控了后汉的禁军,"天子者,兵强马壮者为之!"最后黄袍加身,势所必然也。

后汉隐帝乾祐元年(948)三月,河中节度使(治今山西运城市)李守贞、永兴军节度使(治今陕西西安市)赵思绾、凤翔节度使(治今陕西宝鸡市)王景崇相次反叛,朝廷先前所派镇压的将领不负众望。八月,"以郭威为西面军前招慰安抚使,诸军皆受威节度"。郭威当时的职务是枢密使、同平章事,由于平叛之故,得以掌控大军出征。

从乾祐元年(948)八月出征到乾祐二年(949)八月班师,郭威用一年的时间平定了"三叛",进一步树立了崇高的威望。皇帝欲特别封赏郭威,郭威辞曰:

> 运筹建画,出于庙堂;发兵馈粮,资于藩镇;暴露战斗,在于将士,而功独归臣,臣何以堪之!

这番话讲得非常得体。郭威要求把功劳分给大家。不仅朝廷高官,包括宰相、枢密使、宣徽使、三司使、侍卫使等九位高官都加以赏赐,而且各地藩镇包括南方归附的割据政权领导人也都加官晋级。一时间,郭威成为给大家发喜糖的人了。

郭威在前线军中：

> 居常接宾客，与大将宴吾，即襃衣博带；或遇巡城
> 垒，对阵敌，幅巾短后，与众无殊。临矢石，冒锋刃，必
> 以身先，与士伍分甘共苦。

这段话的意思是说，郭威平常很儒雅，很平易近人；战
场上身先士卒，同甘共苦。

> 稍立功效者，厚其赐与；微有伤痍者，亲为循抚。
> 士无贤不肖，有所陈启，温颜以接，俾尽其情，人之过
> 忤，未尝介意，故君子小人皆思效用。

厚赏有功将士，关爱体贴受伤战士；温和待人，体察人
情，君子小人，一视同仁，即使忤逆自己，也不加介意。郭威
从《阃外春秋》所学的领导方略，都用在了实践上。

两个月之后，乾祐二年(949)十月，契丹入寇，游骑甚至
到了邺都之北境，于是，朝廷再次"遣枢密使郭威督诸将御
之，以宣徽使王峻监其军"。十一月，契丹兵退，"郭威军至
邺都，令王峻分军趣镇、定。戊午，威至邢州"。郭威奏请朝
廷，勒兵北临契丹之境，被朝廷制止。班师不久，郭威被任
命为邺都留守，仍兼任枢密使。次年五月，郭威离开开封，
作为后汉北部边防的总司令官上任，河北诸州军政一切诸
事，均由其节度。郭威真正是兵权在握了。

就在这个当口，后汉首都开封发生血案，隐帝刘承祐不

能忍受托孤大臣的钳制，不仅诛杀了朝政托孤大臣史弘肇、杨邠等元老，还包括郭威、柴荣在京家属，而且下密旨诛杀在前线带兵的枢密使郭威。这时距离郭威受命为邺北都留守不过半年时间。事发次日，即乾祐三年（950）十一月十四日，郭威就接到了报告。郭威在众将士面前宣告了这一消息，群情激奋。郭威是很善于鼓动人心的，在众将士的支持下，大军打出"清君侧"的旗号，回师汴州。七天后，军队到了开封，隐帝为人所杀，郭威掌控了整个局面。

但是郭威并没有马上接受禅让，而是在充分尊重李太后懿旨基础上，迎奉刘知远的养子、武宁节度使刘赟继承大位。刘赟实际上是刘知远之弟河东节度使刘崇（895—954）之子，父子一南一北，占据雄藩。立刘赟为帝，暂时麻痹了手握重兵的刘崇。郭威派冯道去接刘赟前来开封，顺便也就剥夺了其武宁节度使的职权。

十二月初一，在郭威进京之后仅数日，接镇州、邢州奏报：

> 契丹主将数万骑入寇，攻内丘（今为河北邢台市内丘县），五日不克，死伤其众。有戍兵五百叛应契丹，引契丹入城，屠之，又陷饶阳（今为河北省衡水市饶阳县）。

郭威再次从开封出发，率领大军北击契丹。十九日郭威大军过了黄河，居住在澶州（今河南濮阳市）馆驿，正在往开封进发的候任皇帝刘赟还派使者前来慰劳将士。也许这件事激起了将士们的联想，次日凌晨，将要出发之际，士兵哗变,说我们已经与刘氏结仇,必须让郭威出来称帝,我们家族性命才有安全可言。

> 或裂黄旗以被威体,共扶拥之,呼万岁震地,因拥威南行。威乃上太后笺,请奉汉宗庙,事太后为母。

这个场面,是否郭威或其亲信导演的,并不重要。重要的是,在五代的历史情景下,以后汉三四年的建国史,汉隐帝之后,又缺乏有能力的合法继承人,像郭威这样威望卓著、能力超群,且善于笼络人心的重臣,出来收拾局面,显然是为朝野各方面所接受的。951 年正月初四郭威称帝,而刚走到宋州途中的刘赟被人所杀。

▲ 这样威望卓著、能力超群,且善于笼络人心的重臣,出来收拾局面,显然是为朝野各方面所接受的。

郭威当了三年皇帝,任内轻徭薄赋,改革弊政,整顿吏治,于五代历史上,算是太平的日子。

周世宗柴荣是郭威的养子,也是郭威发妻柴氏的内侄。郭威有一后三妃。柴氏在郭威发达之前已经去世,后来被追封为圣穆皇后。淑妃杨氏、贵妃张氏都是再婚的寡妇。杨氏也是在郭威称帝之前去世的,只有张氏看到了郭威的成功。郭威的几个儿女究竟是哪位夫人所生,史载不详。张氏与两个儿子都被后汉隐帝刘承祐残忍杀害,此时郭威已经没有亲生儿子了。他称帝后乃以内侄及养子柴荣为太子。

柴荣生于 921 年农历九月二十四日,比姑父郭威小十七岁。史称"年未童冠,因侍圣穆皇后(柴氏),在太祖左右"。郭威与柴氏相遇并结婚之时,当在 926 年,柴荣只有五岁。估计是几年后,柴家把儿子送到柴荣的姑姑家鞠养。

时太祖无子,家道沦落,然以帝谨厚,故以庶事委之。帝悉心经度,赀用获济,太祖甚怜之,乃养为己子。
(《旧五代史·周书五·世宗纪第一》)

按照本纪的说法,柴荣最初只是帮助郭威打理家事,经商理财,并为养子。

刘知远称帝,郭威以佐命功为枢密副使,柴荣开始在军中任职,为左监门卫将军,这是一个虚衔,实际只是郭威帐下的一个军官。有一次柴荣在京郊巡游,要拜访当地县令,县令赌博正在兴头上,竟然懒得接见他。乾祐二年(949),郭威出镇邺都,柴荣升为天雄军牙内都指挥使,统领郭威的牙兵,次年郭威入平内难,以柴荣留守邺都。尽管柴荣在地方上也有治绩,但在郭威称帝之前,他并没有独当一面的文武政绩。王夫之《读通鉴论》曾分析柴荣的处境说:

自朱、李以来,位将相而狂争者,非一人也。郭氏之兴,(柴)荣无尺寸之功。环四方而暴立者,皆履虎咥人之武人。荣虽贤,不知其贤也,孤雏视之而已。

广顺三年(953)正月,柴荣方才从外地入京,任开封府尹,封晋王。显德元年(954)正月,兼总内外兵马。仅过了十几天,郭威驾崩,柴荣登基。就在这个当口,割据河东的北汉刘崇率兵来犯，柴荣决意亲征，冯道力主不可。《资治通鉴》记录了当时的场面：

> 世宗闻北汉主入寇，欲自将兵御之，群臣皆曰："刘崇自平阳遁走以来，势蹙气沮，必不敢自来。陛下新即位。山陵有日，人心易摇，不宜轻动，宜命将御之。"帝曰："崇幸我大丧，轻朕年少新立，有吞天下之心，此必自来，朕不可不往。"冯道固争之，帝曰："昔唐太宗定天下，未尝不自行，朕何敢偷安！"道曰："未审陛下能为唐太宗否？"帝曰："以吾兵力之强，破刘崇如山压卵耳！"道曰："未审陛下能为山否？"帝不悦。惟王溥劝行，帝从之。

群臣反对的理由是周太祖新丧，人心易摇，不宜轻动。其中反对态度最为坚决的冯道认为，柴荣能力不够。连连发问：唐太宗亲征，陛下您能和唐太宗比吗？泰山压卵，陛下您以为自己是山吗？柴荣力排众议，调兵遣将，亲上前线，在高平地区大败北汉。柴荣还在潞州修整期间，整顿军纪，诛杀了临阵逃脱的禁军将领樊爱能、何徽。高平之战，让群臣对柴荣刮目相看。入伍不过六年的青年军官赵匡胤，就是在这次战斗中崭露头角的。

宋太祖赵匡胤出生在一个军人家庭。父祖辈都是基层官员，二十岁就给他娶了媳妇。但是，赵匡胤并不满足于安逸平庸的生活，婚后不久，他悄悄地离开了父母妻子，浪迹天涯。先是往西走到了陕西、甘肃，然后又决定找父亲的朋友，从河南走到湖北。在襄阳的一个寺庙里，有老僧点拨他，机会在北方，往南边走都是一些割据一隅的小国，在夹缝中苟安。"乱世出英雄!"赵匡胤猛地一惊，当即打道北行，乾祐元年(948)三月，二十一岁的小伙子应募加入了后汉权臣枢密使郭威的军队。

▲ "乱世出英雄!"

郭威此时正掌管着独当一面的权力，率领后汉大军讨伐以河中节度使李守贞为首的"三叛"。赵匡胤从小习武，作战勇敢，很快得到同样在郭威帐下初任军职的柴荣的器重，并一直追随在柴荣左右。

柴荣赏识赵匡胤有这样几个原因。首先是作战勇敢。如前所述，在郭威称帝时期，柴荣始终没有机会表现自己，也不敢发展自己的班底。954年初登大宝，北汉刘崇大举入侵，包括冯道这样滑头的朝臣，都不相信他有能力应战。在战争过程中，樊爱能、何徽临阵逃脱，禁军不听指挥，赵匡胤作为世宗的亲兵部队(在开封府时为马直军使，即骑兵指挥官)却骁勇异常地力挽狂澜，反败为胜，自然而然地脱颖而出。柴荣提拔赵匡胤为殿前都虞候。其后在周世宗攻打南唐的战争中，赵匡胤始终勇猛顽强，屡立战功。

956年春，涡口(安徽怀远西)之战，赵匡胤击败南唐大将皇甫晖、姚凤十几万大军，追击到滁州城下。皇甫晖提出布阵决战，赵匡胤笑而许之。皇甫晖组织军阵出战，赵匡胤搂着坐骑的颈脖，一马当先，大呼一声，直接冲入南唐阵内，挥剑击中皇甫晖的脑袋，生擒之，并擒姚凤，遂克滁州。回师后，赵匡胤被提拔为殿前都指挥使。

勇敢之外，赵匡胤的忠诚也得到柴荣的赞赏。攻下滁州之后，赵匡胤的父亲赵弘殷其时为马军副都指挥使，来到滁州城下。因在半夜，赵匡胤说，父子虽至亲，但半夜不得打开城门，"王事也"，这是军规，因此直到天亮才让父亲进城。

历史上留下赵匡胤喜爱读书的故事。据说在讨平淮南期间，有人向柴荣揭发赵匡胤私吞战利品，捞了几车的财宝。柴荣派人打开车一看，只是数千卷图书。柴荣质问道："带兵打仗，你带这么多书做什么?"赵匡胤答道："我是想多读些书，增长自己的见识，以便效劳于国家。"

▲ 多读些书,增长自己的见识,以便效劳于国家。

柴荣也需要组建自己的班底，像赵匡胤这样忠诚能干的老部下，自然成为最好的人选，重点培养对象。高平之战后，柴荣将整顿禁军的重任交给年仅二十七岁的赵匡胤。组建新的禁军殿前司，以赵匡胤为殿前司都虞候(相当于军中的纪委及副参谋长)，淮南之战后，升任殿前司都指挥使(相当于参谋长及副司令)。

柴荣在随郭威北守邺都期间，家眷即儿子宗谊、越王等人都被隐帝刘承祐杀害。在他即位之时，与大符后所生的儿子柴宗训(953—973)刚刚出生四个月。显德六年(959)六月，柴荣病死于北伐途中，时年三十八岁，年仅六岁的太子柴宗训继位。临死前，柴荣换掉了殿前司一把手张永德，即周太祖郭威的女婿、柴荣的妹婿，让赵匡胤出任殿前都点检。他觉得赵匡胤比自己的妹婿更可靠。

半年后的新年正月，殿前都点检赵匡胤在带兵出征，抵御契丹的途中，于陈桥驿(河南新乡市封丘县东南)发生兵变,将士们强迫赵匡胤穿上黄袍,跟郭威十年前发生在澶州(河南濮阳市)的事情一模一样。只是陈桥驿比澶州距离开封要近多了。郭威登基时,年且五十,赵匡胤此时只有三十三岁。

六　南唐风云

五代中原王朝之外,还有十国,除北汉割据太原之外,其余都在南方。其中以南唐(937—975)、吴越(907—978)最重要。南唐开国君主是李昇,建都江宁(今江苏南京),经历三世,凡三十九年,是十国割据政权中面积最大也最富庶的国家。李昇(889—943)是一个战争孤儿,六岁被人收养。下面大略梳理一下,他的两个养父是如何为他创造事业基础,我们从中又会得到怎样的历史认识。

最早收养李昇的是唐末军阀杨行密(852—905)。杨行密本来就是行伍出身,从庐州牙将、刺史干起,受淮南节度使高骈(821—887)节制。他原名行愍,是高骈让他改名为行密的。

黄巢起兵,高骈主政的淮南节度使,基本上保证了中央这块财富之地的稳定。但是,大乱之后,淮南地区群盗割据,晚年的高骈控制起来有些吃力。高骈手下和周边的不稳定势力比较大的有毕师铎、秦彦、杨行密、秦宗权、孙儒等。他们分属两个来源:一部分是中原地区节度使下军校,动乱中一度投降黄巢,后来又脱离黄巢,归顺为地方军将;另一类本就是造反起家,甚或是黄巢手下大将,后来反正,成为地方上的刺史或者藩镇大将。

比如毕师铎,旧为黄巢手下大将,而且同乡。879 年,高骈派大将出击黄巢,毕师铎投降,带来一支军队,被高骈任命为淮南都知兵马使。又如秦彦.早年曾在徐州当兵,后来啸聚山林,带领亡命之徒数百人投奔黄巢。黄巢兵败于淮南,秦彦投降了节度使高骈,被任命为和州刺史。杨行密的情况与秦彦等人很类似。杨行密年轻时因穷困从军,曾参加地方上的农民造反,后应募为庐州牙将,战乱中庐州刺史逃走,杨行密自据之。883 年在黄巢占据长安的混乱中,朝廷以刺史授之,隶属淮南。

882 年,和州刺史秦彦趁观察使病重之际,袭击宣州城而自为节度使。比秦彦更早袭取节度使的是蔡州的秦宗权。秦宗权初为许州牙将,880 年冬黄巢攻入长安,秦彦乘机驱逐蔡州刺史,占据蔡州。其时僖宗奔蜀,秦宗权以蔡州军从监军杨复光击黄巢,朝廷因而任命其为蔡州节度使。后来兵败降于黄巢,仍称蔡州节度使。黄巢死后,他割据一方,竟然在蔡州称帝。蔡州节度使与宣歙节度使分别介于淮南节度使的北边和南边。淮南的富庶,众所周知,周边势力无不垂涎。高骈处于两个动乱凶暴的藩镇之间,其处境之艰难,可想而知。

887 年,毕师铎起兵攻打高骈。高骈召杨行密救援,以淮南行军司马(相当于副司令兼参谋长)相许。杨行密兵马未到,高骈已经被杀。毕师铎迎秦彦为淮南节度使。杨行密整军进击,秦彦与毕师铎抵抗不支,突围出逃。888年,杨行密进入扬州。

北边蔡州节度使秦宗权对淮南虎视眈眈,派其弟秦宗衡为统帅、部将孙儒为副帅,经略淮南。孙儒不听节度,自为一军。秦彦、毕师铎从扬州城出逃来投奔孙儒,几股势力连成一气。不久,孙儒先后杀了秦宗衡和毕师铎、秦彦,吞并了其军队。杨行密担心自己抵不住孙儒,放弃了扬州,攻入宣州,朝廷因之册封杨行密为宣州观察使。孙儒进入扬州。不久,孙儒驱众五十万,渡江进攻杨行密。因粮草不足,加之以瘟疫流行,反而被杨行密击败,后被杀。景福元年(892)八月,杨行密再入扬州,唐朝封之为淮南节度使。

随后的几年中,杨行密不断地拓展地盘,同时扩充军队。897年,兖州朱瑾被朱温击败,奔附杨行密,杨行密得到朱瑾的精锐骑兵,弥补了淮南军队起兵不足的短处。同年,杨行密在寿州(今安徽淮南),击败朱温南下的军队,保住了自己的半壁江山。

李昪的第二个养父是杨行密的部将徐温(862—927)。徐温早年以盐贩谋生。后追随杨行密帐下,从伍长干起,因功升任衙内左兵马使。从杨行密在庐州开始,徐温就参与了所有的军事扩张行动。895年,杨行密攻打濠州时,见六岁幼童李昪十分可爱,收为养子,后因自家儿子不容,才让部将徐温收养,取名徐知诰。

天祐四年(905)十一月,杨行密病逝,时年五十四岁,二十岁的长子杨渥继立。杨渥忌惮父亲留下的军将,颇相排挤。开平二年(908)五月,衙内亲将张颢、徐温发动政变,诛杀杨渥,不久,徐温又派刺客杀死张颢,清算其诛杀国君之罪,自己独掌吴国大权。

通过几年的对外用兵,徐温威权日盛。915年,徐温被封为齐国公,以升、润、宣、常、池、黄六州为齐国。以养子徐知诰守润州,长子徐知训在广陵(今扬州广陵)辅佐吴王杨隆演,徐温自己居住升州(今江苏南京),设立大都督府,遥控朝廷大政,类似魏晋南北朝时期的霸府执政模式。918年,辅政的徐知训被朱瑾所杀,徐知诰(李昪)从润州(江苏镇江)先入广陵,得专政事。至此,吴政权一直奉唐天祐年号为正朔。919年(即所谓天祐十六年)建国改元。次年杨隆演去世,徐温越位拥立其幼弟杨溥继位。

徐知诰毕竟不是亲生儿子,927年徐温派次子徐知询到广陵,代替徐知诰执掌朝政。由于徐温旋即病死,徐知询不是徐知诰的对手,被解除了兵权。徐知诰继养父徐温之后,掌控了杨吴的大权。

徐温死后十年,937年,徐知诰受禅称帝,国号大齐。939年,他自称是唐宪宗之后,恢复李姓,名昪,改国号为大唐,史称"南唐"。李昪之后,李璟、李煜相继称帝,继续实行稳健的发展政策,极力处理好与中原王朝和周边邻国的关系,保境安民,发展科举与文化事业。其最盛时人口超过五百万,拥有三十五州,包括今江苏、安徽、江西、福建、湖北和湖南等省部分地区。南唐成为五代十国时期的一片净土。南唐以及钱镠开创的吴越国的经济发展和文化繁荣,是中国经济重心南移的重要标志,也为宋朝经济和文化繁荣提供了重要基础。

回顾一下从杨行密创业以来江淮地区的发展。唐朝末年,由于黄巢起兵,江淮地区也群雄并起,杨行密含辛茹苦,奋斗几三十年(从庐州刺史算起二十二年),打下了杨吴政权的基础。可惜由于儿子无能,最终成为部将徐温的傀儡。徐温经营三十多年,临死前已经是类似于曹操晚年或司马家族(司马懿到司马昭将近三十年)篡位前的地位,依然是儿子们无法接班,养子徐知诰掌握了权力,进而建立了一个立国近四十年的南唐政权。入宋后,975年,宋太祖以"卧榻之侧,岂容他人酣睡"的理由攻打金陵,迫使李后主投降,南唐亡。

所有这些兴衰乱离,都有一个规律:开创者都是一世英雄,后继者大多难以把家业继承下去。即使是汉唐那样有数百年江山的王朝,因为头几任接班人强于五代十国的君王,故而能有二三百年的天下,但是王朝末年无不因为接班人的能力不足、德才不具丧国亡身,这是中国历史上"家天下"的宿命。《易传》有言:"德薄而位尊,智小而谋大,力小而任重,鲜不及也。"信然!

（参见《资治通鉴》卷二六五至卷二九四）

增订版后记

　　《〈资治通鉴〉与家国兴衰》自 2016 年 8 月出版以来,社会各界读者朋友鼓励有加,累计 17 印次,印数达 20.3 万册,曾获"2016 中国好书""第七届中华优秀出版物奖图书提名奖"等荣誉。如今,中华书局决定推出新版,增补了南北朝、唐后期及五代十国史的一些内容,也改正了初版中的个别讹误。

　　《资治通鉴》这样的著作,常读常新,我仍将继续努力,将阅读心得分享给朋友们,期待大家批评指正。

张国刚

2023 年 3 月 28 日于清华荷清苑

初版后记

二十世纪七十年代末我读研究生的时候，认真而系统地阅读的第一部史书就是《资治通鉴》，迄今已经三十七八年了。只是那个时候，读史的眼光，关注的是专业史料。后来在清华大学开设了"《资治通鉴》导读"的课程，2014 年又被学校安排上"慕课"（MOOC）课程，即线上课程。这时，阅读《资治通鉴》的眼光自然也发生了一些变化，比较关注的是《资治通鉴》作为史著的鉴赏价值，特别是司马光探讨的有关家国兴衰、民生休戚的内容。

我总觉得，从某种角度来说，历史犹如棋谱。前贤往哲应对时代挑战，其成败得失、经验教训留下的记录，犹如那个时代留给后人的棋局。棋谱不就是以往高手留下的种种残局吗？读史使人明智，犹如读谱使人棋高一着！专业历史工作者要研究历史的真相，力求还原史实的细节，如同摄影工作者，要最大化地呈现出事件的面貌。无疑，史实是历史作为一门学科的基础，但并不是历史学的全部。古代学者对于历史学的经世致用价值多有阐述，而现代社会更加需要历史的经验来启迪人们应对各种关系的智慧。长期不间断的历史书写，国家政权和知识精英对历史的重视和坚持，是中华文明有别于世界其他民族的文化特色。因此，怎样在当今的时代通过学习历史事实、了解历史人物，达到启迪智慧的目的，是历史作为文化传承的社会意义；如何让历史在象牙塔之外的世界发挥其原本的作用，亦是史学研究者应当担负的社会责任。

　　《资治通鉴》的"慕课"课程，是我个人在教学科研工作的基础上，向非史学专业的同学们推广历史文化教育的一个尝试。课程初次上线之后，与"财务会计""社会心理学"课程，一同成为选课最多前三名，被评为最受欢迎的课程之一，实在有一点出乎我的意料。中华书局的朋友知道后，邀请我把讲稿编辑成一本书。现在这部书稿就是在"慕课"课程基础上修改而成，纠正了其中的一些错误，并根据编辑的意见，增补了几篇已经发表的文章。

　　清华大学教务处资助了这门"慕课"课程的开发，并支持本书的编写，我在此表示感谢！诸生中为我讲授"慕课"课程担任助教的有王炳文、李兮、王铭、张景平、管俊玮、任彪；协助我整理和编辑书稿的有刘红星、陈昱良、李兮等。对于他们的辛勤劳动，我表示衷心感谢！同时，我还要感谢中华书局《月读》杂志（我在那里撰写了《资治通鉴》导读的连载）诸位编辑的帮助，感谢本书责编贾雪飞女士以及余佐赞先生的辛勤付出。我还要特别感谢那些曾经听过我在线上和线下讲授《资治通鉴》课程的同学和学员，正因为有你们的支持，才有了我的《资治通鉴》课程和现在这部书稿。对于课程及书稿中的错误不当之处，请予以批评指正。

张国刚

2016 年 5 月 25 日清华园